FOM-Edition
FOM Hochschule für Oekonomie & Management

Weitere Bände in dieser Reihe
http://www.springer.com/series/12753

Sönke Ahrens

Geistiges Eigentum und Wettbewerbsrecht

Gewerblicher Rechtsschutz –
Urheberrecht – unlauterer Wettbewerb

2., aktualisierte Auflage

Sönke Ahrens
FOM Hochschule für Oekonomie &
Management
Hamburg, Deutschland

Dieses Werk erscheint in der FOM-Edition, herausgegeben von der FOM Hochschule für
Oekonomie & Management.

FOM-Edition
ISBN 978-3-658-14312-1   ISBN 978-3-658-14313-8 (eBook)
DOI 10.1007/978-3-658-14313-8

Die Deutsche Nationalbibliothek verzeichnet diese Publikation in der Deutschen Nationalbibliografie;
detaillierte bibliografische Daten sind im Internet über http://dnb.d-nb.de abrufbar.

Springer Gabler
© Springer Fachmedien Wiesbaden 2015, 2016

Lektorat: Angela Meffert

Gedruckt auf säurefreiem und chlorfrei gebleichtem Papier.

Springer Gabler ist Teil von Springer Nature
Die eingetragene Gesellschaft ist Springer Fachmedien Wiesbaden GmbH

Vorwort zur 2. Auflage

Die Neufassung des Gesetzes gegen den unlauteren Wettbewerb, die am 5. November 2015 vom Bundestag beschlossen wurde,[1] führte zu umfassenden Umstrukturierungen und Änderungen des Gesetzes, um die erforderliche Rechtsangleichung an das europäische Recht sicherzustellen. Durch die Änderungsverordnung vom 16. Dezember 2015[2] wurde außerdem die Gemeinschaftsmarkenverordnung sowohl inhaltlich modernisiert als auch sprachlich angepasst. Um die Entwicklung der Europäischen Gemeinschaft zur Europäischen Union nachzuvollziehen, heißen Gemeinschaftsmarken seit dem 23. März 2016 Unionsmarken. Das Amt der Europäischen Union für geistiges Eigentum wurde umbenannt in Amt der Europäischen Union für geistiges Eigentum (EUIPO). Die 2. Auflage berücksichtigt diese Änderungen.

Hamburg, April 2016   Sönke Ahrens

---

[1] Entwurf eines zweiten Gesetzes zur Änderung des Gesetzes gegen den unlauteren Wettbewerb, BT-Drs. 18/6571, S. 1.
[2] Verordnung (EU) 2015/2424 des Europäischen Parlaments und des Rates vom 16. Dezember 2015 zur Änderung der Verordnung (EG) Nr. 2868/95 der Kommission zur Durchführung der Verordnung (EG) Nr. 40/94 des Rates über die Gemeinschaftsmarke und zur Aufhebung der Verordnung (EG) Nr. 2869/95 der Kommission über die an das Amt der Europäischen Union für geistiges Eigentum (Marken, Muster und Modelle) zu entrichtenden Gebühren, ABl. vom 24. Dezember 2015, L 341/21.

Vorwort zur 1. Auflage

„Deutschland – Land der Ideen", so lautet der Titel einer von der Bundesregierung und dem Bundesverband der Deutschen Industrie (BDI) gegründeten Standortinitiative, mit der das Ziel verfolgt wird, „Deutschland mit seiner Innovationskraft und kreativen Ausstrahlung nach innen wie nach außen sicht- und identifizierbar zu machen"[3].

Noch wichtiger als die Sichtbarmachung und Identifizierung sind jedoch – gerade in einer Wissens- und Informationsgesellschaft – die Förderung und der Schutz von Innovationen und Kreativität. Diesem Ziel dient das Recht des Geistigen Eigentums. Die Weiterentwicklung von Technologien ist entscheidend, um auch in Zukunft international wettbewerbsfähig zu sein.[4] Die Wettbewerbsfähigkeit kommt jedoch erst zur Geltung, wenn es einen funktionierenden und fairen Wettbewerb gibt. Dies zu gewährleisten, ist Aufgabe des Wettbewerbsrechts. Das Recht des Geistigen Eigentums und das Wettbewerbsrecht fördern also – gerade in ihrem Zusammenspiel – Innovation und Kreativität und sind damit sehr moderne und in die Zukunft gerichtete Rechtsgebiete. Dies zeigt sich bereits in der frühen und umfangreichen europäischen Harmonisierung beider Rechtsgebiete. Die Pariser Verbandsübereinkunft zum Schutz des gewerblichen Eigentums (PVÜ) vom 20. März 1883 definierte in ihrem § 1 als Ziel zur Realisierung des Schutzes des gewerblichen Eigentums bereits die Unterdrückung des unlauteren Wettbewerbs.

Hinsichtlich der Übersichtlichkeit und Verständlichkeit dieser Rechtsgebiete – insbesondere für Studierende und Anwender in der Wirtschaft – mangelt es jedoch bislang an Innovation und Modernität. Dieses Lehrbuch gibt deshalb dem Leser einen umfassenden Überblick über die Rechtsmaterie und stellt die wesentlichen Grundzüge verständlich und übersichtlich dar, um damit einerseits grundlegende Handlungsanweisungen für den Schutz eigener geistiger Leistungen und andererseits das erforderliche Problembewusstsein zur Vermeidung der Verletzung von Rechten Dritter zu vermitteln. Dies wird nicht durch die Darstellung möglichst vieler Details, sondern durch die Vermittlung der Grund-

---

[3] Bundesministerium für Bildung und Forschung (o.J.). Informationsgesellschaft – Weichen für die Zukunft stellen. https://www.bmbf.de/de/398.php. Zugegriffen: 21. April 2016.
[4] Deutschland – Land der Ideen (2014). Wir über uns. http //www.land-der-ideen.de/initiative. entstehung/ein-positives-bild. Zugegriffen: 21. April 2016.

lagen, gesetzgeberischen Intentionen und Gesetzesstrukturen erreicht und anhand von ausgewählten Praxisfällen illustriert.

Die Reduktion von Komplexität ist allerdings nicht das Ziel, sondern lediglich ein Zwischenschritt, um auf der Basis der Grundlagen, Intentionen und Strukturen des Rechts mit größtmöglicher Sicherheit in komplexen Situationen die richtigen Entscheidungen zu treffen. Abweichend von herkömmlichen Lehrbüchern und Kommentaren werden nicht die einzelnen Schutzrechte nacheinander vollständig mit allen Aspekten von der Entstehung bis zum Erlöschen vorgestellt. Stattdessen werden nach einer Übersicht über die wichtigsten Schutzrechte die einzelnen Themen wie Entstehung, Übertragbarkeit, Durchsetzung etc. jeweils für alle Schutzrechte gemeinsam dargestellt. Hierdurch sollen das Verständnis für die übergreifenden Grundlagen und der Blick für das Gesamtsystem gefördert werden. Da auch in der Praxis häufig Produkte von mehreren Schutzrechten parallel geschützt werden, soll sich durch diese Darstellungsweise eine höhere Praxistauglichkeit ergeben. Quellenhinweise eröffnen dem Leser die Möglichkeit zur Vertiefung weiterführender Detailfragen. Damit eignet sich das Lehrbuch insbesondere für Studierende, sowohl zur Vorbereitung von Klausuren als auch von Abschlussarbeiten.

Das Lehrbuch erscheint in der FOM-Edition der FOM Hochschule für Oekonomie & Management. Es ergänzt die praxiorientierte Lehre an der FOM, die gerade durch die Einbeziehung der Berufserfahrung der Studierenden in das wissenschaftliche Hochschulstudium besonders effektiv und nachhaltig ist. Konzipiert ist dieses Werk nicht nur für Juristen und Studierende der Rechtswissenschaft. Es soll ausdrücklich auch Studierende, Absolventen und Anwender aller anderen Fachrichtungen ansprechen. Dies ergibt sich bereits aus der Rechtsmaterie. So spricht das Patentrecht insbesondere auch Techniker, das Designrecht Gestalter und Designer, das Markenrecht und das Wettbewerbsrecht Betriebswirte, insbesondere der Fachrichtung Vertrieb und Marketing, sowie das Urheberrecht Künstler und insbesondere auch Informatiker an.

Ich danke Herrn Professor Dr. Thomas Heupel für die Aufnahme des Werkes in die FOM-Edition und Herrn Dipl.-jur. Kai Enno Stumpp für die Begleitung bei der Entstehung des Buches. Zudem danke ich Frau Angela Meffert vom Verlag Springer Gabler für das Lektorat.

Hamburg, Herbst 2014   Sönke Ahrens

Abkürzungsverzeichnis

ABl	Amtsblatt
AEUV	Vertrag über die Arbeitsweise der Europäischen Union
BeckRS	Beck-Rechtsprechung
Begr	Begründung
BGBl	Bundesgesetzblatt
Bl	Blatt
BPatG	Bundespatentgericht
BR-Drucks	Bundesratsdrucksache
BT-Drucks	Bundestagsdrucksache
BVerfG	Bundesverfassungsgericht
BVerfGE	Entscheidungen des Bundesverfassungsgerichts
DesignG	Designgesetz
EFTA	European Free Trade Area
EPA	Europäisches Patentamt
EPÜ	Europäisches Patentübereinkommen
EU	Europäische Union
EUIPO	Amt der Europäischen Union für geistiges Eigentum
EuG	Gericht der Europäischen Union
EuGH	Gerichtshof der Europäischen Union (früher: Europäischer Gerichtshof)
FAZ	Frankfurter Allgemeine Zeitung
GbrmG	Gebrauchsmustergesetz
GG	Grundgesetz
GGV	Gemeinschaftsgeschmacksmusterverordrung
GMV	Gemeinschaftsmarkenverordnung
GGschmMVO	Gemeinschaftsgeschmacksmusterverordnung
GrFVO-TT	Gruppenfreistellungsverordnung für Technologietransfer-Vereinbarungen
GRUR	Gewerblicher Rechtsschutz und Urheberrecht
GRUR Int	Gewerblicher Rechtsschutz und Urheberrecht, Internationaler Teil
GRUR-RR	Gewerblicher Rechtsschutz und Urheberrecht, Rechtsprechungs-Report

HABM	Harmonisierungsamt für den Binnenmarkt
InsO	Insolvenzordnung
IPRB	Der IP Rechtsberater
IR-Marke	Internationale Marke
K&R	Kommunikation & Recht
OLG-Rp	OLG-Report
NJW	Neue Juristische Wochenschrift
NJWE-WettbR	NJW-Entscheidungsdienst Wettbewerbsrecht
MarkenG	Gesetz über den Schutz von Marken und sonstigen Kennzeichen (Markengesetz)
Mitt	Mitteilungen der Deutschen Patentanwälte
MMR	MultiMedia und Recht
PatG	Patentgesetz
PCT	Patentzusammenarbeitsvertrag (Patent Cooperation Treaty)
PVÜ	Pariser Verbandsübereinkunft zum Schutz des gewerblichen Eigentums
RBÜ	Revidierte Berner Übereinkunft zum Schutz von Werken der Literatur und Kunst
RegE	Regierungsentwurf
Rn	Randnummer
RGZ	Entscheidungen des Reichsgerichts in Zivilsachen
RVG	Gesetz über die Vergütung der Rechtsanwältinnen und Rechtsanwälte (Rechtsanwaltsvergütungsgesetz)
TRIPS	Übereinkommen über handelsbezogene Aspekte der Rechte des Geistigen Eigentums (Agreement on Trade Related Aspects of Intellectual Property Rights)
UMV	Unionsmarkenverordnung
UrhG	Urheberrechtsgesetz
UWG	Gesetz gegen den unlauteren Wettbewerb
WIPO	World Intellectual Property Organisation
ZUM-RD	Zeitschrift für Urheber- und Medienrecht – Rechtsprechungsdienst

Inhaltsverzeichnis

1	**Einleitung**		1
	1.1	Terminologie	4
	1.2	Aufbau der Darstellung	6
	1.3	Schwerpunkte	7
		Literatur	7
2	**Kennzeichen**		9
	2.1	Übersicht	9
	2.2	Marken	9
		2.2.1 Begriff	9
		2.2.2 Geschichte	12
		2.2.3 Grundlagen	13
		2.2.4 Markenarten	15
	2.3	Geschäftliche Bezeichnungen	28
		2.3.1 Unternehmenskennzeichen	29
		2.3.2 Werktitel	31
	2.4	Geographische Herkunftsangaben	31
		2.4.1 Einfache geographische Herkunftsangaben	31
		2.4.2 Qualifizierte geographische Herkunftsangaben	33
		2.4.3 Geographische Herkunftsangaben mit besonderem Ruf	33
		2.4.4 Gattungsbezeichnungen	34
		Literatur	35
3	**Urheberrechte und verwandte Schutzrechte**		37
	3.1	Übersicht	37
	3.2	Urheberrechte	39
		3.2.1 Begriff	39
		3.2.2 Geschichte	39
		3.2.3 Grundlagen	40
	3.3	Computerprogramme	42
	3.4	Verwandte Schutzrechte	43

      3.4.1   Wissenschaftliche Ausgaben   43
      3.4.2   Nachgelassene Werke   43
      3.4.3   Lichtbilder   44
      3.4.4   Leistungen ausübender Künstler   44
      3.4.5   Veranstaltung von Darbietungen   45
      3.4.6   Herstellung von Tonträgern   46
      3.4.7   Herstellung von Funksendungen   46
      3.4.8   Herstellung von Datenbanken   46
      3.4.9   Herstellung eines Presseerzeugnisses   47
      3.4.10   Produktion von Filmwerken und Laufbildern   48
      Literatur   49

4   Design   51
      4.1   Begriff   51
      4.2   Geschichte   51
      4.3   Grundlagen   52
      Literatur   53

5   Patente und Gebrauchsmuster   55
      5.1   Begriff   55
      5.2   Geschichte   55
      5.3   Grundlagen   56
             5.3.1   Erzeugnispatente   58
             5.3.2   Verfahrenspatente   58
             5.3.3   Abhängige Patente   59
             5.3.4   Gebrauchsmuster   60
      Literatur   61

6   Internationale Schutzrechte   63
      6.1   Pariser Verbandsübereinkunft (PVÜ)   63
      6.2   Übereinkommen über handelsbezogene Aspekte der Rechte
             des Geistigen Eigentums (TRIPS)   64
      6.3   Weltorganisation für Geistiges Eigentum (WIPO)   64
      6.4   Internationale Marken   65
      6.5   Unionsmarken   66
      6.6   Internationale Muster und Modelle   66
      6.7   Gemeinschaftsgeschmacksmuster   67
      6.8   Europäische geographische Angaben und Ursprungsbezeichnungen .   67
      6.9   Internationale Patentanmeldungen   68
      6.10   Europäische Patente   68
      6.11   Europäische Patente mit einheitlicher Wirkung   69
      6.12   Internationaler Urheberrechtsschutz   70

7   Entstehung von Schutzrechten   71

7.1   Entstehung durch Anmeldung und Registrierung   71

7.2   Entstehung durch Benutzung und Erlangung von Verkehrsgeltung . .   72

7.3   Entstehung durch notorische Bekanntheit   73

7.4   Entstehung durch Benutzung   74

7.5   Entstehung durch Schöpfung   74

       Literatur   75

8   Eintragungs- und Löschungsverfahren   77

8.1   Marken   77

       8.1.1   Erforderliche Angaben   77

       8.1.2   Verfahren   77

       8.1.3   Kosten   79

8.2   Unionsmarken   79

       8.2.1   Erforderliche Angaben   79

       8.2.2   Verfahren   79

       8.2.3   Kosten   80

8.3   Patente   80

       8.3.1   Erforderliche Angaben   80

       8.3.2   Verfahren   82

       8.3.3   Kosten   83

8.4   Gebrauchsmuster   83

       8.4.1   Erforderliche Angaben   83

       8.4.2   Verfahren   83

       8.4.3   Kosten   84

8.5   Design   84

       8.5.1   Erforderliche Angaben   84

       8.5.2   Verfahren   84

       8.5.3   Kosten   84

9   Prioritätsprinzip   85

9.1   Begriff   85

9.2   Definition der Neuheit   86

9.3   Ausländische Priorität   87

9.4   Ausstellungspriorität   88

9.5   Seniorität   88

10   Schutzbereich und Verletzung   91

10.1   Schutzbereich einer Marke   91

       10.1.1   Benutzung identischer Zeichen für identische Waren
                oder Dienstleistungen   91

       10.1.2   Benutzung verwechselbar ähnlicher Zeichen   92

       10.1.3 Benutzung eines Zeichens, das mit einer bekannten Marke
                 identisch oder ihr ähnlich ist 96
  10.2 Schutzbereich eines Urheberrechts 97
       10.2.1 Unabhängiges Werk 97
       10.2.2 Vervielfältigung 98
       10.2.3 Bearbeitung 98
       10.2.4 Freie Benutzung 99
  10.3 Schutzbereich eines Designs 100
  10.4 Schutzbereich eines Patents oder Gebrauchsmusters 101
       10.4.1 Wortsinngemäße Patentverletzung 101
       10.4.2 Äquivalente Verletzung 103
       10.4.3 Mittelbare Verletzung 103
       Literatur 104

11   Schutzgrenzen 105
  11.1 Verjährung 105
  11.2 Verwirkung 106
  11.3 Erschöpfung 107
  11.4 Markenrechtliche Besonderheiten 109
       11.4.1 Markenrechtliche Grenzen der Erschöpfung 109
       11.4.2 Benutzung des eigenen Namens 110
       11.4.3 Benutzung von beschreibenden Angaben 110
       11.4.4 Benutzung von Bestimmungsangaben 111
       11.4.5 Mangelnde Benutzung der Marke 111
  11.5 Urheberrechtliche Besonderheiten 112
       11.5.1 Urheberrechtliche Besonderheiten der Erschöpfung 112
       11.5.2 Zitate 112
       11.5.3 Privater Gebrauch 114
       11.5.4 Sonstiger eigener Gebrauch 116
       11.5.5 Vorübergehende Vervielfältigungshandlungen 116
       11.5.6 Sonstige Einschränkungen im öffentlichen Interesse 117
  11.6 Patentrechtliche Besonderheiten 118
       Literatur 119

12   Übertragung und Lizenzierung 121
  12.1 Übertragung 121
  12.2 Lizenzierung 122
       12.2.1 Ausschließliche Lizenz 122
       12.2.2 Alleinige Lizenz 122
       12.2.3 Einfache Lizenz 122
       12.2.4 Geltungsbereich der Lizenz 123
       12.2.5 Übertragbarkeit der Lizenz 123

 12.2.6 Unterlizenzierung 124
 12.2.7 Lizenzen in der Insolvenz 124
 12.2.8 Kartellrechtliche Besonderheiten 125
 Literatur 128

13 Arbeitnehmer und Geistiges Eigentum 129
 13.1 Arbeitnehmererfindungen 129
 13.1.1 Inanspruchnahme von Erfindungen 130
 13.1.2 Vergütung bei Inanspruchnahme von Erfindungen 131
 13.2 Computerprogramme 133
 13.3 Sonstige urheberrechtlich geschützte Werke 133
 13.4 Sonstiges Geistiges Eigentum 134

14 Erlöschen von Schutzrechten 135
 14.1 Verzicht 135
 14.2 Zeitablauf 135
 14.2.1 Marken 136
 14.2.2 Urheberrechte und verwandte Schutzrechte 137
 14.2.3 Design 137
 14.2.4 Patente und Gebrauchsmuster 139
 14.3 Löschung 140

15 Lauterkeitsrecht 141
 15.1 Übersicht 141
 15.2 Geschichte 142
 15.3 Der Maßstab des Durchschnittsverbrauchers 144
 15.3.1 Informiertheit des Verbrauchers 145
 15.3.2 Aufmerksamkeit des Verbrauchers 145
 15.3.3 Verständigkeit des Verbrauchers 146
 15.4 Gesetzesaufbau 146
 15.5 Geschäftliche Handlung 148
 15.6 Die schwarze Liste, Anhang zu § 3 Abs. 3 UWG 148
 15.6.1 Angebliche Unterzeichnung eines Verhaltenskodex (Nr. 1) . . 149
 15.6.2 Verwendung von Gütezeichen, Qualitätskennzeichen oder
  Ähnlichem ohne die erforderliche Genehmigung (Nr. 2) . . . 149
 15.6.3 Angebliche Billigung eines Verhaltenskodex von einer
  öffentlichen oder anderen Stelle (Nr. 3) 150
 15.6.4 Billigung einer geschäftlichen Handlung oder einer Ware
  oder Dienstleistung durch eine öffentliche Stelle (Nr. 4) . . . 150
 15.6.5 Lockangebote (Nr. 5) 150
 15.6.6 Versuch, andere Waren oder Dienstleistungen abzusetzen
  (Nr. 6) 152

15.6.7   Veranlassen zu einer sofortigen geschäftlichen Entscheidung
         (Nr. 7) 152
15.6.8   Erbringung einer Leistung in einer anderen Sprache (Nr. 8) . 153
15.6.9   Verkehrsfähigkeit der Ware oder Dienstleistung (Nr. 9) 153
15.6.10 Gesetzlich bestehende Rechte (Nr. 10) 154
15.6.11 Einsatz redaktioneller Inhalte zu Zwecken
         der Verkaufsförderung (Nr. 11) 154
15.6.12 Gefahr für die persönliche Sicherheit des Verbrauchers
         oder seiner Familie (Nr. 12) 155
15.6.13 Täuschung über die betriebliche Herkunft der beworbenen
         Ware oder Dienstleistung (Nr. 13) 155
15.6.14 Schneeballsystem (Nr. 14) 156
15.6.15 Geschäftsaufgabe oder -verlegung (Nr. 15) 156
15.6.16 Gewinnchancen bei einem Glücksspiel (Nr. 16) 156
15.6.17 Auslobung eines vermeintlichen Preises oder eines sonstigen
         Vorteils (Nr. 17) 156
15.6.18 Vermeintliche Heilung von Krankheiten, Funktionsstörungen
         oder Missbildungen (Nr. 18) 157
15.6.19 Marktbedingungen oder Bezugsquellen (Nr. 19) 157
15.6.20 Angebot eines Gewinnspiels oder Preisausschreibens ohne
         Vergabe der ausgelobten Preise (Nr. 20) 158
15.6.21 Angebot einer Ware oder Dienstleistung als „gratis“,
         „umsonst“, „kostenfrei“ oder dergleichen (Nr. 21) 158
15.6.22 Übermittlung von Werbematerial unter Beifügung einer Zah-
         lungsaufforderung (Nr. 22) 159
15.6.23 Erwecken des Eindrucks der Handlung nicht für Zwecke
         des Geschäfts, Handels, Gewerbes- oder Berufs, oder der Ver-
         brauchereigenschaft (Nr. 23) 159
15.6.24 Erwecken des Eindrucks, ein Kundendienst sei in einem
         anderen Mitgliedstaat der Europäischen Union verfügbar
         (Nr. 24) 160
15.6.25 Erwecken des Eindrucks, bestimmte Räumlichkeiten könnten
         ohne den vorherigen Abschluss eines Vertrages nicht
         verlassen werden (Nr. 25) 160
15.6.26 Nichtbeachtung einer Aufforderung zum Verlassen der Woh-
         nung (Nr. 26) 160
15.6.27 Hinderung an der Durchsetzung von vertraglichen Rechten
         aus einem Versicherungsverhältnis (Nr. 27) 161
15.6.28 Unmittelbare Aufforderung an Kinder (Nr. 28) 162
15.6.29 Aufforderung zur Bezahlung nicht bestellter, aber gelieferter
         Waren oder erbrachter Dienstleistungen (Nr. 29) 162

15.6.30 Vermeintliche Gefährdung des Arbeitsplatzes
oder Lebensunterhaltes des Unternehmers (Nr. 30) 163
15.7 Rechtsbruch, § 3 a UWG 164
15.8 Mitbewerberschutz, § 4 UWG 164
15.8.1 Herabsetzung und Verunglimpfung von Mitbewerbern, § 4
Nr. 1 UWG 164
15.8.2 Anschwärzung, § 4 Nr. 2 UWG 165
15.8.3 Lauterkeitsrechtlicher Nachahmungsschutz, § 4 Nr. 3 UWG . 165
15.8.4 Gezielte Behinderung von Wettbewerbern, § 4 Nr. 4 UWG . . 171
15.9 Aggressive geschäftliche Handlungen, § 4 a UWG 177
15.9.1 Belästigung, § 4 a Abs. 1 Nr. 1. UWG 177
15.9.2 Nötigung einschließlich der Anwendung körperlicher Gewalt,
§ 4 a Abs. 1 Nr. 2. UWG 178
15.9.3 Unzulässige Beeinflussung, § 4 a Abs. 1 Nr. 3. UWG 178
15.10 Irreführende geschäftliche Handlungen 180
15.10.1 Begriff 180
15.10.2 Maßstab 181
15.10.3 Wettbewerbliche Relevanz 182
15.10.4 Arten der Irreführung 184
15.10.5 Gegenstand der Irreführung 193
15.11 Vergleichende Werbung, § 6 UWG 201
15.11.1 Begriff 201
15.11.2 Maßstab 201
15.11.3 Voraussetzungen rechtmäßiger vergleichender Werbung . . . 203
15.12 Unzumutbare Belästigungen, § 7 UWG 210
15.12.1 Telefonwerbung, § 7 Abs. 2 Nr. 2 UWG 211
15.12.2 Werbung mit automatischen Anrufmaschinen
oder Faxgeräten, § 7 Abs. 2 Nr. 3 UWG 212
15.12.3 Werbung mit elektronischer Post,
§ 7 Abs. 2 Nr. 3, Abs. 3 UWG 212
15.12.4 Verschleierung oder Verheimlichung der Identität des Absenders, § 7 Abs. 2 Nr. 4 UWG 213
15.12.5 Briefwerbung 213
15.12.6 Haustürwerbung 214
15.13 Schutz von Geschäfts- und Betriebsgeheimnissen 214
15.13.1 Allgemeine Geheimhaltungsmaßnahmen 215
15.13.2 Geheimnisverrat, § 17 Abs. 1 UWG 217
15.13.3 Betriebsspionage, § 17 Abs. 2 Nr. 1 UWG 217
15.13.4 Geheimnisverwertung, § 17 Abs. 2 Nr. 2 UWG 217
15.13.5 Internationaler Schutz 218
15.14 Sonstige unlautere geschäftliche Handlungen, § 3 UWG 218
15.14.1 Schockwerbung 220

15.14.2 Verkaufsförderungsmaßnahmen 221
Literatur 222

16   **Ansprüche** 223
16.1   Aktivlegitimation 223
16.1.1   Aktivlegitimation im Bereich des Geistigen Eigentums 224
16.1.2   Aktivlegitimation im Bereich des Lauterkeitsrechts 224
16.2   Passivlegitimation 229
16.2.1   Täter 229
16.2.2   Teilnehmer 229
16.2.3   Unternehmensinhaber 230
16.3   Vorlage und Besichtigung 231
16.4   Unterlassung 232
16.4.1   Ordnungsmittel 233
16.4.2   Wiederholungsgefahr 233
16.4.3   Verschulden 234
16.4.4   Begehungsgefahr 234
16.5   Beseitigung 234
16.6   Urteilsbekanntmachung 235
16.7   Vernichtung 236
16.8   Rückruf 237
16.9   Schadensersatz 237
16.9.1   Verschulden 238
16.9.2   Schadensberechnung 239
16.9.3   Besonderheiten des Schadensersatzanspruchs
im Lauterkeitsrecht 242
16.10   Auskunft 243
16.10.1 Allgemeiner Auskunftsanspruch 243
16.10.2 Anspruch auf Auskunft über und durch Dritte 245
16.10.3 Besonderheiten des Auskunftsanspruchs im Lauterkeitsrechts 246
16.11   Rechnungslegung 247
16.12   Kostenerstattung 247
Literatur 248

17   **Verfahren** 249
17.1   Berechtigungsanfrage 249
17.2   Abmahnung 250
17.2.1   Definition und Rechtsnatur 250
17.2.2   Inhalt 251
17.2.3   Form 253
17.2.4   Rechtsfolgen 253
17.2.5   Unberechtigte Abmahnung 254

17.2.6 Unterlassungserklärung 254
17.2.7 Negative Feststellungsklage 259
17.2.8 Abgrenzungsvereinbarung 259
17.3 Einstweilige Verfügung 260
17.3.1 Verfügungsgrund 260
17.3.2 Verfügungsanspruch 261
17.3.3 Glaubhaftmachung 262
17.3.4 Verfahren 262
17.3.5 Zustellung 263
17.3.6 Schadensersatz bei ungerechtfertigter
einstweiliger Verfügung 264
17.3.7 Abschlussverfahren 264
17.4 Klage 266
17.5 Strafrechtliche Verfahren 266
Literatur 267

18 Schutz vor Produktpiraterie 269
18.1 Begriff 269
18.2 Auswirkungen 269
18.3 Schutzmöglichkeiten 270
18.3.1 Technische Maßnahmen 270
18.3.2 Aufklärung 271
18.3.3 Rechtliche Maßnahmen 272

19 Geistiges Eigentum und Lauterkeitsrecht in der Due Diligence 277
Literatur 281

Anhang 283

Sachverzeichnis 287

Das Geistige Eigentum schützt nicht nur intellektuelle Leistungen, es stellt auch selbst eine intellektuelle Herausforderung dar. Das liegt in der Rechtsnatur immaterieller Güter begründet und wird deutlich, wenn man sich folgende Szenarien vorstellt:

Im ersten Szenario lernen Sie in der Kantine Ihres Unternehmens einen neuen Kollegen kennen. Sie kommen auf einen neuen Film zu sprechen, den Sie vor Kurzem auf DVD erworben hatten. Der Kollege bittet Sie, ihm eine Kopie der DVD anzufertigen und mitzubringen.

Im zweiten Szenario berichtet der Kollege, dass es einen DVD-Laden geben soll, der unmittelbar auf dem Weg zwischen Ihrer Arbeitsstätte und Ihrem Zuhause liegt und von dem er gehört habe, dass die Ladentür abends häufig nicht verschlossen sei. Ihr Kollege bittet Sie, auf dem Weg nach Hause zu prüfen, ob auch an diesem Abend die Ladentür nicht verschlossen wurde und in diesem Fall eine DVD des besprochenen Films aus dem Regal zu nehmen und ihm mitzubringen.

Während im ersten Szenario viele dem Wunsch des Kollegen aus Höflichkeit entsprechen würden, kann man im zweiten Szenario davon ausgehen, dass viele die Bitte mit dem Hinweis ablehnen würden, dass man so etwas nicht tue. In beiden Fällen liegt eine Verletzung des Eigentums einer dritten Person vor, im ersten Fall eine Verletzung des Geistigen Eigentums des Filmproduzenten, im zweiten Fall eine Verletzung des materiellen Eigentums des Ladenbesitzers. Dennoch werden die beiden Eigentumsverletzungen hinsichtlich des allgemeinen Rechtsverständnisses unterschiedlich bewertet. Es stellt sich die Frage, warum dies so ist.

Ein Grund mag in der geschichtlichen Entwicklung des Eigentums liegen. Während Rechte an materiellen Dingen, insbesondere am Eigentum, bereits bei den Jäger- und Sammlergesellschaften der Altsteinzeit vor ca. 2 Mio. Jahren bekannt waren,[1] ist die Lage hinsichtlich der Rechte an immateriellen Gütern komplizierter. Sie haben sich erst im

---

[1] Wesel (2006), Rn. 12 ff.

© Springer Fachmedien Wiesbaden 2016
S. Ahrens, *Geistiges Eigentum und Wettbewerbsrecht*, FOM-Edition,
DOI 10.1007/978-3-658-14313-8_1

Mittelalter durch die Verleihung von Privilegien entwickelt.[2] Sachen sind im Normalfall einer Person rechtlich zugeordnet. Herrenlose Sachen sind die seltene Ausnahme.[3] Ideen als solche waren niemals und sind auch heute nicht schutzfähig. Sie sind frei und stehen – sobald sie geäußert werden – der Allgemeinheit zur Verfügung. Rechte an materiellen Dingen sind also die Regel, während Rechte an immateriellen Dingen die Ausnahme sind. Damit stellt sich die Frage, was denn eigentlich durch das Geistige Eigentum geschützt wird. Die Grenze zwischen der Gemeinfreiheit von Ideen und geschütztem Geistigen Eigentum ist schwer zu ziehen. Sie muss immer wieder neu definiert werden. Inhalt und Umfang sowie die genaue Ausgestaltung dieser Rechte sind deshalb bis heute Gegenstand der Diskussion. Der Einigung über das europäische Patent mit einheitlicher Wirkung sind beispielsweise fast 40 Jahre Diskussion vorausgegangen.[4] Auch der technische Fortschritt belebt die Diskussion über die Grenzen des Geistigen Eigentums immer wieder neu. So führte erst die Erfindung des Buchdruckes zu juristischen Diskussionen über die Einführung eines Urheberrechts, also eines Eigentums des Autors an seinem Werk.[5] Vor der Erfindung des Buchdruckes war dieses Problem praktisch irrelevant, da es technisch nicht möglich war, Schriftwerke in großem Umfange zu kopieren. Es ist deshalb auch nicht überraschend, dass die Erfindung des Internets mit der Möglichkeit, Musikdateien weltweit ohne relevanten Aufwand zu kopieren, zu einer neuen Diskussion über die Schutzwürdigkeit bzw. den Schutzumfang von Film- und Musikwerken führt. Die öffentliche Diskussion, die hierüber geführt wird und das Urheberrecht zum Gegenstand der politischen Diskussion gemacht hat, ist richtig und wichtig. Ebenso wichtig ist es jedoch, dass diese Diskussion auf einem Niveau geführt wird, das der Bedeutung der Rechte des Geistigen Eigentums gerecht wird. Hierzu ist es erforderlich, den Aufbau und die Funktionsweise der Rechte des Geistigen Eigentums zu verstehen. Ähnlich stellt sich die Lage auf dem Gebiet des Patentrechts dar. Der technische Fortschritt ermöglicht beispielsweise technische Erfindungen und Verfahren zur Veränderung der genetischen Identität von Lebewesen. Dies wirft erhebliche ethische Fragen auf, ermöglicht aber auch weitreichende Fortschritte bei der Behandlung von Krankheiten. Die Entscheidung, bis zu welcher Grenze derartige Erfindungen und Verfahren erlaubt und gegebenenfalls patentierbar sein sollen, ist deshalb von großer Bedeutung.

Auch wirtschaftlich hat das geistige Eigentum große Bedeutung. Mit immateriellen Rechten lassen sich enorme materielle Werte begründen.[6] Gemäß einer Studie des Europäischen Patentamtes und des Amtes der Europäischen Union für Geistiges Eigentum für den Binnenmarkt wird weit über ein Drittel des Bruttoinlandsprodukts im Binnenmarkt von Industriezweigen erwirtschaftet, die schutzrechtsintensiv sind, also in größerem Ausmaß als der Durchschnitt Geistiges Eigentum für ihre Tätigkeit schützen und nutzen. Die betreffenden Branchen stellen rund ein Viertel aller Arbeitsplätze in der Europäi-

---

[2] Wesel (2006), Rn. 284.
[3] Vgl. § 958, 959 BGB.
[4] Tilmann (2013).
[5] Grundling (1726), S. 3.
[6] Hasselblatt, Vorwort zur 4. Auflage des Münchener Anwaltshandbuch Gewerblicher Rechtsschutz.

schen Union.[7] Schätzungen zufolge betrug der Wert der Marke „Apple" im Jahre 2013 98,3 Mrd. US-\$.[8] Der wichtigste Vermögensgegenstand eines Unternehmens ist heute häufig nicht mehr das Grundstück bzw. die Produktionseinrichtungen, sondern das Recht an der Bezeichnung des Unternehmens bzw. einzelner Produkte. Aus diesem Grunde werden auch zunehmend immaterielle Vermögenswerte in der Bilanz ausgewiesen. Ähnlich bedeutend für den wirtschaftlichen Erfolg eines Unternehmens kann die Frage sein, ob eine bestimmte technische Gestaltung für ein Unternehmen monopolisiert werden kann. Die weltweite gerichtliche Auseinandersetzung zwischen der Apple Inc. und Samsung Electronics über Patentverletzungen macht dies deutlich. Mit zunehmender Bedeutung des Designs für den Markterfolg eines Produktes gewinnt auch das Designrecht an Bedeutung, also das Recht, die optische Gestaltung eines Produktes zu schützen. Die Frage, welchen gestalterischen Abstand ein Samsung Tablet-PC von einem Apple iPad halten muss, hat große Auswirkungen auf den kommerziellen Erfolg der betroffenen Produkte. Die wirtschaftliche Bedeutung dieser Fragen ergibt sich auch daraus, dass es sich regelmäßig um Entscheidungen handelt, die sich auf alle Produkte einer Art auswirken. Die Frage nach dem Eigentum an einer Sache bezieht sich regelmäßig nur auf diese konkrete Sache. Die Frage nach dem Recht an einer Bezeichnung, einer technischen Erfindung oder einer Gestaltung bezieht sich hingegen immer auf alle entsprechenden Produkte, also auf den gesamten Markt. Die Entwicklung zu einer Informations- und Wissensgesellschaft führt deshalb zwangsläufig zu einer Auseinandersetzung mit dem Begriff des Geistigen Eigentums.

Das Beispiel der weltweiten gerichtlichen Auseinandersetzung zwischen der US-amerikanischen Apple Inc. und der südkoreanischen Samsung Electronics, die unter anderem auch vor deutschen Gerichten geführt wird, verdeutlicht eine weitere Besonderheit des Geistigen Eigentums: Es ist sehr international. Materielle Dinge können nur mit einem gewissen Aufwand von einem Land in ein anderes transportiert werden. Technische Erfindungen, Produktbezeichnungen und -gestaltungen können hingegen ohne relevanten Aufwand oder Zeitverlust elektronisch weltweit verbreitet werden. Das Recht des Geistigen Eigentums ist deshalb sehr viel internationaler als andere Rechtsgebiete. Deshalb wurden auch relativ schnell internationale Abkommen über das Geistige Eigentum abgeschlossen. Nachdem in Deutschland im Jahre 1874 das Markenschutzgesetz, 1876 das Geschmacksmustergesetz und 1877 das Patentgesetz erlassen wurden, kam es bereits 1883 zum Abschluss der Pariser Verbandsübereinkunft zum Schutz des gewerblichen Eigentums (PVÜ),[9] mit der die teilnehmenden Länder einen „Verband zum Schutz des gewerblichen Eigentums" bildeten. Es ist im Zweifel nicht ausreichend, eine Marke nur

---

[7] Europäisches Patentamt/Harmonisierungsamt für den Binnenmarkt, „Intellectual Property Rights intensive industries: contribution to economic performance and employment in Europe", S. 7.

[8] Interbrand (2013), S. 15.

[9] Pariser Verbandsübereinkunft zum Schutz des gewerblichen Eigentums vom 20. März 1883, revidiert in Brüssel am 14. Dezember 1900, in Washingtons am 2. Juni 1911, in Den Haag am 6. November 1925, in London am 2. Juni 1934, in Lissabon am 31. Oktober 1958 und in Stockholm am 14. Juli 1967 mit den Änderungen des 20. August 1984, BGBl. Teil II/1984, 799 ff.

in Deutschland registrieren zu lassen. Europäischer oder internationaler Schutz ist zumindest in Erwägung zu ziehen. Nicht ohne Grund hat die europäische Unionsmarke in
kürzester Zeit hinsichtlich ihrer wirtschaftlichen Bedeutung die nationale deutsche Marke
überholt.

Auch das Lauterkeitsrecht hat eine erhebliche Bedeutung im Rahmen des Wirtschafts-
rechts. Es definiert die „Spielregeln", die Wettbewerbsteilnehmer im Umgang miteinander
einzuhalten haben.

1.1 Terminologie

Nicht nur der Umfang des Schutzes Geistigen Eigentums wird diskutiert, bereits die Terminologie sorgt für Diskussionen. Im englischsprachigen Rechtsraum hat sich der Begriff
„Intellectual Property" durchgesetzt. In Deutschland spricht man hingegen traditionell
vom Gewerblichen Rechtsschutz und Urheberrecht. Die größte und älteste in Deutschland
mit dem Geistigen Eigentum befasste Vereinigung nennt sich daher auch „Deutsche Vereinigung für gewerblichen Rechtsschutz und Urheberrecht" (GRUR). Auch die wichtigste
deutschsprachige Fachzeitschrift zum Geistigen Eigentum nennt sich deshalb „GRUR".
Der Begriff „Gewerblicher Rechtsschutz" bezieht sich auf Schutzrechte, die insbesondere
der gewerblichen Betätigung dienen, wie zum Beispiel das Patentrecht, das Gebrauchsmusterrecht, das Designrecht und das Markenrecht. Das Urheberrecht stellt hingegen ein
typischerweise persönliches Recht dar, das sich auf eine persönliche geistige Schöpfung
bezieht. Inhaber eines Urheberrechtes kann deshalb immer nur eine natürliche Person sein,
niemals eine juristische Person – selbst wenn auch Urheberrechte gewerblich verwertet
werden können. Aufgrund dieser definitorischen Beschränkung des Begriffs „Gewerblicher Rechtsschutz" bietet sich eigentlich die Verwendung des weiter gefassten Begriffes
des Geistigen Eigentums an. Dass dieser sich dennoch lange Zeit in Deutschland nicht
durchsetzen konnte, liegt an der engen Ausgestaltung des Eigentumsbegriffs im BGB. In
§ 903 BGB wird das Eigentum lediglich als rechtliche Herrschaft über eine Sache definiert. Eine Sache hingegen wird in § 90 BGB ausschließlich als „körperlicher Gegenstand"
definiert. Damit ist das Geistige Eigentum jedenfalls kein Eigentum im Sinne des BGB.
Aus diesem Grunde wird teilweise auch der Begriff „Immaterialgüterrecht" verwendet.[10]
Derartige Differenzierungen mit Blick auf den engen Eigentumsbegriff des BGB sind heute jedoch nicht mehr zeitgemäß. Bereits durch die Hinzufügung des Adjektivs „Geistiges"
wird hinreichend deutlich, dass es sich nicht um das Eigentum im Sinne des BGB, sondern um ein besonderes Eigentum handelt.[11] Auch die Gesetzessystematik spricht hierfür.
Schließlich regelt das BGB das Eigentum lediglich in sachenrechtlicher Hinsicht. Das
Geistige Eigentum hingegen ist in Sondergesetzen geregelt. Die Definition des Eigentums
im BGB ist deshalb für das Geistige Eigentum irrelevant. Insbesondere aber die Recht-

---

[10] Kohler (1894).
[11] Götting (2006).

sprechung des Bundesgerichtshofes spricht für die Verwendung dieses Begriffes. In der berühmten Entscheidung „Grundig-Reporter" folgt das Gericht einem naturrechtlich geprägten Verständnis des Geistigen Eigentums:

> Für das moderne Urheberrecht wird allseitig anerkannt, dass die Nutzungsrechte des Urhebers nur die Ausstrahlungen seines durch den Schöpfungsakt begründeten geistigen Eigentums sind. Die Herrschaft des Urhebers über sein Werk, auf den sich sein Anspruch auf einen gerechten Lohn und eine Verwertung seiner Leistung durch Dritte begründet, wird ihm hiernach nicht erst durch den Gesetzgeber verliehen, sondern folgt aus der Natur der Sache, nämlich aus seinem geistigen Eigentum, das durch die positive Gesetzgebung nur seine Anerkennung und Ausgestaltung findet.[12]

Nach der Rechtsprechung des Bundesverfassungsgerichts wird auch der verfassungsrechtliche Eigentumsbegriff im Sinne des Art. 14 des Grundgesetzes (GG) weit ausgelegt und umfasst jede vermögenswerte Rechtsposition[13] und damit auch Rechte des Geistigen Eigentums, wie das Patentrecht[14] und das Markenrecht[15].

In einer modernen Gesellschaft, in der Wissen und Information in ihrer Bedeutung das Sacheigentum längst überholt haben, erschiene eine Beschränkung des Eigentumsbegriffs auf körperliche Gegenstände unpassend und rückständig. Der Begriff des Geistigen Ei-

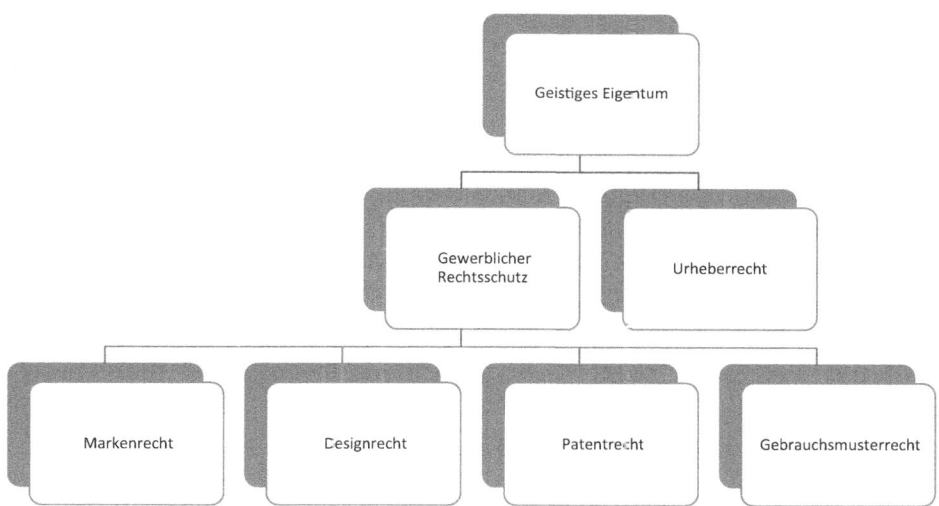

Abb. 1.1 Übersicht über das Rechtsgebiet des Geistigen Eigentums

---

[12] BGH, GRUR 1955, 492 – Grundig-Reporter.
[13] BVerfGE 24, 362, 396; 53, 257, 289 ff; 58, 300, 336.
[14] BVerfG, GRUR 1964, 554 – Künstliche Bräunung; GRUR 1974, 142 – Offenlegung von Patent-Altanmeldungen.
[15] BVerfGE 51, 216 f.; 78, 58, 71.

Abb. 1.2 Übersicht über das
Wettbewerbsrecht

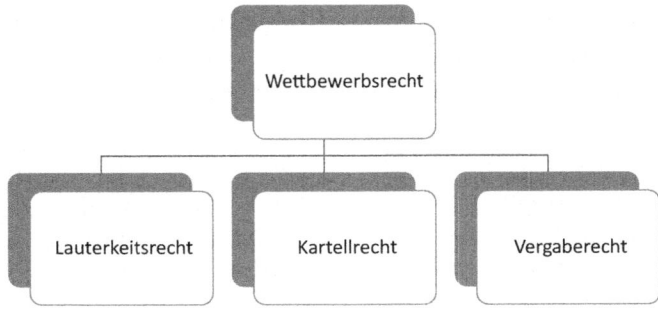

gentums ist deshalb zeitgemäß und vorzugswürdig. Abb. 1.1 zeigt eine Übersicht über das
Rechtsgebiet des Geistigen Eigentums.

Das Wettbewerbsrecht wird auch Werberecht, Lauterkeitsrecht oder Recht der unlauteren Werbung genannt. Das ist aber eigentlich nicht präzise. Zum Wettbewerbsrecht
gehören nämlich auch das Kartellrecht und das Vergaberecht. Während Ersteres den Erhalt des Wettbewerbs als solchem zum Schutzziel hat, dient Letzteres dem Schutz vor
Unregelmäßigkeiten bei der Vergabe öffentlicher Aufträge. Abb. 1.2 zeigt eine Übersicht
über das Wettbewerbsrecht.

1.2 Aufbau der Darstellung

Es gibt kein einheitliches Gesetz über Geistiges Eigentum und Wettbewerbsrecht. Das
Kartellrecht und das Vergaberecht sind auf nationaler Ebene im Gesetz gegen Wettbewerbsbeschränkungen (GWB) und auf europäischer Ebene im Vertrag über die Arbeitsweise der Europäischen Union (AEUV) geregelt. Das Lauterkeitsrecht ist im Gesetz gegen
den unlauteren Wettbewerb (UWG) geregelt. Auch im Bereich des Geistigen Eigentums
gibt es keine einheitliche gesetzliche Regelung. Jedes Schutzrecht ist in einem eigenständigen nationalen Gesetz, wie zum Beispiel dem Markengesetz, dem Patentgesetz etc.
geregelt. Hinzu kommen verschiedene europäische Verordnungen. Zwar weisen die unterschiedlichen Schutzrechte durchaus relevante Unterschiede auf, dies rechtfertigt jedoch
nicht die Aufsplittung der Materie in eine Vielzahl von Einzelgesetzen. Viele rechtliche
Aspekte der jeweiligen Schutzrechte, wie zum Beispiel die Entstehung, die Übertragung
oder auch die Lizenzierung, basieren auf vergleichbaren Grundgedanken und Regelungen. Eine einheitliche gesetzliche Regelung mit einem Allgemeinem Teil mit den für alle
Schutzrechte geltenden allgemeinen Regeln sowie einem Besonderen Teil mit den für die
jeweiligen Schutzrechte geltenden Besonderheiten existiert bislang lediglich als Modellgesetz für Geistiges Eigentum.[16] Diese Darstellung hat den Vorteil der Übersichtlichkeit,
der Vermeidung von Wiederholungen und der Verdeutlichung von Übereinstimmungen

---

[16] Ahrens und McGuire (2012).

und Abweichungen bezüglich der jeweiligen Schutzrechte. Sie soll deshalb auch für die Darstellung in diesem Lehrbuch übernommen werden. Anders als in dem Modellgesetz für Geistiges Eigentum beschränkt sich die Darstellung hier jedoch auf das geltende Recht und verzichtet auf Vorschläge für eine weitere Vereinheitlichung.

1.3 Schwerpunkte

Hinsichtlich der Schwerpunkte der Darstellung orientiert sich dieses Lehrbuch an der Bedeutung der jeweiligen Schutzrechte und Rechtsgebiete für die Praxis einerseits und ihrer Bedeutung innerhalb der wissenschaftlichen Diskussion andererseits. Dies führt zu einer Gewichtung, die in etwa derjenigen ähnelt, die auch bei der Diskussion und Berichterstattung der Deutschen Vereinigung für Gewerblichen Rechtsschutz und Urheberrecht vorgenommen wird, mit einem Schwerpunkt auf den Bereichen des Lauterkeitsrechts, des Markenrechts, des Urheberrechts und mit Einschränkungen des Patentrechts sowie einer schwächeren Gewichtung hinsichtlich des Gebrauchsmusterrechts und des Designrechts. Das Kartellrecht sowie das Vergaberecht sind nicht Gegenstand der Darstellung. Diese Rechtsgebiete werden traditionell gesondert dargestellt. Sie sind in größerem Maße öffentlich-rechtlich geprägt und haben in der Praxis weniger Verbindung zu den Bereichen des Geistigen Eigentums und des Lauterkeitsrechts.

Literatur

Ahrens, H.-J., & MacGuire, M.-R. (2012). *Modellgesetz für Geistiges Eigentum.* München: sellier european law publishers GmbH.

Europäisches Patentamt und Harmonisierungsamt für den Binnenmarkt (2013). Intellectual property rights intensive industries: contribution to economic performance and employment in the European Union. http://ec.europa.eu/internal_market/intellectual-property/docs/joint-report-epo-ohim-final-version_en.pdf. Zugegriffen: 21. April 2016.

Giersberg, G. (26. Januar 2009). Der Wert von Marken wird überschätzt. *Frankfurter Allgemeine Zeitung*, S. 10.

Götting, H. P. (2006). Der Begriff des Geistigen Eigentums. *GRUR*, 353–358.

Grundling, N.H. (1726). *Rechtliches und vernunftmäßiges Bedenken eines JCTI, der unparteiisch ist, von dem schändlichen Nachdruck andern gehöriger Bücher.* Zitiert aus der für die Jahrestagung der Deutschen Vereinigung für gewerblichen Rechtsschutz und Urheberrecht e.V. 2006 in Halle/Saale hergestellten Kopie der Grundlingschen Schrift.

Hasselblatt, G. N. (2012). *Münchener Anwaltshandbuch Gewerblicher Rechtsschutz.* München: C.H. Beck.

Interbrand (2013). Apple überrundet Coca-Cola. *Frankfurter Allgemeine Zeitung*, 1. Oktober 2013, S. 15.

Kohler, J. (1894). Die Idee des Geistigen Eigenthums. *AcP*, 82, 141–161.

Tilmann, W. (2013). Durchbruch: Die Entscheidungen zum Einheitspatent und zum Europäischen Patentgericht. *GRUR, 2013*, 157.

Wesel, O. (2006). *Geschichte des Rechts – Von den Frühformen bis zur Gegenwart*. München: C.H. Beck.

Kennzeichen

2

2.1 Übersicht

Das Kennzeichenrecht ist im Gesetz über den Schutz von Marken und sonstigen Kennzeichen, dem Markengesetz (MarkenG)[1] geregelt. Sonstige Kennzeichen sind geschäftliche Bezeichnungen und geographische Herkunftsangaben.[2] Bei dem Begriff des Kennzeichens handelt es sich also um den Oberbegriff für Marken, geschäftliche Bezeichnungen und geographische Herkunftsangaben. Inhaltlich verwandt ist darüber hinaus das Namensrecht.[3] Abb. 2.1 zeigt eine Übersicht über das Kennzeichenrecht.

2.2 Marken

2.2.1 Begriff

Eine Marke kennzeichnet die Produkte und Dienstleistungen eines Unternehmens. Damit stellt eine Marke eigentlich eine eher untypische Kategorie des Geistigen Eigentums dar. Während ein urheberrechtlich geschütztes literarisches Werk oder eine patentrechtlich geschützte Erfindung unmittelbar als geistige Leistung und damit als schutzfähig erkannt werden kann, fragt man sich, worin bei einer Marke eigentlich die geistige Leistung liegt. Die Kennzeichnung von Produkten und Dienstleistungen eines Unternehmens erscheint wenig anspruchsvoll. Ihren eigentlichen Wert erhält eine Marke erst durch die Verbindung mit einer Ware oder Dienstleistung. Die Marke „Google" hat beispielsweise nicht ihren erheblichen Wert, weil das „Google"-Logo besonders kreativ ist. Eine solche kreative Leistung wäre dann auch eher urheberrechtlich für den Gestalter des Logos geschützt.

---

[1] Markengesetz vom 25. Oktober 1994 (BGBl. I S. 3082; 1995 I S. 156; 1996 I S. 682), das zuletzt durch Art. 4 des Gesetzes vom 4. April 2016 (BGBl. I S. 558) geändert worden ist.
[2] § 1 MarkenG.
[3] § 12 BGB.

© Springer Fachmedien Wiesbaden 2016
S. Ahrens, *Geistiges Eigentum und Wettbewerbsrecht*, FOM-Edition,
DOI 10.1007/978-3-658-14313-8_2

Abb. 2.1 Übersicht über das
Kennzeichenrecht

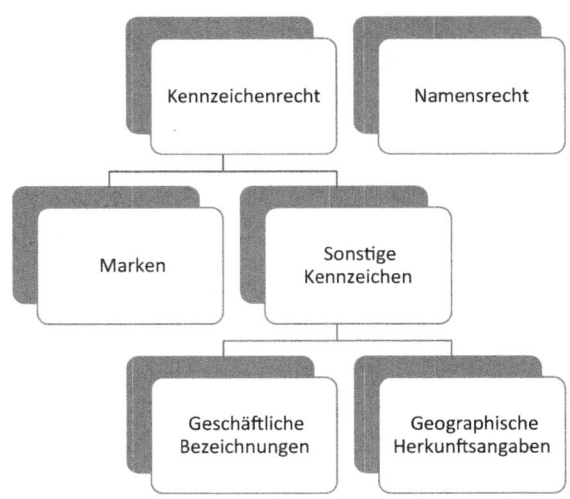

Die Marke erhält ihren Wert durch die Bekanntheit und Güte des Produktes, für das sie
steht. Sie ermöglicht es dem Hersteller, die Herkunft und die Qualität der eigenen Produkte und Dienstleistungen zu kommunizieren. Die Marke „Google" hat nur deshalb einen so
hohen Wert, weil sie weltweit einen erheblichen Bekanntheitsgrad erreicht hat und weil
der Verbraucher automatisch Innovation und beste Leistung bei Suchmaschinen mit dieser
Bezeichnung verbindet. Die eigentliche Leistung liegt also in der Schaffung eines guten
und erfolgreichen Produktes. Die Marke spiegelt dies lediglich wider.

Diese Funktion hat allerdings einen erheblichen wirtschaftlichen Wert für das Unternehmen. Gemäß einer Unternehmensberatungsstudie sind bei der BMW AG 35 % des
Umsatzes bzw. 23,9 Mrd. € Umsatz direkt auf die Reputation der Firma zurückzuführen.[4]
Das Beispiel „Google" zeigt aber auch sehr anschaulich, wie anfällig Marken sein können.
Der Wert der Marke dürfte nach dem NSA-Skandal deutlich gesunken sein. Inzwischen
verbindet man den Begriff eben nicht mehr nur mit besten Leistungen bei Suchmaschinen, sondern auch mit schlechter Datensicherheit. Die Originalität des Google-Logos ist
dadurch nicht geringer geworden. Die Dienstleistung, für die die Marke steht, hat jedoch
an Attraktivität verloren. Das hat auch die Deutsche Bank AG erfahren müssen. Aufgrund
verschiedener Skandale wegen illegalen bzw. unethischen Verhaltens wie Zinsmanipula-
tionen ist die Reputation deutlich gesunken, sodass die Deutsche Bank AG im Gegensatz
zur BMW AG nur noch 15 % des Umsatzes bzw. 4,8 Mrd. € Umsatz aufgrund ihrer
Reputation erwirtschaftet.[5] Damit wird auch der Nutzen der Marke für den Verbraucher
deutlich. Sie ermöglicht es dem Verbraucher, Produkte und Dienstleistungen wiederzuerkennen und damit Erfahrungen mit vorherigen Käufen bei der erneuten Kaufentscheidung
zu berücksichtigen. Wären Marken nicht vor Übernahme durch Wettbewerber geschützt,

---

[4] Biesalski (2013).
[5] Biesalski (2013).

könnte der Verbraucher sich nicht darauf verlassen, dass er genau das Produkt erwirbt, mit dem er bereits gute Erfahrungen gemacht hat, bzw. das Produkt nicht erwirbt, mit dem er bereits schlechte Erfahrungen gemacht hat. Darüber hinaus ermöglichen es Marken dem Verbraucher auch, sich bei seinem Konsum weitestgehend von Emotionen leiten zu lassen.

Neuroökologische Studien der Universität Münster zeigen, dass bei Menschen, die bekannte Marken betrachten, die Regionen im Gehirn besonders aktiv sind, die für emotionale und instinktive Prozesse zuständig sind, während die Regionen, die für rationale Entscheidungen zuständig sind, in ihrer Aktivität gedrosselt sind.[6] Marken transportieren also nicht nur sachliche Information, sondern haben eine starke emotionale Wirkung auf Verbraucher. Das erklärt die zunehmende wirtschaftliche Bedeutung und Verbreitung von Marken. Das Deutsche Patent- und Markenamt trägt ca. 60.000 Marken pro Jahr ins Markenregister ein.[7] Insgesamt verwaltet es ca. 800.000 deutsche Marken.[8]

Beispiel

Ein Beispiel für eine Marke ist die Bezeichnung „FOM" als prägnante Kurzform für die dahinterstehende Hochschule.

Der Begriff „Warenzeichen" ist veraltet und sollte nicht mehr verwendet werden, allein schon deshalb, weil eine Marke eben nicht nur für Waren, sondern auch für Dienstleistungen geschützt werden kann. Diese werden in dem Waren- und Dienstleistungsverzeichnis, das zu jeder Marke gehört, aufgezählt und bestimmen den Schutzumfang der Marke. In der Nizzaer Klassifikation[9] sind alle denkbaren Waren und Dienstleistungen in insgesamt 34 Waren- und elf Dienstleistungsklassen aufgeteilt, um eine möglichst international einheitliche und übersichtliche Terminologie zu ermöglichen.[10] Jede Klasse enthält verschiedene Oberbegriffe, auch Klassentitel genannt.

Beispiel

Ein Beispiel hierfür ist die Klasse 25, die lautet: „Bekleidungsstücke, Schuhwaren, Kopfbedeckungen".

Der Oberbegriff „Bekleidungsstücke" umfasst beispielsweise die darunter fallenden Waren, wie Hosen, T-Shirts, Strümpfe etc. Aus diesem Grunde geben Markenanmelder

---

[6] Müller-Jung (2003).

[7] Deutsches Patent- und Markenamt, Presseportal, Markenanmeldungen nach Bundesländern 2012, http://presse.dpma.de/presseservice/datenzahlenfakten/statistiker/marke/index.html. Zuletzt abgerufen am 21.04.2016.

[8] Deutsches Patent- und Markenamt, Auf einen Blick, http://presse.dpma.de/docs/pdf/ pressemitteilungen/aufeinenblick_2015.pdf. Zuletzt abgerufen am 21.04.2016.

[9] Abkommen von Nizza über die Internationale Klassifikation von Waren und Dienstleistungen für die Eintragung von Marken vom 15. Juni 1957.

[10] Eine Übersicht der 45 Waren- und Dienstleistungsklassen mit einer Anleitung für Benutzer und allgemeine Anmerkungen findet sich auf der Internetseite des Deutschen Patent- und Markenamtes: http://www.dpma.de/docs/service/klassifikationen/nizza/nizza10-2013anleitunganmerkungenklassenuebersicht.pdf. Zuletzt abgerufen am 21. April.2016.

häufig alle Oberbegriffe einer Klasse an, um einen möglichst umfassenden Schutzbereich für ihre Marke zu erhalten.[11]

Beispiel

Ein Beispiel hierfür ist das Waren- und Dienstleistungsverzeichnis der eingetragenen Marke FOM, das lautet:

„Papier, Pappe (Karton) und Waren aus diesen Materialien, soweit in Klasse 16 enthalten; Druckereierzeugnisse; Buchbinderartikel; Fotografien; Schreibwaren; Klebstoffe für Papier- und Schreibwaren oder für Haushaltszwecke; Künstlerbedarfsartikel; Schreibmaschinen und Büroartikel (ausgenommen Möbel); Lehr- und Unterrichtsmittel (ausgenommen Apparate); Verpackungsmaterial aus Kunststoff, soweit in Klasse 16 enthalten; Drucklettern; Druckstöcke; Werbung; Geschäftsführung; Unternehmensverwaltung; Büroarbeiten; Durchführung von Studiengängen, Aus-, Fort- und Weiterbildungsmaßnahmen, Seminaren, Lehrgängen und sonstigen Schulungen, vorzugsweise im Bereich Ökonomie und Management, vorgenannte Dienstleistungen insbesondere mit dem Ziel der Erreichung eines Abschlusses; Erziehung; Unterhaltung; sportliche und kulturelle Aktivitäten"

Dabei ist allerdings zu berücksichtigen, dass sehr allgemein formulierte Oberbegriffe nicht der erforderlichen Eindeutigkeit und Klarheit der Verzeichnisse entsprechen. Sie können folglich nicht ohne Präzisierung ins Waren- und Dienstleistungsverzeichnis übernommen werden. Sowohl die Markenämter als auch alle anderen Wirtschaftsteilnehmer müssen in der Lage sein, klar und eindeutig zu identifizieren, in welchem Umfang einzelne Marken geschützt sind. Aus diesem Grunde sind die Markenregister in der Regel auch im Internet öffentlich einsehbar.[12]

2.2.2 Geschichte

Das Recht, Waren mit besonderen Zeichen zu versehen, diente zunächst der staatlichen Kontrolle und der Einhaltung bestimmter Fabrikationsregeln. Sie waren Instrument einer staatlichen Qualitätskontrolle aus Gründen des Gewerbeschutzes sowie des Kunstschutzes.[13] Im Jahre 1544 verlieh beispielsweise Kaiser Karl V. Messerschmieden in Schlesien und der Oberpfalz das Recht, ihre Erzeugnisse mit einem Zeichen zu versehen, das andere nicht gebrauchen durften.[14] Erst mit der Einführung der Gewerbefreiheit und der Anerkennung eines Selbstbestimmungsrechts des einzelnen Unternehmers im 19. Jahrhundert

---

[11] EuGH, Urteil vom 19. Juni 2012 in der Rechtssache C-307/10 – IP Translator.
[12] Das Deutsche Patent- und Markenamt bietet beispielsweise unter dem Link https://register.dpma.de/DPMAregister/marke/einsteiger eine entsprechende kostenlose Recherche an. Zuletzt abgerufen am 21. April 2016.
[13] Fezer (2009), Einleitung zum MarkenG, Rn. 1.
[14] Wesel (2006), Rn. 284.

Abb. 2.2 Darstellung des Deichmann-Winkels. (EuGH, Beschluss vom 26.4.2012 – C-307/11 P (Deichmann SE ./. Amt der Europäischen Union für geistiges Eigentum), GRUR Int 2013, S. 134)

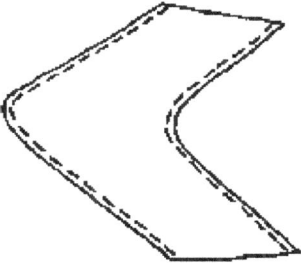

wandelte sich die Marke. Sie wurde zu einem subjektiven Recht des Unternehmers. Dieser hatte nun das Recht auf die freie Wahl einer eigenen Marke und den Erwerb des Markenrechts durch ein staatliches Verfahren, nämlich die Anmeldung, Registrierung und Bekanntmachung der Marke.[15] Im Jahr 1874 wurde das deutsche Markenschutzgesetz erlassen.[16]

2.2.3 Grundlagen

Das deutsche Markengesetz definiert in § 3 die als Marke schutzfähigen Zeichen wie folgt:

> Als Marke können alle Zeichen, [...] geschützt werden, die geeignet sind, Waren oder Dienstleistungen eines Unternehmens von denjenigen anderer Unternehmen zu unterscheiden.

Damit ist bereits die wichtigste Funktion einer Marke definiert: die Herkunftsfunktion. Sie steht im Zentrum fast aller markenrechtlichen Diskussionen. Die meisten markenrechtlichen Konflikte drehen sich um die Frage der Schutzfähigkeit und damit Eintragungsfähigkeit eines Zeichens im Markenregister oder um die Frage, ob ein bestimmtes Zeichen eine existierende Marke verletzt. Diese Abgrenzungen können im Einzelfall sehr schwierig sein. Bei Schuhen hat der Gerichtshof der Europäischen Union einem von der Deichmann SE verwendeten Zeichen, das einen mit gestrichelten Linien umsäumten Winkel darstellt, die Schutzfähigkeit und damit die Eintragungsfähigkeit abgesprochen. Zur Begründung hat das Gericht ausgeführt, es handele sich lediglich um eine banale und einfache Form, die nicht erheblich von den üblicherweise in der Schuhbranche verwendeten Formen abweiche.[17] Abb. 2.2 zeigt eine Darstellung des Deichmann-Winkels.

Die von der Adidas AG verwendeten drei Streifen sind hingegen seit Langem als Marke geschützt und in die Markenregister vieler Länder eingetragen. Hier stellt sich die Frage, warum die Adidas-Streifen, nicht jedoch der Deichmann-Winkel als schutzfähig

---

[15] Fezer (2009), Einleitung zum MarkenG, Rn. 2.
[16] Gesetz über Markenschutz vom 30. November 1874; RGBl., S. 143.
[17] EuGH, Beschluss vom 26.4.2012 – C-307/11 P (Deichmann SE ./. Amt der Europäischen Union für Geistiges Eigentum), GRUR Int 2013, S. 134.

angesehen werden. Dabei interessiert an dieser Stelle weniger, ob die eine oder die andere Entscheidung richtig ist oder hätte anders getroffen werden können oder müssen. Letztlich kann man über jede Entscheidung der Markenämter oder der Gerichte streiten. Das ist normal, was nicht zuletzt die Fälle zeigen, in denen in der nächsten Instanz eine markenamtliche oder gerichtliche Entscheidung aufgehoben wurde. Für die eigene Bewertung und insbesondere die eigene Orientierung in der Praxis bei der Frage, inwieweit ein Zeichen als Marke schutzfähig sein kann, ist die Frage interessanter, wie solche Entscheidungen zustande kommen. Diese Frage kann nur im Hinblick auf die Funktion der Marke beantwortet werden. Wenn diese darin gesehen wird, die Waren und Dienstleistungen eines Unternehmens von denen eines anderen Unternehmens zu unterscheiden, dann lautet die entscheidende Frage, ob das angemeldete Zeichen für die zu schützenden Waren oder Dienstleistungen Unterscheidungskraft hat.[18] Bejaht man diese Frage, dann ist das Zeichen schutzfähig und als Marke eintragungsfähig. Verneint man diese Frage, dann ist das Zeichen nicht schutzfähig und nicht als Marke eintragungsfähig. Bei Bildmarken beispielsweise ist zu überlegen, ob die angesprochenen Verkehrskreise das Zeichen eventuell ausschließlich als Verzierung wahrnehmen, dann läge keine Unterscheidungskraft vor, oder ob die angesprochenen Verkehrskreise dem Zeichen eine herkunftshinweisende Bedeutung zumessen,[19] dann läge Unterscheidungskraft vor. Diese Abgrenzung kann in der Praxis durchaus schwierig sein. Die Fokussierung auf die Funktion der Marke erleichtert jedoch die Orientierung und ermöglicht eine zielgerichtete und überzeugende Argumentation.

Das Gleiche gilt für die Frage, ob die Verwendung eines Zeichens im geschäftlichen Verkehr eine andere eingetragene Marke verletzt. Auch hier hilft weniger das Studium vieler einzelner Entscheidungen als vielmehr der Blick auf die Funktion der Marke. Wenn die Funktion der Marke darin liegt, die Waren und Dienstleistungen eines Unternehmens von denen eines anderen Unternehmens zu unterscheiden, dann wird man eine Verletzung des Schutzbereichs der eingetragenen Marke annehmen müssen, wenn das andere Zeichen und gegebenenfalls die Waren und Dienstleistungen, für die es verwendet wird, so ähnlich sind, dass eine Verwechslungsgefahr entsteht.[20] Wenn nämlich die angesprochenen Verkehrskreise die Waren und Dienstleistungen des einen Unternehmens mit denen eines anderen Unternehmens verwechseln, dann kann die eingetragene Marke ihre Funktion nicht mehr erfüllen. Sie ermöglicht es den angesprochenen Verkehrskreisen nicht mehr, unmittelbar auf die Herkunft der Waren und Dienstleistungen aus einem bestimmten Unternehmen zu schließen. Sobald diese Schwelle überschritten ist, liegt eine Verletzung der Marke vor. Auch bei der Frage nach dem Vorliegen einer Markenverletzung führt die Berücksichtigung der Funktion der Marke sowohl zu den entscheidenden Fragen als auch zu

---

[18] § 8 Abs. 2 Nr. 1 MarkenG.
[19] EuGH, Beschluss vom 26.4.2012 – C-307/11 P (Deichmann SE ./. Amt der Europäischen Union für Geistiges Eigentum).
[20] EuGH, Entscheidung vom 22.6.2000 – C-425/98 (Maca Mode CV ./. Adidas AG); Urteil vom 23.10.2003 – C-408/01 (Adidas-Salomon AG u. Adidas Benelux BV ./. Fitnessworld Trading Ltd).

den überzeugenden Argumenten, mit denen man seine Position in einer Auseinandersetzung erfolgreich vertreten und durchsetzen kann.

So hatte beispielsweise Adidas versucht, einem Wettbewerber die Verwendung eines Zeichens zu untersagen, das aus zwei parallel verlaufenden Streifen bestand. Adidas obsiegte zunächst vor einem niederländischen Gericht allein mit dem Argument, dass die Gefahr bestünde, dass das betreffende Publikum das streitige Zeichen mit der eingetragenen Marke von Adidas gedanklich in Verbindung bringe. Der Gerichtshof der Europäischen Union akzeptierte dieses Argument nicht und wies darauf hin, dass allein die Gefahr, dass das streitige Zeichen mit der eingetragenen Marke gedanklich in Verbindung gebracht werde, noch nicht ausreiche, um ein Verbot zu rechtfertigen. Hierzu müsse das Vorliegen einer Verwechslungsgefahr dargelegt werden.[21]

►   Von dem Recht an der Marke ist das gegebenenfalls existierende Recht an dem die Marke ausmachenden Zeichen als solchem zu trennen. Insbesondere bei einem Logo bestehen häufig Urheberrechte des Designers. Ein umfassender Schutz beinhaltet folglich nicht nur die Eintragung des Logos als Marke, sondern auch die Übertragung der ausschließlichen Nutzungsrechte an dem gegebenenfalls bestehenden Urheberrecht des Designers.

2.2.4 Markenarten

Es gibt viele verschiedene Möglichkeiten, auf die Herkunft von Waren und Dienstleistungen aus einem bestimmten Unternehmen hinzuweisen. Die Markenrichtlinie[22] sowie die Unionsmarkenverordnung[23] sehen deshalb auch hinsichtlich der Art von Marken keine konkrete Beschränkung vor, sondern formulieren ganz allgemein, dass Marken Zeichen aller Art sein können, soweit sie geeignet sind,

    Waren oder Dienstleistungen eines Unternehmens von denjenigen anderer Unternehmen zu unterscheiden

und nennen als Beispiele

    Wörter einschließlich Personennamen, Abbildungen, Buchstaben, Zahlen, Farben, die Form oder Verpackung der Ware oder Klänge[24].

---

[21] EuGH, Entscheidung vom 22.6.2000 – C-425/98 (Maca Mode CV ./. Adidas AG).

[22] Richtlinie (EU) 2015/2436 des Europäischen Parlaments und des Rates vom 16. Dezember 2015 zur Angleichung der Rechtsvorschriften der Mitgliedstaaten über die Marken, ABl. L 336/1.

[23] Verordnung (EU) 2015/2424 des Europäischen Parlaments und des Rates vom 16. Dezember 2015 zur Änderung der Verordnung (EG) Nr. 207/2009 des Rates über die Gemeinschaftsmarke und der Verordnung (EG) Nr. 2868/95 der Kommission zur Durchführung der Verordnung (EG) Nr. 40/94 des Rates über die Gemeinschaftsmarke und zur Aufhebung der Verordnung (EG) Nr. 2869/95 der Kommission über die an das Amt der Europäischen Union für Geistiges Eigentum für den Binnenmarkt (Marken, Muster und Modelle) zu entrichtenden Gebühren, ABl. L 341/21.

[24] Art 3 Markenrichtlinie, Art. 4 Unionsmarkenverordnung.

Die Fähigkeit, Waren oder Dienstleistungen eines Unternehmens von denjenigen anderer Unternehmen zu unterscheiden, nennt man auch Unterscheidungskraft. Dabei wird unterschieden zwischen der abstrakten Unterscheidungskraft und der konkreten Unterscheidungskraft. Bei der abstrakten Unterscheidungskraft geht es um die Frage, ob ein Zeichen, beispielsweise ein Farbton oder ein Geruch, grundsätzlich und allgemein geeignet ist, die Waren oder Dienstleistungen eines Unternehmens von denjenigen anderer Unternehmen zu unterscheiden. Die Frage nach der abstrakten Unterscheidungskraft stellt sich also bei der grundsätzlichen Überlegung, welche Markenarten es überhaupt geben kann. Bei der konkreten Unterscheidungskraft geht es hingegen um die Frage, ob ein konkretes Zeichen, beispielsweise der Farbton „RAL 3020 – Verkehrsrot" geeignet ist, die Finanzdienstleistungen eines Kreditinstitutes von denen eines anderen Kreditinstitutes zu unterscheiden. Diese Frage stellt sich erst im Verfahren einer konkreten Markenanmeldung. Ein Zeichen kann also grundsätzlich abstrakt unterscheidungskräftig und trotzdem für bestimmte Waren oder Dienstleistungen nicht konkret unterscheidungskräftig sein.[25]

Beispiel

Ein bestimmter Farbton kann grundsätzlich geeignet sein, die Waren und Dienstleistungen eines Unternehmens von denen anderer Unternehmen zu unterscheiden, zum Beispiel konkret bei Tankstellen. Gleichzeitig kann er für andere Dienstleistungen, zum Beispiel im Bereich der Kreditwirtschaft, nicht konkret unterscheidungskräftig sein, weil in der Branche vergleichbare Farbtöne von vielen Wettbewerbern gleichzeitig genutzt werden und vom Verbraucher eher als Dekoration und nicht als Herkunftshinweis angesehen werden.[26]

Darüber hinaus wird im Markenrecht der Begriff der Kennzeichnungskraft verwendet. Er bezieht sich – ebenso wie der Begriff der Unterscheidungskraft – auf die Fähigkeit eines Zeichens, die Waren oder Dienstleistungen eines Unternehmens von denjenigen anderer Unternehmen zu unterscheiden. Anders als bei der Unterscheidungskraft geht es aber nicht um die Frage, ob das für die Eintragung als Marke erforderliche Mindestmaß dieser Fähigkeit vorliegt. Bei der Kennzeichnungskraft wird dies vorausgesetzt. Es geht nur noch um die Frage, in welchem Maße diese Fähigkeit vorliegt, ob es sich also um eine schwache Marke (geringe Kennzeichnungskraft) oder eine starke, also eine besonders kennzeichnungskräftige Marke handelt. Diese Frage stellt sich erst im Verletzungsverfahren, wenn man den konkreten Schutzbereich einer Marke bestimmt. Abb. 2.3 zeigt eine Übersicht über das Merkmal der Unterscheidungskraft.

Bezüglich der Frage, welche Markenarten grundsätzlich existieren können, ist neben der Frage nach der abstrakten Unterscheidungskraft regelmäßig die Frage zu beantworten, ob eine Markenart überhaupt darstellbar ist. Anderenfalls wäre es nicht möglich, die Marke mit der nötigen Bestimmtheit darzustellen und der Öffentlichkeit, insbesondere

---

[25] Ingerl und Rohnke (2010), Vorbemerkungen zu § 3, Rn. 1.
[26] BPatG, Beschluss vom 8.3.2013 – W (pat) 33/12, GRUR 2013, 844 – Sparkassen-Rot.

Abb. 2.3 Übersicht über das Merkmal der Unterscheidungskraft

den Wettbewerbern, zu kommunizieren, welche konkreten Zeichen geschützt sind. Ein Zeichen, das sich nicht darstellen lässt, ist nicht markenfähig.[27] Daraus lassen sich die folgenden Markenarten ableiten:

2.2.4.1 Wortmarken
Eine Wortmarke besteht aus Wörtern oder Buchstaben.

Beispiel

Ein typisches Beispiel ist die Bezeichnung „FOM".

Eine Besonderheit stellen Werbesprüche dar. Sofern sie lediglich als werbliche Anprei-sung des Produktes verstanden werden, können sie die für den Schutz als Marke erforder-liche Herkunftsfunktion nicht erfüllen. Nur wenn sie zumindest auch als Herkunftshinweis verstanden werden, sind sie als Marke schutzfähig. Hierzu ist es erforderlich, dass nicht nur eine gewöhnliche Werbemitteilung, sondern auch eine gewisse Originalität und Präg-nanz vorliegen, die ein Mindestmaß an Interpretationsaufwand erfordern und bei den angesprochenen Verkehrskreisen einen Denkprozess auslösen.

---

[27] Art. 3 b) Markenrichtlinie, Art. 4 b) Unionsmarkenverordnung. Die Markenrichtlinie ist gemäß ihres Art. 54 Abs. 1 bis zum 14. Januar 2019 in nationales Recht umzusetzen. Die aktuelle Fassung des deutschen Markengesetzes sieht in § 8 Abs. 1 noch vor, dass ein als Marke einzutragendes Zei-chen grafisch darstellbar sein muss. Diese Formulierung wird inzwischen als zu eng angesehen. Um die Entwicklung neuer Markenformen nicht unangemessen einzuschränken, soll deshalb jegliche allgemein zugängliche Technologie der Darstellung ausreichen (Erwägungsgrund 13 der Marken-richtlinie).

Beispiel

Diese Voraussetzung wurde für den Werbespruch „Vorsprung durch Technik" der Audi AG angenommen. [28] Der Spruch „Wir machen das Besondere einfach" wurde hingegen als bloße Werbebotschaft ohne besondere Prägnanz oder Originalität mangels Unterscheidungskraft zurückgewiesen.[29]

2.2.4.2   Bildmarken

Eine Bildmarke besteht aus einer Abbildung.

Beispiel

Ein typisches Beispiel ist die Abbildung eines Unternehmenslogos, wie beispielsweise der von Puma SE als Marke verwendeten Raubkatze. Abb. 2.4 zeigt eine Darstellung der Marke.

In Europa werden auch chinesische Schriftzeichen als Bild definiert, da der europäische Verbraucher die Schriftzeichen nicht als Wort identifizieren kann.

Beispiel

Die chinesischen Schriftzeichen für die Worte „St Pauli Girl" sind deshalb als Bildmarke anzumelden und zu registrieren. Abb. 2.5 zeigt eine Darstellung der Marke.

Abb. 2.4   Darstellung der Marke. (BGH GRUR Int 1996, 60 – Springende Raubkatze)

---

[28] EuGH, Urteil vom 21.10.2010 – C-398/08, GRUR 2010, 228 – Audi.
[29] EuGH, Urteil vom 12.7.2012 – C-311/11, GRUR Int 2012, 914 – Wir machen das Besondere einfach.

Abb. 2.5 Darstellung der Marke. (BGH GRUR 2000, 502 – St. Pauli Girl)

2.2.4.3 Wort-Bild-Marken

Eine Wort-Bild-Marke besteht aus Wörtern oder Buchstaben und einer Abbildung.

> **Beispiel**
>
> Ein typisches Beispiel ist das Logo des Springer Verlags mit dem Schriftzug. Es enthält nicht nur die Bezeichnung „Springer", sondern auch eine grafische Gestaltung, den Pferdekopf. Abb. 2.6 zeigt eine Darstellung des Springer Logos mit Schriftzug.

2.2.4.4 Dreidimensionale Marken

Eine dreidimensionale Marke besteht aus einer zweidimensionalen Abbildung eines dreidimensionalen Objektes. Es ist für die Markenanmeldung nicht erforderlich, ein dreidimensionales Modell beim Markenamt einzureichen. Um klarzustellen, dass es sich nicht um eine zweidimensionale Bildmarke handelt, ist allerdings ausdrücklich anzugeben, dass der Schutz einer dreidimensionalen Darstellung gewünscht ist.[30]

> **Beispiel**
>
> Ein Beispiel ist die Abbildung eines dreidimensional abgebildeten Logos.

Besonderheiten sind zu berücksichtigen, wenn die dreidimensionale Gestaltung sich auf die Form einer Ware bezieht. Markenmäßiger Schutz ist in bestimmten Fällen für derartige Gestaltungen ausgeschlossen.[31]

2.2.4.4.1 Zeichen, deren Form durch die Art der Ware selbst bedingt ist

Zeichen, die ausschließlich aus einer Form bestehen, die durch die Art der Ware selbst bedingt ist, sind vom Markenschutz ausgeschlossen.[32] Diese Schutzgrenze dient der Abgrenzung zwischen Marken und Designrechten. Der Schutz von Produktgestaltungen erfolgt

Abb. 2.6 Darstellung des Logos von Springer mit Schriftzug. (http://www.springer.com/de/about-springer/media/press-photos#mainnav-undefined)

---

[30] BGH GRUR 2001, 239 – Zahnpastastrang.
[31] § 3 MarkenG.
[32] § 3 Abs. 2 Nr. 1 MarkenG.

durch das Designrecht und seine spezifischen Anforderungen und Grenzen (siehe Kap. 4). Diese sollen nicht durch das Markenrecht ausgehebelt werden. Designschutz ist beispielsweise zeitlich begrenzt, während Markenschutz theoretisch zeitlich unbegrenzt möglich ist. Außerdem würde die Monopolisierung der Abbildung des Produktes den Wettbewerbern des Markeninhabers den Vertrieb ihrer Produkte unangemessen erschweren, da sie kaum noch in der Lage wären, ihre Produkte abzubilden.

Beispiel

Ein typisches Beispiel für ein Zeichen, das ausschließlich aus einer Form besteht, die durch die Art der Ware selbst bedingt ist, wäre die naturgetreue Abbildung eines Apfels für die Ware „Äpfel".

An diesem Beispiel wird auch sehr gut deutlich, dass der Schutzbereich einer Marke immer von ihrem Waren- und Dienstleistungsverzeichnis bestimmt wird. Die naturgetreue Abbildung eines Apfels für die Ware „Computer" wäre problemlos möglich, da das Zeichen nicht aus einer Form bestünde, die durch die Art der Ware „Computer" bedingt ist.

Die Gesetzesformulierung „ausschließlich" aus einer Form, die durch die Art der Ware selbst bedingt ist, führt zu einer sehr engen Auslegung der Schutzschranke. Bereits die Hinzufügung eines einzigen gestalterischen Merkmals kann zur Schutzfähigkeit des Zeichens führen.

Beispielsweise zeigt die Abbildung eines Porsche Boxster nicht nur die Darstellung eines Sportwagens oder eines Kraftfahrzeugs schlechthin. Aufgrund einer Vielzahl von besonderen Gestaltungselementen ist diese konkrete Form abstrakt markenfähig.[33] Abb. 2.7 zeigt eine Darstellung der Markenanmeldung für den Porsche Boxster.

Abb. 2.7 Darstellung der Markenanmeldung für den Porsche Boxster. (BGH GRUR 2006, 679 – Porsche Boxster)

---

[33] BGH GRUR 2006, 679 – Porsche Boxster.

2.2.4.4.2 Zeichen, deren Form zur Erreichung einer technischen Wirkung erforderlich ist

Zeichen, die ausschließlich aus einer Form bestehen, die zur Erreichung einer technischen Wirkung erforderlich ist, sind ebenfalls vom Markenschutz ausgeschlossen.[34] Diese Schutzgrenze dient der Abgrenzung zwischen Marken und technischen Schutzrechten. Der Schutz technischer Merkmale soll ausschließlich durch Patente und Gebrauchsmuster erfolgen. Deren Grenzen sollen nicht durch das Markenrecht unterlaufen werden.[35] Anderenfalls könnten technische Gestaltungen, die zum Stand der Technik gehören und deshalb patentrechtlich nicht mehr schutzfähig sind, dennoch über den Umweg des Markenrechts monopolisiert werden. Obwohl der Wortlaut „ausschließlich" auch hier auf eine sehr enge Auslegung hindeutet, erfasst diese Vorschrift bereits alle Warenformen, deren wesentliche funktionelle Merkmale nur eine technische Funktion erfüllen. Dabei kommt es nicht darauf an, ob sich die gleiche technische Wirkung auch unter Verwendung anderer Formen erreichen lässt.[36]

Beispiel

Ein Beispiel für ein Zeichen, das aus einer Form besteht, die zur Erreichung einer technischen Wirkung erforderlich ist, stellt die Abbildung der oberen Fläche eines Rasierapparates dar, die sich aus drei in Form eines gleichseitigen Dreiecks angeordneten runden Köpfen mit rotierenden Klingen zusammensetzt. Abb. 2.8 zeigt eine Darstellung des von der Koninklijke Philips Electronics N.V. zu Zwecken der Anmeldung einer Formmarke verwendeten Zeichens.

2.2.4.4.3 Zeichen, deren Form der Ware einen wesentlichen Wert verleiht

Zeichen, die ausschließlich aus einer Form bestehen, die der Ware einen wesentlichen Wert verleiht, sind ebenfalls vom Markenschutz ausgeschlossen.[37] Diese Schutzgrenze dient ebenfalls der Abgrenzung zwischen Marken und Designrechten. Erfasst werden Formgestaltungen, bei denen die betreffenden ästhetischen Elemente nicht mehr als bloße Zutat zur Ware angesehen werden, sondern deren Wesen ausmachen und damit die Hauptfunktion der Marke, als Herkunftshinweis zu dienen, verdrängt wird.[38]

Beispiel

Ein Beispiel für ein Zeichen, das ausschließlich aus einer Form besteht, die der Ware einen wesentlichen Wert verleiht, ist die Abbildung einer Hummel-Sammelfigur.[39] Hierbei handelt es sich um ca. 12 cm große dreidimensionale Plastiken aus Porzellan oder Steingut, die Kinder darstellen.

---

[34] § 3 Abs. 2 Nr. 2 MarkenG.
[35] EuGH GRUR 2002, 804, 809 – Philips.
[36] EuGH GRUR 2002, 804, 809 – Philips.
[37] § 3 Abs. 2 Nr. 3 MarkenG.
[38] BPatG, Beschluss vom 19.12.2003 – 33 W (pat) 211/01.
[39] BGH GRUR 1952, 516 – Hummel-Figuren.

Abb. 2.8 Darstellung des von
der Koninklijke Philips Electronics N.V. zu Zwecken der
Anmeldung einer Formmarke
verwendeten Zeichens. (EuGH
GRUR 2002, 804, 809 – Philips)

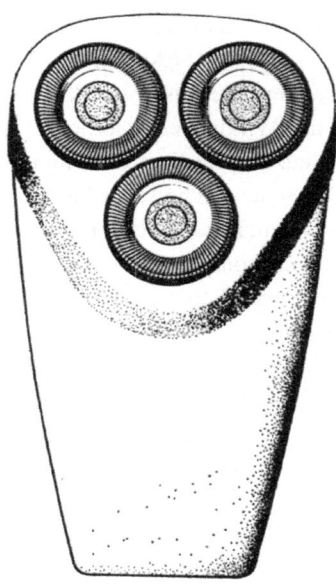

2.2.4.5 Farbmarken

Farbige Darstellungen von Wörtern oder Bildern werden nicht als Farbmarken bezeichnet.
Bei ihnen handelt es sich um farbige Bildmarken. Selbst ein farbiger Kreis oder ein farbi-
ges Quadrat ohne sonstige Gestaltungselemente ist räumlich begrenzt und stellt damit ein
Bild dar.[40] Auch dieses Bild wäre lediglich eine farbige Bildmarke. Unter Farbmarken versteht man hingegen Farben und Farbzusammenstellungen ohne räumliche Begrenzungen,
also konturunbestimmte abstrakte Farbmarken,[41] die typischerweise durch ein international anerkanntes Farbklassifikationssystem wie Pantone oder RAL bezeichnet werden.

> **Beispiel**
>
> Ein Beispiel für eine abstrakte Farbmarke ist der Farbton „Blau Pantone 300" (Aral-
> Blau).

Obwohl das Markengesetz ausdrücklich auch Farben und Farbzusammenstellungen als
Marke schutzfähige Zeichen nennt,[42] stellt sich bei abstrakten Farbmarken häufig die Frage, ob sie geeignet sind, Waren oder Dienstleistungen eines Unternehmens von denjenigen
anderer Unternehmen zu unterscheiden, ob sie also die für den Markenschutz erforderliche Unterscheidungskraft aufweisen. Dies ist nur unter außergewöhnlichen Umständen

---

[40] Hacker in Ströbele und Hacker (2015), § 3, Rn. 41.
[41] BPatG, Beschluss vom 8.3.2013 – W (pat) 33/12, GRUR 2013, 844 – Sparkassen-Rot.
[42] § 3 Abs. 1 MarkenG.

der Fall, und zwar dann, wenn die Zahl der Waren oder Dienstleistungen, für die die Marke angemeldet wird, sehr beschränkt und der maßgebliche Markt sehr spezifisch ist.[43]

Beispiel

Nach Auffassung des Bundespatentgerichts ist beispielsweise der Farbton „RAL 3020 Verkehrsrot" (Sparkassen-Rot) nicht originär unterscheidungskräftig, weil auf dem Markt für Finanzdienstleistungen zahlreiche Banken tätig sind und die wichtigsten Farben, insbesondere Rot, Blau und Gelb, jeweils von mehreren Banken verwendet werden.[44] In einem solchen Fall stünde das Allgemeininteresse, dass die Verfügbarkeit der Farbe für die anderen Wirtschaftsteilnehmer nicht ungerechtfertigt beschränkt wird, dem Interesse des Markenanmelders an Schutz für den gewählten Farbton entgegen.[45]

Der Farbton „Blau Pantone 300" (Aral-Blau) für die Ware „Motorentreibstoffe für Kraftfahrzeuge" ist hingegen originär unterscheidungskräftig, da es sich um eine spezifische und enger eingegrenzte Warengruppe handelt, die ausschließlich an Tankstellen erworben werden kann. Außerdem ist das Publikum im Tankstellenmarkt seit Jahrzehnten an eine bestimmte Farbverteilung unter den großen Mineralölgesellschaften gewöhnt.[46] Gerade für Tankstellen eignen sich Farbmarken in besonderer Weise, da der Kunde schon von Weitem während der Fahrt die Farbe identifizieren und damit den Anbieter der Waren von seinen Wettbewerbern unterscheiden kann. Ein Farbton erfüllt die Herkunftsfunktion der Marke in diesem Fall also sogar besser als ein Wort oder ein Logo.

Eine konturunbestimmte abstrakte Farbzusammenstellung mehrerer Farbtöne ist ebenfalls grundsätzlich schutzfähig. Allerdings ist eine nähere Definition der Aufteilung der Farbtöne erforderlich. Die Anmeldung muss eine systematische Anordnung enthalten, in der die betreffenden Farbtöne in vorher festgelegter und beständiger Weise verbunden sind.[47] Anderenfalls wäre jede beliebige Kombination der genannten Farbtöne geschützt, was dem Grundsatz der Bestimmtheit widerspräche. Eine darüber hinausgehende Präzisierung, zum Beispiel durch eine Beschreibung der konkreten Konturen auf den beanspruchten Waren, ist hingegen nicht erforderlich. Anderenfalls würde es sich wiederum um eine farbige Bildmarke handeln.

Beispiel

Ein Beispiel für eine hinreichend bestimmte abstrakte Farbzusammenstellung mehrerer Farbtöne ist die Darstellung eines rechteckigen Farbmusters zweier gleich breiter, ohne Zwischenraum aneinander gefügter Farbstreifen der Farbtöne Dunkelblau und

---

[43] BPatG, Beschluss vom 8.3.2013 – W (pat) 33/12, GRUR 2013, 844 – Sparkassen-Rot; EuGH, GRUR 2003, 604 – Libertel.

[44] BPatG, Beschluss vom 8.3.2013 – W (pat) 33/12, GRUR 2013 844 – Sparkassen-Rot.

[45] EuGH, GRUR 2003, 604 – Libertel.

[46] BPatG, Beschluss vom 16.5.2012 – 28 W (pat) 11/11, GRUR-Prax 2012, 576 – Aral-Blau.

[47] EuGH, GRUR 2004, 858 – Heidelberger Bauchemie GmbH.

Abb. 2.9 Beispielhafte
Darstellung einer kontu-
runbestimmten abstrakten
Farbzusammenstellung (Dunkelblau und Hellblau)

Hellblau, wobei der dunkelblaue Streifen über dem hellblauen angeordnet ist. Der Wiedergabe lässt sich damit klar und eindeutig entnehmen, dass die dunkelblaue Farbe und
die hellblaue Farbe fest miteinander verbunden sind, die dunkelblaue Farbe horizontal
über der hellblauen Farbe angeordnet ist und das flächenmäßige Verhältnis beider Farben zueinander 1:1 beträgt.[48] Abb. 2.9 zeigt eine Darstellung einer konturunbestimmten
abstrakten Farbzusammenstellung.

Die Marke erfasst jede gemeinsame Darstellung der genannten Farbtöne, soweit das
flächenmäßige Verhältnis beider Farben zueinander 1:1 beträgt und die dunkelblaue Farbe
über der hellblauen Farbe angeordnet ist und beide unmittelbar miteinander verbunden
sind, ohne dass es dabei auf die konkreten Konturen der Darstellung ankäme. Die Farbzusammenstellung könnte also als Logo oder auch als großflächige Einfärbung des gesamten
Produktes erscheinen.

2.2.4.6   Hörmarken
Eine Hörmarke besteht aus einer Melodie. Auch anhand von Melodien können die Waren
und Dienstleistungen eines Unternehmens von denen eines anderen Unternehmens unterschieden werden.

Beispiel

Ein typisches Beispiel ist die Werbemelodie (Jingle) der Deutschen Telekom AG. Grafisch dargestellt werden Hörmarken durch die übliche Notenschrift. Im Falle der Werbemelodie der Deutschen Telekom AG sind das dreimal die Note „c" (jeweils eine
Sechzehntelnote), einmal die Note „e" (ebenfalls eine Sechzehntelnote) und einmal die
Note „c" (als Viertelnote).

2.2.4.7   Tastmarken
Eine Tastmarke besteht aus einer Darstellung, die haptisch wahrgenommen wird. Auch
durch die Wahrnehmung einer besonderen Gestaltung über den Tastsinn können die Wa-

---

[48] BPatG, Beschluss vom 14.10.2005 – 29 W (pat) 68/03, GRUR 2005, 1056 – Dunkelblau/Hellblau.

ren und Dienstleistungen eines Unternehmens von denen eines anderen Unternehmens unterschieden werden.[49] Dargestellt werden können Tastmarken durch Abbildungen oder wirkliche Beschreibungen des Wahrnehmungsgegenstandes.[50] Das ist allerdings schwierig.

Beispiel

Die Beschreibung „Das raue Gefühl von feinem Sandpapier" für Flaschen wurde beispielsweise vom Bundespatentgericht als zu unbestimmt abgelehnt.[51] Außerdem wurde bezweifelt, ob gerade die Oberflächengestaltung einer Flasche die erforderliche Unterscheidungskraft aufweise, ob also der angesprochene Verbraucher gerade aus der Beschaffenheit der Oberfläche einer Flasche auf die Herkunft aus einem bestimmten Unternehmen schließt.[52]

Ein Beispiel für eine eingetragene Tastmarke ist das Wort „Underberg" in der Blindenschrift Braille.

2.2.4.8 Positionsmarken

Eine Positionsmarke besteht aus einem Zeichen, das auf einen bestimmten Warenteil an gleich bleibender Stelle in gleicher Form und Größe angebracht wird.[53] Unterscheidungskraft wird hier nicht dem Zeichen selbst, sondern dem Zeichen an einer ganz bestimmten wiederkehrenden Stelle der jeweiligen Ware zugesprochen.

Beispiel

Ein Beispiel für eine eingetragene Positionsmarke ist der rote Querstreifen im Absatz von Lloyd-Schuhen, dessen Besonderheit ist, dass er bei jedem Lloyd-Produkt an der gleichen Stelle zu finden ist. Abb. 2.10 zeigt eine Darstellung des als Positionsmarke geschützten roten Querstreifens im Absatz von Lloyd-Schuhen.

2.2.4.9 Bewegungsmarken

Eine Bewegungsmarke besteht aus einem Zeichen, das einen Bewegungsablauf als Abfolge von Bildern darstellt. Auch ein typisierter Bewegungsablauf kann markenfähig sein, wenn er unterscheidungskräftig ist, also die Waren und Dienstleistungen eines Unternehmens von denen eines anderen unterscheiden kann.[54] Probleme ergaben sich bei der Anmeldung bislang dadurch, dass auch bei einer derartigen Bewegungsmarke eine grafische Darstellung erforderlich war. Die Einreichung einer Filmsequenz war nicht zulässig. Möglich war eine ausreichende Darstellbarkeit lediglich bei Bewegungsabläufen, die aus

---

[49] BGH GR UR 2007, 148 – Tastmarke.
[50] BGH GR UR 2007, 148, 150 – Tastmarke.
[51] BPatG, Beschluss vom 23.3.2007 – 26 W (pat) 3/05, GRUR 2008, 348 – Tastmarke.
[52] BPatG, Beschluss vom 23.3.2007 – 26 W (pat) 3/05, GRUR 2008, 348 – Tastmarke.
[53] BPatG, Beschluss vom 14.10.1997 – 27 W (pat) 140/96, GRUR 1998, 390, 391 – Roter Streifen im Schuhabsatz.
[54] Fezer (2009), § 3, Rn 290.

Abb. 2.10 Darstellung des als
Positionsmarke geschützten
roten Querstreifens im Schuhabsatz. (BPatG, Beschluss
vom 14.10.1997 – 27W (pat)
140/96, GRUR 1998, 390,
391 – Roter Streifen im Schuhabsatz)

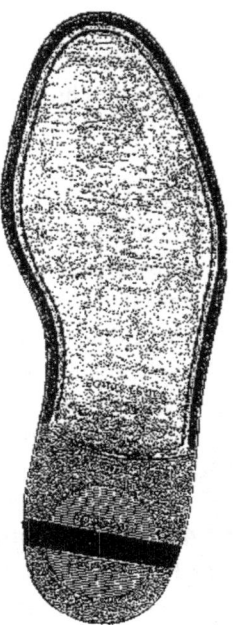

nur wenigen Einzelbildern bestehen.[55] Durch den Wegfall des Tatbestandsmerkmals „grafische Darstellbarkeit" könnten sich hier zukünftig neue Möglichkeiten ergeben, da das
Zeichen zukünftig nur noch in einer Weise dargestellt werden muss, die es den zuständigen Behörden und der Öffentlichkeit ermöglicht, den gewährten Schutz klar und eindeutig
zu bestimmen. Das wird man auch bei einer Filmsequenz annehmen können.

Beispiel

Die Abbildung des eine Münze werfenden Spee-Fuchses zusammen mit dem Hinweis
„Die vier Bilder werden in aufsteigender Reihenfolge (1–4) für jeweils 0,5 s ohne da-
zwischen liegende Pause dargestellt." erfüllte die grafische Darstellbarkeit.[56]

Die Anmeldung eines Bewegungsablaufs, der eine sich durch einen Schwenk nach
oben öffnende Autotür darstellt, ist hingegen zurückgewiesen worden, da es sich um
eine rein technische Funktion einer Autotür handelt. Eine solche technische Funktion
muss – soweit sie nicht patentrechtlich geschützt ist – auch von Wettbewerbern frei
gewählt werden können.[57] Abb. 2.11 zeigt eine Darstellung der als Bewegungsmarke
zurückgewiesenen Türgestaltung eines Lamborghini.

---

[55] Hacker in Ströbele und Hacker (2015), § 3, Rn. 83.
[56] OLG Frankfurt am Main GRUR 2000, 1063, 1066 – Spee-Fuchs.
[57] 1. Beschwerdekammer des EUIPO, Entscheidung vom 23.9.2003 – R 772/2001-1 – Lamborghini-
Türbewegungsablauf.

Abb. 2.11 Darstellung der
als Bewegungsmarke an-
gemeldeten Türgestaltung
eines Lamborghini. (1. Beschwerdekammer des EUIPO,
Entscheidung vom 23.9.2003 –
R 772/2001-1 – Lamborghini-
Türbewegungsablauf)

2.2.4.10   Geruchsmarken

Auch Gerüche können Unterscheidungskraft besitzen und sind damit grundsätzlich markenfähig. Der Einzelhändler Abercrombie & Fitch benutzt bereits seit einigen Jahren in
und vor den Verkaufsräumen ein spezielles Parfum, um auf sich aufmerksam zu machen,
und beduftet auch seine Ware mit einem speziellen Geruch, um sie zu kennzeichnen.[58]
Allerdings scheiterte die Anmeldung olfaktorischer Marken bislang an der grafischen Darstellbarkeit. Weder die Angabe einer chemischen Formel noch die Beschreibung oder die
Hinterlegung einer Probe des Geruchs wurden als eine hinreichende Darstellung akzeptiert.[59] Inwieweit dies durch die Aufgabe der Voraussetzung der grafischen Darstellbarkeit
in der Unionsmarkenverordnung sowie der Markenrichtlinie zukünftig großzügiger zu beurteilen sein wird, ist abzuwarten.[60]

> **Beispiel**
>
> Auch die Abbildung einer Erdbeere als grafische Darstellung des „Dufts einer reifen
> Erdbeere" wurde zurückgewiesen, da der Duft einer Erdbeere subjektiv und nicht ein-
> deutig beschreibbar sei.[61]

---

[58] Bittner und Koch (2012).
[59] EuGH, Urteil vom 12.12.2002 – Rs. C-273/00, GRUR 2003, 145 – Sieckmann.
[60] Siehe FN 49.
[61] Gericht Erster Instanz der Europäischen Gemeinschaften, Urteil vom 27.10.2005 – Rechtssache
T-305/04, GRUR Int 2006, 134 – Odeur de fraise mûre.

2.3 Geschäftliche Bezeichnungen

Geschäftliche Bezeichnungen sind nach der Definition des Markengesetzes[62] der Oberbegriff für Unternehmenskennzeichen und Werktitel. Im Gegensatz zu Marken, die produktidentifizierende Kennzeichen sind, handelt es sich bei den geschäftlichen Bezeichnungen um unternehmensidentifizierende bzw. werkidentifizierende Unterscheidungszeichen.[63] Abb. 2.12 zeigt eine Übersicht über das Kennzeichenrecht erweitert um die geschäftlichen Bezeichnungen.

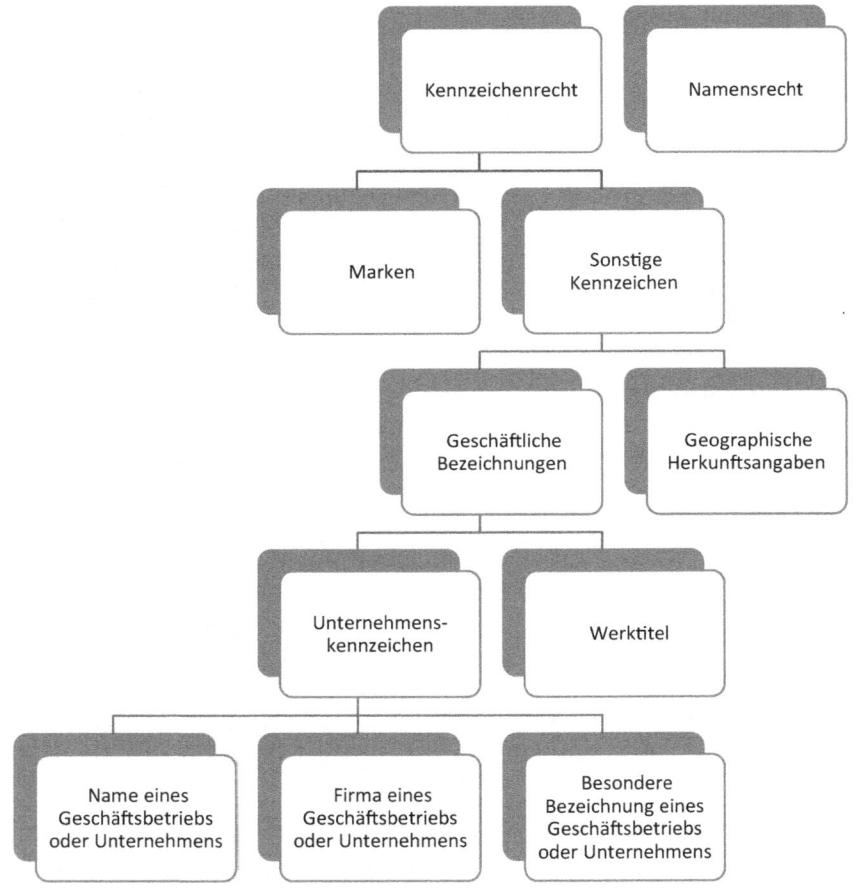

Abb. 2.12 Übersicht über das Kennzeichenrecht erweitert um die geschäftlichen Bezeichnungen

---

[62] § 5 Abs. 1 MarkenG.
[63] Fezer (2009), § 5 MarkenG, Rn. 2.

2.3.1 Unternehmenskennzeichen

Unternehmenskennzeichen sind nach der Definition des Markengesetzes[64] der Oberbegriff für Zeichen, die im geschäftlichen Verkehr als Name, als Firma oder als besondere Bezeichnung eines Geschäftsbetriebs oder eines Unternehmens benutzt werden. Auch diese haben den Zweck, es dem Verbraucher oder dem Geschäftspartner zu erleichtern, bestimmte Unternehmen zu identifizieren bzw. wiederzuerkennen.

2.3.1.1 Namen

Namen dienen der persönlichen Individualisierung eines bestimmten Trägers eines Unternehmens oder Geschäftsbetriebs. Das können die Namen natürlicher Personen, juristischer Personen[65] und auch unter einem Gesamtnamen auftretender Personenvereinigungen sein, wie zum Beispiel BGB-Gesellschaften,[66] Vereine,[67] Parteien[68] und Gewerkschaften[69].

> **Beispiel**
>
> Ein typisches Beispiel für einen ein Unternehmen individualisierenden Namen ist der Name des Gründers der Unternehmensberatung „Roland Berger".

2.3.1.2 Firmen

Die Firma ist der Name, unter dem ein Kaufmann seine Geschäfte betreibt und seine Unterschrift abgibt.[70] Anders als in der Umgangssprache, die den Begriff „Firma" auch als Synonym für ein Unternehmen als solches oder den Betrieb eines Unternehmens verwendet, beschreibt der Begriff „Firma" in rechtlicher Hinsicht allein die Bezeichnung des Unternehmens.

> **Beispiel**
>
> Ein typisches Beispiel für eine Firma ist die Bezeichnung „FOM Hochschule für Oekonomie und Management gemeinnützige Gesellschaft mbH", unter der die FOM ins Handelsregister eingetragen ist.

Zu unterscheiden sind außerdem die formellen Voraussetzungen des Handelsgesetzbuches zur Gestaltung der Firma und die kennzeichenrechtlichen Voraussetzungen für den Schutz der Firma. Das Handelsrecht verfolgt das Ziel, den Kaufmann eindeutig zu identifizieren und sicherzustellen, dass über die geschäftlichen Verhältnisse nicht irregeführt wird, insbesondere nicht über die Inhaber-, Organisations- und Haftungsverhältnisse.

---

[64] § 5 Abs. 2 MarkenG.
[65] BGH GRUR 1954, 195 – KfA.
[66] BGH GRUR 2002, 706, 707 – vossius.de.
[67] BGH GRUR 2005, 517 – Literaturhaus.
[68] OLG Karlsruhe NJW 1972, 1810 – CDU.
[69] BGH GRUR 1965, 377, 379 – CdP.
[70] § 17 HGB.

Deshalb muss die Firma zur Kennzeichnung des Kaufmanns geeignet sein und Unterscheidungskraft besitzen.[71] Sie darf keine Angaben enthalten, die geeignet sind, über geschäftliche Verhältnisse, die für die angesprochenen Verkehrskreise wesentlich sind, irrezuführen,[72] und sie muss Hinweise wie „eingetragener Kaufmann", „offene Handelsgesellschaft" oder KG enthalten.[73] Wenn eine Firma diese Voraussetzungen erfüllt, wird sie im Handelsregister des zuständigen Amtsgerichts eingetragen. Das bedeutet jedoch nicht, dass dem Kaufmann damit auch die Kennzeichenrechte an der Firma zustehen. Das Handelsregister prüft lediglich, ob noch kein Unternehmen mit identischer oder verwechselbar ähnlicher Firma im jeweiligen Amtsgerichtsbezirk registriert ist. Darüber hinaus kann es keine Feststellung treffen. Dies ist die Aufgabe des Kennzeichenrechts, das die Rechte an einem Kennzeichen auf Bundesebene regelt und dem jeweiligen rechtmäßigen Inhaber der Firma den erforderlichen Schutz gewährt.

▶   Die Eintragung einer Firma ins Handelsregister bedeutet folglich noch nicht, dass keine vorrangigen Rechte Dritter an dieser Bezeichnung existieren. Hierzu bedarf es einer gesonderten Recherche.

2.3.1.3   Besondere Bezeichnungen eines Geschäftsbetriebs

Während der Name und die Firma subjektbezogen sind, individualisiert die besondere Bezeichnung eines Geschäftsbetriebs ein Unternehmen bzw. einen organisatorisch selbständigen Betrieb als Objekt.[74] Das sind typischerweise Bezeichnungen einer Gaststätte oder eines Hotels.[75]

Beispiel

Ein typisches Beispiel für eine besondere Bezeichnung eines Geschäftsbetriebs ist die Bezeichnung „City-Hotel" für einen konkreten Hotelbetrieb.

2.3.1.4   Domainnamen

Der Inhaber eines Domainnamens wie zum Beispiel „www.fom.de" erwirbt nicht automatisch ein geistiges Eigentum an diesem Namen. Durch den Abschluss des Vertrages mit der Registrierungsstelle, zum Beispiel der für die Vergabe der Top-Level-Domain „.de" zuständigen DENIC, erwirbt der Anmelder zunächst lediglich ein relativ wirkendes vertragliches Recht, für eine bestimmte IP-Adresse einen bestimmten Domainamen zu verwenden.[76] Durch die Benutzung des Domainnamens kann jedoch – wenn die entsprechenden kennzeichenrechtlichen Voraussetzungen erfüllt sind – ein Kennzeichenrecht

---

[71] § 18 Abs. 1 HGB.
[72] § 18 Abs. 2 HGB.
[73] § 19 HGB.
[74] Hacker in Ströbele und Hacker (2015), § 5, Rn. 33.
[75] BGH GRUR 1995, 507 – City-Hotel.
[76] BVerfG NJW 2005, 589 – ad-acta.de.

an dem verwendeten Namen entstehen.[77] Auch kann die Benutzung eines Domainnamens fremde Kennzeichenrechte verletzen.[78]

2.3.2   Werktitel

Der Werktitel individualisiert ein konkretes Werk. Durch ihn wird eine geistige Leistung benannt und von anderen Leistungen geistiger Art unterscheidbar gemacht.[79] Hierbei geht es nicht darum, den Autor als Person oder den Verlag als Unternehmen namentlich zu identifizieren, sondern das Werk als solches unter der Bezeichnung zu identifizieren, unter der es im Verkehr erscheint und individualisiert wird. Auch geht es nicht darum, den Inhalt des Werkes als solchen zu schützen. Dies ist Aufgabe des Urheberrechts.

Beispiel

Ein typisches Beispiel für einen Werktitel ist der Titel dieses Lehrbuches „Geistiges Eigentum und Wettbewerbsrecht".

2.4   Geographische Herkunftsangaben

Geographische Herkunftsangaben sind nach der Definition des Markengesetzes die Namen von Orten, Gegenden, Gebieten oder Ländern sowie sonstige Angaben oder Zeichen, die im geschäftlichen Verkehr zur Kennzeichnung der geographischen Herkunft von Waren oder Dienstleistungen benutzt werden.[80] Anders als bei Marken und geschäftlichen Bezeichnungen, die individuelle Unternehmen identifizieren und schützen, handelt es sich bei geographischen Herkunftsangaben um kollektive Schutzrechte, die alle Hersteller aus der jeweiligen geographischen Region schützen. Das Markengesetz unterscheidet drei unterschiedliche Arten von geographischen Herkunftsangaben: einfache, qualifizierte und solche mit besonderem Ruf. Abb. 2.13 zeigt eine Übersicht über das Kennzeichenrecht erweitert um die geographischen Herkunftsangaben.

2.4.1   Einfache geographische Herkunftsangaben

Einfache geographische Herkunftsangaben geben lediglich Auskunft über die Herkunft der Waren oder Dienstleistungen. Es ist nicht erforderlich, dass der Verbraucher mit ihnen besondere Gütevorstellungen verbindet. Auch sie dienen jedoch der Unterscheidung

---

[77] BVerfG NJW 2005, 589 – ad-acta.de.
[78] Bettinger S. 98 ff.
[79] BGH GRUR 1993, 767, 768 – Zappel-Fisch.
[80] § 126 Abs. 1 MarkenG.

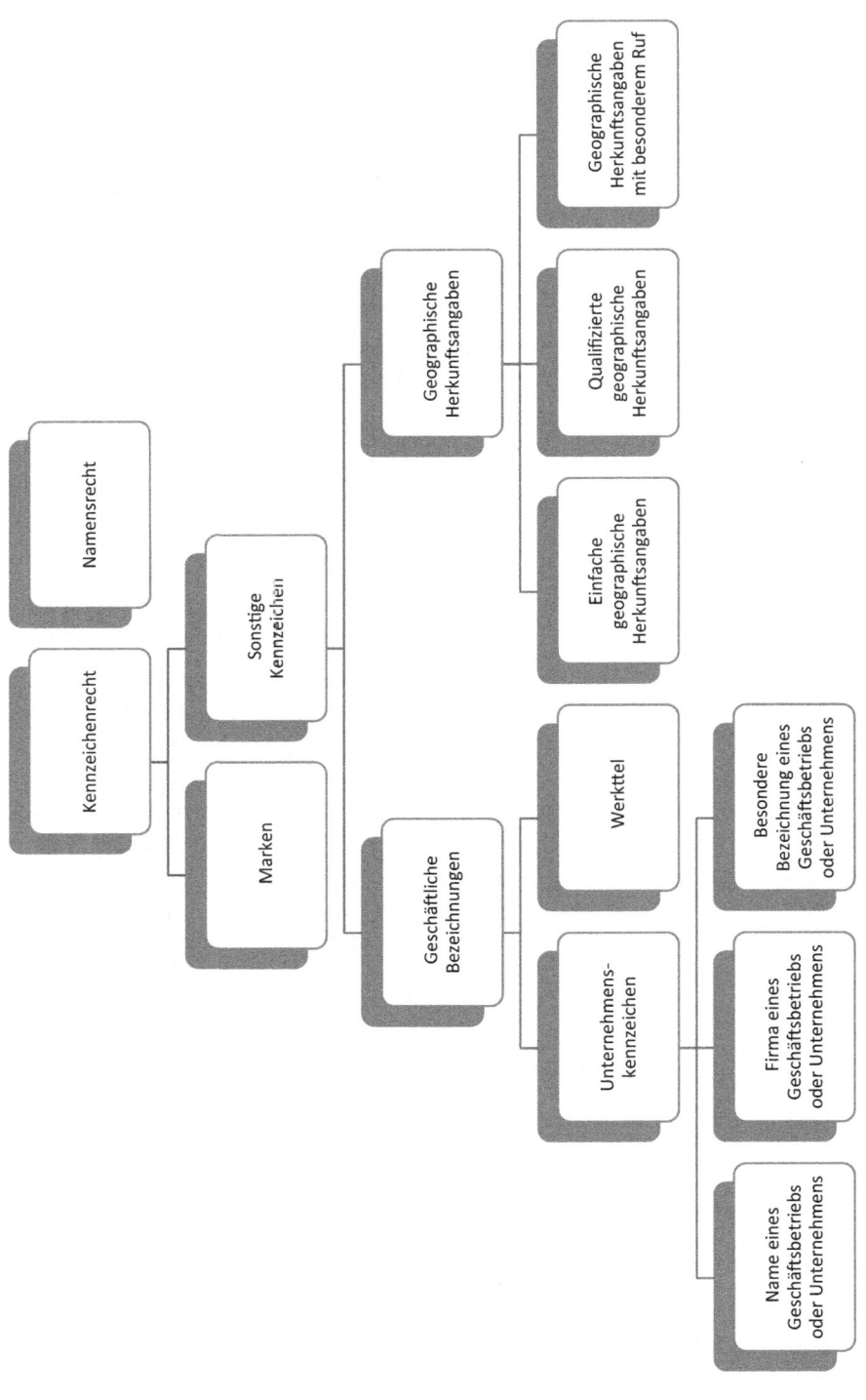

Abb. 2.13 Übersicht über das Kennzeichenrecht erweitert um die geographischen Herkunftsangaben

von Waren und Dienstleistungen, wenn auch nicht bezüglich der Herkunft aus einem bestimmten Unternehmen, so doch immerhin bezüglich der Herkunft aus einer bestimmten
Region. Die Verwendung derartiger Herkunftsangaben im geschäftlichen Verkehr für Waren, die nicht aus der genannten Region stammen, ist untersagt, sofern eine Gefahr der
Irreführung über die geographische Herkunft besteht.[81]

Beispiel

Ein typisches Beispiel für eine einfache geographische Herkunftsangabe ist die Bezeichnung „Warsteiner" für Bier. Sie bringt zwar zum Ausdruck, dass das Produkt aus
dem Ort Warstein stammt. Es bestehen jedoch keine örtlichen Besonderheiten, die zu
der Annahme einer besonderen Eigenart oder Qualität führen würden.[82]

2.4.2   Qualifizierte geographische Herkunftsangaben

Qualifizierte geographische Herkunftsangaben geben nicht nur Auskunft über die Herkunft der Waren oder Dienstleistungen, sondern auch über besondere Eigenschaften oder
eine besondere Qualität der betroffenen Waren oder Dienstleistungen. Die Verwendung
derartiger Herkunftsangaben ist nur zulässig, wenn die Waren oder Dienstleistungen sowohl aus der genannten Region stammen als auch die ihnen zugeschriebenen besonderen
Eigenschaften oder besondere Qualität aufweisen.[83]

Beispiel

Ein typisches Beispiel für eine qualifizierte geographische Herkunftsangabe ist die Bezeichnung „Scotch Whisky".[34] Die Bezeichnung bringt nicht nur zum Ausdruck, dass
der Whisky aus Schottland stammt, sondern auch, dass er nach den dort geltenden besonderen Regeln – wie zum Beispiel Destillierung nach einem bestimmten Verfahren
und Lagerung über mindestens drei Jahre – hergestellt wurde.

2.4.3   Geographische Herkunftsangaben mit besonderem Ruf

Bei geographischen Herkunftsangaben mit besonderem Ruf handelt es sich um qualifizierte geographische Herkunftsangaben, bei denen die geographisch bedingte Qualität
besonders ausgeprägt ist und dadurch den erforderlichen „besonderen Ruf" erlangt hat.

---

[81] § 127 Abs. 1 MarkenG.
[82] BGH GRUR 2002, 160, 161 – Warsteiner III.
[83] § 126 Abs. 2 MarkenG.
[84] BGH GRUR 1969, 280, 282 – Scotch Whisky.

Beispiel

Ein typisches Beispiel für eine geographische Herkunftsangabe mit besonderem Ruf ist die Bezeichnung „Champagner".

Diese geographischen Herkunftsangaben dürfen auch dann nicht für Waren oder Dienstleistungen anderer Herkunft benutzt werden, wenn eine Gefahr der Irreführung über die geographische Herkunft tatsächlich nicht besteht, sofern aber die Benutzung geeignet ist, den Ruf der geographischen Herkunftsangabe oder ihre Unterscheidungskraft ohne rechtfertigenden Grund in unlauterer Weise auszunutzen oder zu beeinträchtigen.[85]

Beispiel

Das ist beispielsweise der Fall, wenn ein Mineralwasserhersteller mit der Aussage wirbt „Ein Champagner unter den Mineralwässern"[86] oder ein Computerhersteller den Werbespruch verwendet „Champagner bekommen, Sekt bezahlen"[87].

2.4.4 Gattungsbezeichnungen

Ausdrücklich ausgenommen vom Schutz der geographischen Herkunftsbezeichnungen sind Gattungsbezeichnungen, die nur noch auf die Art oder die Beschaffenheit der Waren oder Dienstleistungen hinweisen.[88] In diesen Fällen erwartet der Verbraucher nicht mehr, dass es sich um ein Produkt handelt, das tatsächlich aus einer bestimmten Region kommt.

Beispiel

Ein typisches Beispiel hierfür ist die Bezeichnung „Dresdner Stollen".[89] Hierbei handelte es sich ursprünglich um eine geographische Herkunftsangabe. Bedingt unter anderem auch durch die deutsche Teilung hat sich diese aber nach dem Zweiten Weltkrieg in eine Gattungsbezeichnung verwandelt. Der Verbraucher ging nicht mehr davon aus, dass derart bezeichnete Stollen tatsächlich aus Dresden stammten.[90] Dies änderte sich jedoch nach der Wiedervereinigung. Inzwischen geht die Mehrheit der Verbraucher wieder davon aus, dass diese Produkte tatsächlich aus Dresden stammen, so dass sich die Gattungsbezeichnung wieder zu einer geographischen Herkunftsangabe zurückverwandelt hat.[91]

Tab. 2.1 zeigt eine Übersicht der im Markengesetz geregelten Kennzeichen.

---

[85] § 127 Abs. 3 MarkenG.
[86] BGH GRUR 1988, 453 – Ein Champagner unter den Mineralwässern.
[87] BGH GRUR 2002, 426, 427 – Champagner bekommen, Sekt bezahlen.
[88] § 126 Abs. 2 MarkenG.
[89] BGH GRUR 1965, 317 – Kölnisch Wasser.
[90] BGH GRUR 1989, 440 – Dresdner Stollen; GRUR 1990, 461 – Dresdner Stollen II.
[91] BGH GRUR 2003, 384 – Dresdner Christstollen.

Tab. 2.1 Übersicht der im Markengesetz geregelten Kennzeichen

Kennzeichen	Kennzeichnungsgegenstand	Beispiel
Marke	Waren und Dienstleistungen	FOM
Name	Personen	Roland Berger
Firma	Unternehmen als Subjekt	FOM Hochschule für Oekonomie und Management gemeinnützige Gesellschaft mbH
Geschäftsbezeichnung	Unternehmen als Objekt	City-Hotel
Werktitel	Werk als geistige Leistung	Geistiges Eigentum und Wettbewerbsrecht
Einfache geographische Herkunftsangabe	Waren und Dienstleistungen	Warsteiner
Qualifizierte geographische Herkunftsangabe	Waren und Dienstleistungen	Scotch Whisky
Geographische Herkunftsangabe mit besonderem Ruf	Waren und Dienstleistungen	Champagner

Literatur

Bettinger, T. (2008). *Handbuch des Domainrechts*. Köln: Carl Heymanns.

Biesalski, A. (2013). Der Wert des guten Rufs. *FOCUS, 6*, 70.

Bittner, U., & Koch, B. (7. Mai 2012). Mit der Nase einkaufen. *Frankfurter Allgemeine Zeitung*.

Deutsches Patent- und Markenamt, Presseportal, Markenanmeldungen nach Bundesländern 2012. http://presse.dpma.de/presseservice/datenzahlenfakten/statistiken/marke/index.html. Zugegriffen: 21. April 2016.

Deutsches Patent- und Markenamt, Auf einen Blick. http://presse.dpma.de/docs/pdf/pressemitteilungen/aufeinenblick_2015.pdf. Zugegriffen: 21 April 2016.

Fezer, K.-H. (2009). *Markenrecht*. München: C.H. Beck.

Ingerl, R., & Rohnke, C. (2010). *Markengesetz*. München: C.H. Beck.

Müller-Jung, J. (4. November 2003). Beim Kaufen setzt der Verstand aus. *Frankfurter Allgemeine Zeitung*.

Ströbele, P., & Hacker, F. (2015). *Markengesetz*. Köln: Carl Heymanns.

Wesel, O. (2006). *Geschichte des Rechts – Von den Frühformen bis zur Gegenwart*. München: C.H. Beck.

Urheberrechte und verwandte Schutzrechte 3

3.1 Übersicht

Das Urheberrecht ist im Gesetz über Urheberrecht und verwandte Schutzrechte, dem Urheberrechtsgesetz, geregelt.[1] Schutzgegenstand des Urheberrechts sind „Werke der Literatur, Wissenschaft und Kunst".[2] Hierbei handelt es sich um das Urheberrecht im engeren Sinne. Bei diesen Werken handelt es sich um die klassischen persönlichen geistigen Schöpfungen, die das Urheberrecht von den typischen gewerblichen Schutzrechten, wie Marken oder Patenten, abgrenzen.[3] Das Urheberrecht im weiteren Sinne bezieht sich auf die so genannten verwandten Schutzrechte bzw. Leistungsschutzrechte, die nach traditionellem Verständnis vom schöpferisch tätigen Urheber nicht als persönliche geistige Schöpfungen angesehen, die aber ebenfalls als schutzwürdig eingestuft werden.[4] Hierbei handelt es sich um wissenschaftliche Ausgaben,[5] nachgelassene Werke,[6] Lichtbilder,[7] Leistungen ausübender Künstler,[8] Veranstaltung von Darbietungen,[9] Herstellung von Tonträgern,[10] Herstellung von Funksendungen,[11] Herstellung von Datenbanken,[12] Produktion

---

[1] Gesetz über Urheberrecht und verwandte Schutzrechte (Urheberrechtsgesetz) vom 9. September 1965 (BGBl. I S. 1273) zuletzt geändert durch Art. 8 Abs. 7 des Gesetzes vom 3.12.2015 (BGBl. I S. 2178).

[2] § 1 UrhG.

[3] Siehe Abschn. 1.1.

[4] BT-Drucks. IV/270, A. II.2, S. 29.

[5] § 70 UhrG.

[6] § 71 UhrG.

[7] § 72 UhrG.

[8] § 73 ff. UhrG.

[9] § 81 UhrG.

[10] § 85 UhrG.

[11] § 87 UhrG.

[12] § 87 a ff. UhrG.

© Springer Fachmedien Wiesbaden 2016
S. Ahrens, *Geistiges Eigentum und Wettbewerbsrecht*, FOM-Edition,
DOI 10.1007/978-3-658-14313-3_3

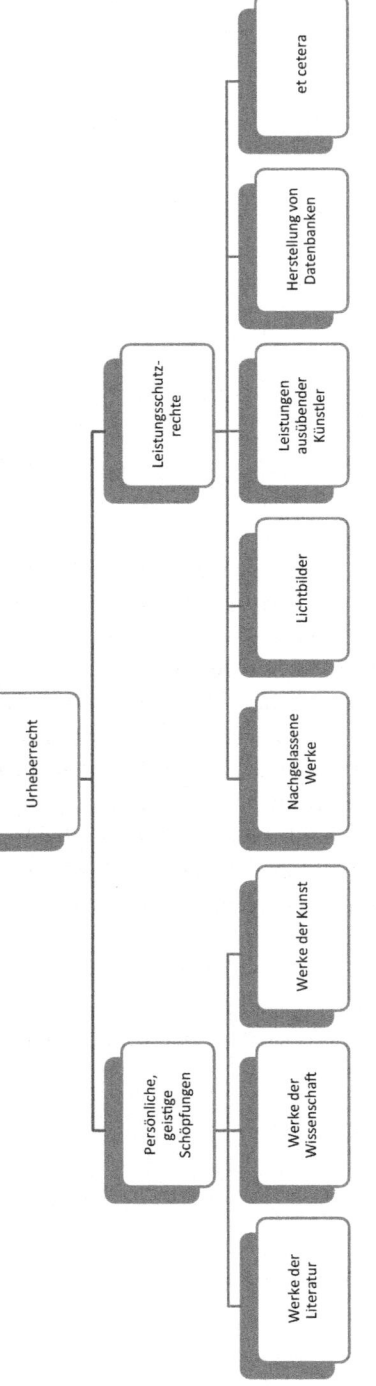

Abb. 3.1 Übersicht über das Urheberrecht

von Filmwerken,[13] Presseerzeugnissen[14] und Laufbildern.[15] Abb. 3.1 zeigt eine Übersicht über das Urheberrecht.

3.2 Urheberrechte

3.2.1 Begriff

Das Urheberrecht bezeichnet das Recht des Schöpfers an seinem Werk. Erfasst werden ausschließlich Werke der Literatur, Wissenschaft und Kunst [16] Diese Begriffe sind jedoch grundsätzlich in einem weiten Sinne zu verstehen.[17] Das gilt insbesondere für den Begriff der Kunst, die als Ergebnis freier, schöpferischer Gestaltung definiert wird.[18] Innerhalb dieser genannten Werkkategorien sieht das Urhebergesetz keine Beschränkung vor. Es wird lediglich eine beispielhafte, jedoch nicht abschließende Aufzählung der wichtigsten Werkarten genannt.[19] Dies sind:

- Sprachwerke, wie Schriftwerke, Reden und Computerprogramme;
- Werke der Musik;
- Pantomimische Werke einschließlich der Werke der Tanzkunst;
- Werke der bildenden Künste einschließlich der Werke der Baukunst und der angewandten Kunst und Entwürfe solcher Werke;
- Lichtbildwerke einschließlich der Werke, die ähnlich wie Lichtbildwerke geschaffen werden;
- Filmwerke einschließlich der Werke, die ähnlich wie Filmwerke geschaffen werden;
- Darstellungen wissenschaftlicher oder technischer Art, wie Zeichnungen, Pläne, Karten, Skizzen, Tabellen und plastische Darstellungen.

3.2.2 Geschichte

Erst die Erfindung des modernen Buchdruckes im 15. Jahrhundert führte zu juristischen Diskussionen über die Einführung eines Urheberrechts, also eines Eigentums des Autors an seinem Werk.[20] Vor der Erfindung des Buchdruckes war diese Frage praktisch irrelevant, da es technisch nicht möglich war, Schriftwerke in großem Umfange zu kopieren. Das Kopieren geistiger Schöpfungen wurde jedoch weitgehend als Unrecht angesehen.

---

[13] § 88 ff. UrhG.
[14] § 87 f UrhG.
[15] § 95 UrhG.
[16] § 1 UrhG.
[17] Schulze in Dreier/Schulze (2015), Urheberrechtsgesetz, § 1 Rn. 4.
[18] BGH GRUR 2012, 819 – Blühende Landschaften.
[19] § 2 UrhG.
[20] Grundling (1726), S 3.

Insbesondere im Vergleich zu einer Marke liegt dies nahe. Während eine Marke – jedenfalls in der Anfangszeit, bevor sie durch die Leistung ihres Inhabers Bekanntheit erlangt – lediglich aus einem schlichten und ohne großen Aufwand entstandenen Zeichen bestehen kann, bezieht sich das Urheberrecht auf eine persönliche geistige Schöpfung, zum Beispiel ein Werk der Literatur. Aus diesen Überlegungen entwickelte sich die Idee eines Geistigen Eigentums, das zunächst naturrechtlich begründet wurde.[21] Man ging also davon aus, dass dem Menschen ein Eigentumsrecht an seinen persönlichen geistigen Schöpfungen von Natur aus zustand, unabhängig davon, ob dies in Gesetzen ausdrücklich gewährt wurde. Erste gesetzliche Regelungen erfolgten dann beispielsweise im Allgemeinen Preußischen Landrecht im Jahre 1794 und im Preußischen Gesetz zum Schutz des Eigentums an Werken der Wissenschaft und Kunst gegen Nachdruck und Nachbildung im Jahre 1837.

3.2.3   Grundlagen

Ein urheberrechtlich geschütztes Werk liegt nur vor, wenn es sich um eine „persönliche geistige Schöpfung" handelt.[22] Das bedeutet zum einen, dass Ideen als solche nicht schutzfähig sind.[23]

Beispiel

Die Idee, ein allgemein verständliches Lehrbuch über das Geistige Eigentum und Wettbewerbsrecht mit einem besonderen Aufbau zu schreiben, ist nicht geschützt und kann von jedem übernommen werden. Sobald eine solche Idee jedoch umgesetzt wurde und eine konkrete Form angenommen hat, kann diese konkrete Umsetzung urheberrechtlich geschützt sein. Damit steht die Idee auch weiterhin jedem Dritten zur Nachahmung frei. Das konkrete Werk, im Falle eines Buches die konkreten Formulierungen, dürfen jedoch nicht kopiert werden.

Zum anderen muss das Werk sich von der Masse des Alltäglichen und von lediglich handwerklichen oder routinemäßigen Leistungen abheben.[24] Verlangt wird eine besondere Individualität. Diese wird auch als „schöpferische Eigentümlichkeit und Originalität",[25] „Gestaltungshöhe",[26] „Schöpfungshöhe oder Werkhöhe"[27] bezeichnet. Diese besondere Individualität ist jedoch nicht zu verwechseln mit dem Begriff der Qualität. Es ist nicht entscheidend, ob ein gutes oder ein schlechtes Werk entstanden ist. Dies wird man – gerade bei Kunstwerken – auch nicht objektiv beurteilen können. Im Vordergrund steht

---

[21] Schulze in Dreier und Schulze (2015), Einleitung, Rn. 54.

[22] § 2 Abs. 2 UrhG.

[23] BGH GRUR 1979, 119, 120 – Modeschmuck; 1987, 704, 706 – Warenzeichenlexika.

[24] BGH GRUR 1987, 704, 706 – Warenzeichenlexika.

[25] EuGH GRUR 2012, 385, Tz 37 ff – Football Dataco/Yahoo.

[26] BGH GRUR 1983, 377, 378 – Brombeer-Muster.

[27] Schulze in Dreier und Schulze (2015), § 2, Rn. 23.

der Aspekt, dass ein konkretes Werk so nicht von jedem Dritten in gleicher Weise hätte geschaffen werden können. Nur dann setzt es sich wirklich von der „Masse des Alltäglichen" und „routinemäßigen" Leistungen ab. Letztlich wird man aber auch die Begriffe Individualität, Gestaltungshöhe, Originalität etc. nicht objektiv und trennscharf bestimmen können. Außerdem ist zu beachten, dass trotz des Erfordernisses einer persönlichen geistigen Schöpfung die Anforderungen an ein urheberrechtlich geschütztes Werk nicht zu hoch angesetzt werden dürfen. In diesem Zusammenhang wird häufig von „dem Schutz der kleinen Münze" gesprochen.[28]

Dieser Begriff beruht auf einem Vergleich zwischen sachenrechtlichem Eigentum und Geistigem Eigentum. Dahinter steht die Überlegung, dass im Bereich des sachenrechtlichen Eigentums der Schutz absolut ist, also auch beispielsweise der Diebstahl einer kleinen Münze rechtlich erfasst und sanktioniert wird. Es ist deshalb kein Grund ersichtlich, warum dies nicht gleichermaßen im Bereich des Geistigen Eigentums der Fall sein solle. Deshalb sind auch Werke mit geringer Schöpfungshöhe urheberrechtsschutzfähig. Das Erfordernis der Individualität bzw. schöpferischen Höhe auf der einen Seite und der Schutz auch der kleinen Münze auf der anderen Seite stellen nicht unbedingt einen Widerspruch dar. Es bringt zum Ausdruck, dass zwar einerseits eine individuelle Prägung des Werkes erkennbar sein muss, es sich andererseits aber nicht um ein Meisterwerk handeln muss.

Beispiel

Sehr deutlich wird dies bei der Beurteilung der Urheberrechtsschutzfähigkeit von Allgemeinen Geschäftsbedingungen. Während der Inhalt, also die in ihnen zum Ausdruck gebrachte rechtliche Regelung als solche nicht schutzfähig ist, kann eine schöpferische Leistung im gedanklichen Konzept, im Aufbau und in der sprachlichen Formulierung der einzelnen Klauseln liegen, soweit sie Individualität aufweisen und sich von der Masse des Alltäglichen abheben.

Lediglich was sich von der Sache anbietet oder allgemein üblich ist, wird nicht geschützt.[29]

Die enge Beziehung des Urhebers zu seinem Werk steht bei allen urheberrechtlichen Fragen im Mittelpunkt. Die besondere Individualität, die einerseits als Schutzvoraussetzung erforderlich ist, führt andererseits zur Annahme eines Urheberpersönlichkeitsrechts. Das bedeutet, dass der Urheber nicht nur das Recht zur Nutzung und wirtschaftlichen Verwertung seines Werkes hat, sondern dass das Urheberrecht ihn auch in seiner geistigen und persönlichen Beziehung zum Werk schützt.[30] Deshalb entsteht das Urheberrecht bereits durch Schöpfung und Veröffentlichung des Werkes, ohne dass es eines staatlichen Aktes der Anerkennung wie zum Beispiel einer Eintragung in ein Register bedarf. Au-

---

[28] Schulze in Dreier und Schulze (2015), § 2, Rn. 4; Bundestagsdrucksache IV/270, zu § 2.
[29] Landgericht München I, Urteil vom 10.11.1989 – 21 O 6222/89, GRUR 1991, 50, 51 – Geschäftsbedingungen.
[30] § 11 UrhG.

ßerdem kann der Urheber bestimmen, dass das Werk mit einer Urheberbezeichnung zu versehen ist[31] und kann eine Entstellung oder andere Beeinträchtigung seines Werkes verbieten, wenn seine geistigen oder persönlichen Interessen am Werk gefährdet sind.[32] Eine weitere Konsequenz ist der sehr lange Schutz des Urheberrechts, der erst 70 Jahre nach dem Tode des Urhebers erlischt.[33]

▶   Ideen als solche sind nicht urheberrechtsschutzfähig. Geschützt werden kann
       lediglich die umgesetzte Idee, also das Werk, mit dem die Idee realisiert wurde,
       in seiner konkreten Form.

3.3 Computerprogramme

Computerprogramme werden als Sprachwerke urheberrechtlich geschützt.[34] Gleichzeitig werden sie nicht als Erfindungen im Sinne des Patentgesetzes angesehen.[35] Das ist auf den ersten Blick überraschend, da man Computerprogramme eher als technisches Werk und weniger als Werk der Literatur ansieht. Zwar gab es Initiativen, ein eigenes Schutzrecht für Computerprogramme zu schaffen.[36] Der Schutz durch das Urheberrecht erschien jedoch pragmatischer, da Urheberrechtsschutz ohne Anmeldung entsteht, eine sehr lange Schutzdauer gewährt und über existierende internationale Konventionen auch international durchsetzbar ist. Dafür ist mit den Schwierigkeiten zu leben, die die Einordnung eines Computerprogrammes als Schriftwerk im Sinne des Urheberrechts mit sich bringt.

Geschützt sind Computerprogramme aller Art, in jeglicher Programmiersprache und in allen Ausdrucksformen, also sowohl als Quellcode als auch als hexadezimaler Programmausdruck.[37]

▶   Auch wenn Programme für Datenverarbeitungsanlagen nicht als Erfindungen
       im Sinne des Patentgesetzes angesehen werden, können dennoch programm-
       bezogene Erfindungen patentrechtlich geschützt werden. Zwar ist ein Verfah-
       ren nicht bereits deshalb patentierbar, weil es bestimmungsgemäß den Einsatz
       eines Computers erfordert. Wenn die technische Lehre des Patents darüber hin-
       aus aber weitere Anweisungen umfasst, die die Lösung eines technischen Pro-
       blems mit technischen Mitteln zum Gegenstand haben, kommt Patentschutz in
       Betracht.[38]
       Darüber hinaus werden dreidimensionale Strukturen von mikroelektronischen
       Halbleitererzeugnissen, so genannte Topographien, durch das Halbleiterschutz-

---

[31] § 13 UrhG.
[32] § 14 UrhG.
[33] § 64 UrhG.
[34] §§ 2 Abs. 1 Nr. 1, 69 a UrhG .
[35] § 1 Abs. 3 Nr. 3 PatG.
[36] Dreier in Dreier und Schulze (2015), § 69 a, Rn. 3.
[37] EuGH Rs C-393/09, Slg 2010 I-0000, Tz– BSA.
[38] BGH GRUR, 2011, 125 – Wiedergabe topographischer Informationen.

gesetz[39] geschützt, wenn und soweit sie Eigenart aufweisen. Das ist der Fall, wenn sie als Ergebnis geistiger Arbeit nicht nur durch bloße Nachbildung einer anderen Topographie hergestellt und nicht alltäglich sind.[40]

Auch markenrechtlicher Schutz kann in der Praxis ein sehr wirksames Mittel gegen den Vertrieb illegaler Programmkopien sein. Zwar schützt eine Marke nicht das Programm als solches. In der Regel werden aber auf Programmkopien auch die Marken der Programmhersteller verwendet, so dass entsprechende Produkte allein aufgrund markenrechtlicher Ansprüche beschlagnahmt und vernichtet werden können.

3.4 Verwandte Schutzrechte

Bei den verwandten Schutzrechten, auch Leistungsschutzrechte genannt, handelt es sich um Rechte, die nach traditionellem Verständnis vom schöpferisch tätigen Urheber nicht als persönliche geistige Schöpfungen angesehen werden. Sie werden aber ebenfalls als schutzwürdig eingestuft,[41] teilweise aufgrund der ebenfalls vorliegenden persönlichen Leistung, teilweise aber auch aufgrund der erbrachten wirtschaftlichen, organisatorischen und technischen Leistung.

3.4.1 Wissenschaftliche Ausgaben

Wissenschaftliche Ausgaben enthalten urheberrechtlich nicht geschützte Werke und Texte.[42] Hierbei kann es sich beispielsweise um Manuskripte, Inschriften oder sonstige Texte handeln, die jeweils für sich gesehen nicht urheberrechtsschutzfähig sind. Sie werden auch durch die gemeinsame Herausgabe nicht urheberrechtsschutzfähig. Geschützt werden jedoch die Leistung der wissenschaftlich sichtenden Tätigkeit sowie gegebenenfalls die Aufwendung der Kosten zur Zusammenstellung dieser Texte.[43]

3.4.2 Nachgelassene Werke

Nachgelassene Werke sind Werke, die nach Erlöschen des Urheberrechts erstmals erscheinen oder erstmals öffentlich wiedergegeben werden.[44] Das sind typischerweise alte Schriften oder Kompositionen, die bislang nicht der Öffentlichkeit zugänglich gemacht worden

---

[39] Gesetz über den Schutz der Topographien von mikroelektronischen Halbleitererzeugnissen (Halbleiterschutzgesetz – HalbLSchG) vom 22 Oktober 1987 (BGBl. I S. 2294).

[40] § 1 Abs. 2 UrhG.

[41] BT-Drucks. IV/270, A. II.2, S. 29.

[42] § 70 Abs. 1 UrhG.

[43] Amtliche Begründung zu § 70. BT-Drucks IV/270, S. 87.

[44] § 71 Abs. 1 S. 1 UrhG.

waren. Das Gleiche gilt für Werke, die noch nicht erschienen sind und im Geltungsbereich des Urhebergesetzes niemals geschützt waren und deren Urheber schon länger als 70 Jahre tot sind.[45] Das sind typischerweise Werke aus einer Zeit, in der Urheberschutz nicht oder aber nicht für diese konkrete Werk bestand sowie Werke ausländischer Urheber, die in Deutschland keinen Schutz genossen hatten.[46] Inhaber des Rechtes an dem nachgelassenen Werk ist der Herausgeber.

3.4.3   Lichtbilder

Lichtbilder sind Fotos jeglicher Art. Sie sind abzugrenzen von den Lichtbildwerken, die ebenfalls Fotos jeglicher Art sind. Als Lichtbildwerke werden Fotos aber nur dann anerkannt, wenn sie persönliche geistige Schöpfungen sind, also die hierfür erforderliche Individualität und Schöpfungshöhe aufweisen. Dann genießen sie allerdings auch den umfänglichen urheberrechtlichen Schutz. Fotos, die diese Werkqualität nicht aufweisen, werden aber dennoch als Lichtbilder geschützt.[47] Sie sind allerdings lediglich für 50 Jahre nach ihrem ersten Erscheinen bzw. ihrer ersten öffentlichen Wiedergabe, je nachdem, was früher erfolgte, geschützt. Wird das Lichtbild der Öffentlichkeit nicht zugänglich gemacht (Veröffentlichung im Sinne des § 6 Abs. 1 UrhG) und werden keine Vervielfältigungsstücke in den Verkehr gebracht (Erscheinen im Sinne des § 6 Abs. 2 UrhG), so erlöschen die Rechte 50 Jahre nach der Herstellung des Lichtbildes.[48]

3.4.4   Leistungen ausübender Künstler

Rechtlich geschützt werden auch ausübende Künstler, die ein Werk aufführen, also zum Beispiel Sänger oder Schauspieler, und alle, die an einer solchen Darbietung künstlerisch mitwirken.[49] Die individuelle Interpretation eines Werkes und die damit verbundene künstlerische Leistung werden dadurch entsprechend honoriert. Nicht erfasst werden diejenigen, die „lediglich" technisch mitwirken, wie zum Beispiel Tonmeister[50] oder Beleuchter. Deren Leistungen sind häufig gleichermaßen anspruchsvoll und wichtig für die Realisierung einer Darbietung. Sie verlangen jedoch nicht eine vergleichbare persönliche und individuelle Leistung. Die persönliche Individualität ist jedoch gerade der Dreh- und Angelpunkt des urheberrechtlichen und urheberrechtsähnlichen Schutzes (siehe Abschn. 3.2.3). Deshalb werden dem ausübenden Künstler neben dem Recht, seine Darbie-

---

[45] § 70 Abs. 1 S. 2 UrhG.
[46] Dreier in Dreier und Schulze (2015), § 71, Rn. 6.
[47] § 72 Abs. 1 S. 1 UrhG.
[48] § 72 Abs. 1 S. 2 UrhG.
[49] § 73 ff UrhG.
[50] BGH GRUR 1983, 22 – Tonmeister.

tung aufzunehmen, zu vervielfältigen, zu verbreiten[51] und öffentlich wiederzugeben[52], auch umfassende Urheberpersönlichkeitsrechte gewährt. So hat er das Recht, eine Entstellung oder sonstige Beeinträchtigung seiner Darbietung zu verbieten, um seinen Ruf als ausübender Künstler zu schützen,[53] und das Recht, in Bezug auf seine Darbietung als Künstler anerkannt und genannt zu werden.[54] Derartige Rechte einem technisch Mitwirkenden zu gewähren, wäre wohl auch nicht erforderlich. Eine Entstellung der Leistung eines Toningenieurs ist schwer vorstellbar.

Die Persönlichkeitsrechte des ausübenden Künstlers erlöschen mit seinem Tode, frühestens jedoch 50 Jahre nach der Darbietung. Die Verwertungsrechte des ausübenden Künstlers erlöschen, wenn die Darbietung auf einem Tonträger aufgezeichnet wurde, 70 Jahre nach dem Erscheinen des Tonträgers bzw. der ersten öffentlichen Wiedergabe. Sofern es sich nicht um Tonträger handelt, erlöschen die Rechte 50 Jahre nach dem Erscheinen der Aufzeichnung bzw. der ersten öffentlichen Wiedergabe.

3.4.5 Veranstaltung von Darbietungen

Ebenfalls rechtlich geschützt wird die organisatorisch-wirtschaftliche Leistung der Unternehmen, die die Darbietung ausübender Künstler veranstalten.[55] Das sind typischerweise Konzertveranstalter. Ihnen stehen dieselben Ausschließlichkeitsrechte zu, die auch den ausübenden Künstlern selbst zustehen, also die Rechte auf Aufnahme, Vervielfältigung und Verbreitung[56] sowie auf öffentliche Wiedergabe.[57] Der ausübende Künstler muss sich also gegebenenfalls mit seinem Veranstalter über die Verwertung absprechen, so wie es auch mehrere gemeinschaftlich tätig werdende ausübende Künstler untereinander tun müssen.

Die Rechte des Veranstalters erlöschen 25 Jahre nach Erscheinen einer Aufzeichnung der Darbietung bzw. der öffentlichen Wiedergabe, je nachdem, was früher erfolgt ist.[58]

Da beim Veranstalter die organisatorisch-wirtschaftliche Leistung im Vordergrund steht, nicht jedoch eine persönliche individuelle Leistung, werden dem Veranstalter auch keine Urheberpersönlichkeitsrechte gewährt.

---

[51] § 77 UrhG.
[52] § 78 UrhG.
[53] § 75 UrhG.
[54] § 74 UrhG.
[55] § 81 UrhG.
[56] § 77 UrhG.
[57] § 78 UrhG.
[58] § 82 Abs. 2 UrhG.

3.4.6 Herstellung von Tonträgern

Ebenso wird die organisatorisch-wirtschaftliche Leistung eines Tonträgerherstellers geschützt.[59] Auch ihm steht das Recht zu, den Tonträger zu vervielfältigen, zu verbreiten und öffentlich zugänglich zu machen.

Das Recht erlischt 70 Jahre nach dem Erscheinen des Tonträgers bzw. der ersten öffentlichen Wiedergabe, wenn der Tonträger innerhalb von 50 Jahren nach der Herstellung nicht erschienen ist oder 50 Jahre nach der Herstellung, wenn er innerhalb dieser Frist weder erschienen noch öffentlich wiedergegeben worden ist.[60]

3.4.7 Herstellung von Funksendungen

In gleicher Weise wird die organisatorisch-wirtschaftliche Leistung eines Herstellers von Funksendungen geschützt. Auch ihm steht das Recht zu, seine Funksendungen weiterzusenden und öffentlich zugänglich zu machen, auf Bild- oder Tonträger aufzunehmen, Lichtbilder von der Sendung herzustellen und diese zu vervielfältigen und zu verbreiten.[61]

Das Recht erlischt 50 Jahre nach der ersten Funksendung.

3.4.8 Herstellung von Datenbanken

Datenbanken sind eine Sammlung von Werken, Daten oder anderen unabhängigen Elementen, die systematisch oder methodisch angeordnet und einzeln mithilfe elektronischer Mittel oder auf andere Weise zugänglich sind. Rechtlichen Schutz genießen sie jedoch nur, wenn deren Beschaffung, Überprüfung oder Darstellung eine wesentliche Investition erfordert hat.[62] Geschützt wird also auch in diesem Fall die Investition. Datenbankhersteller im Sinne des Gesetzes ist deshalb auch derjenige, der die Investition vorgenommen hat, nicht derjenige, der tatsächlich die einzelnen Elemente in die Datenbank eingefügt hat.[63] Es kommt deshalb auch nicht darauf an, ob die Zusammenstellung eine persönliche geistige Schöpfung darstellt. Sofern das der Fall sein sollte, handelt es sich nicht um eine Datenbank, sondern um ein Datenbankwerk, das als eigenes Werk den vollen urheberrechtlichen Schutz genießt.[64]

---

[59] § 85 Abs. 1 UrhG.
[60] § 85 Abs. 2 UrhG.
[61] § 87 Abs. 1 UrhG.
[62] § 87 a Abs. 1 UrhG.
[63] § 87 a Abs. 2 UrhG.
[64] § 4 Abs. 2 UrhG.

> **Beispiel**
>
> Bereits die Zusammenstellung von Kundendaten kann Schutz als Datenbank genießen.[65]

Die Rechte des Datenbankherstellers erlöschen 15 Jahre nach der Veröffentlichung der Datenbank, jedoch bereits 15 Jahre nach der Herstellung, wenn die Datenbank innerhalb dieser Frist nicht veröffentlicht worden ist.[66]

▶   Die praktische Relevanz dieser Vorschriften wird häufig unterschätzt. Das beim Wechsel des Arbeitgebers häufig vorkommende Kopieren und Mitnehmen von Kundendaten kann als Verletzung der Rechte des Arbeitgebers an einer Datenbank einen Verstoß gegen das Urheberrechtsgesetz und eine Straftat darstellen, die mit Freiheitsstrafe bis zu drei Jahren oder mit Geldstrafe bestraft werden kann.[67]

3.4.9 Herstellung eines Presseerzeugnisses

Auch der Hersteller eines Presseerzeugnisses hat das ausschließliche Recht, sein Presseerzeugnis oder Teile hiervon zu gewerblichen Zwecken öffentlich zugänglich zu machen, es sei denn, es handelt sich um einzelne Wörter oder kleinste Textabschnitte.[68] Allerdings gilt dieses Recht nur gegenüber gewerblichen Anbietern von Suchmaschinen oder Diensten, die Inhalte entsprechend aufbereiten.[69] Mit dieser Regelung soll einerseits der Betrieb von Suchmaschinen weiterhin möglich sein, gleichzeitig aber verhindert werden, dass dort bereits der Inhalt des Presseerzeugnisses so weitgehend dargestellt wird, dass die Nutzung des eigentlichen Pressebeitrages überflüssig wird. An diesem Ziel des Gesetzgebers werden sich die Gerichte orientieren, wenn es um die Frage geht, wann genau es sich um einen „kleinsten Textabschnitt" handelt. Einen solchen wird man annehmen, wenn sich der Textabschnitt auf das für den Betrieb einer Suchmaschine Erforderliche beschränkt.

> **Beispiel**
>
> Ein Presseerzeugnis ist beispielsweise ein Artikel in der FAZ. Selbst wenn es sich um einen relativ kurzen Artikel handelt, der lediglich in einfacher Sprache eine aktuelle Nachricht transportiert, genießt er Schutz, obwohl er eventuell nicht die eigentlich für den urheberrechtlichen Schutz erforderliche Schutzschwelle der schöpferischen Höhe erreicht. Hier wird auch die Leistung der Zusammenstellung und Aufbereitung der Nachrichten honoriert. Die Übernahme der Überschrift und eventuell des ersten Satzes

---

[65] KG, Urteil vom 9.6.2000 – 5 U 2172/00, NJW-RR 2000, 1495.
[66] § 87 d UrhG.
[67] § 108 Abs. 1 Ziff. 8 UrhG.
[68] § 87 f Abs. 1 UrhG.
[69] § 87 g Abs. 4 UrhG.

für Zwecke des Betriebs einer Suchmaschine stellt jedoch noch keinen Verstoß gegen das Recht des Presseverlegers dar.

Das Recht des Presseverlegers erlischt ein Jahr nach der Veröffentlichung des Presseerzeugnisses.[70]

3.4.10 Produktion von Filmwerken und Laufbildern

Ein Filmwerk ist ein urheberrechtlich geschütztes Werk.[71] Es genießt den vollen urheberrechtlichen Schutz. Es handelt sich deshalb eigentlich auch nicht um ein verwandtes Schutzrecht. Der Grund für die besondere gesetzliche Regelung[72] ist darauf zurückzuführen, dass Filmwerke typischerweise mehrere Werkarten und Leistungen oftmals verschiedener Urheber zu einem neuen Gesamtwerk zusammenführen. Das verkompliziert die Realisierung des Filmwerkes in der Praxis und begründet im Zusammenhang mit den erheblichen Kosten für die Produktion eines Filmwerkes ein hohes Risiko. Die gesetzliche Regelung sieht deshalb vor, dass dem Urheber des Filmwerks relativ weitgehende Rechte im Verhältnis zu den Urhebern der Ausgangswerke zustehen. So erwirbt er im Zweifel von Mitwirkenden bei der Herstellung eines Films das ausschließliche Recht der Nutzung.[73] Auch die Urheberpersönlichkeitsrechte der Inhaber derjenigen Werke, die verfilmt werden, sind eingeschränkt und auf gröbliche Entstellungen beschränkt.[74] Der Gewährung eines besonderen Schutzes für ein Filmwerk liegt die Überlegung zugrunde, dass die Verfilmung eines bestehenden literarischen Werkes eine so starke persönliche geistige Leistung darstellt, dass ein neues eigenständiges Werk neben das ursprüngliche literarische Werk tritt, das verfilmt wurde.

Beispiel

Sehr deutlich zum Ausdruck kommt die eigene selbständige Werkqualität eines Films in der Kritik der FAZ zu dem Film „Feuchtgebiete" von David Wnendt. Dort heißt es:

Es sind wunderbar poetische Bilder. Bilder eines Films, der auch ohne den Roman als eigenständiges Werk bestehen kann. Zugleich aber gehört er zu den seltenen Fällen, in denen literarische Vorlage und filmische Interpretation tatsächlich zueinander finden.[75]

Als Urheber des Filmwerkes gilt der Hauptregisseur.[76] Ihm steht das Recht zu, den Bildträger oder Bild- und Tonträger, auf den das Filmwerk aufgenommen ist, zu verviel-

---

[70] § 87 g Abs. 2 UrhG.
[71] § 2 Abs. 1 Nr. 6 UrhG.
[72] §§ 88 ff UrhG.
[73] § 89 Abs. 1 UrhG.
[74] § 93 UrhG.
[75] Encke (18. August 2013).
[76] EuGH GRUR 2012, 489 – Luksan.

fältigen, zu verbreiten und zur öffentlichen Vorführung, Funksendung oder öffentlichen Zugänglichmachung zu benutzen.[77]

Laufbilder sind im Gegensatz zu Filmwerken keine urheberrechtlich geschützten Werke. Ihnen fehlt es an der persönlichen geistigen Schöpfung. Dennoch steht dem Filmhersteller ein Leistungsschutzrecht zu, das ihm ähnliche Rechte einräumt.[78] Bei Laufbildern handelt es sich um Filme, die nicht die schöpferische Höhe erreicht haben, um als Filmwerk anerkannt zu werden. Geschützt wird deshalb nicht die schöpferische Leistung, sondern die wirtschaftliche und organisatorische Leistung des Filmherstellers.[79] Auch Auszüge aus Filmwerken, die für sich gesehen keinen eigenen Werkcharakter aufweisen, genießen den Schutz als Laufbilder.[80]

Literatur

Dreier, T., & Schulze, G. (2015). *Urheberrechtsgesetz, Urheberrechtswahrnehmungsgesetz, Kunsturhebergesetz*. München: C.H. Beck.

Encke, J. (18. August 2013). Hygiene als Hysterie. *Frankfurter Allgemeine Sonntagszeitung*, S. 39.

Grundling, N.H. (1726). *Rechtliches und vernunftmäßiges Bedenken eines JCTI, der unparteiisch ist, von dem schändlichen Nachdruck andern gehöriger Bücher*. Zitiert aus der für die Jahrestagung der Deutschen Vereinigung für gewerblichen Rechtsschutz und Urheberrecht e.V. 2006 in Halle/Saale hergestellten Kopie der Grundlingschen Schrift.

---

[77] § 94 Abs. 1 UrhG.
[78] § 95 UrhG.
[79] Schulze in Dreier und Schulze (2015), § 95, Rn. 2.
[80] BGH GRUR 2008, 693 – TV-Total.

Design

4

4.1 Begriff

Der Begriff Design bzw. eingetragenes Design ist erst seit Ende 2013 durch das Gesetz zur Modernisierung des Geschmacksmusterrechts in das hierdurch neu benannte Gesetz über den rechtlichen Schutz von Design bzw. dem Designgesetz eingefügt worden.[1] Der früher verwendete Begriff Geschmacksmuster war im allgemeinen Sprachgebrauch wenig verbreitet und schwer verständlich. Es handelt sich um die zweidimensionale oder dreidimensionale Erscheinungsform eines Erzeugnisses oder eines Teils davon.[2] Unter dem Begriff „Erscheinungsform eines Erzeugnisses" sind insbesondere die Linien, Konturen, Farben, die Gestalt, Oberflächenstruktur oder die Werkstoffe des Erzeugnisses bzw. seiner Verzierung zu verstehen,[3] also die äußere Gestaltung. Vor der Eintragung ins Register wird die Erscheinungsform „Muster" genannt, nach der Eintragung „Design".[4]

4.2 Geschichte

Auch das eingetragene Design entstand zunächst als gewährtes Privileg zum Schutze der Wirtschaft. 1787 erhielten Fabrikanten in Lyon per Verordnung das alleinige Recht, bestimmte Seiden- und Brokatmuster herzustellen.[5] 1846 wurde in Deutschland das erste Geschmacksmustergesetz erlassen.[6] Es ermöglichte einen Schutz auf Antrag des jeweili-

---

[1] Gesetz über den rechtlichen Schutz von Design (Designgesetz) vom 12. März 2004 (BGBl. I S. 390).
[2] § 1 Abs. 1 DesignG.
[3] § 1 Abs. 1 DesignG.
[4] BT-Dr. 15/1075, S. 30.
[5] Wesel (2006), Rn. 284.
[6] RGBl. S. 11.

© Springer Fachmedien Wiesbaden 2016
S. Ahrens, *Geistiges Eigentum und Wettbewerbsrecht*, FOM-Edition,
DOI 10.1007/978-3-658-14313-8_4

gen Gestalters, allerdings nicht in einem zentralen Register, sondern zunächst dezentral im Handelsregister des jeweiligen Amtsgerichts, also sehr unübersichtlich.[7]

4.3 Grundlagen

Wie bei einem Urheberrecht an einem Werk der angewandten Kunst[8] handelt es sich auch bei einem Design um den Schutz für die optische Gestaltung eines Gebrauchsgegenstandes. Anders als bei einem Urheberrecht steht bei einem Design allerdings nicht der Aspekt der persönlichen geistigen Schöpfung im Vordergrund. Es reicht aus, dass die Gestaltung neu ist und Eigenart hat.[9] Das bedeutet nicht, dass der Grad der gestalterischen Leistung bei einem urheberrechtlich geschützten Werk höher sein muss als bei einem Design.[10] Es handelt sich eher um eine andere Art der gestalterischen Leistung. Designschutz und Urheberrechtsschutz schließen sich nicht aus, sondern können nebeneinander bestehen.[11]

Ein Design hat Eigenart, wenn sich der Gesamteindruck, den es beim informierten Benutzer hervorruft, von dem Gesamteindruck unterscheidet, den ein anderes (älteres) Design bei diesem Benutzer hervorruft.[12] Für die Ermittlung der Eigenart ist also die Unterschiedlichkeit der Muster das maßgebliche Kriterium. Bei einem Urheberrecht muss die gestalterische Leistung vor allem der Art sein, dass sie eine besondere Beziehung des Gestalters zu „seinem Werk" begründet. Das ist beim Design nicht der Fall. Anders als das Urheberrecht ist das Designrecht eben „nur" ein gewerbliches Schutzrecht, bei dem die Persönlichkeitsrechte des Schöpfers einen geringeren Stellenwert haben. Bei einem gewerblichen Schutzrecht steht der Schutz für das gestaltete Produkt im gewerblichen Verkehr im Vordergrund. Deshalb können Designrechte – anders als Urheberrechte – auch vollständig übertragen werden. Auch hat der Gestalter eines Designs – anders als der Urheber – kein Recht auf Nennung als Gestalter. Im Umkehrschluss lässt sich daraus auch ableiten, wann eine Gestaltung nicht nur designrechtlich, sondern auch urheberrechtlich geschützt ist. Das wird man immer dann annehmen können, wenn die Beziehung des Gestalters zu „seinem Werk" die Einräumung dieser weitreichenden Urheberpersönlichkeitsrechte rechtfertigt. Dies erkennt man zum Beispiel daran, dass der Gegenstand unter dem Namen des Gestalters bekannt wird, wie zum Beispiel ein „Le-Corbusier-Sessel" oder ein „Fritz-Hansen-Stuhl". Ein weiteres Indiz ist beispielsweise die Ausstellung eines Gegenstandes in einem Museum.[13]

Um zu verhindern, dass technische Erfindungen über das Designrecht geschützt werden und damit in die Wertungen des Patentrechts eingegriffen wird, sind Erscheinungs-

---

[7] Wesel (2006), Rn. 284.
[8] § 2 Abs. 1 Nr. 4 UrhG.
[9] § 2 Abs. 1 DesignG;.
[10] BGH GRUR 2014, 175 – Geburtstagszug.
[11] BGH GRUR 2014, 175, 179 – Geburtstagszug.
[12] § 2 Abs. 3. DesignG.
[13] BGH GRUR 1987, 903, 905 – Le Corbusier-Möbel.

merkmale von Erzeugnissen vom Design ausgeschlossen, die ausschließlich durch deren technische Funktion bedingt sind.[14]

Bei der Frage, ob ein Design hinreichende Eigenart aufweist, ist in drei Schritten vorzugehen. Zunächst ist festzustellen, welche Gestaltungsmerkmale den Gesamteindruck des Musters prägen. Dann sind diese Merkmale allen vorbekannten Erzeugnissen gegenüberzustellen. Im letzten Schritt ist dann zu klären, ob die Eigenleistung des Mustergestalters ausreicht.[15] Dabei ist insbesondere auch der Grad der Gestaltungsfreiheit des Entwerfers bei der Gestaltung seines Musters zu beachten.[16] Geringfügigen Abweichungen von vorbekannten Gestaltungen wird umso mehr Gewicht beigemessen, je begrenzter die Freiheit des Entwerfers bei der Gestaltung war.[17]

Literatur

Eichmann, H., & von Falkenstein, R. (2015). *Geschmacksmustergesetz*. München: C.H. Beck.

Hasselblatt, G. N. (Hrsg.). (2012). *Münchener Anwaltshandbuch Gewerblicher Rechtsschutz*. München: C.H. Beck.

Wesel, O. (2006). *Geschichte des Rechts – Von den Frühformen bis zur Gegenwart*. München: C.H. Beck.

---

[14] § 3 Abs. 1 Nr. 1 DesignG.
[15] Gerlach in Hasselblatt (2012), § 46, Rn. 40.
[16] § 38 Abs. 2, S. 2 DesignG.
[17] Eichmann in Eichmann und Falkenstein (2015), § 2, Rn. 32.

Patente und Gebrauchsmuster

5.1 Begriff

Gesetzlich geregelt ist das Patent im Patentgesetz.[1] Patente werden für Erfindungen auf allen Gebieten der Technik erteilt, sofern sie neu sind, auf einer erfinderischen Tätigkeit beruhen und gewerblich anwendbar sind.[2] Das Patent schützt also nicht die optische Gestaltung eines Produktes, wie ein Design, und auch nicht die Kennzeichnung eines Produktes, wie eine Marke, sondern die technische Gestaltung des Produktes. Diese Technizität kommt zum Ausdruck durch die gesetzliche Formulierung „Erfindung auf allen Gebieten der Technik".[3]

5.2 Geschichte

Bereits im ausgehenden Mittelalter wurden Privilegien für technische Neuerungen gewährt, zunächst häufig im Bergbauwesen, zum Beispiel für Entwässerungsanlagen. Das Privileg bestand aus unmittelbaren Zahlungen an den Erfinder oder im alleinigen Recht, die Erfindung zu nutzen bzw. dem Recht, Zahlungen zu erhalten, wenn die Erfindung von anderen genutzt wurde. Hintergrund dieser Regelung waren Nützlichkeitserwägungen, da Erfindungen der Wohlstandsmehrung dienten.[4] Erst später setzte sich der Gedanke durch, dass der Erfinder einen Anspruch auf Erteilung eines Schutzrechts hat, den er mit einer Patentanmeldung geltend machen kann. Das deutsche Patentgesetz trat 1877 in Kraft.

---

[1] Patentgesetz in der Fassung der Bekanntmachung vom 16. Dezember 1980 (BGBl. 1981 I S. 1).
[2] § 1 PatG.
[3] § 1 PatG.
[4] Bernhard und Krasser (1986), S. 42.

© Springer Fachmedien Wiesbaden 2016
S. Ahrens, *Geistiges Eigentum und Wettbewerbsrecht*, FOM-Edition,
DOI 10.1007/978-3-658-14313-8_5

5.3   Grundlagen

Auch bei dem Patent handelt es sich um ein typisches gewerbliches Schutzrecht. Dies ergibt sich bereits aus der gesetzlichen Definition. Danach werden Patente nur für Erfindungen erteilt, sofern sie gewerblich anwendbar sind.[5] Allerdings setzen Erfindungen – ähnlich wie urheberrechtlich geschützte Werke – häufig auch erhebliche geistige Leistungen voraus. Deshalb wird das Patent teilweise auch als „technisches Urheberrecht" des Erfinders bezeichnet.[6] Inhaltlich drückt sich dies zum Beispiel darin aus, dass dem Erfinder, ähnlich wie dem Urheber, ein Persönlichkeitsrecht zugestanden wird. Dies ist zwar beim Patent deutlich enger ausgestaltet, führt aber beispielsweise dazu, dass der Erfinder einen Anspruch darauf hat, neben dem Inhaber des Patents als Erfinder in der Patentschrift genannt zu werden.

Die Erfindung als Gegenstand des Patents steht im Zentrum der patentrechtlichen Diskussionen und ist Voraussetzung für das Verständnis des Patentrechts. Sie wird definiert als „Lehre zum technischen Handeln".[7] Damit setzt eine Erfindung zum einen ein technisches Problem, die Aufgabe,[8] und zum anderen die Lösung des technischen Problems[9] voraus. Fehlt es an einer Aufgabe, also einem technischen Problem, gibt es keinen Grund, einer Person ein Schutzrecht und damit ein Monopol bezüglich einer Lehre zum technischen Handeln einzuräumen. Dies würde dem Grundsatz widersprechen, dass Ideen grundsätzlich nicht schutzfähig sind und nur ausnahmsweise Schutzrechte an konkreten Gestaltungen oder Erfindungen gewährt werden (siehe Kap. 1). Anderenfalls würde die Entwicklung der Gesellschaft unnötig eingeschränkt werden. Vorteilhaft für die gesellschaftliche Entwicklung ist die Gewährung eines Schutzrechtes für eine Erfindung nur dann, wenn ein technisches Problem im Stand der Technik nicht lösbar ist. Das Patent dient in dieser Situation als Ansporn und Belohnung für den Erfinder, eine Lösung für das Problem zu finden.[10]

Darüber hinaus muss die Erfindung auch der Allgemeinheit offenbart werden, damit diese die Erfindung nachvollziehen kann, die technische Lehre überprüfen kann und in die Lage versetzt wird, die neuen Erkenntnisse für weitere Entwicklungen – gegebenenfalls gegen Lizenzzahlung – zu verwenden. Aus diesem Grunde enthält eine Patentschrift in der Regel zunächst eine Beschreibung des technischen Problems, des Standes der Technik bezüglich dieses Problems und die vorgeschlagene technische Lehre zur Lösung des Problems.[11] Die Patentschrift wird vom Patentamt veröffentlicht.[12] Sofern 18 Monate nach Anmeldung das Patent noch nicht erteilt worden ist, erstellt das Patentamt eine

---

[5] § 1 PatG.
[6] BVerfG RUR 2001, 43 – Klinische Versuche.
[7] BGH GRUR 2000, 1007, 1009 – Sprachanalyseeinrichtung.
[8] BGH GRUR 1991, 522 – Feuerschutzabschluss.
[9] BGH GRUR 1985, 31 – Acrylfasern.
[10] BGH GRUR 1996, 109, 114– Klinische Versuche I.
[11] § 34 Abs. 3 Nr. 4 PatG; siehe auch Anhang 3.
[12] § 32 Abs. 1 Nr. 2 PatG.

Offenlegungsschrift, die es der Öffentlichkeit ermöglicht, Einsicht in die Anmeldung zu nehmen.[13] Enthält die Patentanmeldung keine Offenbarung der technischen Lehre, die so deutlich und vollständig ist, dass ein Fachmann sie ausführen kann, so wird die Anmeldung zurückgewiesen.[14]

▶ Werden Ansprüche aus einem Patent geltend gemacht, ist deshalb auch immer zu prüfen, ob das Patent eine hinreichende Offenbarung der technischen Lehre enthält. Anderenfalls kann das Patent widerrufen bzw. für nichtig erklärt werden.[15]

Die Erfindung darf sich nicht in der Darstellung des Problems erschöpfen, sondern muss auch eine technische Lösung enthalten. Darunter fallen nicht Entdeckungen, wissenschaftliche Theorien und mathematische Methoden.[16]

Beispiel

Nicht schutzfähig ist beispielsweise die Röntgenstrahlung als solche, die bereits in der Natur existiert und lediglich entdeckt werden kann. Schutzfähig ist jedoch eine technische Vorrichtung, mit der die Röntgenstrahlen angewendet werden können.

Hinsichtlich der rechtstheoretischen Begründung für den Patentschutz ist diese Differenzierung nicht zwingend. Man könnte aufgrund der erheblichen Bedeutung beispielsweise der Entdeckung der Röntgenstrahlung oder der Relativitätstheorie für die Menschheit sehr gut argumentieren, dass auch einem Entdecker eine befristete Monopolstellung als Anreiz und Belohnung gewährt werden könnte. Hintergrund der gesetzgeberischen Entscheidung ist die Tatsache, dass Entdeckungen und wissenschaftliche Erkenntnisse bereits in der Natur existieren und somit nicht geschaffen, sondern lediglich entdeckt werden können.[17] Außerdem bestünde das Risiko, dass der freie Austausch von Gedanken und Ideen zu sehr eingeschränkt werden könnte.[18]

Ebenfalls vom Patentschutz ausgeschlossen sind ästhetische Formschöpfungen.[19] Dies dient der Abgrenzung zum Designschutz. Es fehlt insoweit an der Lehre zum technischen Handeln.[20] Das gleiche gilt für Pläne, Regeln und Verfahren für gedankliche Tätigkeiten, für Spiele oder für geschäftliche Tätigkeiten sowie für Programme für Datenverarbeitungsanlagen.[21]

Des Weiteren sind im Patentgesetz bewusst Bereiche aus ethischen Gründen dem Patentschutz entzogen. Hierbei handelt es sich um den menschlichen Körper einschließlich

---

[13] § 31, 32 Abs. 1 Nr. 2 PatG.

[14] § 34 Abs. 4, 42 Abs. 1, 48 PatG.

[15] § 21 Abs. 1 Nr. 2, 22, 61, 81 PatG.

[16] § 1 Abs. 3 Nr. 1 PatG.

[17] Mes (2015), § 1 PatG, Rn. 104.

[18] Schölch (2001), S. 17.

[19] § 1 Abs. 3 Nr. 2 PatG.

[20] BPatG GRUR 1999, 44 – Pflanzenanordnung.

[21] § 1 Abs. 3 Nr. 3 PatG; siehe zum Schutz von Computerprogrammen jedoch Kap. 7.

der Keimzellen sowie der Sequenz oder Teilsequenz eines Gens,[22] Verfahren zum Klonen von menschlichen Lebewesen.[23] Verfahren zur Veränderung der genetischen Identität der Keimbahn des menschlichen Lebewesens,[24] die Verwendung von menschlichen Embryonen zu industriellen oder kommerziellen Zwecken,[25] Verfahren zur Veränderung der genetischen Identität von Tieren, die geeignet sind, Leiden dieser Tiere ohne wesentlichen medizinischen Nutzen für den Menschen oder das Tier zu verursachen, sowie die mit Hilfe solcher Verfahren erzeugten Tiere,[26] Pflanzensorten und Tierrassen sowie im Wesentlichen biologische Verfahren zur Züchtung von Pflanzen und Tieren,[27] Verfahren zur chirurgischen oder therapeutischen Behandlung des menschlichen oder tierischen Körpers und Diagnostizierverfahren, die am menschlichen oder tierischen Körper vorgenommen werden.[28]

Das Patentgesetz sieht verschiedene Arten von Patenten vor.

5.3.1 Erzeugnispatente

Erzeugnisse sind beispielsweise Sachen, Vorrichtungen, Maschinen, Stoffe, Fertig- oder Halbfabrikate etc. Bei Stoffen handelt es sich nicht um Textilien, sondern um Chemikalien, insbesondere Arzneimittel, also neu erfundene Stoffe zur medizinischen Anwendung.[29] Geschützt wird der neue Stoff als solcher unabhängig von möglichen Verwendungen. Nicht schutzfähig sind jedoch Naturstoffe, da insoweit keine Erfindung, sondern eine Entdeckung vorliegt.[30]

Erzeugnisse, die Gegenstand eines Patents sind, dürfen von Dritten ohne Zustimmung des Patentinhabers weder hergestellt noch angeboten, in Verkehr gebracht, benutzt oder zu den genannten Zwecken eingeführt oder besessen werden.[31]

5.3.2 Verfahrenspatente

Verfahrenspatente können sich auf ein Herstellungsverfahren beziehen. Dann enthalten sie eine Lehre zum technischen Handeln im Hinblick auf die Wahl der Ausgangsstoffe oder auf die Art der Einwirkung auf diese Ausgangsstoffe.

---

[22] § 1 a Abs. 1 PatG.
[23] § 2 Abs. 2 Nr. 1 PatG.
[24] § 2 Abs. 2 Nr. 2 PatG.
[25] § 2 Abs. 2 Nr. 3 PatG.
[26] § 2 Abs. 2 Nr. 4 PatG.
[27] § 2 a Abs. 1 Nr. 1 PatG.
[28] § 2 a Abs. 1 Nr. 2 PatG.
[29] BGH GRUR 1996, 190 , 193 – Polyferon.
[30] BGH GRUR 1975, 430 – Bäckerhefe.
[31] § 9 Nr. 1 PatG.

Beispiel

Ein Verfahrenspatent ist zum Beispiel die Lehre zur Herstellung einer Stahllegierung durch Hinzufügung von Bohr, Stickstoff, Aluminium, Vanadium Niob und/oder Tantal.[32]

Patentrechtlich geschützt ist sowohl das Herstellungsverfahren[33] als auch das durch das geschützte Verfahren unmittelbar hergestellte Erzeugnis.[34]

Verfahrenspatente können sich auch auf ein Arbeitsverfahren beziehen. Dabei handelt es sich um technische Betätigungen, durch die an einem Objekt Arbeitsschritte vollzogen werden, ohne dass dabei eine Veränderung der behandelten Sache eintritt.[35] Das sind typischerweise Untersuchungsverfahren oder Verfahren zum Messen, Fördern, Zählen oder Reinigen von Erzeugnissen etc.[36]

Verfahrenspatente können sich auch auf eine Anwendung bzw. Verwendung beziehen. Das ist typischerweise der Fall bei Arzneimitteln, deren Verwendung für eine weitere, bislang noch nicht bekannte medizinische Indikation geschützt wird.[37]

5.3.3 Abhängige Patente

Bei einem abhängigen Patent handelt es sich um die Weiterentwicklung einer bereits patentierten technischen Lehre. Ein Erfinder verwendet also ein bereits patentiertes Produkt, um damit eine weitergehende Erfindung zu ermöglichen.

Beispiel

Ein Erfinder entwickelt ein Verfahren zur Anwendung eines bereits patentierten chemischen Stoffes für eine weitere medizinische Indikation. Der Stoff als solcher ist bereits geschützt. Deshalb kann die neue Anwendung dieses Stoffes nur mit Zustimmung des ursprünglichen Patentinhabers erfolgen. Das neue Verwendungspatent ist damit abhängig vom ursprünglichen Erzeugnispatent. In der Praxis wird der neue Erfinder dem Inhaber des früheren Patents die Zahlung einer Lizenzgebühr anbieten, um seine neue Erfindung nutzen zu können.

Die Entstehung von abhängigen Patenten mag in der Praxis zu komplizierten Verhältnissen führen, da Abhängigkeitsverhältnisse entstehen und Lizenzverhandlungen geführt werden müssen. Sie zeigt aber auch die Funktionsfähigkeit des Patentsystems. Durch die

---

[32] BGH GRUR 1986, 163 – Borhaltige Stähle.
[33] § 9 Satz 2 Nr. 2 PatG.
[34] § 2 Abs. 2 Nr. 3 PatG.
[35] BGH GRUR 2006, 135 – Arzneimittelgebrauchsmuster.
[36] Mes (2015), § 1 PatG, Rn. 19.7.
[37] BGH GRUR 1983, 729 – Hydropyridin.

Verpflichtung des Patentinhabers zur Offenlegung seiner Erfindung wird es Dritten ermöglicht, die in der Erfindung liegende neue Erkenntnis zur Kenntnis zu nehmen und weiterzuentwickeln. Gäbe es keinen Patentschutz, hätte der ursprüngliche Erfinder versucht,
seine Erkenntnis möglichst geheim zu halten, um sie weitestgehend selbst wirtschaftlich
verwerten zu können. Zu einer Weiterentwicklung der Erfindung wäre es dann mangels
Kenntnis beim neuen Erfinder nicht gekommen.

5.3.4   Gebrauchsmuster

Auch das Gebrauchsmuster ist ein technisches Schutzrecht. Es wird teilweise auch als
„kleines Patent" bezeichnet. Gesetzlich geregelt ist das Gebrauchsmuster im Gebrauchsmustergesetz.[38] Der wichtigste Unterschied zum Patent besteht darin, dass es vor der
Erteilung nicht vom Patentamt daraufhin überprüft wird, ob es sich wirklich um eine Erfindung handelt. Sofern die formalen Voraussetzungen erfüllt sind (zum Beispiel Zahlung der
Anmeldegebühren, hinreichend präzise Beschreibung der Erfindung etc.), wird es ins Register eingetragen. Bei einem Antrag auf Erteilung eines Patentes wird hingegen inhaltlich
geprüft, ob tatsächlich eine erfinderische Tätigkeit vorliegt bzw. die Erfindung wirklich
neu ist. Das führt dazu, dass ein Gebrauchsmuster sehr viel schneller eingetragen wird als
ein Patent. Aus diesem Grunde werden häufig Patentschutz und Gebrauchsmusterschutz
parallel beantragt. Auf diese Weise erhält der Anmelder sowohl den schnellen Schutz des
Gebrauchsmusters als auch den weiterreichenden Schutz des Patents. Konsequenterweise
ist ein Gebrauchsmuster mangels inhaltlicher Prüfung aber auch ein schwächeres Recht.
Während das Gericht in einem Patentverletzungsprozess zunächst davon ausgeht, dass das
verletzte Patent zu Recht vom Patentamt erteilt wurde, besteht eine entsprechende Vermutung beim Gebrauchsmuster naturgemäß nicht. Das Verletzungsgericht prüft deshalb
zunächst auch, ob das Gebrauchsmuster tatsächlich zu Recht erteilt worden ist. Schon eine Abmahnung auf der Grundlage eines Patents hat wesentlich mehr Drohpotenzial, da
jedenfalls die Prüfer beim Patentamt schon einmal der Meinung gewesen sind, es liege
tatsächlich eine Erfindung vor.

Darüber hinaus hat ein Gebrauchsmuster eine kürzere Laufzeit als ein Patent (maximal
zehn Jahre im Vergleich zu maximal 20 Jahren bei einem Patent).[39] Außerdem gewährt
ein Gebrauchsmuster lediglich Schutz für Erzeugnisse, nicht jedoch für Verfahren.[40]

►   Teilweise wird auch heute noch davon ausgegangen, dass für die Erlangung von
       Gebrauchsmusterschutz eine geringere schöpferische Leistung des Erfinders er-
       forderlich sei, Gebrauchsmusterschutz also auch diesbezüglich leichter zu erlan-

---

[38] Gebrauchsmustergesetz in der Fassung der Bekanntmachung vom 28. August 1986 (BGBl.
S. 1455), zuletzt geändert durch Art. 3 des Gesetzes vom 4. April 2016 (BGBl. S. 558).
[39] § 23 Abs. 1 und 2 GebrMG, § 16 Satz 1 PatG.
[40] § 2 Nr. 3 GebrMG.

Tab. 5.1 Übersicht der wichtigsten Schutzrechte

Schutzrecht	Schutzgegenstand
Marke	Kennzeichnung für Waren und Dienstleistungen
Urheberrecht	Kulturelle Leistungen
Design	Design
Patent	Technische Erfindungen
Gebrauchsmuster	Technische Erfindungen (außer Verfahren)
Topographie	Dreidimensionale Strukturen mikroelektronischer Halbleitererzeugnisse

gen sei.[41] Dies wurde unter anderem auch mit der unterschiedlichen Terminologie des Patentgesetzes und des Gebrauchsmustergesetzes begründet. Während das Patentgesetz eine erfinderische Tätigkeit verlangt,[42] wird im Gebrauchsmustergesetz lediglich von dem Erfordernis eines erfinderischen Schrittes gesprochen.[43] Das ist jedoch nicht mehr der Fall. Der Bundesgerichtshof hat inzwischen klargestellt, dass der erfinderische Schritt beim Gebrauchsmuster und die erfinderische Tätigkeit beim Patent hinsichtlich der schöpferischen Leistung des Erfinders gleich zu beurteilen sind.[44] Das Gebrauchsmuster dient deshalb nicht (mehr) als Auffangbecken für Erfindungen, die mangels hinreichender schöpferischer Leistung des Erfinders keinen Patentschutz erlangt haben.

Tab. 5.1 zeigt eine Übersicht der wichtigsten Schutzrechte.

Literatur

Bernhard, W., & Krasser, R. (1986). *Lehrbuch des Patentrechts*. München: C.H. Beck.

Mes, P. (2015). *Patentgesetz/Gebrauchsmustergesetz*. München: C.H. Beck.

Schölch, G. (2001). Softwarepatente ohne Grenzen. *GRUR*, 16.

---

[41] Mes (2015), § 1 GebrMG, Rn. 1 und 13 ff.
[42] § 4 PatG.
[43] § 1 Abs. 1 GebrMG.
[44] BGH GRUR 2006, 842, 843 – Demonstrationsschrank.

Internationale Schutzrechte

6

Ein wichtiger Grundsatz des Geistigen Eigentums ist das Territorialitätsprinzip. Es betrifft alle Rechte des Geistigen Eigentums. Es hat zum Inhalt, dass Schutzrechte immer nur mit Wirkung für das Territorium erteilt werden können, für das der jeweilige Gesetzgeber bzw. die jeweils gewährende Behörde Hoheitsrechte ausüben kann. Das deutsche Markengesetz und das Deutsche Patent- und Markenamt können nur Markenrechte für das Territorium der Bundesrepublik Deutschland gewähren. Eine darüber hinausgehende Gewährung von Schutzrechten zum Beispiel für das Territorium des Königreichs Dänemark oder der Republik Frankreich würde einen Eingriff in deren Hoheitsrechte darstellen. Dies ist eigentlich selbstverständlich, hat aber gerade im Bereich des Geistigen Eigentums besondere Relevanz, da ein territorial beschränkter Schutz in der Regel nicht ausreichend ist. International agierende Unternehmen benötigen internationalen Schutz für ihre Produkte. Die gesonderte Anmeldung von Schutzrechten in jedem einzelnen Staat, in dem ein Unternehmen geschäftlich tätig ist, stellt einen erheblichen organisatorischen und finanziellen Aufwand dar. Aus diesem Grunde begannen bereits sehr früh Bestrebungen zur Schaffung einheitlicher internationaler Schutzstandards, internationaler Schutzrechte bzw. internationaler Verfahren zur einheitlichen Erteilung von Schutzrechten.

6.1 Pariser Verbandsübereinkunft (PVÜ)

Die Pariser Verbandsübereinkunft zum Schutz des gewerblichen Eigentums vom 20. März 1883 ist die wichtigste internationale Vereinbarung für das Gebiet des Geistigen Eigentums.[1] Sie stellt sicher, dass die Angehörigen der beteiligten Mitgliedstaaten in allen anderen Mitgliedstaaten in gleicher Weise wie die jeweiligen dortigen Staatsangehörigen den gleichen Schutz ihres Geistigen Eigentums und die gleichen Rechte diesbezüglich

---

[1] http://www.wipo.int/treaties/en/text.jsp?file_id=288514. Zuletzt abgerufen am 21. April 2016.

© Springer Fachmedien Wiesbaden 2016
S. Ahrens, *Geistiges Eigentum und Wettbewerbsrecht*, FOM-Edition,
DOI 10.1007/978-3-658-14313-8_6

genießen.[2] Dies gilt für Patente, Gebrauchsmuster, Geschmacksmuster, Marken, Handelsnamen, Ursprungsbezeichnungen sowie das Lauterkeitsrecht.[3] Dem Verband gehören heute 162 Staaten an. Alle Mitgliedstaaten der EU sind auch Mitgliedstaaten der PVÜ. Unabhängig von ihrer markenrechtlichen Bedeutung ist die PVÜ auch rechtshistorisch von besonderer Bedeutung, da sie ca. 70 Jahre vor Beginn der europäischen Einigung erste Schritte der europäischen und internationalen wirtschaftsrechtlichen Harmonisierung einleitete. Mit Blick auf die heutige Situation in Europa ist auch interessant, dass neben Belgien, Frankreich, Italien, den Niederlanden, Portugal und Spanien auch die Schweiz und Serbien Gründungsmitgliedstaaten der PVÜ waren, damals also noch – anders als das Deutsche Reich – zumindest in wirtschaftsrechtlicher Hinsicht zu den progressiven europäischen Staaten gehörten, die eine transnationale Zusammenarbeit förderten.

6.2   Übereinkommen über handelsbezogene Aspekte der Rechte des Geistigen Eigentums (TRIPS)

Das TRIPS-Abkommen ist ein Anhang des Übereinkommens zur Errichtung der Welthandelsorganisation und am 15. April 1994 beschlossen worden.[4] Ähnlich wie die Pariser Verbandsübereinkunft regelt das Abkommen Mindestanforderungen für den Schutz von Geistigem Eigentum und die Gleichbehandlung der Angehörigen aller Mitgliedstaaten. Das Abkommen inkorporiert alle materiellrechtlichen Vorschriften der PVÜ und macht sie damit auch für alle Vertragsparteien der Welthandelsorganisation verbindlich, die noch nicht Mitglied der PVÜ sind. Alle Mitgliedstaaten der EU sind auch Mitgliedstaaten der Welthandelsorganisation und damit des TRIPS-Abkommens.

6.3   Weltorganisation für Geistiges Eigentum (WIPO)

Die WIPO (die Abkürzung bezieht sich auf die englische Bezeichnung „World Intellectual Property Organization") ist eine Organisation der Vereinten Nationen mit Sitz in Genf. Sie ist eine Dachorganisation für alle internationalen Übereinkommen auf dem Gebiet des Geistigen Eigentums.[5] Ihre Hauptaufgabe ist die Abwicklung, Verwaltung und Zusammenarbeit im Rahmen der Internationalen Übereinkommen, zum Beispiel die Verwaltung internationaler Marken, die auf der Grundlage des Madrider Markenabkommens angemeldet werden (siehe Abschn. 6.4).

---

[2] Art. 2 PVÜ.
[3] Art. 1 PVÜ.
[4] http://www.wto.org/english/docs_e/legal_e/27-trips.pdf. Zuletzt abgerufen am 21. April 2016.
[5] www.wipo.int/about-wipo/en/. Zuletzt abgerufen am 21. April 2016.

6.4 Internationale Marken

Um die Erlangung internationalen Schutzes für Marken zu erleichtern, wurden das Madrider Abkommen über die internationale Registrierung von Fabrik- oder Handelsmarken vom 14. April 1891[6] und das Protokoll zum Madrider Abkommen über die internationale Registrierung von Marken vom 27. Juni 1989[7] geschlossen. Inzwischen sind 56 Staaten[8] dem Madrider Abkommen und 91 Staaten[9] dem Protokoll zum Madrider Abkommen beigetreten. Deutschland ist seit 1922 Vertragsstaat des Madrider Abkommens[10] und seit 1996 Vertragsstaat des Protokolls zum Madrider Abkommen. Die Abkommen ermöglichen es den Inhabern einer in einem Vertragsstaat eingetragenen Marke durch einen einheitlichen Antrag beim Deutschen Patent- und Markenamt, in anderen oder allen Vertragsstaaten des Abkommens Markenschutz zu erlangen. Dabei handelt es sich um eine Erstreckung des Schutzes der nationalen Basismarke auf die ausgewählten weiteren Länder.

Beispiel

Der Inhaber einer nationalen deutschen Marke kann also durch einen Antrag auf Schutzerstreckung den Schutz seiner Marke auf andere Länder seiner Wahl, zum Beispiel Albanien, China und Vietnam, erstrecken.

Das DPMA leitet den Antrag über die WIPO an die jeweiligen Markenämter der ausgewählten Länder weiter, die dann nach ihrem jeweiligen nationalen Markenrecht prüfen, ob die Marke dort schutzfähig ist. Sofern dies nicht der Fall sein sollte, weil der Schutz der Marke gegen nationales Recht verstoßen würde, kann der Schutz verweigert werden. Liegen keine Gründe für eine Schutzverweigerung vor, erhält der Markeninhaber auch in diesen Ländern den gleichen Schutz, den er erhalten hätte, wenn er dort direkt eine Marke angemeldet hätte. Der Markeninhaber erhält also kein einheitliches Internationales Schutzrecht, sondern ein Bündel nationaler Marken.

Die Verfahren nach dem Madrider Abkommen und dem Protokoll zum Madrider Abkommen unterscheiden sich lediglich in Details. Da mit Ausnahme von Algerien alle Vertragsstaaten des Madrider Abkommens inzwischen auf das Protokoll zum Madrider Abkommen ratifiziert haben, ist für eine internationale Erstreckung auf der Grundlage einer deutschen Marke nur noch das Verfahren nach dem Protokoll zum Madrider Abkommen relevant. Internationale Marken werden auch IR-Marken genannt, wobei die Abkürzung „IR" für „Internationale Registrierung" steht.

---

[6] http://www.wipo.int/treaties/en/text.jsp?file_id=283530. Zuletzt abgerufen am 21. April 2016.

[7] http://www.wipo.int/treaties/en/text.jsp?file_id=283483. Zuletzt abgerufen am 21. April 2016.

[8] http://www.wipo.int/treaties/en/ShowResults.jsp?lang=en&treaty_id=21. Zuletzt abgerufen am 21. April 2016.

[9] http://www.wipo.int/treaties/en/ShowResults.jsp?lang=en&treaty_id=8. Zuletzt abgerufen am 21. April 2016.

[10] http://www.wipo.int/treaties/en/remarks.jsp?cnty_id=1298C. Zuletzt abgerufen am 21. April 2016.

▶   Wenn die nationale Marke, auf deren Basis die internationale Erstreckung bei
     der WIPO beantragt wurde, innerhalb von fünf Jahren nach ihrer Eintragung ge-
     löscht wird, entfällt automatisch auch ihr internationaler Schutz. Als Basismarke
     sollte deshalb immer eine nationale Marke gewählt werden, die möglichst stabil
     und sicher eintragbar ist.

6.5   Unionsmarken

Als Konsequenz der Schaffung eines einheitlichen Binnenmarktes innerhalb der EU besteht seit 1996 auch die Möglichkeit, beim Amt der Europäischen Union für geistiges
Eigentum[11] in Alicante, Spanien, eine Marke mit Schutz in allen EU-Mitgliedstaaten
zu beantragen. Rechtliche Grundlage hierfür ist die Unionsmarkenverordnung.[12] Im Gegensatz zu einer IR-Marke handelt es sich bei der Unionsmarke um ein einheitliches
Schutzrecht, das nur für das gesamte Gebiet der Europäischen Union eingetragen, übertragen bzw. für nichtig erklärt werden kann.[13] Die Unionsmarke stellt eine Erfolgsgeschichte
dar und zeigt, wie weitgehend inzwischen der gemeinsame Binnenmarkt in der EU Realität geworden ist. Allein im Jahre 2014 sind beim Amt 117.464 Anträge auf Eintragung
einer Unionsmarke eingereicht worden.[14] Dabei spielt auch der Kostenvorteil eine Rolle. Eine Unionsmarke kostet mit 1050 € Anmeldegebühr[15] ungefähr das Dreifache einer
nationalen deutschen Marke. Sie bietet jedoch Schutz für alle 28 EU-Mitgliedstaaten. Außerdem erstreckt sich ihr Schutzbereich automatisch auch nachträglich in alle neu der EU
beitretenden Mitgliedstaaten. Am 1. Juli 2013 haben also alle Inhaber einer Unionsmarke
automatisch auch Schutz für das Territorium Kroatiens erlangt. Es ist davon auszugehen,
dass die Unionsmarke im Verhältnis zu nationalen Marken weiter an Bedeutung gewinnen
wird.

6.6   Internationale Muster und Modelle

Das Hager Abkommen über Muster und Modelle[16] ermöglicht – ähnlich wie das Madrider Markenabkommen für Marken – einen internationalen Designschutz. Bei dem Begriff
„Muster und Modelle" handelt es sich um eine ältere Bezeichnung für „Design". Das Abkommen stammt aus dem Jahre 1925. Deshalb ist die Terminologie nicht auf dem neuesten

---

[11] Das Amt hieß bis zum 23. März 2016 Harmonisierungsamt für den Binnenmarkt.
[12] vgl. FN 4.
[13] § 1 Abs. 2 UMV.
[14] Jahresbericht 2014 des Harmonisierungsamtes für den Binnenmarkt,https://oami.europa.
eu/tunnel-web/secure/webdav/guest/document_library/contentPdfs/about_ohim/annual_report/
annual_report_2014_de.pdf . Zuletzt abgerufen am 21 April 2016.
[15] für drei Klassen.
[16] http://www.wipo.int/wipolex/en/wipo_treaties/details.jsp?group_id=1&treaty_id=9. Zuletzt abgerufen am 21. April 2016.

Stand. Sie orientiert sich an dem französischen Begriff „dessins et modèles"[17]. Inhaltliche Unterschiede gibt es zwischen den Begriffen „Muster und Modelle", „Geschmacksmuster" und „Design" nicht.

Verwaltet wird auch dieses System von der WIPO. Der Anmelder erhält ein Bündel nationaler Designrechte, die sich jeweils nach den Vorschriften des nationalen Rechts derjenigen Staaten richten, auf die sich das internationale Design erstreckt.

6.7 Gemeinschaftsgeschmacksmuster

Seit 2003 können beim EUIPO auf der Grundlage der Gemeinschaftsgeschmacksmusterverordnung[18] (GGV) auch Gemeinschaftsgeschmacksmuster registriert werden, die als einheitliches Schutzrecht Designschutz für alle EU-Mitgliedstaaten bieten. Anders als im deutschen Recht ist auf europäischer Ebene die Gemeinschaftsgeschmacksmusterverordnung noch nicht umbenannt worden in Gemeinschaftsdesignverordnung. Auch die Umstellung der Terminologie von „Gemeinschaft" zu „Union" ist noch nicht vollzogen worden. Es ist deshalb bis auf Weiteres offiziell weiterhin der Begriff Gemeinschaftsgeschmacksmuster zu verwenden. Es jedoch davon auszugehen, dass auch hier in naher Zukunft der Begriff Unionsdesign Einzug halten wird.

6.8 Europäische geographische Angaben und Ursprungsbezeichnungen

Neben dem nationalen Schutz geographischer Herkunftsangaben gibt es einen parallel geltenden einheitlichen europäischen Schutz. Dieser entsteht jedoch nicht durch Benutzungsaufnahme bzw. Bekanntheit. Die zu schützenden Bezeichnungen sind in einem formellen Antragsverfahren der Europäischen Kommission mit Begründung vorzulegen. Diese prüft das Schutzbegehren und trägt die Bezeichnung gegebenenfalls in das von der Kommission geführte „Verzeichnis der geschützten Ursprungsbezeichnungen und der geschützten geographischen Angaben" ein. Die Eintragung erfolgt durch Erlass einer Verordnung der Kommission. Die geschützten Angaben werden per Verordnung bekannt gegeben.[19]

---

[17] Code de la propriété intellectuelle, Livre V.
[18] Verordnung (EG) Nr. 6/2002 des Rates vom 12. Dezember 2001 über das Gemeinschaftsgeschmacksmuster, ABl. Nr. L3 vom 5. Januar 2002, S. 1–24.
[19] Verordnung (EG) Nr. 1107/96 der Kommission vom 12. Juni 1996 zur Eintragung geographischer Angaben und Ursprungsbezeichnungen gemäß dem Verfahren nach Art. 17 der Verordnung (EWG) Nr. 2081/92 des Rates, ABl. L 143 vom 21/06/1996 S. 001–0010.

> **Beispiel**
>
> Als geschützte Angaben eingetragen sind beispielsweise Prosciutto di Parma aus Italien, Feta-Käse aus Griechenland, Camembert-de-Normandie-Käse aus Frankreich und Spreewälder Gurken aus Deutschland.[20]

6.9 Internationale Patentanmeldungen

Auf der Grundlage des Vertrages über die internationale Zusammenarbeit auf dem Gebiet des Patentwesens vom 19. Juni 1970 (Patent Cooperation Treaty „PCT")[21] kann – ebenfalls verwaltet durch die WIPO – eine einheitliche internationale Patentanmeldung eingereicht werden. Anders als bei einer IR-Marke handelt es sich hierbei jedoch nicht um die Erteilung eines Bündels von nationalen Schutzrechten, sondern lediglich um eine einheitliche Anmeldung. Das Erteilungsverfahren ist den jeweiligen nationalen Patentämtern vorbehalten.

6.10 Europäische Patente

Das Europäische Patentamt in München (EPA) erteilt Patente auf der Grundlage des Europäischen Patentübereinkommens (EPÜ).[22] Hierbei handelt es sich nicht nur um ein vereinheitlichtes Anmeldeverfahren. Der Anmelder erhält ein vom Europäischen Patentamt einheitlich erteiltes Bündelpatent. Anders als bei einem Gemeinschaftspatent handelt es sich aber nicht um ein einheitliches Schutzrecht. Das Europäische Patent hat keine einheitliche Wirkung, sondern es hat für alle Vertragsstaaten, für die es erteilt worden ist, dieselben Wirkungen wie ein in diesem Staat erteiltes nationales Patent. Es unterliegt also hinsichtlich seiner Wirkung dem jeweiligen nationalen Patentrecht. Wie bei einer IR-Marke kann der Anmelder auch hier individuell diejenigen Staaten auswählen, für die er Schutz begehrt. Anders als bei dem zukünftigen Europäischen Patent mit einheitlicher Wirkung ist er also nicht darauf festgelegt, immer ein Schutzrecht mit Wirkung in der gesamten EU zu beantragen. Auch das Europäische Patent hat eine große praktische Bedeutung. Beim EPA sind im Jahre 2015 278.867 Anmeldungen für ein europäisches Patent eingegangen.[23]

---

[20] EuGH GRUR Int 2002, 523, 527 – Spreewälder Gurken.

[21] http://www.wipo.int/wipolex/en/wipo_treaties/text.jsp?file_id=288642. Zuletzt abgerufen am 21. April 2016.

[22] http://www.epo.org/law-practice/legal-texts/html/epc/2010/e/ma1.html. Zuletzt abgerufen am 21. April 2016.

[23] Jahresbericht 2015 des Europäischen Patentamts, https://www.epo.org/about-us/annual-reports-statistics/annual-report/2015/statistics/patent-filings_de.html#tab1. Zuletzt abgerufen am 4. Mai 2016.

6.11   Europäische Patente mit einheitlicher Wirkung

Am 20. Januar 2013 ist die Verordnung über die Umsetzung der Verstärkten Zusammen-arbeit im Bereich der Schaffung eines einheitlichen Patentschutzes[24] in Kraft getreten. Sie wird ab dem Tag des Inkrafttretens des Übereinkommens über ein Einheitliches Patentge-richt gelten.[25] Damit wird die Möglichkeit geschaffen, einem vom EPA auf der Grundlage des EPÜ erteilten europäischen Patents auf Antrag des Patentinhabers eine einheitliche Wirkung für die Hoheitsgebiete der 26 teilnehmenden Staaten zu verleihen. Anders als eine Unionsmarke und ein Gemeinschaftsgeschmacksmuster wird das Europäische Pa-tent mit einheitlicher Wirkung (noch) keinen Schutz in allen 28 EU-Mitgliedstaaten ha-ben. Polen und Spanien haben sich bislang geweigert teilzunehmen. Wird Deutsch oder Französisch als Verfahrenssprache vor dem EPA gewählt, so muss eine Übersetzung der gesamten Patentschrift in Englisch eingereicht werden.[26] Für Patentanmelder, die ihren Wohnsitz oder den Sitz ihrer Hauptniederlassung in einem EU-Mitgliedstaat haben, der keine Amtssprache mit einer der drei Amtssprachen des EPA (Deutsch, Französisch, Eng-lisch) gemein hat, wird ergänzend ein System zusätzlicher Kostenerstattungen für die Übersetzung der Anmeldung in die Verfahrenssprache des EPA eingeführt. Durch den Wegfall manueller Übersetzungen nach der Erteilung des Patents sollen die Anmelde-kosten im Vergleich zu einem Europäischen Patent ohne einheitliche Wirkung erheblich reduziert werden.

Die einheitliche Wirkung des Patents besteht darin, dass es nur einheitlich vernichtet oder übertragen werden kann und dass es einen einheitlichen Unterlassungsanspruch ge-währt. Diese einheitliche Rechtsdurchsetzung wird durch das Übereinkommen über ein Einheitliches Patentgericht[27] sichergestellt und für weitere Effektivitätsvorteile sorgen, da nicht mehr in mehreren Ländern parallel Unterlassungsansprüche geltend gemacht werden müssen.

---

[24] Verordnung (EU) Nr. 1257/2012 des Europäischen Parlaments und des Rates vom 17. Dezem-ber 2012 über die Umsetzung der Verstärkten Zusammenarbeit im Bereich der Schaffung eines einheitlichen Patentschutzes ABl. L 361/1.

[25] Anfang Mai 2016 war das Übereinkommen über ein Einheitliches Patentgericht noch nicht in Kraft getreten.

[26] Art. 6 der Verordnung (EU) Nr. 1260/2012 des Rates vom 17. Dezember 2012 über die Umsetzung der verstärkten Zusammenarbeit im Bereich der Schaffung eines einheitlichen Patentschutzes im Hinblick auf die anzuwendenden Übersetzungsregelungen, ABl. L 361/89.

[27] http://documents.epo.org/projects/babylon/eponet.nsf/0/ A1080B83447CB9DDC1257B36005AAAB8/$File/upc_agreement_de.pdf. Zuletzt abgerufen am 16.3.2016.

6.12   Internationaler Urheberrechtsschutz

Bereits im Jahre 1886 wurde die Revidierte Berner Übereinkunft zum Schutz von Werken der Literatur und Kunst (RBÜ) abgeschlossen.[28] Sie basiert auf dem Grundsatz der Inländerbehandlung. Die Urheber genießen für ihre Werke in allen Verbandsländern die gleichen Rechte, die Inländern gewährt werden. Dabei sind keine Formalitäten einzuhalten.[29] Jeder Angehörige eines Mitgliedstaates erlangt also automatisch für seine Werke auch Urheberschutz in sämtlichen Mitgliedstaaten. Tab. 6.1 zeigt eine Übersicht der internationalen Schutzrechte.

Tab. 6.1   Übersicht der internationalen Schutzrechte

Schutzrecht	Europäisches Anmeldungs-/Erteilungsverfahren	Einheitliches Europäisches Schutzrecht	Internationales Anmeldungs-/Erteilungsverfahren
Marke	Nein	Unionsmarke	IR-Marke
Geschäftliche Bezeichnung	Nein	Nein	Nein
Geographische Herkunftsangabe	Nein	Europäische geographische Angaben und Ursprungsbezeichnungen	Nein
Urheberrecht	Nein	Nein	Automatische Schutzgewährung in allen Mitgliedstaaten der RBÜ
Design	Nein	Gemeinschaftsgeschmacksmuster	Internationales Geschmacksmuster
Patent	Europäisches Patent	Europäisches Patent mit einheitlicher Wirkung	Internationales Patent
Topographie	Nein	Nein	Nein

---

[28] http://www.admin.ch/opc/de/classified-compilation/19710188/index.html. Zuletzt abgerufen am 21. April 2016.
[29] Art. 5 RBÜ.

Entstehung von Schutzrechten

7

Schutzrechte des Geistigen Eigentums entstehen teilweise automatisch und teilweise durch Registrierung in einem vom zuständigen Amt geführten Register.

7.1 Entstehung durch Anmeldung und Registrierung

Schutzrechte entstehen typischerweise durch Einreichung einer Anmeldung beim zuständigen Amt – in Deutschland dem Deutschen Patent- und Markenamt – und Registrierung durch das Amt im jeweiligen öffentlichen Register. Dies ist der Fall für Marken, Patente, Gebrauchsmuster und Designs. Man nennt sie deshalb auch Registerrechte.

► Die Eintragung in ein Register hat den Vorteil, dass es der Öffentlichkeit relativ leicht möglich ist, nach bereits bestehenden Schutzrechten zu recherchieren. Hierfür werden entsprechende Online-Datenbanken vorgehalten. Für deutsche Schutzrechte ist dies die Amtliche Publikation- und Registerdatenbank „DPMA-register",[1] für europäische Schutzrechte ist dies „eSearch Plus".[2] Es ist dringend zu empfehlen, vor der Benutzungsaufnahme eines Kennzeichens, eines Designs oder einer technischen Erfindung zumindest eine derartige Recherche durchzuführen, um die Verletzung von bestehenden Schutzrechten zu vermeiden. Auch vor der Anmeldung eigener Schutzrechte sollte eine Recherche durchgeführt werden, um unnötige Kosten und Auseinandersetzungen mit den Inhabern bestehender Schutzrechte zu vermeiden.

Das Amt prüft bei Marken und Patenten die formalen und materiellen Voraussetzungen der Schutzrechtsanmeldung. Formale Voraussetzung ist beispielsweise die Zahlung der jeweiligen Anmeldegebühr. Bei den materiellen Voraussetzungen handelt es sich beim

---

[1] https://register.dpma.de/DPMAregister/Uebersicht. Zuletzt abgerufen am 21. April 2016.
[2] https://oami.europa.eu/eSearch/. Zuletzt abgerufen am 21. April 2016.

© Springer Fachmedien Wiesbaden 2016
S. Ahrens, *Geistiges Eigentum und Wettbewerbsrecht*, FOM-Edition,
DOI 10.1007/978-3-658-14313-8_7

Patent um die Prüfung, ob es sich um eine Erfindung handelt, ob diese neu ist, auf einer erfinderischen Tätigkeit beruht und gewerblich anwendbar ist. Das Amt recherchiert also auch, ob die angemeldete Erfindung nicht bereits zum Stand der Technik gehört oder Gegenstand bereits existierender Patente ist. Bei Marken wird geprüft, ob die erforderliche Unterscheidungskraft vorliegt, die Marke also geeignet ist, die Waren und Dienstleistungen des Anmelders von denen anderer Anbieter zu unterscheiden. Bei Gebrauchsmustern und Designs werden hingegen lediglich die formalen Voraussetzungen geprüft. Das Amt nimmt keine Überprüfung hinsichtlich der materiellen Voraussetzungen, also beispielsweise der Neuheit vor. Man spricht deshalb bei Gebrauchsmustern und Designs auch von ungeprüften Schutzrechten. Diese haben den Vorteil, dass sie aufgrund der fehlenden materiellen Prüfung schneller eingetragen werden. Sie haben aber auch den Nachteil, dass zunächst eine gewisse Unsicherheit darüber besteht, ob das Schutzrecht wirklich zu Recht in das Register eingetragen wurde, ob es also tatsächlich Bestand hat. Das wird gegebenenfalls erst in einem Verletzungsprozess vom zuständigen Gericht überprüft.

7.2 Entstehung durch Benutzung und Erlangung von Verkehrsgeltung

Markenschutz kann auch ohne Registrierung entstehen, und zwar durch die Benutzung eines Zeichens im geschäftlichen Verkehr, soweit das Zeichen innerhalb beteiligter Verkehrskreise als Marke Verkehrsgeltung erworben hat.[3]

▶   Zwar gewährt eine Benutzungsmarke den gleichen Schutz wie eine registrierte Marke. Dennoch bleibt die Anmeldung und Registrierung der Marke der vorzugswürdige Weg zum Markenschutz. Es kann im Streitfall sehr aufwändig und schwierig sein, die Benutzung und Erlangung von Verkehrsgeltung nachzuweisen, insbesondere wenn es um die Frage geht, ob zu einem ganz bestimmten Zeitpunkt bereits Markenschutz vorgelegen hat.

Verkehrsgeltung liegt vor, wenn ein nicht unerheblicher Teil der angesprochenen Verkehrskreise das Zeichen einem bestimmten – allerdings nicht notwendig namentlich benennbaren – Unternehmen zuordnet.[4] Ein fester Mindestprozentsatz ist nicht erforderlich. 20 bis 25 % sind im Allgemeinen ausreichend.[5]

---

[3] § 4 Nr. 2 MarkenG.
[4] BGH GRUR 1969, 681, 682 – Kochendwassergerät.
[5] Hacker in Ströbele und Hacker (2015), § 4, Rn. 44.

Beispiel

David Schneider, Geschäftsführer der Zalando GmbH, äußerte sich zur Werbung seines Unternehmens in einem Interview wie folgt:

Inzwischen wird der Schrei mit Zalando assoziiert. Ich begegne ständig Postboten, die mich anschreien, oder Leuten, die hier in Berlin an unserem Büro vorbei laufen und schreien. Letztens hat jemand zu einem schreienden Baby gesagt: „Ooh, es hat wohl bei Zalando bestellt." Da merkt man, wie das zum Markenzeichen geworden ist.[6]

Der Schrei erfüllt damit die typische Funktion einer Marke. Er ermöglicht es, die Waren und Dienstleistungen eines Unternehmens von denen anderer Unternehmen zu unterscheiden.

7.3 Entstehung durch notorische Bekanntheit

Markenschutz kann auch ohne Registrierung und ohne Benutzung entstehen, nämlich durch notorische Bekanntheit einer Marke im Sinne des Artikels 6 bis der Pariser Verbandsübereinkunft zum Schutz des gewerblichen Eigentums.[7] Notorische Bekanntheit wird im Sinne einer gesteigerten Verkehrsgeltung verstanden und wird angenommen, wenn deutlich über 50 % der angesprochenen Verkehrskreise das Zeichen einem bestimmten Unternehmen zuordnen.[8] Die praktische Bedeutung dieser Regelung ist eher gering. In der Regel werden Marken mit entsprechender Bekanntheit entweder im Inland auch eingetragen oder aber zumindest benutzt, so dass sie als Registermarken oder als Benutzungsmarken Schutz genießen.

Beispiel

Selbständige Bedeutung hätte die Schutzbegründung durch notorische Bekanntheit beispielsweise, wenn die Zalando GmbH in der Schweiz den „Zalando-Schrei" nicht als nationale schweizerische Marke registriert hätte und dort auch nicht geschäftlich tätig wäre. Sie hätte dann trotzdem aufgrund der entsprechenden Vorschrift des schweizerischen Markengesetzes in Verbindung mit der Pariser Verbandsübereinkunft zum Schutz des gewerblichen Eigentums Markenschutz für den Schrei in der Schweiz.

---

[6] Nienhaus (2013), S. 23.
[7] § 4 Nr. 3 MarkenG.
[8] Hacker in Ströbele und Hacker (2015), § 4, Rn. 76.

7.4   Entstehung durch Benutzung

Kennzeichenschutz kann auch ohne Registrierung und ohne Bekanntheit durch einfache Benutzungsaufnahme entstehen. Das ist der Fall bei geschäftlichen Bezeichnungen, also Unternehmenskennzeichen und Werktiteln. Voraussetzung ist allerdings, dass diese Unterscheidungskraft aufweisen, also die Fähigkeit das mit der geschäftlichen Bezeichnung beschriebene Unternehmen bzw. das mit dem Werktitel bezeichnete Werk von anderen Unternehmen bzw. Werken zu unterscheiden. Fehlt es an dieser Unterscheidungskraft, weil die Bezeichnung bzw. der Titel rein beschreibend ist, entsteht der Schutz erst mit Erreichung von Verkehrsgeltung.

Beispiel

Als rein beschreibend wurden von der Rechtsprechung die Bezeichnung „Video-Rent" für einen Videoverleih[9] sowie „Festspielhaus" für einen Theaterbetrieb[10] angesehen.

Ebenfalls nur durch Benutzungsaufnahme entsteht das Benutzungsgemeinschaftsgeschmacksmuster.[11] Es wird als ein nicht eingetragenes Gemeinschaftsgeschmacksmuster für eine Frist von drei Jahren geschützt, beginnend mit dem Tag, an dem es der Öffentlichkeit innerhalb der Gemeinschaft erstmals zugänglich gemacht wurde.[12] Das Benutzungsgemeinschaftsgeschmacksmuster ist insbesondere für schnelllebige Designs zum Beispiel in der Modebranche geschaffen worden. Dort ist einerseits nicht der 25-jährige Schutz des eingetragenen Geschmacksmusters erforderlich. Andererseits wäre ein Anmelde- und Registrierungsverfahren aufgrund der Vielzahl der zu schützenden Muster sehr aufwändig.

7.5   Entstehung durch Schöpfung

Urheberrechte entstehen formlos durch Schöpfung des jeweiligen Werkes. Sie sind gemäß Art. 5 Abs. 2 der Revidierten Berner Übereinkunft zum Schutz von Werken der Literatur und Kunst (RBÜ) nicht an die Erfüllung irgendwelcher Förmlichkeiten gebunden. Es bedarf also weder einer Registrierung noch einer Bekanntheit oder tatsächlichen Benutzung des Werkes. Dies ist auf das naturrechtlich geprägte Verständnis des Urheberrechts zurückzuführen. Das Geistige Eigentum folgt bereits unmittelbar aus der Beziehung des Urhebers zu seiner persönlichen geistigen Schöpfung. Eines hoheitlichen Aktes bedarf es nicht mehr. Diese formlose Entstehung allein durch die Schaffung des Werkes hat jedoch

---

[9] BGH GRUR 1988, 319, 320 – Video-Rent.
[10] BGH GRUR 2003, 792, 793 – Festspielhaus II.
[11] Art. 1 Abs. 2 a) der Verordnung (EG) Nr. 6/2002 des Rates vom 12. Dezember 2001 über das Gemeinschaftsgeschmacksmuster (ABl. EG Nr. L 3 vom 5.1.2002, S. 1), https://oami.europa.eu/tunnel-web/secure/webdav/guest/document_library/contentPdfs/law_and_practice/cdr_legal_basis/62002_cv_de.pdf. Zuletzt abgerufen am 21. April 2016.
[12] Art. 11 der Gemeinschaftsgeschmacksmusterverordnung.

Tab. 7.1 Übersicht über die Entstehung der Rechte des Geistigen Eigentums

Schutzrecht	Schutz durch Registrierung	Schutz durch Benutzung	Schutz durch notorische Bekanntheit
Marke	Ja	Bei Erlangung von Verkehrsgeltung	Ja
Geschäftliche Bezeichnung	Nein	Bei Vorliegen von Unterscheidungskraft	Nein
Geographische Herkunftsangabe	Für Europäische geographische Angaben und Ursprungsbezeichnungen	Ja	Nein
Urheberrecht	Nein	Ja	Nein
Design	Ja	Für Gemeinschaftsgeschmacksmuster	Nein
Patent	Ja	Nein	Nein
Topographie	Ja	Nein	Nein

nicht zur Folge, dass alles Mögliche automatisch urheberrechtlich geschützt wäre. Urheberrechtlicher Schutz entsteht nur, sofern es sich bei dem jeweiligen Werk tatsächlich um eine persönliche geistige Schöpfung mit der erforderlichen Originalität handelt. Ob ein solches Werk und damit automatisch urheberrechtlicher Schutz tatsächlich entstanden ist, muss gegebenenfalls in einem Verletzungsverfahren vor Gericht entschieden werden. Tab. 7.1 zeigt eine Übersicht über die Entstehung der Rechte des Geistigen Eigentums.

Literatur

Nienhaus, L. (2013). Frankfurter Allgemeine Sonntagszeitung, „95 % der Deutschen kennen Zalando", 17. Februar 2013, S. 23.

Ströbele, P., & Hacker, F. (2015). *Markengesetz*. Köln: Carl Heymanns.

8 Eintragungs- und Löschungsverfahren

Die Anmeldung von Schutzrechten zur Registrierung beim DPMA bzw. beim EUIPO erfolgt nach gesetzlich festgelegten Regeln und Verfahren. Sofern das Amt den Antrag zurückweist, stehen dem Anmelder Rechtsmittel gegen die Zurückweisung zur Verfügung. Sofern das Amt dem Antrag stattgibt, stehen Dritten Rechtsmittel gegen die Eintragung zur Verfügung. Dabei gibt es je nach Schutzrecht im Detail unterschiedliche Verfahren.

8.1 Marken

8.1.1 Erforderliche Angaben

Die Anmeldung zur Eintragung einer deutschen Marke in das Register ist beim DPMA einzureichen.[1] Der Anmelder hat neben den Angaben zur Person insbesondere eine Wiedergabe der einzutragenden Marke und die Markenform anzugeben, also ob es sich um eine Wortmarke, eine Bildmarke, eine dreidimensionale Marke oder eine farbige Marke handeln soll. Darüber hinaus ist ein Verzeichnis der Waren und Dienstleistungen einzureichen, aus dem sich ergibt, wofür Markenschutz begehrt wird.

8.1.2 Verfahren

Der Antrag kann vom Anmelder selbst, von einem Patentanwalt oder von einem Rechtsanwalt gestellt werden. Das Formular kann im Internet heruntergeladen werden.[2] Dort befindet sich auch eine Suchmaschine für Waren und Dienstleistungen, mit der man die gewünschten Waren und Dienstleistungen einer der vorgegebenen Klassen zuordnen kann.

---

[1] § 32 Abs. 1 MarkenG.

[2] http://www.dpma.de/marke/anmeldung/index.html. Zuletzt abgerufen am 21. April 2016.

© Springer Fachmedien Wiesbaden 2016   77
S. Ahrens, *Geistiges Eigentum und Wettbewerbsrecht*, FOM-Edition,
DOI 10.1007/978-3-658-14313-8_8

Des Amt prüft die formalen und materiellen Eintragungsvoraussetzungen, also sowohl Formalitäten, wie Vollständigkeit der Angaben etc., als auch inhaltliche Fragen, wie die grundsätzliche Markenfähigkeit des angemeldeten Zeichens. Die Verletzung von Rechten Dritter, also gegebenenfalls entgegenstehende ältere identische oder verwechselbar ähnliche Marken, wird hingegen nicht geprüft.

Weist der Prüfer beim Amt die Anmeldung zurück, kann der Anmelder hiergegen Beschwerde beim Bundespatentgericht[3] und gegebenenfalls – wenn der Beschwerdesenat dies zulässt – gegen dessen Entscheidung Rechtsbeschwerde beim Bundesgerichtshof einlegen.[4]

Entspricht die Anmeldung den Anmeldungserfordernissen und wird sie nicht zurückgewiesen, so wird sie in das Register eingetragen und diese Eintragung veröffentlicht.[5]

Gegen die Eintragung können Inhaber einer Marke mit älterem Zeitrang innerhalb von drei Monaten Widerspruch einlegen.[6] Gegen die Entscheidung im Widerspruchsverfahren können sowohl der Anmelder als auch der Widersprechende – je nachdem, wer im Verfahren unterliegt – Beschwerde beim Bundespatentgericht[7] und gegebenenfalls – wenn der Beschwerdesenat dies zulässt – gegen dessen Entscheidung Rechtsbeschwerde beim Bundesgerichtshof einlegen.

Unabhängig von einem eventuellen Widerspruchsverfahren kann jeder Dritte ein Löschungsverfahren vor dem Amt wegen absoluter Schutzhindernisse anstrengen.[8] Hier geht es nicht um die Geltendmachung der Verletzung eigener Markenrechte, sondern um die Frage, ob die eingetragene Marke überhaupt hätte eingetragen werden dürfen, zum Beispiel weil ihr jegliche Unterscheidungskraft fehlt. Darüber hinaus werden die Inhaber von Rechten mit älterem Zeitrang zukünftig ein Löschungsverfahren anstrengen können.[9] Unabhängig von den Verfahren vor dem Markenamt kann eine Löschungsklage wegen Verfalls[10] oder des Bestehens älterer Rechte vor den ordentlichen Gerichten eingereicht werden.[11]

---

[3] § 66 Abs. 1 MarkenG.

[4] § 83 Abs. 1 MarkenG.

[5] § 41 MarkenG.

[6] § 42 Abs. 1 MarkenG.

[7] § 66 Abs. 1 MarkenG.

[8] § 54 Abs. 1 MarkenG.

[9] Art. 45 MarkenRL. Diese Vorschrift ist zum Zeitpunkt April 2016 noch nicht in das nationale deutsche Markenrecht umgesetzt worden.

[10] Gemäß § 49 MarkenG liegt Verfall vor, wenn die Marke nicht rechtserhaltend benutzt wird, die Marke zu einer gebräuchlichen Bezeichnung wird, die Gefahr der Täuschung des Publikums entsteht oder aber der Inhaber der Marke nicht mehr die gesetzlichen Voraussetzungen der Markeninhaberschaft erfüllt.

[11] § 55 Abs. 1 MarkenG.

8.1.3 Kosten

Die Anmeldegebühr beträgt 300,00 € bzw. 290,00 € bei elektronischer Anmeldung. Werden mehr als drei Waren- bzw. Dienstleistungsklassen in Anspruch genommen, erhöht sich die Gebühr um 100,00 € je weiterer Klasse.

8.2 Unionsmarken

8.2.1 Erforderliche Angaben

Die Anmeldung zur Eintragung einer Unionsmarke in das Register ist beim EUIPO einzureichen.[12]

Der Anmelder hat – wie bei einer nationalen Marke – neben den Angaben zur Person insbesondere eine Wiedergabe der einzutragenden Marke und die Markenform anzugeben, also ob es sich um eine Wortmarke, eine Bildmarke, eine dreidimensionale Marke oder eine farbige Marke handeln soll. Darüber hinaus ist ein Verzeichnis der Waren und Dienstleistungen einzureichen, aus dem sich ergibt, wofür Markenschutz begehrt wird. Anders als bei der nationalen Marke ist bei einer Unionsmarke eine Erst- und Zweitsprache für das Verfahren anzugeben.

8.2.2 Verfahren

Der Antrag kann vom Anmelder selbst, von einem Patentanwalt oder von einem Rechtsanwalt gestellt werden. Da das EUIPO vollständig papierfrei arbeitet, empfiehlt sich eine elektronische Anmeldung.[13]

Wie auch das nationale Markenamt, prüft das EUIPO die formalen und materiellen Eintragungsvoraussetzungen, also sowohl Formalitäten, wie Vollständigkeit der Angaben etc., als auch inhaltliche Fragen, wie die grundsätzliche Markenfähigkeit des angemeldeten Zeichens.[14] Die Verletzung von Rechten Dritter wird auch hier nicht geprüft.

Weist der Prüfer die Anmeldung zurück, kann der Anmelder hiergegen Beschwerde bei einer Beschwerdekammer des EUIPO[15] und gegebenenfalls gegen dessen Entscheidung Klage beim EuG einlegen.[16]

Entspricht die Anmeldung den Anmeldungserfordernissen und wird sie nicht zurückgewiesen, so wird sie – anders als im Verfahren vor dem DPMA – nicht unmittelbar

---

[12] Art. 25 Abs. 1 UMV.

[13] https://oami.europa.eu/fsp/tm/efiling/wizard.htm?execution=e3s1. Zuletzt abgerufen am 21. April 2016.

[14] Art. 36, 38 UMV.

[15] Art. 58 Abs. 1 UMV.

[16] Art. 65 Abs. 1 UMV.

eingetragen, sondern die Anmeldung zunächst veröffentlicht.[17] Die Inhaber einer Marke mit älterem Zeitrang können dann noch vor der Eintragung innerhalb von drei Monaten Widerspruch einlegen. Das hat den Vorteil, dass eine gerade eingetragene Marke nicht sofort wieder gelöscht werden muss, wenn ein Widerspruchsverfahren erfolgreich ist. Das deutsche Verfahren hat hingegen den Vorteil, dass die Marke sehr viel schneller zur Eintragung gelangt und gegebenenfalls schon Verletzungsverfahren auf ihrer Grundlage initiiert werden können. Gegen die Entscheidungen der Widerspruchskammern stehen der unterlegenen Partei ebenfalls die Beschwerde bei einer Beschwerdekammer des EUIPO und gegebenenfalls gegen dessen Entscheidung Klage beim EuG zu.[18]

Unabhängig von einem eventuellen Widerspruchsverfahren kann jederzeit beim Amt ein Antrag auf Erklärung des Verfalls oder der Nichtigkeit eingereicht werden. Auch gegen die Entscheidungen des Amtes in diesen Verfahren stehen der unterlegenen Partei die Beschwerde bei einer Beschwerdekammer des EUIPO und gegebenenfalls gegen dessen Entscheidung Klage beim EuG zu.

8.2.3 Kosten

Die Anmeldegebühr beträgt 1050,00 € bzw. 900,00 € bei elektronischer Anmeldung. Werden mehr als drei Waren- bzw. Dienstleistungsklassen in Anspruch genommen, erhöht sich die Gebühr um 150,00 € je weiterer Klasse.

8.3 Patente

8.3.1 Erforderliche Angaben

Die Anmeldung zur Eintragung eines deutschen Patents ist in das Register beim DPMA einzureichen.[19]

Der Anmelder hat neben Angaben zur eigenen Person insbesondere auch Angaben zum Erfinder zu machen. Häufig ist der Anmelder ein Unternehmen und der Erfinder ein Mitarbeiter. Darüber hinaus ist der Anmeldung ein Titel voranzustellen. Hierdurch soll vor allem für Recherchezwecke eine schnelle Erfassung der Erfindung ermöglicht werden, ohne dass die teilweise sehr ausführliche Beschreibung des Patents gelesen werden muss.

Beispiel

„Bedienbare und durchsichtige Touch-Screen-Tasche für iPhone, iPad etc. (DE 202010011851 U1)"

---

[17] Art. 39 Abs. 1 UMV.
[18] Art. 65 Abs. 1 UMV.
[19] § 34 Abs. 1 PatG.

Es folgt dann eine ausführliche Beschreibung der Erfindung. Dabei wird zunächst beschrieben, was für ein Produkt die Erfindung betrifft.

Beispiel

„Die Erfindung betrifft eine Schutztasche, vorzugsweise aus Leder und Organzastoff, in welcher ein Touch Screen-Gerät, wie zum Beispiel ein iPhone oder ein iPad, Aufnahme finden kann."

Danach wird der Stand der Technik beschrieben, also zusammengefasst, welche Produkte bereits bekannt sind und welche Nachteile dabei eventuell noch bestehen.

Beispiel

„Herkömmliche Schutztaschen für Touch-Screen-Geräte erlauben normalerweise nicht das Bedienen, während das Gerät in der Hülle ist, oder der Screen ist freiliegend und nur die Hinterseite des Geräts ist von der Hülle gegen Kratzer etc. geschützt."

Es folgt dann die sich aus dem geschilderten Problem ergebende Aufgabe der vorliegenden Erfindung.

Beispiel

„Der Erfindung liegt deshalb die Aufgabe zugrunde, durchsichtige Touch-Screen-Taschen zu erstellen, welche das Gerät gegen Stöße, Verschmutzung und Kratzer schützt und gleichzeitig den Screen einsehbar und außerdem bedienbar macht."

Danach wird beschrieben, wie durch die Erfindung das beschriebene Problem gelöst werden soll. Dabei wird in der Regel auf beigefügte Abbildungen des Produktes verwiesen, um die Erfindung näher zu erläutern.

Beispiel

„Die Erfindung wird nachstehend näher anhand der in den Figuren schematisch dargestellten Ausführungsbeispiele erläutert. Die erfindungsgemäße Schutztasche wird unter Verwendung von Organza-Stoff hergestellt, idealerweise aus Polyester/Nylon-Mischung oder auch aus Seide oder anderen feinen Stoffen. Das Gerät ist durch den Einsatz des transparenten Stoffes jederzeit einsehbar. Außerdem erlaubt die Verwendung des Strom leitenden Stoffes, dass der Screen in der Tasche problemlos bedient werden kann. Das Gerät wird durch den Stoff während der Benutzung und das Heraus- und Hineinsetzen des Geräts in die Schutzhülle automatisch gereinigt. Figur 1 erklärt den Aufbau der durchsichtigen Schutztasche . . . "

Es folgen am Ende nach der Beschreibung die Patentansprüche. Sie fassen in Kurzform zum einen den Stand der Technik und zum anderen die Erfindung zusammen. Dadurch ermöglichen sie eine präzise Beschreibung des Schutzumfanges des begehrten Patentes.

Der Patentanspruch beginnt typischerweise mit der Nennung des bisherigen Standes der Technik, beispielsweise dem bekannten Produkt – hier die durchsichtige Schutztasche für Touch-Screen-Geräte –, um dann durch die Formulierung „dadurch gekennzeichnet, dass" auf die Besonderheiten der neuen Erfindung überzuleiten – hier die Verwendung eines Sichtfensters aus Organza-Stoff.

Beispiel

„Eine durchsichtige Schutztasche für Touch-Screen-Geräte, dadurch gekennzeichnet, dass die Vorderseite der Tasche mit einem Sichtfenster aus Organza-Stoff ausgestattet ist, welches den Screen und verfügbare Tasten des Gerätes einsehen lässt."

8.3.2 Verfahren

Der Antrag kann auch vom Anmelder selbst, wenn dieser einen Wohnsitz in Deutschland hat, ansonsten nur von einem Patentanwalt oder von einem Rechtsanwalt gestellt werden. Das Formular kann im Internet heruntergeladen werden.[20] Aufgrund der häufig vorliegenden technischen Komplexität werden Patentanmeldungen regelmäßig von entsprechend qualifizierten Patentanwälten vorbereitet und eingereicht.

Im Gegensatz zu dem Markenanmeldeverfahren gibt es beim Patentanmeldeverfahren Abweichungen, die sich aus den Besonderheiten eines technischen Schutzrechtes ergeben. Die Prüfung der formalen und vor allem der materiellen Eintragungsvoraussetzungen sind komplexer. Um überprüfen zu können, ob die angemeldete Erfindung neu ist und auf einer erfinderischen Tätigkeit beruht, muss sich der Prüfer zunächst sehr intensiv sowohl mit der Patentbeschreibung als auch dem Stand der Technik beschäftigen. Das ist aufwändig und führt zu höheren Kosten im Vergleich zu einer Markenanmeldung. Deshalb erfolgt die Prüfung nur auf Antrag[21] und kann bis zu sieben Jahre nach Einreichung der Anmeldung hinausgezögert werden.[22] Das gibt dem Anmelder die Möglichkeit, zunächst einmal die weitere Entwicklung eines eventuell geplanten Produktes voranzutreiben, und den Prüfungsantrag erst dann zu stellen, wenn die Marktreife in Aussicht steht.

Wird der Antrag auf Patenterteilung vom Amt zurückgewiesen, steht dem Patentanmelder die Beschwerde an das Bundespatentgericht[23] und gegebenenfalls Rechtsbeschwerde an den Bundesgerichtshof[24] offen.

Nachdem das Patent erteilt und im Patentblatt veröffentlicht wurde, kann jedermann innerhalb von drei Monaten gegen die Erteilung Einspruch einlegen.[25] Auch gegen die

---

[20] http://www.dpma.de/docs/service/formulare/patent/p2007.pdf. Zuletzt abgerufen am 21. April 2016.
[21] § 44 Abs. 1 PatG.
[22] § 44 Abs. 2 PatG.
[23] § 73 Abs. 1 PatG.
[24] § 100 Abs. 1 PatG.
[25] § 59 Abs. 1 PatG.

Entscheidungen im Anschlussverfahren steht den Parteien die Beschwerde an das Bundespatentgericht und gegebenenfalls die Rechtsbeschwerde an den Bundesgerichtshof offen.

Auch nach Durchführung eventueller Einspruchsverfahren kann die Nichtigkeit des Patents im Klagewege festgestellt werden.[26]

8.3.3 Kosten

Die Amtsgebühren für ein Patent sind insgesamt deutlich höher als für Marken. Dabei spielt die Anmeldegebühr selbst praktisch kaum eine Rolle. Sie beträgt lediglich 40,00 €. Hinzu kommen jedoch gegebenenfalls Recherchegebühren in Höhe von 250,00 € sowie Prüfungsgebühren in Höhe von 150,00 €, insbesondere die Jahresgebühren für die Aufrechterhaltung des Patentes, die vom dritten Patentjahr bis zum 20. Patentjahr zu zahlen sind. Sie erhöhen sich mit jedem weiteren Jahr von 70,00 € für das dritte Patentjahr auf 1940,00 € für das 20. Patentjahr. Durch diese Gebührengestaltung soll ein Anreiz dafür geschaffen werden, die Erfindung möglichst bald für die Allgemeinheit freizugeben. Insgesamt ist bei voller Laufzeit mit Amtsgebühren in Höhe von ca. 14.000,00 € zu rechnen.

8.4 Gebrauchsmuster

8.4.1 Erforderliche Angaben

Die Anmeldung zur Eintragung eines deutschen Gebrauchsmusters in das Register ist ebenfalls beim DPMA einzureichen.[27] Die erforderlichen Angaben entsprechen im Wesentlichen denen einer Patentanmeldung.

8.4.2 Verfahren

Gegen Beschlüsse des Amtes steht dem Anmelder die Beschwerde an das Bundespatentgericht[28] und gegebenenfalls Rechtsbeschwerde an den Bundesgerichtshof[29] offen. Ein Widerspruchsverfahren ist nicht vorgesehen, da keine materiellrechtliche Prüfung der Anmeldung beim Amt vorgenommen wird. Es steht jedoch jedermann frei, einen Antrag auf Löschung beim Amt einzureichen. Gegen die Entscheidung des Amtes ist ebenfalls Beschwerde an das Bundespatentgericht bzw. Rechtsbeschwerde an den Bundesgerichtshof vorgesehen.

---

[26] § 81 Abs. 1 PatG.
[27] § 4 Abs. 1 GebrMG.
[28] § 18 Abs. 1 GebrMG.
[29] § 18 Abs. 4 GebrMG.

8.4.3 Kosten

Die Amtsgebühren für ein Gebrauchsmuster belaufen sich bei Ausschöpfung der vollen zehnjährigen Laufzeit auf ca. 3000,00 €.

8.5 Design

8.5.1 Erforderliche Angaben

Die Anmeldung zur Eintragung eines deutschen Designs in das Register ist beim DPMA einzureichen.[30] Zusätzlich zu den persönlichen Angaben sind Abbildungen der zu schützenden Muster einzureichen. Dies können Fotos oder auch grafische Darstellungen sein.

> ▶ Um die wesentlichen Gestaltungsmerkmale deutlich wiedergeben zu können, empfiehlt es sich, insbesondere bei dreidimensionalen Mustern mehrere Darstellungen einzureichen, die das Muster aus verschiedenen Perspektiven darstellen. Bei dreidimensionalen Mustern beinhaltet eine vollständige Darstellung acht Abbildungen (sechs für jede Seite des Gegenstandes und zwei Ansichten von schräg unten bzw. schräg oben, um die Dreidimensionalität des Gegenstandes zu verdeutlichen).

8.5.2 Verfahren

Gegen Beschlüsse des Amtes steht dem Anmelder die Beschwerde an das Bundespatentgericht[31] und gegen dessen Entscheidung gegebenenfalls die Rechtsbeschwerde an den Bundesgerichtshof offen.[32] Ein Widerspruchsverfahren ist nicht vorgesehen, da keine materiellrechtliche Prüfung der Anmeldung beim Amt vorgenommen wird. Es steht jedoch jedermann frei, eine Nichtigkeitsklage beim zuständigen Landgericht einzureichen.[33]

8.5.3 Kosten

Auch bei der Anmeldung eines Designs fallen zunächst geringe Kosten in Höhe von lediglich 60,00 € (elektronische Anmeldung) an. Die Gebühren für die Aufrechterhaltung der Schutzdauer steigert sich – ähnlich wie bei einem Patent – vom 90,00 € für das sechste bis zehnte Schutzjahr auf 180,00 € für das 21. bis 25. Schutzjahr. Insgesamt ist folglich mit Amtsgebühren in Höhe von ca. 3000,00 € zu rechnen.

---

[30] § 11 Abs. 1 DesignG.
[31] § 23 Abs. 2 DesignG.
[32] § 23 Abs. 3 DesignG.
[33] § 33 Abs. 2 i. V. m. 52 Abs. 1 DesignG.

Prioritätsprinzip

9.1 Begriff

Das Prioritätsprinzip ist ein das Recht des Geistigen Eigentums beherrschendes Grundprinzip. Es regelt zum einen bei Konflikten zwischen zwei Rechten, zum Beispiel bei dem Aufeinandertreffen zweier ähnlicher Marken, dass das ältere Recht dem jüngeren Recht vorgeht. Zum anderen kommt der Gedanke der Priorität bei dem Tatbestandsmerkmal der Neuheit bei der Entstehung von Schutzrechten zum Ausdruck. Eine technische Erfindung kann beispielsweise nur dann patentrechtlich geschützt werden, wenn sie neu ist und nicht bereits zum Stand der Technik gehört. Anderenfalls gäbe es keinen Grund, den Erfinder zu privilegieren.

Im Markenrecht kommt dieser Gedanke nicht zum Tragen. Die Neuartigkeit ist nicht Voraussetzung für die Entstehung eines wirksamen Markenrechts. Wenn eine eingetragene Marke von ihrem Inhaber nach Ablauf der Schutzfrist nicht verlängert, aus dem Register gestrichen und auch nicht mehr benutzt wird, so steht es jedem Dritten frei, das Zeichen erneut als Marke anzumelden. Das Markenrecht hat nicht die Aufgabe, die Kreation neuer Zeichen zu fördern oder zu belohnen, sondern durch die Zuordnung von Kennzeichen die Unterscheidung von Waren und Dienstleistungen eines Unternehmens von denen anderer Unternehmen zu ermöglichen. Das ist auch möglich, wenn eine Marke nach einiger Zeit der Benutzung für ein Unternehmen zukünftig für ein anderes Unternehmen verwendet wird. Sofern in der Übergangszeit das Risiko einer Zuordnungsverwirrung bestehen sollte, ist dies durch die Regeln der irreführenden Werbung zu lösen. Der neue Markeninhaber hat in einer solchen Situation alles Erforderliche zu tun, um eine derartige Verwirrung zu vermeiden.

Im Markenrecht steht im Vordergrund die Lösung von Kollisionsfällen. Die Eintragung einer Marke kann gelöscht werden, wenn identische oder verwechselbar ähnliche Zeichen mit älterem Zeitrang angemeldet oder eingetragen worden sind[1] oder sonstige

---

[1] § 9 Abs. 1 MarkenG.

© Springer Fachmedien Wiesbaden 2016
S. Ahrens, *Geistiges Eigentum und Wettbewerbsrecht*, FOM-Edition,
DOI 10.1007/978-3-658-14313-8_9

ältere Rechte existieren, wie zum Beispiel Namensrechte, Urheberrechte etc., die deren Inhaber berechtigen, die Benutzung der Marke zu untersagen.[2]

Bei den anderen Rechten des Geistigen Eigentums ist die Neuheit jedoch bereits Voraussetzung für die Entstehung des Rechts. Im Patentgesetz,[3] im Gebrauchsmustergesetz[4] und im Designgesetz[5] wird dies ausdrücklich formuliert. Im Urheberrecht ist dies eine logische Folge der Voraussetzung einer persönlichen geistigen Schöpfung. Eine solche Schöpfung liegt nur vor, wenn das Werk nicht bereits zuvor von einem Dritten geschaffen worden ist.

▸   Um die Schutzfähigkeit eines Kennzeichens, einer Gestaltung oder einer Erfindung nicht zu gefährden, sollte die Anmeldung immer so schnell wie möglich erfolgen und der Schutzgegenstand vorher nicht der Öffentlichkeit offenbart werden.

Um die Priorität in der Praxis nachweisen zu können, wird bei allen Registerrechten das Anmeldedatum ausdrücklich vermerkt. Als Anmeldedatum gilt grundsätzlich der Tag, an dem die für die Anmeldung jeweils erforderlichen Unterlagen beim zuständigen Amt eingegangen sind.[6]

9.2   Definition der Neuheit

Der Begriff der Neuheit ist nur auf den ersten Blick eindeutig. Schon weil Erfindungen und Gestaltungen selten von Einzelpersonen geschaffen werden, stellt sich in der Praxis sehr schnell die Frage, welche Personen gegebenenfalls Kenntnis haben dürfen, ohne dass die Neuheit verloren geht. Dies wird für die einzelnen Schutzrechte unterschiedlich definiert.

Im Patentrecht gilt eine Erfindung als neu, wenn sie nicht zum Stand der Technik gehört.[7] Der Stand der Technik umfasst alle Kenntnisse, die vor der Patentanmeldung der Öffentlichkeit zugänglich gemacht worden sind, unabhängig davon, ob dies durch schriftliche oder mündliche Beschreibung, durch Benutzung oder in sonstiger Weise geschehen ist.[8] Zum Stand der Technik gehören auch Kenntnisse, die sich aus anderen Patentanmeldungen ergeben, die noch nicht veröffentlicht sind und bislang nur dem Patentamt vorliegen. Mit Einreichung beim Patentamt werden diese Kenntnisse zum Stand der Technik. Als der Öffentlichkeit zugänglich gemacht gilt alles, was ein durchschnitt-

---

[2] § 13 MarkenG.
[3] § 1 Abs. 1 PatG.
[4] § 1 Abs. 1 GebrMG.
[5] § 2 Abs. 1 DesignG.
[6] § 35 Abs. 2 PatG, § 4 a Abs. 2 GebrMG, § 33 Abs. 1 MarkenG, § 13 Abs. 1 DesignG.
[7] § 3 Abs. 1 S. 1 PatG.
[8] § 3 Abs. 1 S. 2 PatG.

licher Fachmann in dem jeweils interessierenden Fachgebiet zur Kenntnis nehmen kann, gegebenenfalls auch durch Nachfrage bei einem Kollegen.[9]

Im Gebrauchsmusterrecht wird der Neuheitsbegriff enger definiert. Neuheitsschädlich sind lediglich solche Kenntnisse, die durch schriftliche Beschreibung oder durch eine in Deutschland erfolgte Benutzung der Öffentlichkeit zugänglich gemacht worden sind.[10] Neuheitsunschädlich sind also mündliche Beschreibungen oder im Ausland erfolgte Benutzungen der Erfindung.

Im Designrecht gilt ein Design als neu, wenn vor dem Anmeldetag kein identisches Design offenbart worden ist.[11] Eine Offenbarung liegt vor, wenn das Design bekannt gemacht, ausgestellt, im Verkehr verwendet oder auf sonstige Weise der Öffentlichkeit zugänglich gemacht wurde, es sei denn, dass dies den in der EU tätigen Fachkreisen des betreffenden Sektors im normalen Geschäftsverlauf vor dem Anmeldetag des Musters nicht bekannt sein konnte.[12]

▶ Alle an einem Projekt Beteiligten, aus dem Schutzrechte hervorgehen könnten, sollten folglich durch eine Geheimhaltungsvereinbarung zur Verschwiegenheit verpflichtet werden. Nur so kann vermieden werden, dass eine Erfindung oder eine Gestaltung öffentlich wird.

9.3 Ausländische Priorität

Eine Ausnahme von diesen Grundsätzen ergibt sich aus der Fiktion der Unionspriorität. Mit Union sind dabei alle Mitgliedstaaten der Pariser Verbandsübereinkunft (PVÜ) gemeint. Hinsichtlich der Priorität einer Anmeldung gelten alle Mitgliedstaaten als ein Staat. Sobald ein Anmelder in einem der Mitgliedstaaten ein Schutzrecht angemeldet hat, genießt er in allen anderen Mitgliedstaaten für diese Anmeldung innerhalb bestimmter Fristen das gleiche Prioritätsrecht.[13] Diese Unionspriorität hat in der Praxis eine hohe Bedeutung. Sie ermöglicht es dem Anmelder, zunächst in seinem Heimatland eine Marke oder ein Patent anzumelden und sich dann in Ruhe zu überlegen, in welchem Ausmaß er dieses Recht international schützen lassen möchte. Die Prioritätsfristen betragen zwölf Monate für Patente und Gebrauchsmuster und sechs Monate für Geschmacksmuster und Marken.[14]

---

[9] BGH GRUR 2010, 123 – Escitalopram.

[10] § 3 Abs. 1 GebrMG.

[11] § 2 Abs. 2 DesignG.

[12] § 5 DesignG.

[13] § 4 a Abs. 1 PVÜ.

[14] § 4 c Abs. 1 PVÜ.

Beispiel

Wenn ein Anmelder in Deutschland eine Marke am 18.10.2013 anmeldet, dann gilt dieses Datum auch in den anderen Mitgliedstaaten als Prioritätsdatum, sofern er bis spätestens zum 18.4.2014 dort eine Anmeldung einreicht und sich ausdrücklich auf die deutsche Priorität beruft. Der Anmelder kann also durch die Berufung auf seine deutsche Priorität eine in einem anderen Mitgliedstaat beispielsweise am 1.2.2014 eingereichte Anmeldung noch „überholen".

Zu beachten ist jedoch, dass die PVÜ keine Dienstleistungsmarken erwähnt. Die Regelungen der Unionspriorität können also, müssen jedoch in den einzelnen Mitgliedstaaten nicht für Dienstleistungsmarken gelten.

9.4 Ausstellungspriorität

Eine weitere Ausnahme wird hinsichtlich der Neuheit eines Schutzrechtes aus Praktikabilitätserwägungen zugelassen. Neuheitsunschädlich ist die Ausstellung einer Erfindung auf amtlichen oder amtlich anerkannten Ausstellungen, wenn dies nicht früher als sechs Monate vor Einreichung der Anmeldung erfolgt ist oder wenn die Offenbarung auf einen Missbrauch zulasten des Anmelders zurückzuführen ist, dieser also von einem Dritten bewusst geschädigt werden sollte.[15] Eine ähnliche Regelung stellt die Ausstellungspriorität dar, die für Marken und Designs gilt. Danach ist eine Ausstellung auf einer amtlichen oder amtlich anerkannten Ausstellung nicht nur neuheitsunschädlich. Der Anmelder kann sich darüber hinaus auf das Datum der erstmaligen Ausstellung als Prioritätsdatum berufen. Das Prioritätsdatum wird also vom Anmeldetag auf den Ausstellungstag vorverlegt. Auch hier gilt jedoch, dass die Zeit zwischen Ausstellung und Anmeldung maximal sechs Monate betragen darf.[16]

9.5 Seniorität

Eine weitere Besonderheit besteht bei Unionsmarken. Zur Zeit der Einführung der Unionsmarke existierte bereits eine Vielzahl von nationalen Marken. Für die Inhaber dieser existierenden nationalen Marken bestand das Problem, dass die Anmeldung einer neuen Unionsmarke zwar theoretisch die weitere Aufrechterhaltung der nationalen Marken in den EU-Mitgliedstaaten überflüssig machte. Hätte man die nationalen Marken jedoch ohne Verlängerung auslaufen lassen, wäre deren teilweise lange zurückliegende Priorität verloren gegangen. Deshalb sieht das Unionsmarkenrecht vor, dass die Anmelder von Uni-

---

[15] § 3 Abs. 5 PatG, § 6 a Abs. 1 GebrMG.
[16] § 35 MarkenG, § 15 DesignG.

onsmarken die Prioritätsdaten von bereits existierenden identischen nationalen Marken in EU-Mitgliedstaaten auf die neue Unionsmarke übertragen können.[17] Die Unionsmarke kann also in den einzelnen EU-Mitgliedstaaten unterschiedliche Priorität haben. Diese aus der Übertragung nationaler Prioritätsdaten resultierende unterschiedliche Priorität nennt man Seniorität.

---

[17] Art. 34 UMV.

Schutzbereich und Verletzung

Geistiges Eigentum gewährt den jeweiligen Inhabern absolute Rechte. Das bedeutet, dass jeder Dritte von der Nutzung des jeweiligen Geistigen Eigentums ausgeschlossen werden kann. Das klingt in der Theorie einfach, kann in der Praxis aber zu schwierigen Abgrenzungsproblemen führen. Um die Benutzung eines Kennzeichens, einer Gestaltung oder einer Erfindung als Verletzung einer Marke, eines Designs oder eines Patents zu identifizieren, muss exakt definiert werden, welchen Schutzbereich die Marke, das Design oder das Patent genau hat.

10.1 Schutzbereich einer Marke

Bei der Feststellung des Schutzbereiches einer Marke ist von der Funktion der Marke, die Waren und Dienstleistungen eines Unternehmens von denen eines anderen zu unterscheiden, auszugehen.

10.1.1 Benutzung identischer Zeichen für identische Waren oder Dienstleistungen

In § 14 MarkenG heißt es:

(1) Der Erwerb des Markenschutzes nach § 4 gewährt dem Inhaber der Marke ein ausschließliches Recht.

(2) Dritten ist es untersagt, ohne Zustimmung des Inhabers der Marke im geschäftlichen Verkehr

1. ein mit der Marke identisches Zeichen für Waren oder Dienstleistungen zu benutzen, die mit denjenigen identisch sind, für die sie Schutz genießt [...]

© Springer Fachmedien Wiesbaden 2016
S. Ahrens, *Geistiges Eigentum und Wettbewerbsrecht*, FOM-Edition,
DOI 10.1007/978-3-658-14313-8_10

Der Inhaber der Marke „FOM", die unter anderem für die Dienstleistung „Durchführung von Studiengängen" geschützt ist, kann deshalb jedem Dritten untersagen, die Bezeichnung „FOM" als Marke für die Durchführung von Studiengängen zu benutzen. Diese Fälle der identischen Verwendung einer geschützten Marke für identische Waren oder Dienstleistungen sind unkompliziert, weil die Tatbestandsmerkmale „identisches Zeichen" und „identische Waren oder Dienstleistungen" eindeutig feststellbar sind. Bei der Benutzung identischer Zeichen für identische Waren oder Dienstleistungen wird das Vorliegen einer Verwechslungsgefahr vermutet.[1] Die verletzte Marke kann ihre Funktion, die Waren und Dienstleistungen eines Unternehmens von denen eines anderen Unternehmens zu unterscheiden, nicht mehr erfüllen. Es liegt folglich eine Markenverletzung vor.

10.1.2 Benutzung verwechselbar ähnlicher Zeichen

Der Schutzbereich einer Marke geht jedoch über die Fälle der identischen Verwendung hinaus. § 14 Abs. 2 Nr. 2 MarkenG lautet:

> (2) Dritten ist es untersagt, ohne Zustimmung des Inhabers der Marke im geschäftlichen Verkehr
>
> [...]
>
> 2. ein Zeichen zu benutzen, wenn wegen der Identität oder Ähnlichkeit des Zeichens mit der Marke und der Identität oder Ähnlichkeit der durch die Marke und das Zeichen erfassten Waren oder Dienstleistungen für das Publikum die Gefahr von Verwechslungen besteht, einschließlich der Gefahr, dass das Zeichen mit der Marke gedanklich in Verbindung gebracht wird, [...].

Das Markenrecht gewährt dem Markeninhaber also über die Fälle der Identität hinaus auch Schutz vor der Benutzung ähnlicher Bezeichnungen für ähnliche Waren und Dienstleistungen, wenn sich daraus eine Verwechslungsgefahr ergibt. Das ist konsequent, da bei Vorliegen einer Verwechslungsgefahr die Marke nicht mehr ihre Funktion erfüllen kann, die Waren und Dienstleistungen eines Unternehmens von denjenigen eines anderen Unternehmens zu unterscheiden. Die Verwendung verwechselbar ähnlicher Zeichen kann deshalb vom Markeninhaber untersagt werden. In der Praxis stellt sich damit die anspruchsvolle Aufgabe, das Vorliegen einer Verwechslungsgefahr im Einzelfall festzustellen. Dabei ist es nicht erforderlich, tatsächlich vorgekommene Verwechslungen nachzuweisen. Die abstrakte Gefahr von Verwechslungen ist ausreichend.[2] Dies wird anhand von drei Kriterien beurteilt:

1. Der Ähnlichkeit des benutzten Zeichens mit der vermeintlich verletzten Marke,
2. Der Ähnlichkeit der Waren und Dienstleistungen, für die das zu beurteilende Zeichen benutzt wird, und
3. Der Kennzeichnungskraft der vermeintlich verletzten Marke.

---

[1] Art. 16 Abs. 1 Satz 2 TRIPS.
[2] BGH GRUR 1991, 609, 611 – SL.

Alle drei Kriterien stehen in einer Wechselwirkung zueinander und werden in ihrer Gesamtheit beurteilt.[3] Das bedeutet, dass eine starke Ähnlichkeit des Zeichens mit der vermeintlich verletzten Marke eine schwache Ähnlichkeit der jeweiligen Waren und Dienstleistungen ausgleichen kann. Genauso kann trotz geringer Zeichenähnlichkeit und geringer Ähnlichkeit der jeweiligen Waren und Dienstleistungen eine Markenverletzung eventuell dennoch angenommen werden, wenn die vermeintlich verletzte Marke eine sehr starke Kennzeichnungskraft besitzt. Die Wechselwirkung geht jedoch nicht so weit, dass eine völlig fehlende Zeichenähnlichkeit oder Waren- oder Dienstleistungs-Ähnlichkeit kompensiert wird.[4]

▶   Prüfungsschema für die Verwechslungsgefahr:

1. Zeichenähnlichkeit
   a) Optische Ähnlichkeit
   b) Klangliche Ähnlichkeit
   c) Inhaltliche Ähnlichkeit
2. Waren- und Dienstleistungsähnlichkeit
3. Kennzeichnungskraft der vermeintlich verletzten Marke

10.1.2.1 Zeichenähnlichkeit

Die Zeichenähnlichkeit kann sich aus verschiedenen Aspekten ergeben. Die Zeichen können optisch, klanglich oder inhaltlich ähnlich sein. Dabei reicht es aus, dass hinsichtlich einer dieser Aspekte Ähnlichkeit besteht.[5]

Beispiel

Das Zeichen „VOM" ist der Marke „FOM" klanglich sehr viel ähnlicher als optisch. Hinsichtlich der Aussprache wird man kaum Unterschiede feststellen können. Optisch ergibt sich aufgrund der unterschiedlichen ersten Buchstaben jedoch eine relevante Abweichung, zumal es sich um einen kurzen Begriff mit jeweils nur drei Buchstaben handelt und der erste Buchstabe typischerweise besonders ins Auge fällt. Inhaltlich besteht keine Ähnlichkeit, da beide Begriffe keinen unmittelbaren Begriffsinhalt vermitteln. Die Begriffe „Jägerfürst" und „Jägermeister"[6] oder „Landgarten" und „Obstgarten"[7] sind hingegen inhaltlich ähnlich.

Eine inhaltliche Ähnlichkeit kann sich auch daraus ergeben, dass eine Bildmarke etwas abbildet, was eine Wortmarke begrifflich beschreibt.

---

[3] EuGH GRUR Int. 2000, 899, 901 (Nr. 40) – Marca/Adidas; BGH GRUR 2005, 513, 514 – MEY/Ella May.
[4] BGH GRUR 2001, 507, 508 – EVIAN/REVIAN.
[5] BGH GRUR 1992, 550, 551 – ac-pharma.
[6] BGH Mitt 1968, 196 – Jägermeister/Jägerfürst.
[7] BPatG Beschluss vom 13.1.1999 – 32 W (pat) 152/98.

> **Beispiel**
>
> Das ist der Fall bei der Abbildung einer springenden Raubkatze im Verhältnis zu der Wortmarke „Puma".[8]

10.1.2.2 Waren- und Dienstleistungsähnlichkeit

Eine Ähnlichkeit der jeweiligen Waren und Dienstleistungen ist anzunehmen, wenn die angesprochenen Verkehrskreise der Meinung sein könnten, die Waren oder Dienstleistungen stammen aus demselben oder gegebenenfalls einem wirtschaftlich verbundenen Unternehmen.[9] Das wird man häufig annehmen können, wenn es sich um Waren oder Dienstleistungen handelt, die in der gleichen Klasse der Nizza-Klassifikation (vgl. Abschn. 2.2.1) enthalten sind, wie zum Beispiel verschiedene Lebensmittel, die in der Klasse 29 zusammengefasst sind. Das muss jedoch nicht der Fall sein.

> **Beispiel**
>
> In Klasse 9 sind beispielsweise sowohl Geräte zur Aufzeichnung, Übertragung und Wiedergabe von Ton und Bild als auch Feuerlöschgeräte erfasst. Hier würde man nicht erwarten, dass ein Unternehmen oder eine Unternehmensgruppe gleichzeitig Audiogeräte und Feuerlöschgeräte herstellt oder vertreibt. Andererseits sind in Klasse 9 die Herstellung von Computer und Computer-Software enthalten, während in Klasse 42 der Entwurf und die Entwicklung von Computer-Hard- und Software enthalten sind. Trotz unterschiedlicher Klassifizierung würde man als durchschnittlicher Verbraucher annehmen, dass die Entwicklung und die Herstellung von Computer-Hard- und Software durchaus in einem Unternehmen angesiedelt sein können, wie beispielsweise bei der Apple Inc. Die Ware Computer-Hard- und Software ist folglich ähnlich zur Dienstleistung der Entwicklung von Computer-Hard- und Software.

Entscheidend ist immer die Auffassung des durchschnittlich informierten, aufmerksamen und verständigen Durchschnittsverbrauchers.[10] Dessen Auffassung – und damit die relevante Ähnlichkeit von Waren und Dienstleistungen – kann sich auch mit der Zeit verändern.

> **Beispiel**
>
> Normalerweise würde man die Dienstleistung „Ausbildung und Fortbildung" und die Dienstleistung „Immobilienwesen" als unähnlich einstufen. Wenn jedoch die Hochschulen zukünftig dazu übergehen sollten, vermehrt auch Immobilien selbst zu verwalten, um ihren Studenten in Zeiten steigender Wohnungspreise angemessenen Wohn-

---

[8] EuGH GRUR 1998, 387 – Springende Raubkatze (dort wurde die Verwechslungsgefahr aufgrund des Gesamteindrucks der sich gegenüberstehenden Zeichen allerdings verneint).
[9] EuGH GRUR 1998, 922, 923 f (Nr. 22–29) – Canon; BGH GRUR 2004, 600, 601 – d-c-fix/CD-FIX.
[10] EuGH GRUR Int 1999, 734, 736 (Nr. 26) – Lloyd; BGH GRUR 2001, 158, 160 – Drei-Streifen-Kennzeichnung.

raum zur Verfügung zu stellen, dann wird man vielleicht irgendwann auch diese Dienstleistungen als ähnlich auffassen können.

10.1.2.3 Kennzeichnungskraft der vermeintlich verletzten Marke

Das dritte Kriterium bezieht sich auf die Stärke der vermeintlich verletzten Marke selbst. Eine kennzeichnungskräftige Marke, also eine Marke, die in besonderem Maße geeignet ist, die Waren und Dienstleistungen eines Unternehmens von denen eines anderen Unternehmens zu unterscheiden, hat einen größeren Schutzbereich. Eine kennzeichnungsschwache Marke, also eine Marke, die aus eher beschreibenden Bestandteilen besteht und damit eher die Waren oder Dienstleistungen beschreibt, nicht aber das dazugehörige Unternehmen abgrenzt, hat einen kleineren Schutzbereich. Eine kennzeichnungsschwache Marke kann durch intensive Benutzung und Erlangung von Verkehrsbekanntheit kennzeichnungsstärker werden. Ihr Schutzbereich wird dadurch größer.

Beispiel

Die Bezeichnung „Bayerische Motoren Werke" ist ursprünglich eine eher beschreibende und damit originär kennzeichnungsschwache Marke gewesen. Sie beschrieb lediglich die Art und die geographische Herkunft der hergestellten Produkte. Durch die langjährige intensive Benutzung und dadurch erlangte erhebliche Bekanntheit hat die Marke jedoch eine hohe Kennzeichnungskraft erworben. Die Bezeichnung wird vom Verbraucher inzwischen nicht mehr beschreibend, sondern unmittelbar als Hinweis auf das dahinterstehende bekannte Unternehmen verstanden Sie ist heute zu einer starken Marke mit großem Schutzbereich geworden.

Von einer kennzeichnungsstarken Marke haben die Wettbewerber einen weiteren Abstand zu halten. Es wird angenommen, dass die Verwechslungsgefahr bei einer kennzeichnungsstarken Marke eher anzunehmen ist, weil die Verbraucher mehr dazu neigen, das ähnliche Zeichen mit der kennzeichnungsstarken Marke in Verbindung zu bringen. Da die Kennzeichnungskraft der vermeintlich verletzten Marke, die Ähnlichkeit der sich gegenüberstehenden Zeichen und die Ähnlichkeit der Waren und Dienstleistungen in einer Wechselwirkung zueinander stehen und zusammen betrachtet werden müssen, kann ein Zeichen im Verhältnis zu einer kennzeichnungskräftigen Marke als markenverletzend eingestuft werden. Im Verhältnis zu einer kennzeichnungsschwachen Marke hingegen kann dasselbe Zeichen bei gleicher Ähnlichkeit sowie gleicher Ähnlichkeit der Waren und Dienstleistungen als unbedenklich und nicht markenverletzend eingestuft werden.

Weiterhin ist zu beachten, dass eine Marke aus verschiedenen Bestandteilen bestehen kann und diese Bestandteile jeweils unterschiedliche Kennzeichnungskraft aufweisen können. Auch dies ist im Verletzungsfall relevant. Eine Marke, die aus einem kennzeichnungskräftigen Logo, einer durchschnittlich kennzeichnungskräftigen Bezeichnung und einem rein beschreibenden und damit nicht kennzeichnungskräftigen Begriff besteht, wird als Ganzes eingetragen, da das kennzeichnungskräftige Logo und die durchschnittlich kennzeichnungskräftige Bezeichnung schutzfähig sind. Der nicht schutzfähige Bestandteil wird als Teil der Gesamtmarke zwar mit eingetragen, er ist aber für den Markeninhaber nicht geschützt.

> ▶   Es ist deshalb sehr genau zu prüfen, welche Bestandteile einer eingetragenen
>   Marke tatsächlich geschützt sind. Beschreibende Bestandteile einer eingetrage-
>   nen Marke bleiben schutzunfähig.

Jeder Dritte ist frei, diesen nicht schutzfähigen Begriff ebenfalls zu benutzen.

Beispiel

Die fiktive Marke „Faber-Castell Bleistifte" ist schutzfähig, da der Name „Faber-Castell" als Eigenname kennzeichnungskräftig ist. Sie könnte als Ganzes im Markenregister eingetragen werden. Dennoch wäre der Markenbestandteil „Bleistifte" beschreibend und nicht geschützt.

10.1.3   Benutzung eines Zeichens, das mit einer bekannten Marke identisch oder ihr ähnlich ist

Bekannte Marken genießen einen besonderen Schutz. § 14 Abs. 2 Nr. 3 MarkenG gewährt bekannten Marken Schutz unabhängig von der Identität oder Ähnlichkeit der Betroffenen Waren oder Dienstleistungen:

(2) Dritten ist es untersagt, ohne Zustimmung des Inhabers der Marke im geschäftlichen Verkehr

[...]

3. ein mit der Marke identisches Zeichen oder ein ähnliches Zeichen für Waren oder Dienstleistungen zu benutzen, die nicht denen ähnlich sind, für die die Marke Schutz genießt, wenn
es sich bei der Marke um eine im Inland bekannte Marke handelt und die Benutzung des
Zeichens die Unterscheidungskraft oder die Wertschätzung der bekannten Marke ohne rechtfertigenden Grund in unlauterer Weise ausnutzt oder beeinträchtigt.

Dieser besondere Schutz ist erforderlich, weil die Marke sich mit zunehmender Bekanntheit von den Waren und Dienstleistungen, für die sie ursprünglich Schutz genießt, löst
und sie vor einer ungerechtfertigten Ausbeutung des mit ihr verbundenen wirtschaftlichen
Wertes geschützt werden muss.[11]

---

[11] Hacker in Ströbele und Hacker (2015), § 14 Rn. 292.

Beispiel

Benutzt ein Hersteller von Gummibären die Marke „Porsche" für seine Produkte, so wird man nicht unbedingt annehmen, dass die Gummibären von dem bekannten Automobilhersteller aus Stuttgart stammen. Dennoch werden die Unterscheidungskraft und die Wertschätzung der Marke ohne rechtfertigenden Grund ausgenutzt und beeinträchtigt. Hiervor wird die bekannte Marke geschützt.

Bekannt ist eine Marke, wenn sie einem bedeutenden Teil des Publikums bekannt ist.[12] Feste Prozentsätze lassen sich jedoch nicht angeben. Die Bekanntheit ist im Einzelfall anhand der Intensität ihrer Benutzung, der geographischen Ausdehnung, der Dauer der Benutzung sowie des Umfangs der Investitionen zur Förderung der Marke etc. zu bestimmen.[13]

10.2   Schutzbereich eines Urheberrechts

So wie die Herkunftsfunktion im Markenrecht Dreh- und Angelpunkt sowohl der Schutzfähigkeit als auch des Schutzbereiches ist, hat der Begriff der persönlichen geistigen Schöpfung eine zentrale Bedeutung im Urheberrecht, und zwar sowohl für die Entstehung von Urheberrechten als auch für die Bestimmung des Schutzbereiches. Die in einer persönlichen geistigen Schöpfung zum Ausdruck kommende Individualität ist Gegenstand des urheberrechtlichen Schutzes. Berührt ein anderes Werk diese Individualität, ist der Schutzbereich des urheberrechtlich geschützten Werkes betroffen. Je nachdem, wie stark die Individualität des ursprünglichen Werkes in dem neuen Werk noch zum Ausdruck kommt, spricht man von einer Vervielfältigung oder Nachschaffung, einer Bearbeitung oder einer freien Benutzung. Ist diese Individualität in dem neuen Werk nicht mehr erkennbar, handelt es sich um ein unabhängiges anderes Werk, das den Schutzbereich des ursprünglichen Werkes nicht berührt und gleichberechtigt neben ihm existiert.

10.2.1   Unabhängiges Werk

Solange ein Werk auf schutzlose Ideen, Lehren, Erkenntnisse[14] und sonstiges Gemeingut, wie Tagesneuigkeiten[15] oder Biografien bekannter Persönlichkeiten[16] aufbaut und lediglich die eigene Individualität des Autors zum Ausdruck bringt, handelt es sich um ein unabhängiges Werk, das neben anderen Werken existiert und die Schutzbereiche der anderen, bereits existierenden Werke nicht berührt.

---

[12] EuGH GRUR Int 2000, 73, 75 (Nr. 26) – Chevy.
[13] EuGH GRUR Int 2000, 73, 75 (Nr. 25) – Chevy.
[14] BGH GRUR 1981, 352, Turner 53 – Staatsexamensarbeit.
[15] OLG Hamburg GRUR 1978, 107, 308 – Artikelübernahme.
[16] BGH GRUR 1955, 201, 203 – Cosima Wagner.

Beispiel

Die Idee, ein Lehrbuch zum Geistigen Eigentum zu schreiben, ist als solche nicht schutzfähig. Dieses Buch greift deshalb nicht in den Schutzbereich bereits existierender Lehrbücher zum Geistigen Eigentum ein, obwohl eine Ähnlichkeit zwangsläufig besteht. Auch andere Lehrbücher zum Geistigen Eigentum beschreiben Art und Umfang urheberrechtlichen Schutzes und kommen im Zweifel zu den gleichen Erkenntnissen. Hierbei handelt es sich jedoch um Gemeingut. Schutzfähig und Gegenstand des Schutzbereiches eines urheberrechtlich geschützten Werkes ist lediglich die konkrete Gestaltung und Formulierung, da nur diese Ausdruck der Individualität des Autors ist.

10.2.2   Vervielfältigung

Das Gegenteil eines unabhängigen Werkes ist die Vervielfältigung bzw. nahezu identische Übernahme eines existierenden Werkes. Diese stellt eine Urheberrechtsverletzung dar. Das Recht zur Vervielfältigung steht allein dem Urheber zu.[17] Anders als im Markenrecht gilt das grundsätzlich auch für eine private Vervielfältigung, da es sich bei einem Urheberrecht nicht um ein gewerbliches Schutzrecht handelt, sondern die persönliche geistige Schöpfung des Urhebers im Vordergrund steht. Gewerbliche Interessen spielen insoweit keine Rolle.

Beispiel

Der Nachdruck dieses Buches ist deshalb ohne ausdrückliche Einwilligung grundsätzlich nicht gestattet.

Wird hingegen ein urheberrechtlich geschütztes Werk ohne technische Schutzmaßnahmen im Internet öffentlich zugänglich gemacht, muss der Urheber akzeptieren, dass das Werk durch Verlinkung auch Dritten zugänglich gemacht wird.[18]

10.2.3   Bearbeitung

Bei einer Bearbeitung knüpft der Urheber nicht nur an schutzlose Ideen, Lehren, Erkenntnisse und sonstiges Gemeingut an, sondern auch an bestehende schutzfähige Werke. Sofern diese geschützten Werke und deren Individualität in dem neuen Werk noch deutlich erkennbar sind und zum Ausdruck kommen, liegt eine Bearbeitung vor. Auch Bearbeitungen urheberrechtlich geschützter Werke dürfen nur mit Einwilligung des Urhebers veröffentlicht oder verwertet werden.[19] Sofern Bearbeitungen eines Werkes darüber hinaus auch persönliche geistige Schöpfungen des Bearbeiters sind, werden sie ebenfalls

---

[17] §§ 15, 16 UrhG.
[18] BGH GRUR 2003,958, 961 – Paperboy.
[19] § 23 UrhG.

wie selbständige Werke urheberrechtlich geschützt.[20] Es entsteht folglich ein abhängiges Urheberrecht. Der Urheber des neuen Werkes darf sein Werk nur mit Zustimmung des Urhebers des ursprünglichen, bearbeiteten Werkes veröffentlichen und verbreiten. Dritte dürfen das bearbeitete Werk nur mit Zustimmung sowohl des Urhebers des ursprünglichen Werkes als auch des Bearbeiters veröffentlichen und verbreiten.

Beispiel

§ 3 UrhG nennt als typische Bearbeitung die Übersetzung eines existierenden Werkes. Auch Zusammenfassungen von längeren Texten können als Bearbeitung eigenständig schutzfähig sein.[21]

Des Weiteren sind Drehbücher Bearbeitungen von Romanen sowie die Verfilmungen der Drehbücher wiederum Bearbeitungen der Drehbücher. Im Bereich der Musik sind die Zusammenstellung eines Potpourris aus mehreren Liedern oder die Schaffung einer Coverversion eines bestehenden Liedes[22] Beispiele für Bearbeitungen.

10.2.4 Freie Benutzung

Bei einer freien Benutzung dient das fremde Werk lediglich als Anregung. Dabei können schutzfähige Elemente des älteren Werkes in dem neuen Werk auftauchen.[23] Die Eigenständigkeit des neuen Werkes gegenüber dem älteren Werk muss jedoch deutlich werden. Es muss über eine Bearbeitung hinausgehen. Das ist der Regel der Fall, wenn die Individualität des älteren Werks angesichts der Eigenart des neuen Werkes verblasst.[24]

Beispiel

Beispiele für die freie Benutzung eines urheberrechtlich geschützten Werkes sind die Schaffung einer Parodie,[25] die Gestaltung eines Kugelschreibers in Anlehnung an einen historischen Drehbleistift[26] sowie die Nutzung des Restbestandes eines teilweise abgerissenen Hochhauses für ein neues Hochhaus.[27] Keine Bearbeitung ist die verkleinerte und in der Pixelanzahl gegenüber den Original-Bildern reduzierte Veröffentlichung von Vorschaubildern bei Google. Diese Bilder sind zwar (technisch) bearbeitet, aus urheberrechtlicher Sicht reicht dies jedoch nicht aus. Das Werk hat keine eigene schöpferische Ausdruckskraft, obwohl es umgestaltet wurde. Die persönliche geistige Schöpfung des Urhebers bleibt auch in der Nachbildung erhalten.[28]

---

[20] § 3 UrhG.
[21] BGH GRUR 2011, 134 – Perlentaucher.
[22] BGH GRUR 1998, 176, 378 – Coverversion.
[23] BGH GRUR 1982, 37, 39 – WK-Dokumentation.
[24] BGH GRUR 1994, 191, 193 – Asterix-Persiflagen.
[25] BGH GRUR 1994, 206, 209 – Alcolix.
[26] OLG Köln ZUM-RD 2000, 25, 31.
[27] LG Hamburg GRUR 2005, 672, 675 – Astra-Hochhaus.
[28] BGH GRUR 2010, 628, 629 – Vorschaubilder.

10.3   Schutzbereich eines Designs

Im Gegensatz zum Urheberrecht, bei dem eine persönliche geistige Schöpfung vorliegen muss, entsteht ein Design bereits, wenn die Gestaltung Eigenart hat. Das ist der Fall, wenn sich der Gesamteindruck, den es beim informierten Benutzer hervorruft, von dem Gesamteindruck unterscheidet, den ein anderes Design bei diesem Benutzer hervorruft.[29] Dabei wird der Grad der Gestaltungsfreiheit des Entwerfers bei der Entwicklung des Designs berücksichtigt.

Das hat auch Auswirkungen auf den Schutzbereich des Designs. Je größer die Eigenart des geschützten Produktes, desto größer ist auch der Schutzbereich. Zur Bestimmung des Schutzbereiches ist deshalb das Maß der Eigenart zu bestimmen. Das geschieht, indem man das geschützte Produkt mit allen anderen Wettbewerbsprodukten vergleicht, die zum Zeitpunkt der Anmeldung des Designs bereits auf dem Markt waren. Ist der gestalterische Unterschied zwischen dem geschützten Produkt und den bereits existierenden Wettbewerbsprodukten eher gering, so ist auch der Schutzbereich des erworbenen Designs gering. Weitere Wettbewerber können sich in ihrer Gestaltung dann auch relativ nah an das Design des geschützten Produktes annähern. Ist der gestalterische Unterschied zwischen dem geschützten Produkt und den bereits existierenden Wettbewerbsprodukten jedoch eher groß, so ist das auch der Schutzbereich des erworbenen Designs. Weitere Wettbewerber müssen dann einen größeren gestalterischen Abstand von dem geschützten Produkt einhalten. Eine Verletzung des eingetragenen Designs liegt vor, wenn eine Gestaltung gewählt wird, die beim informierten Benutzer keinen anderen Gesamteindruck erweckt. Auch in diesem Rahmen wird der Grad der Gestaltungsfreiheit des Entwerfers bei der Entwicklung seines Designs berücksichtigt.[30] Nachfolgende Gestalter müssen also von dem Design nicht mehr Abstand halten, als der Designinhaber selbst von den damals bereits existierenden Gestaltungen selbst eingehalten hat. Diese zum Zeitpunkt der Gestaltung bereits bekannten Gestaltungen nennt man den vorbekannten Formenschatz.

Beispiel

Der Gestalter eines neuen Kugelschreibers, der eine weitere Variante der zylindrischen Stiftform kreiert, wird lediglich einen sehr geringen Schutzbereich für ein eventuelles Design in Anspruch nehmen können, da es bereits eine Vielzahl von zylindrischen Formen für Stifte gibt. Wählt der Gestalter hingegen eine bislang unbekannte würfelförmige Stiftform, die es so bislang noch nicht gegeben hat, wird er einen eher großen Schutzbereich für ein eventuelles Design in Anspruch nehmen können, da er eine für Kugelschreiber völlig neue Form geschaffen hat. Diese Leistung wird mit einem weiten Schutzbereich belohnt.

Mit zunehmender Verbreitung von 3D-Druckern wird es zunehmend zu Designverletzungen kommen. Bislang lohnt sich die Herstellung von körperlichen Gegenständen nur

---

[29] § 3 DesignG.
[30] § 38 Abs. 2 DesignG.

bei größeren Stückzahlen. Bei der Produktion großer Stückzahlen wird der Hersteller in der Regel eine Recherche nach existierenden Designrechten durchführen, um rechtliche Risiken zu minimieren. Das wird sich durch 3D-Drucker ändern. Eine solche Recherche wird man für die dezentrale Herstellung einzelner Produkte häufig nicht vornehmen. Außerdem wird es dem Schöpfer des Designs nicht mehr in gleichem Maße möglich sein, den Aufwand für die Entwicklung des Designs vergütet zu bekommen. Bislang kann dies durch einen Aufpreis auf das zu verkaufende Produkt kompensiert werden. Zukünftig wird dies schwieriger sein, da der Nutzer das Produkt selbst herstellt. Deshalb wird man zukünftig auch im Designrecht über eine Abgabe auf 3D-Drucker und eine Vergütung der Designer über Verwertungsgesellschaften nachdenken müssen (siehe Abschn. 11.5.3).

10.4 Schutzbereich eines Patents oder Gebrauchsmusters

Der Grundgedanke, dass eine Erfindung unter Schutz gestellt wird, weil die Weiterentwicklung des Standes der Technik belohnt werden soll, ist auch im Patentverletzungsverfahren bei der Bestimmung des Schutzbereiches eines Patentes zu beachten. Eine Patentverletzung liegt nicht nur vor, wenn die Erfindung in identischer Form angewendet wird. Auch eine über den Wortlaut der Patentansprüche hinausgehende äquivalente Anwendung der Erfindung sowie eine mittelbare Benutzung der Erfindung stellen eine Patentverletzung dar.

10.4.1 Wortsinngemäße Patentverletzung

Definiert wird der Schutzbereich eines Patents durch seine Patentansprüche.[31] Eine Patentverletzung liegt vor, wenn ein Produkt alle Merkmale des Patentanspruches verwirklicht. Um diese Merkmale herauszuarbeiten, wird im Verletzungsprozess zunächst eine Merkmalsanalyse erstellt. Das bedeutet, dass man den Patentanspruch in seine Bestandteile aufgliedert, den dort genannten Stand der Technik aus dem Fokus nimmt und die einzelnen Merkmale der Erfindung in eine logische Struktur bringt.

Beispiel

Auf das bereits genannte Beispiel der Telefon-Schutzhülle bezogen, bedeutet dies Folgendes:

Der Patentanspruch lautet wie folgt: „*Eine durchsichtige Schutztasche für Touch-Screen-Geräte, dadurch gekennzeichnet, dass die Vorderseite der Tasche mit einem Sichtfenster aus Organza-Stoff ausgestattet ist, welcher den Screen und verfügbare Tasten des Gerätes einsehen lässt*".

---

[31] § 14 PatG.

Zunächst wird der Stand der Technik aus dem Fokus genommen. Das ist in der Regel der Teil des Textes, der vor der Formulierung „*dadurch gekennzeichnet, dass*" steht. Das ist in diesem Fall die Formulierung „*eine durchsichtige Schutztasche für Touch-Screen-Geräte*".

Durchsichtige Schutztaschen für diese Geräte gab es also bereits zum Zeitpunkt der hier geschützten Erfindung. Diese Schutztaschen sollen folglich nicht generell geschützt werden.

Es verbleibt die Formulierung der eigentlichen Erfindung. Das ist in der Regel der Teil des Textes, der nach der Formulierung „dadurch gekennzeichnet, dass" steht. Das ist in diesem Fall die Formulierung „*die Vorderseite der Tasche mit einem Sichtfenster aus Organza-Stoff ausgestattet ist, welcher den Screen und verfügbare Tasten des Gerätes einsehen lässt*".

Diese Beschreibung kann in einzelne Merkmale aufgegliedert werden, nämlich „*Sichtfenster*", „*auf der Vorderseite der Tasche*", „*aus Organza-Stoff*", „*Einsehbarkeit des Screens des Gerätes*", „Einsehbarkeit der verfügbaren Tasten des Gerätes".

Logisch aufgegliedert in eine Merkmalsanalyse könnte man den Patentanspruch deshalb auch wie folgt formulieren: „*Durchsichtige Schutztasche für Touch-Screen-Geräte, die*

1. *Mit einem Sichtfenster ausgestattet ist,*
    a) *das auf der Vorderseite der Tasche angebracht ist und*
    b) *das aus Organza-Stoff besteht, welcher*
       * *den Screen des Gerätes und*
       * *die verfügbaren Tasten des Gerätes einsehen lässt.*"

Anhand dieser exakt definierten Merkmale lässt sich sehr viel präziser diskutieren, ob tatsächlich alle Merkmale des Patentanspruches bei dem angeblichen patentverletzenden Produkt verwirklicht sind. Nur dann liegt eine Patentverletzung vor. Ein Produkt, das nicht mit einem Sichtfenster aus Organza-Stoff ausgestattet ist, sondern einen herkömmlichen Stoff verwendet, ist nicht patentverletzend, da es zumindest ein Merkmal des Patentanspruches nicht verwirklicht. Es müssen alle Merkmale verwirklicht sein, um eine Patentverletzung annehmen zu können. Um also den Schutzbereich eines Patentes so weit wie möglich zu fassen, gilt folgende Regel:

►   Der Patentanspruch sollte möglichst wenige Merkmale enthalten. Je mehr Merkmale ein Patentanspruch enthält, desto einfacher ist es, aus dem Schutzbereich des Patents heraus zu gelangen, einfach indem ein einzelnes Merkmal nicht übernommen wird. Gegebenenfalls sollten Details in weiteren Unteransprüchen formuliert werden.

10.4.2   Äquivalente Verletzung

Eine äquivalente Verletzung liegt vor, wenn ein Fachmann nach dem Studium des Patentes aufgrund von Überlegungen, die sich an der im Patent umschriebenen Erfindung orientieren, eine technische Lösung findet, die das Problem nicht mit identischen, aber mit gleichwirkenden Mitteln löst. In diesem Fall wäre die alternative Lösung ohne das Patent nicht ohne Weiteres gefunden worden. Nach dem Studium des Patents war diese Lösung jedoch nahe liegend. Deshalb gebührt die angemessene Belohnung ebenfalls dem Erfinder. Seine Erfindung hat zwar nicht unmittelbar, aber äquivalent zur Lösung des Problems beigetragen.

Beispiel

Im Falle der Schutztaschen läge eine äquivalente Verletzung zum Beispiel vor, wenn ein Wettbewerber das Sichtfenster nicht aus Organza-Stoff, sondern aus einem ähnlichen Stoff fertigt, der die gleichen Eigenschaften hat. Diese Lösung wäre grundsätzlich ebenfalls erfinderisch. Da das bestehende Patent diese Lösung aber nahelegt und das Problem letztlich zwar nicht mit identischen, aber mit gleichwirkenden Mitteln gelöst wird, liegt eine (äquivalente) Patentverletzung vor.

Das gilt jedoch nicht, wenn es sich bei der äquivalenten Anwendung der Erfindung um eine technische Lösung handelt, die bereits im Stand der Technik bekannt ist.[32] Anderenfalls würde der Erfinder eine Belohnung für etwas bekommen, was bereits bekannt war. Der Schutzbereich des Patentes wäre dann zu weit gefasst.

Beispiel

Im Falle der Schutztaschen wäre das beispielsweise anzunehmen, wenn ein Wettbewerber das Sichtfenster nicht aus Organza-Stoff oder einem ähnlichen Stoff mit ähnlichen Eigenschaften fertigt, sondern das Sichtfenster in der Schutztasche einfach ausspart, ohne jeglichen Stoff zu verwenden. Zwar könnte man bei dieser Variante ebenfalls argumentieren, dass dieses völlige Weglassen von Stoff sich naheliegenderweise aus dem Patent ergibt. Andererseits ist die technische Lösung, das Telefon nicht durch eine Schutzhülle zu verdecken, um es bedienen zu können, bereits Stand der Technik. Der kann aber durch ein Patent nicht geschützt werden, weil er bereits allgemein bekannt ist.

10.4.3   Mittelbare Verletzung

Um Verletzungshandlungen bereits im Vorfeld erfassen zu können, werden auch mittelbare Patentverletzungen erfasst. Das ist der Fall, wenn einzelne wesentliche Elemente der Erfindung zugeliefert werden und der Lieferant weiß bzw. es offensichtlich ist, dass diese

---

[32] BGH GRUR 1986, 803, 805 – Formstein.

Elemente dazu geeignet und bestimmt sind, für die Benutzung der Erfindung verwendet zu werden.[33] Normalerweise würde der Lieferant keine Patentverletzung begehen, da er nicht das vollständige Produkt anbietet, also nicht alle Merkmale des Patentanspruches verwirklicht.

Beispiel

Wenn beispielsweise der Lieferant von Organza-Stoff weiß bzw. es offensichtlich ist, dass ein Abnehmer dies zur Herstellung von Schutztaschen verwendet, die ein Patent verletzen, begeht er eine mittelbare Patentverletzung.

Literatur

Ströbele, P., & Hacker, F. (2015). *Markengesetz*. Köln: Carl Heymanns.

---

[33] § 10 PatG.

Schutzgrenzen 11

Neben den Grenzen, die sich aus dem jeweiligen Schutzbereich einer Marke, eines Designs oder eines Patents ergeben, zieht das Gesetz weitere Grenzen. Hierbei handelt es sich um Fälle, bei denen nach der reinen Dogmatik des Markengesetzes oder des Patentgesetzes dem jeweiligen Inhaber eigentlich Ansprüche zustehen, der Gesetzgeber aber aus übergeordneten Gründen dennoch den Schutz verwehrt. Hierbei handelt es sich zum einen um allgemeine Rechtsgedanken, die auch für andere Ansprüche außerhalb des Bereichs des Geistigen Eigentums Grenzen setzen, wie zum Beispiel die Verjährung und die Verwirkung von Ansprüchen. Teilweise handelt es sich um spezifische Rechtsgedanken des Geistigen Eigentums, wie zum Beispiel den Grundsatz der Erschöpfung. Teilweise handelt es sich auch um spezifische Grenzen des Markenschutzes, des Urheberschutzes etc. Letztlich handelt es sich hierbei um eine Feinkorrektur an der Grenze zwischen dem Gedanken, dass einem Erfinder bzw. Gestalter Rechte an seinen konkreten Schöpfungen zustehen müssen, und dem Gedanken, dass der Allgemeinheit gleichzeitig möglichst weitgehend Zugriff auf geistige Errungenschaften gewährt werden muss.

11.1 Verjährung

Bei der Verjährung handelt es sich um einen allgemeinen Rechtsgedanken, der ganz allgemeine Geltung hat.[1] Die Regelung dient zum einen dem Schuldnerschutz und zum anderen dem Rechtsfrieden. Wenn ein Anspruch lange Zeit nicht geltend gemacht worden ist, wird es zunehmend schwieriger für den Schuldner nachzuvollziehen, ob der Anspruch zu Recht besteht und dies gegebenenfalls zu beweisen. Außerdem kann er nicht unbegrenzt Rücklagen für Risiken aus früheren Geschäften bilden und muss irgendwann allein aufgrund des Zeitablaufs berechtigt sein, den Anspruch ohne ein Eingehen auf die Sache zurückzuweisen. Dem Anspruchsinhaber gegenüber ist dies auch nicht unverhältnismäßig. Er hatte

---

[1] § 194 BGB.

© Springer Fachmedien Wiesbaden 2016
S. Ahrens, *Geistiges Eigentum und Wettbewerbsrecht*, FOM-Edition,
DOI 10.1007/978-3-653-14313-8_11

die Möglichkeit, den Anspruch geltend zu machen. Außerdem erlischt der Anspruch nicht durch die Verjährung. Er kann weiterhin geltend gemacht werden. Der Schuldner hat lediglich das Recht, Verjährung als Einrede geltend zu machen.[2] Ob er dies tatsächlich tut, bleibt ihm überlassen. Die verschiedenen Gesetze über die Rechte des Geistigen Eigentums verweisen alle auf die allgemeine Verjährungsregelung des BGB.[3] Danach beträgt die regelmäßige Verjährungsfrist drei Jahre. Sie beginnt mit dem Schluss des Jahres, in dem der Anspruch entstanden ist und der Gläubiger von den den Anspruch begründenden Umständen und der Person des Schuldners Kenntnis erlangt oder ohne grobe Fahrlässigkeit erlangen müsste.[4]

Beispiel

Wenn also ein Markeninhaber am 24. Januar 2016 Kenntnis davon erhält, dass ein bestimmtes Unternehmen seine Markenrechte verletzt, dann beginnt die Verjährungsfrist für den markenrechtlichen Unterlassungsanspruch mit dem Schluss des Jahres 2016. Der Anspruch muss dann innerhalb der nächsten drei Jahre, also bis zum Schluss des Jahres 2019 gerichtlich geltend gemacht werden, um die mögliche Einrede der Verjährung zu verhindern. Je nachdem, ob der Anspruchsinhaber von der Verletzung zu Beginn eines Jahres oder zum Ende eines Jahres erfährt, hat er zwischen drei und vier Jahren Zeit, seinen Anspruch geltend zu machen.

Da es sich bei der Verletzung von Rechten des Geistigen Eigentums häufig nicht lediglich um einmalige Verstöße handelt, wie zum Beispiel bei dem einmaligen Abdruck einer markenverletzenden Werbeanzeige, sondern um andauernde Verstöße, wie zum Beispiel den ununterbrochenen Vertrieb eines patentverletzenden Produktes, kann sich der Verletzer oft nicht auf Verjährung berufen, da er jedenfalls auch innerhalb der letzten drei Jahre durch den fortdauernden Vertrieb das Patent verletzt hat.

11.2 Verwirkung

Bei der Verwirkung handelt es sich ebenfalls um einen allgemeinen Rechtsgedanken, der ganz allgemeine Geltung hat. Er beruht auf dem allgemeinen zivilrechtlichen Grundsatz, dass jedermann in Ausübung seiner Rechte und Erfüllung seiner Pflichten nach „Treu und Glauben" zu handeln hat.[5] Damit wird der Rechtsausübung dort eine Schranke gesetzt, wo sie zu untragbaren, mit Recht und Gerechtigkeit offensichtlich unvereinbaren Ergebnissen führen würde.[6] Das sind typischerweise Fälle, in denen eine formale Rechts-

---

[2] Palandt Überblick vor § 194 BGB Rn. 8–10.
[3] § 20 MarkenG, § 141 PatG, § 102 a UrhG, § 49 DesignG, § 24 a GebrmG in Verbindung mit § 195 BGB.
[4] § 199 BGB.
[5] § 242 BGB.
[6] Grüneberg in Palandt (2016), § 242 BGB, Rn. 2.

position in rechtsmissbräuchlicher Art und Weise zum Schaden eines Dritten ausgenutzt wird oder sich jemand widersprüchlich verhält. Eine solche Widersprüchlichkeit wird auch angenommen, wenn ein Recht längere Zeit hindurch nicht geltend gemacht wird und der Verpflichtete sich darauf eingerichtet hat und sich nach dem gesamten Verhalten des Berechtigten auch darauf einrichten konnte, dass das Recht nicht mehr geltend gemacht werde. Die Regelung dient damit ebenfalls dem Schutz des Gläubigers. Der Verstoß gegen Treu und Glauben liegt hier in der illoyalen Verspätung der Rechtsausübung.[7]

Beispiel

Wenn ein eventuell patentverletzendes Produkt in Kenntnis des Patentinhabers seit Jahren vertrieben wird, ohne dass der Patentinhaber Ansprüche geltend macht, dann kann er seine Ansprüche aus dem Patent verwirken, weil der Wettbewerber inzwischen darauf vertrauen kann, dass auch der Patentinhaber das Produkt für nicht patentverletzend hält oder aber aus anderen Gründen keine Ansprüche geltend machen möchte.

▶ Den Einwand der Verwirkung kann man deshalb – anders als die Verjährung – auch und gerade geltend machen, wenn das vermeintlich verletzende Produkt fortlaufend vertrieben wird.

Im Markenrecht ist der Grundsatz der Verwirkung sogar ausdrücklich geregelt.[8] Danach hat der Inhaber einer Marke oder einer geschäftlichen Bezeichnung nicht das Recht, die Benutzung einer jüngeren Marke zu untersagen, wenn er in Kenntnis dieser jüngeren Marke deren Benutzung über einen Zeitraum von mindestens fünf Jahren geduldet hat. Dies gilt lediglich dann nicht, wenn der Benutzer der jüngeren Marke bösgläubig war, also wusste, dass er mit der Benutzung seiner Marke die Rechte der älteren Marke verletzt.

11.3   Erschöpfung

Bei der Erschöpfung handelt es sich um einen spezifischen Grundsatz des Geistigen Eigentums. Er regelt das Verhältnis zwischen tatsächlichem Eigentum und Geistigem Eigentum und damit die Reichweite der Rechte des Geistigen Eigentums.

Beispiel

Angenommen, die FOM sowie der Springer Gabler Verlag forderten alle Buchhändler auf, bei allen Büchern aus der FOM-Edition, die sie in ihrem Bestand haben, die Marken „Springer Gabler" sowie „FOM Hochschule" umgehend zu entfernen bzw. die Bücher zu vernichten. Sie seien Inhaber dieser Marken und hätten deshalb entsprechende Unterlassungs- und Vernichtungsansprüche.

---

[7] Grüneberg in Palandt (2016), § 242 BGB, Rn. 87.
[8] § 21 MarkenG.

Eine solche Aufforderung wäre eher überraschend und würde dem Rechtsgefühl widersprechen. Dennoch sind die FOM und der Springer Gabler Verlag ohne Zweifel Inhaber der genannten Marken und besitzen deshalb auch das alleinige Recht, über die Verwendung der Marken zu entscheiden. Der Grundsatz der Erschöpfung zieht der formalen Rechtsposition des Markeninhabers eine Grenze. Zwar hatte dieser das alleinige Recht, über die Verwendung der Marken zu entscheiden. Dies hat er aber bereits getan, als er die Bücher aus der FOM-Edition mit den jeweiligen Marken gekennzeichnet hat und diese Bücher dann den jeweiligen Buchhändlern gegen Zahlung des Kaufpreises übereignet hat. Damit haben die Markeninhaber ihr Recht, über die Verwendung der Marke zu entscheiden, ausgeübt und die entsprechende Vergütung auch für die Aufwertung des Produktes durch die Marken erhalten. Damit ist ihr geistiges Eigentum „erschöpft". Das tatsächliche Eigentum geht jetzt vor. Der Buchhändler hat das Recht, mit den Büchern als seinem Eigentum nach Belieben zu verfahren. Dies ist im Markengesetz ausdrücklich geregelt.[9] Das Gleiche gilt für das Designgesetz[10] sowie das Urheberrechtsgesetz.[11] Auch der Urheber hatte die Möglichkeit, bei der Veräußerung seiner Werkexemplare ausreichend entlohnt zu werden. Der Grundsatz der Erschöpfung gilt aber auch für alle anderen Rechte des Geistigen Eigentums. Auch der Verkäufer einer patentgeschützten Maschine hat durch den bewussten und gewollten Verkauf der Maschine eine angemessene Vergütung sowohl für die Übertragung des Eigentums an der Maschine als auch für die Nutzung der in der Maschine verkörperten Erfindung erhalten. Deshalb ist sein Patentrecht bezüglich der Maschine erschöpft.[12] Der Grundsatz der Erschöpfung dient auch dem Allgemeininteresse an klaren und übersichtlichen Verhältnissen im Rechtsverkehr. Der Vorrang des tatsächlichen Eigentums an einmal veräußerten Gegenständen erleichtert den ungehinderten Weiterverkauf.[13]

▶   Der Grundsatz der Erschöpfung gilt allerdings nur, sofern das Produkt im Inland, in einem der übrigen Mitgliedstaaten der EU oder in einem anderen Vertragsstaat des Abkommens über den Europäischen Wirtschaftsraum[14] in den Verkehr gebracht worden ist. Es gilt der Grundsatz der europaweiten Erschöpfung.[15]

Das hat zur Folge, dass ein Inhaber einer europäischen Marke Originalprodukte zum Beispiel in den USA verkaufen kann, deren Reimport in die EU aber als Markenverletzung verhindern kann. Dies erscheint auf den ersten Blick schwer nachvollziehbar. Bei näherem Betrachten der Interessenlage ist die Regelung aber sachgerecht. Sie ermöglicht

---

[9] § 24 MarkenG.
[10] § 48 DesignG.
[11] § 17 Abs. 2 UrhG.
[12] Mes (2015), § 9 PatG, Rn. 76.
[13] Schulze in Dreier und Schulze (2015), § 17 UrhG, Rn. 25.
[14] Das sind neben den EU-Mitgliedstaaten die Mitgliedstaaten der EFTA mit Ausnahme der Schweiz, also Island, Norwegen und Liechtenstein.
[15] § 24 Abs. 1 MarkenG.

es dem Markeninhaber, seine Produkte für den US-Markt abweichend zu gestalten, ohne befürchten zu müssen, dass diese auf den europäischen Markt zurückkommen.

Beispiel

Die US-Versionen deutscher Autos haben teilweise weniger leistungsfähige Bremsen als die europäischen Versionen, da sie auf Grund des Tempolimits in den USA weniger stark beansprucht werden.

Lebensmittelhersteller verwenden außerhalb Europas häufig genmanipuliertes Material, da dies aufgrund verschiedener Vorteile wie zum Beispiel geringerer Pestizidbelastung kostengünstiger und beim Verbraucher beliebt ist. In Europa wären derartige Lebensmittel aufgrund der weit verbreiteten Abneigung gegen genmanipuliertes Material unverkäuflich und rufschädigend.

Die Hersteller haben deshalb ein erhebliches Interesse daran, die Märkte voneinander zu trennen. Innerhalb der EU sind die Märkte jedoch gleichförmiger. Außerdem gilt hier der Grundsatz der Warenverkehrsfreiheit im Binnenmarkt, so dass eine Nutzung von Marken oder sonstigen Schutzrechten zur Abschottung der Märkte nicht akzeptabel wäre.[16]

11.4 Markenrechtliche Besonderheiten

11.4.1 Markenrechtliche Grenzen der Erschöpfung

Eine Besonderheit besteht bei der Erschöpfung von Markenrechten. Zwar ist es unmittelbar nachvollziehbar, dass der Markeninhaber kein schutzwürdiges Interesse daran hat, die Weiterveräußerung eines einmal mit seinem Wissen und seinem Wollen auf den Markt gebrachten Produktes zu kontrollieren. Das gilt aber nicht für den Fall, dass die Ware nach ihrem Inverkehrbringen verändert und insbesondere verschlechtert wurde.[17] In diesem Fall rückt wieder die Funktion der Marke, Waren und Dienstleistungen von einem Hersteller von denen anderer Hersteller zu unterscheiden, in den Fokus. Sobald das Produkt verändert worden ist, erfüllt die Marke nicht mehr ihre Funktion. Die Marke lässt keine Rückschlüsse mehr auf den Hersteller und die Art und Qualität seiner Produkte zu, da das Produkt verändert worden ist. Allein der Markeninhaber hat das Recht, darüber zu entscheiden, wie die Produkte auszusehen haben und beschaffen sein sollen, die seine Marke tragen.

---

[16] Art. 34 AEUV.
[17] § 24 Abs. 2 MarkenG.

> **Beispiel**
>
> Der Neuaufbau eines Unfallwagens mit neuen Teilen,[18] der Umbau eines Flügels unter Verwendung eines fremden Resonanzbodens und fremder Stimmstöcke,[19] die Wiederbefüllung von Druckerpatronen mit fremdem Inhalt,[20] das Umfärben von Jeans[21] und das Hinzufügen von Diamanten auf der Lünette einer Uhr[22] sind substanzverändernde Eingriffe, die eine Erschöpfung des Markenrechts verhindern. Da das Markenrecht lediglich das Handeln im geschäftlichen Verkehr betrifft, steht es Privatpersonen zwar frei, ihre Markenwaren beliebig zu verändern und zu veräußern. Sobald dies jedoch in einem gewerblichen Ausmaß geschieht, handelt es sich um eine Markenverletzung.

11.4.2 Benutzung des eigenen Namens

Aufgrund des Persönlichkeitsrechts steht es jedem frei, seinen Namen auch im geschäftlichen Verkehr zu verwenden.[23] Das gilt auch für den Fall, dass dieser Name zufällig mit einer Marke identisch ist. Insoweit geht das Persönlichkeitsrecht dem Markenrecht vor.

> **Beispiel**
>
> Eine Person mit dem Namen Peter Porsche kann deshalb von dem Automobilunternehmen nicht an der Verwendung des eigenen Namens gehindert werden. Auch kann sie nicht daran gehindert werden, selbst in das Automobilgeschäft einzusteigen und dabei den eigenen Namen zu verwenden. Der Namensinhaber hat allerdings alles zu unterlassen, was den berechtigten Interessen des Kennzeicheninhabers in unlauterer Weise zuwiderlaufen würde. Es wäre zum Beispiel unlauter, den Namen in einer Art und Weise zu nutzen, die zu Verwechslungen führen könnte. Die Firmierung unter „Porsche Automobil GmbH" wäre eine solche unlautere Nutzung. Es ist dem Namensinhaber zuzumuten, zumindest seinen Vornamen hinzuzufügen und unter „Peter Porsche Automobil GmbH" zu firmieren, um Verwechslungen mit der Dr. Ing. h.c. F. Porsche AG zu vermeiden.

11.4.3 Benutzung von beschreibenden Angaben

Auch die Benutzung von beschreibenden Angaben soll durch eine Marke nicht verhindert werden. Auch dies ergibt sich unmittelbar aus der Funktion der Marke, die Waren

---

[18] BGH GRUR 1990, 678, 679 – Herstellerkennzeichen auf Unfallwagen.
[19] OLG Hamburg GRUR 2001, 749, 751 – based on Steinway.
[20] OLG Frankfurt GRUR 2000, 1062 – Wiederbefüllte Toner-Kartuschen.
[21] BGH GRUR 1996, 271, 274 f – gefärbte Jeans.
[22] BGH GRUR 1998, 696 – Rolex-Uhr mit Diamanten.
[23] § 23 Nr. 1 MarkenG.

und Dienstleistungen eines Unternehmens von denen anderer Unternehmen zu unterscheiden. Beschreibende Angaben haben keine Unterscheidungskraft. Sie können deshalb auch keine Marke verletzen. Sie sollen somit eigentlich auch gar nicht erst als Marke eingetragen werden. Sofern dies allerdings doch geschieht, zum Beispiel als Teil einer insgesamt unterscheidungskräftigen Marke bzw. durch nachgewiesene Bekanntheit, setzt das Markengesetz dem Schutzbereich derartiger Marken eine ausdrückliche Grenze.[24]

Beispiel

Aus der Marke „Big Pack" für Outdoor-Produkte kann nicht gegen eine Benutzung der Beschreibung „Big Pack" als Hinweis für eine Großpackung für Zigaretten vorgegangen werden.[25]

11.4.4 Benutzung von Bestimmungsangaben

Auch die Benutzung von Bestimmungsangaben soll durch eine Marke nicht verhindert werden. Hierbei geht es insbesondere um die Verwendung einer Marke, um darauf hinzuweisen, dass es sich um ein Produkt handelt, das als Ergänzung oder Ersatzteil für ein Markenprodukt geeignet ist. Durch diese Regelung soll verhindert werden, dass die Originalhersteller auch den Ersatzteilmarkt und den Zubehörmarkt monopolisieren. Um Irreführungen zu vermeiden, muss der Ersatzteilhersteller aber die Marke in einer Art und Weise verwenden, die nicht zu Verwechslungen führt.

Beispiel

Der Hersteller einer Mobiltelefon-Schutzhülle darf auf der Verpackung die Bezeichnungen „Apple" und „iPhone" verwenden, um darauf hinzuweisen, dass die Schutzhülle auch für ein iPhone geeignet ist. Er muss seine Verpackung aber so gestalten, dass nicht der Eindruck entsteht, es handele sich bei dem Produkt um ein Original-Apple-Produkt.

11.4.5 Mangelnde Benutzung der Marke

Eine eher pragmatische Schutzschranke stellt der markenrechtliche Benutzungszwang dar. Grundsätzlich steht es jedem frei, beliebig viele Marken anzumelden. Das kann jedoch dazu führen, dass es schnell zunehmend schwierig wird, eine passende und noch nicht von einem Dritten registrierte Marke zu finden. Um dieses Problem zu entschärfen, gleichzeitig aber berechtigten Markenanmeldern so viel Freiheit wie möglich zu belassen, ist im Markenrecht ein Benutzungszwang verbunden mit einer fünfjährigen Benutzungsschon-

---

[24] § 23 Nr. 2 MarkenG.
[25] BGH GRUR 1999, 992 – Big Pack.

frist vorgesehen.[26] Das bedeutet, dass jeder Markenanmelder fünf Jahre Zeit hat, um seine Marke ernsthaft im geschäftlichen Verkehr zu verwenden. Tut er dies nicht, so ist die Marke löschungsreif. Das bedeutet, dass jeder Dritte einen Antrag auf Löschung beim Markenamt stellen kann. Nimmt der Markeninhaber die Benutzung zunächst auf, stellt sie dann aber wieder ein, tritt erneut nach Ablauf von fünf Jahren Löschungsreife ein.

▶ Adressaten einer Abmahnung, die sich auf eine Marke stützt, die älter als fünf
   Jahre ist, sollten deshalb immer überprüfen, ob der Abmahnende tatsächlich
   seine Marke ernsthaft im geschäftlichen Verkehr benutzt.

11.5 Urheberrechtliche Besonderheiten

11.5.1 Urheberrechtliche Besonderheiten der Erschöpfung

Der Grundsatz der Erschöpfung gilt auch ausdrücklich für Vervielfältigungsstücke urheberrechtlich geschützter Computerprogramme. Der Erwerb eines Computerprogramms auf einem Datenträger führt folglich zur Erschöpfung des Urheberrechts an dem auf dem konkreten Datenträger verkörperten Computerprogramm. Der Erwerber hat das Recht, den Datenträger mit dem Computerprogramm weiter zu veräußern, ohne dass Rechte des Urhebers verletzt würden. Die gesetzliche Terminologie „Vervielfältigungsstücke" hat allerdings zu der Frage geführt, ob die Erschöpfung nur für Computerprogramme gilt, die auf einem konkreten Datenträger erworben werden oder ob das Gleiche für direkt aus dem Internet heruntergeladene Programme gelten muss. Der Gerichtshof der Europäischen Union hat diesbezüglich die wirtschaftliche Vergleichbarkeit der Sachverhalte in den Vordergrund gestellt. Sofern der Ersterwerber das heruntergeladene Computerprogramm wie bei einem Kauf per Datenträger zur zeitlich unbegrenzten Nutzung erworben hat, erschöpft sich das weitere Verbreitungsrecht des Urhebers. Der Erwerber darf also das rechtmäßig heruntergeladene Computerprogramm auf einen Datenträger speichern und diesen mit dem Programm weiterveräußern. Das gilt allerdings nur, wenn der Ersterwerber das Programm selbst nicht weiter nutzt und seine eigene Kopie unbrauchbar macht. Anderenfalls würde das Urheberrecht durch den ersten Verkauf einer Kopie bereits entwertet werden. Der Käufer könnte dann nämlich unbegrenzt Kopien herstellen und sich dadurch die Stellung des Urhebers anmaßen.[27]

11.5.2 Zitate

Das urheberrechtliche Zitatrecht ist zu unterscheiden von der wissenschaftlichen Zitierpflicht. Letztere ist die Pflicht, eigene Gedanken von fremden Gedanken erkennbar zu

---

[26] § 25 MarkenG.
[27] EuGH K&R 2012, 493 Rn. 61 – UsedSoft/Oracle.

trennen und die Personen zu benennen, die die genannten fremden Gedanken geäußert haben. Fremde Gedanken als eigene auszugeben, ist unpräzise und unwissenschaftlich. Eine
Urheberrechtsverletzung liegt darin aber noch nicht zwingend. Da allgemeine Gedanken
und Ideen nicht schutzfähig sind, sondern lediglich deren konkrete Formulierung, liegt eine Urheberrechtsverletzung erst vor, wenn ganze Werke oder urheberrechtlich geschützte
Teile davon übernommen werden. In diesem Fall liegt aber auch dann eine Urheberrechtsverletzung vor, wenn auf den Urheber hingewiesen wird, also das Werk nicht als
eigenes ausgegeben wird. Dieses Problem soll durch das urheberrechtliche Zitatrecht vermieden werden. Es gibt dem Zitierenden das Recht, einzelne Werke oder urheberrechtlich
geschützte Teile von Werken in seinem eigenen Werk zu zitieren, ohne dass es einer Zustimmung des Zitierten oder einer Vergütung hierzu bedürfte.[28] Dadurch soll die freie
geistige Auseinandersetzung gefördert werden. Eine solche legt aber nur vor, wenn eine
innere Verbindung zwischen Zitat und den eigenen Gedanken hergestellt wird. Von einem
Zitat im urheberrechtlichen Sinne ist deshalb nur auszugehen, wenn es als Belegstelle oder
Erörterungsgrundlage für selbständige Ausführungen des Zitierenden erscheint.[29]

Beispiel

Die Ausstrahlung eines Interviews aus der Regionalsendung „Landparty in Hütten-
berg" des Hessischen Rundfunks in der Unterhaltungssendung „TV total" des Senders
Pro 7 erfüllt nicht diese Voraussetzung für ein zulässiges Zitat. Zwar kann auch ein
Filmwerk zitiert werden. Das Zitat wurde aber lediglich in einer bloß äußerlichen, zu-
sammenhanglosen Weise eingefügt und nur aufgrund seiner eigenen Komik präsentiert,
ohne dass eine innere Verbindung mit den eigenen Gedanken des Zitierenden hergestellt wurde. Es fehlte an einem eigenständigen inhaltlichen Beitrag des Moderators
Stefan Raab. Die Behauptung, der tragende Gegenstand des Sendeformats von „TV
total" sei die Medienkritik und die satirische Darstellung der zunehmenden Niveaulosigkeit des deutschen Fernsehprogramms als Spiegelbild der Gesellschaft, und dies
wäre anhand aktueller Beispiele aus dem Fernsehprogramm demonstriert, reicht hierzu
nicht aus. Stefan Raab hätte sich sehr viel intensiver selbst und eigenständig zu dem
Thema äußern müssen, also eine eigenständige inhaltliche[30] oder künstlerische[31] Aussage machen müssen, für die dann der übernommene Filmbeitrag als Beleg hätte zitiert
werden dürfen. In gewisser Weise fehlte also Stefan Raabs eigenen Ausführungen das
Niveau, um den Filmbeitrag als Beleg für die allgemeine Niveaulosigkeit des Fernsehprogramms ausstrahlen zu dürfen. Das ist allerdings tatsächlich gelungene Komik.

---

[28] § 51 UrhG.
[29] BGH GRUR 2008, 693, 696 – TV Total.
[30] BGH GRUR 2008, 693, 696 – TV Total.
[31] BVerfG GRUR 2001, 149, 152 – Germania 3.

11.5.3 Privater Gebrauch

Das Urhebergesetz sieht eine umfangreiche Ausnahmeregelung für den privaten Gebrauch von urheberrechtlich geschützten Werken vor.[32] Dem Nutzer wird eine gesetzliche Lizenz eingeräumt. Er darf in einem bestimmten Rahmen Kopien herstellen, ohne die vorherige Zustimmung des Urhebers einholen zu müssen und ohne eine direkte Lizenzgebühr zahlen zu müssen. Als Ausgleich wird eine Zwangsabgabe auf solche Geräte erhoben, die typischerweise zur Herstellung von Kopien zum eigenen Gebrauch verwendet werden.[33] Diese Abgabe wird an Verwertungsgesellschaften gezahlt, die sie wiederum an die Urheber ausschütten.

Beispiel

Der Käufer eines Kopiergerätes zahlt eine Abgabe zum Beispiel an die Verwertungsgesellschaft Wort. Buchautoren melden die von ihnen veröffentlichten Werke dieser Verwertungsgesellschaft und erhalten je nach Umfang des Werkes eine anteilige Vergütung. Der private Verbraucher, der in einem Kopiergeschäft einzelne Seiten eines Buches kopiert, zahlt über den Preis für die Kopien auch diese Abgabe mit. Auf diese Weise wird die Lizenzgebühr indirekt an den Buchautor geleistet.

Leider ist die gesetzliche Regelung nicht nur inhaltlich sondern insbesondere auch sprachlich umfangreich. Gerade bei dem eigenen Gebrauch ist die Abgrenzung der Interessen der Allgemeinheit, einen unkomplizierten Zugang zu vorhandenen Informationen und Dokumentationen zu haben[34] und den Interessen der Urheber an angemessenem Schutz sowie angemessener Vergütung besonders schwierig und je nach Werkart und Vervielfältigungstechnik individuell unterschiedlich zu beurteilen. Die gesetzliche Regelung ist deshalb auch mit ihren vielfältigen Unterscheidungen und Ausnahmeregelungen sehr komplex und für den Laien kaum noch verständlich. Ein privater Gebrauch liegt vor, wenn der Gebrauch nicht zu beruflichen oder erwerbswirtschaftlichen Zwecken erfolgt, sondern sich auf die Befriedigung persönlicher Bedürfnisse beschränkt.

Beispiel

Um einen privaten Gebrauch handelt es sich typischerweise, wenn man sich eine Musik-CD eines Freundes kopiert, seine selbst erworbene Musik-CD für den Gebrauch im Auto kopiert oder einen Artikel aus einer Zeitschrift kopiert und diesen einem Freund zum Nachlesen schickt, weil man sich über dieses Thema unterhalten hatte, sowie bei der Aufnahme einer Fernsehsendung, um diese irgendwann einmal zu sehen. Nicht vom privaten Gebrauch erfasst ist hingegen das Kopieren eines Artikels zu Zwecken der Fortbildung, weil es sich hierbei bereits um berufliche Zwecke handelt.

---

[32] § 53 UrhG.
[33] § 54 ff. UrhG.
[34] BGH GRUR 1997, 459, 463 – CB-Infobank I.

Die gesetzliche Regelung lässt Vervielfältigungen zum privaten Gebrauch ausdrücklich zu, sofern zum einen nicht zur Vervielfältigung eine offensichtlich rechtswidrig hergestellte oder rechtswidrig öffentlich zugänglich gemachte Vorlage verwendet wird und es sich nur um „einzelne" Vervielfältigungen eines Werkes handelt.[35] „Einzelne" bedeutet nicht, dass lediglich eine Vervielfältigung erlaubt ist. Entscheidend ist, wie viele Exemplare zur Deckung des rein persönlichen Bedarfs erforderlich sind.[36] Das kann ein einzelnes Exemplar sein. Das können aber auch mehrere Exemplare sein.[37]

Beispiel

In einem Haushalt mit fünf Kindern wären fünf Kopien einer Musik-CD im Rahmen des privaten Gebrauchs. In einem Ein-Personen-Haushalt wäre dies nur sehr schwer zu begründen.

Von der gesetzlich eingeräumten Lizenz zur Herstellung „einzelner Vervielfältigungen" ist die vertraglich eingeräumte Lizenz des Rechteinhabers zu unterscheiden.

Beispiel

Wenn einem Nutzer bei iTunes das Recht eingeräumt wird, den erworbenen Musiktitel auf fünf unterschiedlichen Geräten zu speichern,[38] dann handelt es sich um eine vertragliche Definition dessen, was die Parteien im Einzelfall für angemessen halten. Das gilt dann natürlich auch für eine Einzelperson. Die gesetzliche Regelung stellt lediglich das Mindestmaß dar, das gilt, wenn keine vertragliche Vereinbarung vorliegt.

Um die Verbreitung rechtswidriger Kopien einzudämmen, gelten die Regeln über die Privatkopie nicht, wenn das zu kopierende Exemplar offensichtlich rechtswidrig hergestellt wurde oder rechtswidrig öffentlich zugänglich gemacht wurde.

Beispiel

Wer von einem Freund eine Musik-CD kopiert, kann im Normalfall davon ausgehen, dass es sich um eine rechtmäßig hergestellte Kopie handelt, auch wenn die CD als Kopie zu erkennen ist. Wer sich jedoch einen Kinofilm herunterlädt oder kopiert, bevor dieser offiziell in den Kinos gezeigt wurde, muss davon ausgehen, dass es sich um eine rechtswidrige Kopie handelt. Das Gleiche gilt für das Herunterladen von Dateien in Internet-Tauschbörsen. Es ist allgemein bekannt, dass hierfür keine Zustimmung der Urheber vorliegt.

---

[35] § 53 Abs. 1 S. 1 UrhG.
[36] Dreier in Dreier und Schulze (2015), § 53 UrhG Rn. 9.
[37] BT-Drucks15/38, S. 39.
[38] Nutzungsbedingungen des iTunes Stores, www.apple.com/legal/internet-services/itunes/de/terms.html#SALE. Zuletzt aufgerufen am 21. April 2016.

11.5.4   Sonstiger eigener Gebrauch

Ein eigener Gebrauch liegt vor, wenn die Verwendung einer Kopie nicht zur Weitergabe an Dritte erfolgt.[39] Im Gegensatz zum privaten Gebrauch liegt ein eigener Gebrauch nicht nur bei der Befriedigung privater Bedürfnisse vor, sondern auch dann, wenn berufliche oder erwerbswirtschaftliche Zwecke verfolgt werden. Deshalb profitieren auch juristische Personen von den Regeln zum eigenen Gebrauch. Allerdings ist die Nutzung zum eigenen Gebrauch anders als die zum privaten Gebrauch nicht uneingeschränkt freigegeben, sondern nur zu den im Gesetz ausdrücklich genannten Zwecken. Das sind insbesondere der eigene wissenschaftliche Gebrauch, die Vervielfältigung von lediglich kleinen Teilen von Werken oder einzelnen Beiträgen sowie die Vervielfältigung von Werken, die seit mindestens zwei Jahren vergriffen sind.

11.5.5   Vorübergehende Vervielfältigungshandlungen

Zulässig sind auch vorübergehende Vervielfältigungshandlungen, die lediglich der Übertragung in einem Netz oder einer rechtmäßigen Nutzung eines Werkes dienen und keine eigenständige wirtschaftliche Bedeutung haben.[40] Dadurch soll die Nutzung des Werkes durch den rechtmäßigen Erwerber in der Praxis ermöglicht werden.

Beispiel

Zulässig ist deshalb die vorübergehende Speicherung im Wege des Caching, bei dem eine zeitlich begrenzte Zwischenspeicherung der bereits aufgerufenen Netzinhalte auf dem Server des Anbieters erfolgt, um so einen schnelleren Zugriff der Nutzer auf diese Netzinhalte bei erneutem Abruf zu gewährleisten und zugleich das Netz zu entlasten.[41] Zulässig ist auch die Anfertigung von Sicherungskopien, da dies keine eigene wirtschaftliche Bedeutung hat, sondern lediglich die Fortsetzung der rechtmäßigen Nutzung im Falle des Datenverlustes sicherstellen soll.

Inwieweit es sich bei einem Videostream um eine rechtswidrige Vervielfältigung oder eine zulässige vorübergehende Vervielfältigung zur rechtmäßigen Nutzung eines Werkes handelt, ist noch nicht abschließend entschieden. Das Videostreaming wird definiert als das gleichzeitige Empfangen und Abspielen von Audio- und Videodateien.[42] Dabei werden die Daten bei den Nutzern lediglich im Wege des Cachings zwischengespeichert und durch das Betriebssystem nach dem Abschalten des Computers automatisch wieder gelöscht. Auch hier liegt folglich lediglich eine vorübergehende Speicherung vor. Das

---

[39] Amtliche Begründung zur Urheberrechtsnovelle von 1985, BT-Drucks 10/837, S. 9.
[40] § 44 a UrhG.
[41] Begründung der Bundesregierung zum Entwurf eines Gesetzes zur Regelung des Urheberrechts in der Informationsgesellschaft, BT-Drucks 15/38, S. 18.
[42] Stieper (2012), S. 12 f.

Landgericht Köln hat deshalb die Auffassung geäußert, dass es sich eher um eine von der Schutzschranke des § 44 a UrhG erfassten vorübergehenden Speicherung handele.[43] Auch die Bundesregierung hat sich in einer Anfrage ähnlich geäußert. Eine ausdrückliche und rechtskräftige gerichtliche Entscheidung steht noch aus. Es ist aber zu erwarten, dass die Auffassung des Landgerichts Köln bestätigt wird, dass Streaming lediglich als vorübergehende Speicherung zulässig ist. Zwar wird zu Recht darauf hingewiesen, dass § 44 a UrhG auch voraussetzt, dass es sich um eine rechtmäßige Nutzung eines Werkes handeln muss, die keine eigenständige wirtschaftliche Bedeutung hat. Die den Videostream verbreitenden Unternehmen handeln aber häufig rechtswidrig und verletzen die Rechte des Urhebers durch die Verbreitung des Videostreams. Außerdem hat diese Verbreitung eine wirtschaftliche Bedeutung, in der Regel die Generierung von Werbeeinnahmen.[44]

Andererseits geht es bei der Schutzgrenze des § 44 a UrhG um die Privilegierung des Nutzers, nicht aber um die Privilegierung des Unternehmens, das den Videostream verbreitet. Der Nutzer handelt aber zunächst nicht rechtswidrig, und für ihn hat die Nutzung des Videostreams auch keine wirtschaftliche Bedeutung. Das sollte auch für solche Videostreams gelten, die vom verbreitenden Unternehmen offensichtlich rechtswidrig hergestellt wurden. Zwar ist die Vervielfältigung derartiger offensichtlich rechtswidrig hergestellte Vorlagen auch zum privaten und sonstigen eigenen Gebrauch unzulässig (siehe Abschn. 11.5.3). Bezüglich einer Vervielfältigung sieht der Gesetzeswortlaut aber auch ausdrücklich diese Einschränkung vor. Bei der vorübergehenden Vervielfältigung ist das nicht der Fall. Dies ist auch kein Wertungswiderspruch. Es ist eben ein Unterschied, ob ein Werk zur dauerhaften weiteren Nutzung heruntergeladen oder sonstwie vervielfältigt wird oder ob es nur vorübergehend gespeichert wird. Das Betrachten auch einer rechtswidrig hergestellten Kopie ist als solches keine Urheberrechtsverletzung. Es besteht nicht die Gefahr der weiteren Verbreitung, da der Videostream automatisch wieder gelöscht wird. Das ist bei einer heruntergeladenen Kopie nicht der Fall.

11.5.6   Sonstige Einschränkungen im öffentlichen Interesse

Darüber hinaus sieht das Gesetz weitere Schutzgrenzen im öffentlichen Interesse vor, beispielsweise für den Kirchen-, Schul- oder Unterrichtsgebrauch,[45] die Berichterstattung über Tagesereignisse, im Rahmen deren einzelne Werke wahrnehmbar werden,[46] sowie die Vervielfältigung von Werken zu Zwecken der Rechtspflege und öffentlichen Sicherheit.[47] In diesem Zusammenhang zu erwähnen ist auch, dass Gesetze, Verordnungen, amtliche Erlasse und Bekanntmachungen sowie Entscheidungen nicht nur eingeschränk-

---

[43] Landgericht Köln, GRUR-RR 2014, 114.
[44] Bockslaff (2014), S. 71 f.
[45] § 46 UrhG.
[46] § 50 UrhG.
[47] § 45 UrhG.

ten Schutz genießen, sondern vollständig vom Urheberrechtsschutz ausgenommen sind.[48] Im Ergebnis ähnlich ist das „Fair-Use-Prinzip" des amerikanischen Rechts. Dort wird nicht im Einzelnen im Gesetz aufgeführt, was ausnahmsweise erlaubt ist. Stattdessen ist erlaubt, was unter Berücksichtigung der Interessen des Urhebers und der Allgemeinheit angemessen ist. Das ist typischerweise eine beschränkte private Nutzung oder eine Nutzung zum Unterrichtsgebrauch etc.

11.6   Patentrechtliche Besonderheiten

Das Patentgesetz sieht die Einräumung einer Zwangslizenz durch das Patentgericht vor, wenn der Lizenzsuchende trotz des Angebots einer geschäftsüblichen Vergütung keine Lizenz vom Patentinhaber erhalten hat und ein öffentliches Interesse an der Erteilung einer Lizenz besteht.[49]

Beispiel

Eine Zwangslizenz kommt in Betracht, wenn dadurch ein weiteres Arzneimittel zur Verfügung gestellt wird, sofern die auf dem Markt befindlichen Arzneimittel nicht im gleichen Maß therapeutisch wirksam sind oder insbesondere Nebenwirkung zeigen.[50]

Des Weiteren sieht das Europarecht die Erteilung von Zwangslizenzen für Patente an der Herstellung von pharmazeutischen Erzeugnissen für die Ausfuhr in Länder mit Problemen im Bereich der öffentlichen Gesundheit vor.[51] Der Empfänger der Zwangslizenz erhält hier das Recht, im Inland patentgeschütztes Arzneimittel herzustellen, um es in die anspruchsberechtigten Länder zu exportieren. Außerdem besteht die Möglichkeit, einem Patent generell die Wirkung zu versagen, um die Erfindung im Interesse der öffentlichen Wohlfahrt oder der öffentlichen Sicherheit zu benutzen.[52] Auch hierfür steht dem Patentinhaber ein Anspruch auf angemessene Vergütung zu. Diese Regelungen zur Erteilung einer Zwangslizenz machen in besonderem Maße den Interessenkonflikt deutlich, der bei der Gewährung und Ausgestaltung Geistigen Eigentums und insbesondere von Patentrechten auftritt. Einerseits besteht ein Interesse der Allgemeinheit daran, vorhandenes Wissen zu nutzen. Andererseits wird der technische Fortschritt beschleunigt, wenn monetäre Anreize für neue Erfindungen geschaffen werden. Einerseits ist es unerträglich, dass Menschen leiden oder sterben, obwohl dies vermeidbar ist. Andererseits sterben langfristig noch mehr Menschen, wenn langwierige und kostenintensive Forschung nicht mehr finanzierbar ist,

---

[48] § 5 UrhG.

[49] § 24 PatG, § 20 GebrmG.

[50] BGH GRUR 1996, 190, 193 – Polyferon.

[51] Verordnung (EG) Nr. 816/2006 das Europäischen Parlaments und des Rates über Zwangslizenzen für Patente an der Herstellung von pharmazeutischen Erzeugnissen für die Ausfuhr in Ländern mit Problemen im Bereich der öffentlichen Gesundheit vom 17. Mai 2006.

[52] § 13 PatG.

weil die neuen Erkenntnisse und Erfindungen aufgrund von Einschränkungen bezüglich der Patentrechte nicht den erhofften wirtschaftlichen Ertrag erbringen. Die ausnahmsweise Gewährung von Zwangslizenzen stellt einen Kompromiss dar, zumal sie eine angemessene Vergütung für den Patentinhaber vorsieht.

Zwangslizenzen können auch aus kartellrechtlichen Überlegungen folgen. Wenn ein Patent sich auf eine Standardtechnologie bezieht, die für einen bestimmten Markt zwingend erforderlich ist, kann bereits die Weigerung, seinen Mitbewerbern eine Lizenz zu angemessenen Konditionen einzuräumen, als Missbrauch einer marktbeherrschenden Stellung angesehen werden.

Beispiel

Die IPCom GmbH & Co. KG ist Inhaberin eines Schlüsselpatents des Mobilfunks.[53] Es betrifft eine Erfindung, die es erlaubt, Anrufe bei der Polizei oder Feuerwehr bevorzugt durch überlastete Netze zu leiten. Da die Technologie Teil des UMTS-Standards ist, sind die Wettbewerber darauf angewiesen, diese Technologie zu verwenden. Eine mögliche Weigerung des Patentinhabers zur Erteilung von Lizenzen hätte eine Monopolisierung des Marktes zur Folge. Die Patentinhaberin ist deshalb gezwungen, Lizenzen zu angemessenen Konditionen zu erteilen.

Literatur

Bockslaff, F. (2014). Die Redtube-Abmahnungen – § 44 a UrhG sieht rot. *IPRB*, *3*, 71–72.

Budras, C. (2014). Apple und Nokia scheitern am Patent 100 a, FaZ vom 23.01.2014, S. 15.

Dreier, T., & Schulze, G. (2015). *Urheberrechtsgesetz, Urheberrechtswahrnehmungsgesetz, Kunsturhebergesetz*. München: C.H. Beck.

Mes, P. (2015). *Patentgesetz/Gebrauchsmustergesetz*. München: C.H. Beck.

Palandt, O. (2016). *Bürgerliches Gesetzbuch*. München: C.H. Beck.

Stieper, M. (2012). Rezeptiver Werkgenuss als rechtmäßige Nutzung – Urheberrechtliche Bewertung des Streaming vor dem Hintergrund des EuGH-Urteils in Sachen FAPL/Murphy. *MMR*, *1*, 12–13.

---

[53] Budras, C. (2014, S. 15).

Übertragung und Lizenzierung 12

Ebenso wie andere Rechte können auch die Rechte an Geistigem Eigentum ganz oder teilweise übertragen werden.[1] Da diese teilweise einen erheblichen Wert haben, sind Übertragungen und Lizenzierungen von großer Bedeutung im Wirtschaftsleben.

12.1 Übertragung

Aufgrund des hohen wirtschaftlichen Wertes Geistigen Eigentums wird dies auch zunehmend bilanziert, um sich finanzielle Spielräume zu schaffen. Die Rechte können nicht nur (zur Sicherheit) übertragen werden, sondern auch Gegenstand von Pfandrechten oder Ähnlichem sein. Die Übertragung kann, wie auch sonst bei der Übertragung von Rechten, formlos erfolgen. Erforderlich ist lediglich die Einigung zwischen den Parteien. Eine schriftliche Vereinbarung und Eintragung des Inhaberwechsels ins Register ist jedoch zu empfehlen.

► Der Grundsatz der Übertragbarkeit gilt lediglich für Urheberrechte nicht in gleicher Weise. Da das Urheberrecht kein typisches gewerbliches Schutzrecht ist, sondern in besonderem Maße auf der persönlichen geistigen Schöpfung des Urhebers beruht, kann es nicht vollständig vom Urheber getrennt werden. Es ist deshalb nicht übertragbar, sondern allenfalls vererbbar[2] Die häufig anzutreffende Aussage, ein Urheberrecht werde übertragen, ist deshalb falsch. Übertragen werden kann allenfalls ein Nutzungsrecht an dem urheberrechtlich geschützten Werk. Die Urheberpersönlichkeitsrechte verbleiben immer beim Urheber. Da das Nutzungsrecht häufig den wesentlichen wirtschaftlichen Wert eines Urheberrechts ausmacht, kommt die Übertragung des Nutzungsrechtes allerdings aus wirtschaftlicher Sicht einer Übertragung des Urheberrechts sehr nahe.

---

[1] § 30 Abs. 1 MarkenG, § 15 Abs. 1 PatG, § 22 Abs. 1 GebrmG, § 29 Abs. 1 DesignG.
[2] § 29 Abs. 1 UrhG.

© Springer Fachmedien Wiesbaden 2016
S. Ahrens, *Geistiges Eigentum und Wettbewerbsrecht*, FOM-Edition,
DOI 10.1007/978-3-658-14313-8_12

12.2   Lizenzierung

Bei einer Lizenz handelt es sich um die vertragliche Einräumung eines Nutzungsrechts. Der Inhaber der Marke oder des Patents erlaubt damit einem Dritten, die Marke bzw. die Erfindung zu nutzen, ohne dass die Marke oder das Patent selbst übertragen wird. Der Lizenznehmer wird also nicht Inhaber, sondern lediglich Nutzungsberechtigter, ähnlich wie ein Mieter das Recht erhält, eine Wohnung zu nutzen, ohne dass er Eigentümer der Wohnung wird. Je nach dem konkreten Umfang der Nutzungsberechtigung unterscheidet man zwischen verschiedenen Lizenzarten.

12.2.1   Ausschließliche Lizenz

Eine ausschließliche Lizenz liegt vor, wenn ausschließlich der Lizenznehmer berechtigt ist, ein urheberrechtlich geschütztes Werk, eine Marke oder ein Patent zu nutzen. Der Lizenznehmer kann sich folglich darauf einstellen, dass außer ihm niemand sonst das Recht nutzen darf. Das gilt auch für den Rechteinhaber, also den Lizenzgeber. Bei einer ausschließlichen Lizenz ist es auch dem Lizenzgeber für die Laufzeit des Lizenzvertrages untersagt, das Recht zu nutzen.

12.2.2   Alleinige Lizenz

Bei einer alleinigen Lizenz (auch Alleinlizenz genannt) handelt sich um einen Sonderfall der ausschließlichen Lizenz. Bei ihr ist der Lizenzgeber, ebenfalls berechtigt, sein Werk bzw. seine Erfindung weiter zu nutzen. Bei dieser Konstellation gibt es zwar nur einen Lizenznehmer, dieser muss sich das Nutzungsrecht aber mit dem Lizenzgeber teilen.

12.2.3   Einfache Lizenz

Eine einfache Lizenz liegt vor, wenn der Rechteinhaber und Lizenzgeber sich vorbehält, das Werk oder die Marke nicht nur selbst zu nutzen, sondern auch weiteren Lizenznehmern entsprechende Nutzungsrechte einzuräumen. Der einzelne Lizenznehmer kann zwar das Werk oder die Marke vollumfänglich nutzen, er muss sich jedoch darauf einstellen, dass auch andere dies tun. Die einfache Lizenz wird auch nicht ausschließliche Lizenz genannt.

12.2.4 Geltungsbereich der Lizenz

Der Geltungsbereich der Lizenz wird typischerweise in zeitlicher, räumlicher und sachlicher Hinsicht definiert. Der zeitliche Geltungsbereich beschreibt die Laufzeit des Lizenzvertrages, also den Zeitraum, in dem der Lizenznehmer das Recht nutzen darf. Der räumliche Geltungsbereich beschreibt die territoriale Ausdehnung des Lizenzrechts.

> **Beispiel**
>
> Der Inhaber einer Unionsmarke kann dem einen Lizenznehmer lediglich eine Lizenz für die Bundesrepublik Deutschland, einem anderen Lizenznehmer eine Lizenz für Frankreich einräumen und sich für den Rest der EU selbst die Nutzung vorbehalten.

Der sachliche Geltungsbereich beschreibt die inhaltlichen Grenzen des Lizenzrechts.

> **Beispiel**
>
> Der Lizenzgeber kann sich darauf beschränken, dem Lizenznehmer lediglich das Recht einzuräumen, die Marke „Mercedes" für Parfüms zu benutzen, und sich selbst das Recht vorbehalten, die Marke für Automobile zu verwenden.

Die Marke kann also auch nur für einzelne Teilbereiche ihres Waren- und Dienstleistungsverzeichnisses lizenziert werden.

▶ In der Praxis werden diese Details der Lizenzausgestaltung beim Erwerb von Nutzungsrechten häufig nicht beachtet. Das kann zu Streitigkeiten führen, wenn der Lizenznehmer das Werk später erneut verwenden möchte. Hat sich ein Unternehmer beispielsweise die Rechte zur Nutzung einer Abbildung zur Verwendung in einer Stellenanzeige übertragen lassen und nutzt diese ein Jahr später erneut für eine weitere Stellenanzeige, kann er sich weiteren Lizenzforderungen des Urhebers ausgesetzt sehen. Der Lizenznehmer wird argumentieren, er habe für die Nutzung bereits gezahlt. Der Lizenzgeber wird dann argumentieren, dass die damalige Lizenzzahlung lediglich die einmalige Nutzung umfasste, nicht jedoch eine erneute Nutzung. Art und Umfang der eingeräumten Rechte sollten deshalb ausdrücklich vertraglich definiert werden. Anderenfalls wird das Gericht in einer streitigen Auseinandersetzung versuchen müssen, anhand von Indizien, wie beispielsweise der Höhe der gezahlten Lizenzgebühr, festzustellen, in welchem Umfang die Parteien bei Vertragsabschluss tatsächlich Rechte übertragen hatten.

12.2.5 Übertragbarkeit der Lizenz

Die Übertragbarkeit der Lizenz beschreibt das Recht des Lizenznehmers, seine Rechtsposition, also sein Nutzungsrecht auf einen Dritten zu übertragen, der dann an seine Stelle

tritt. Es wird folglich der Vertragspartner des Lizenzgebers ausgetauscht. Deshalb muss
dieser der Übertragung auch zustimmen bzw. dem Lizenznehmer dieses Recht gleich im
Lizenzvertrag einräumen.

12.2.6 Unterlizenzierung

Bei einer Unterlizenzierung wird nicht der Lizenznehmer ausgetauscht, sondern ein weiterer Lizenznehmer hinzugefügt. Der bisherige Lizenznehmer räumt einem Dritten ein
Nutzungsrecht ein, ohne sein eigenes Nutzungsrecht aufzugeben. Auch der Unterlizenzierung muss der Lizenzgeber zustimmen, sofern dieses Recht dem Lizenznehmer nicht
bereits im Lizenzvertrag eingeräumt wurde.[3] Außerdem steht es den Parteien frei, alle
Kriterien frei miteinander zu kombinieren.

Beispiel

In dem Verlagsvertrag über dieses Buch heißt es beispielsweise in § 1.2:

Der Autor räumt Springer die räumlich und zeitlich unbeschränkten, ausschließlichen, über-
tragbaren Nutzungsrechte an dem Werk ein, einschließlich der Berechtigung, weitere Nutzungsrechte zeitlich beschränkt oder auf Dauer einzuräumen.

Die Klausel sichert dem Verlag eine umfassende Nutzung. Er kann davon ausgehen,
dass das Werk weltweit vertrieben werden darf (räumlich unbeschränkt), das Werk so
lange vertrieben werden darf, wie der Verlag es wünscht (zeitlich unbeschränkt), kein
anderer Verlag das gleiche Werk auf den Markt bringen darf (ausschließlich), das Recht
an dem Werk auf einen Dritten, zum Beispiel eine Tochtergesellschaft, übertragen werden darf (übertragbar) und der Verlag selbst zusätzlich zu der eigenen Nutzung Dritte,
zum Beispiel Verlage in Ländern, in denen Springer selbst nicht aktiv ist, zum Beispiel
Australien, zur Nutzung des Werkes ermächtigen darf (weitere Nutzungsrechte).

12.2.7 Lizenzen in der Insolvenz

Im Falle einer Insolvenz des Lizenzgebers muss der Lizenznehmer mit einer Beendigung des Lizenzvertrages rechnen. Der Insolvenzverwalter hat ein Erfüllungswahlrecht.[4]
Das bedeutet, er entscheidet, ob es im Einzelfall sinnvoller ist, den Lizenzvertrag sofort zu beenden, um die lizenzierten Schutzrechte besser veräußern zu können, oder ob
der Fortbestand des Lizenzvertrages vorteilhaft ist, um weiterhin die Lizenzeinnahmen
zu generieren und damit die Insolvenzmasse zu vergrößern. Im ersteren Fall verliert der

---

[3] Hacker in Ströbele und Hacker (2015), § 30 Rn. 72.
[4] § 103 InsO.

Lizenznehmer sein Nutzungsrecht. Dieses Risiko wird häufig vom Lizenznehmer übersehen, zumal vor Inkrafttreten der Insolvenzordnung im Jahre 1999 Lizenzverträge noch insolvenzfest waren.

▶ In der Praxis werden unterschiedliche juristische Konstruktionen vorgeschlagen, mit denen Lizenzen vermeintlich insolvenzfest gestaltet werden können. Der Lizenznehmer sollte sich darüber im Klaren sein, dass derartige formale Konstruktionen ein erhebliches Risiko beinhalten. Die Insolvenzordnung regelt ausdrücklich, dass Vereinbarungen unwirksam sind, durch die im Voraus das Wahlrecht des Insolvenzverwalters ausgeschlossen oder beschränkt wird.[5]

12.2.8 Kartellrechtliche Besonderheiten

12.2.8.1 Ziel des Kartellrechts

Das Kartellrecht dient, genau wie das Lauterkeitsrecht, dem Schutz des Wettbewerbs. Es soll die Freiheit des Wettbewerbs schützen. Dem liegt die Erkenntnis zugrunde, dass Wettbewerb zu Leistungssteigerungen der Wettbewerber führt. Je stärker die Position eines oder mehrerer Wettbewerber jedoch ist, desto eher kann der Wettbewerb und damit die ihm innewohnende Leistungssteigerungsfunktion beeinträchtigt werden. Sowohl das deutsche[6] als auch das europäische[7] Kartellrecht dienen deshalb dem Ziel, Absprachen zwischen Wettbewerbern (Kartelle) und den Missbrauch einer marktbeherrschenden Stellung zu verhindern sowie Fusionen zwischen Wettbewerbern zu kontrollieren.

Rechte des Geistigen Eigentums haben eine im Verhältnis zum Kartellrecht gegenläufige Funktion. Sie bezwecken nicht die Förderung des Wettbewerbs. Das würde man eher dadurch erreichen, dass man allen Wettbewerbern die Nutzung jeglicher Erfindungen und Gestaltungen freistellt. Die Schutzrechte des Geistigen Eigentums bezwecken das Gegenteil. Sie räumen den Inhabern bezüglich der Erfindungen bzw. Gestaltungen Monopolstellungen ein, schließen insoweit also gerade den Wettbewerb aus. Daraus kann man jedoch nicht den Schluss ableiten, dass das Recht des Geistigen Eigentums generell Vorrang vor dem Kartellrecht habe. Es ist zwar eine bewusste Entscheidung des Gesetzgebers gewesen, Erfindern und Gestaltern Schutzrechte und damit beschränkte Monopolstellungen einzuräumen. Das bedeutet aber nicht, dass die Inhaber dieser Schutzrechte in die Lage versetzt werden sollen, jeglichen Wettbewerb auszuschließen. Beide Rechtsgebiete wirken in einem Regel-Ausnahme-Verhältnis zusammen, um eine angemessene Einzelfallregelung zu erreichen. Dies wird sehr deutlich an dem Beispiel der Gruppenfreistellungsverordnung für Technologietransfervereinbarungen.[8]

---

[5] § 119 InsO.

[6] Gesetz gegen Wettbewerbsbeschränkungen (GWB) vom 27.7.1957 (BGBl I 1081) in der Fassung der Bekanntmachung vom 15.7.2005 (BGBl I 2114).

[7] Art. 101 – 106 AEUV.

[8] Verordnung (EU) Nr. 316/2014 der Kommission vom 21. März 2014 Über die Anwendung von Art. 101 Abs. 3 des Vertrags über die Arbeitsweise der Europäischen Union auf Gruppen von Tech-

12.2.8.2 Gruppenfreistellungsverordnung für Technologietransfervereinbarungen

Das Patentgesetz gewährt dem Patentinhaber eine Monopolstellung bezüglich der Verwertung seiner Erfindung. Bezüglich dieser konkreten Erfindung darf er folglich alle anderen Wettbewerber von der Nutzung ausschließen und insoweit den Wettbewerb beschränken. Entschließt sich der Patentinhaber, einem Dritten eine einfache Lizenz zu erteilen, dann schafft er dadurch mehr Wettbewerb, weil er nicht mehr allein seine Erfindung nutzt. Dies müsste aus kartellrechtlicher Sicht positiv bewertet werden, und zwar selbst dann, wenn der Patentinhaber seinem Lizenznehmer verschiedene vertragliche Beschränkungen auferlegt. Immerhin schafft selbst ein vertraglich beschränkter Lizenznehmer immer noch mehr Wettbewerb als kein Lizenznehmer. Allerdings verbietet der Vertrag über die Arbeitsweise der Europäischen Union Vereinbarungen zwischen Unternehmen, die eine Einschränkung des Wettbewerbs innerhalb des Binnenmarkts bezwecken.[9] Um in dieser komplizierten Gemengelage pragmatische und wirtschaftlich sinnvolle Lösungen zu erzielen, erteilt die auf europäischer Ebene für das Wettbewerbsrecht zuständige Europäische Kommission Freistellungen vom Kartellverbot. Um dies möglichst effizient zu tun, werden typische Fallkonstellationen im Rahmen von Gruppenfreistellungsverordnungen geregelt.

12.2.8.2.1 Anwendungsbereich

Die Verordnung regelt die Vergabe von Technologierechten in Form einer Lizenz. Sie stellt fest, dass das allgemeine Kartellverbot nicht für Technologietransfervereinbarungen gilt.[10] Da Unternehmen mit einem hohen Marktanteil in der Regel eine besondere Gefahr für den Wettbewerb darstellen, gilt die Freistellung nur bis zu bestimmten Marktanteilsschwellen. Handelt es sich bei den Vertragsparteien um konkurrierende Unternehmen, gilt die Freistellung nur unter der Voraussetzung, dass der gemeinsame Marktanteil der Parteien auf dem relevanten Markt 20 % nicht überschreitet. Bei nicht konkurrierenden Unternehmen dürfen die individuellen Marktanteile der Parteien auf dem relevanten Markt 30 % nicht überschreiten.[11]

▶ Vor Abschluss von Lizenzverträgen, die sich auf einen Technologietransfer beziehen, sind deshalb die Marktanteile der beteiligten Parteien sehr genau zu prüfen. Sofern die in der Verordnung genannten Marktanteilsschwellen überschritten werden, ist die Gruppenfreistellungsverordnung nicht anwendbar und eine kartellrechtliche Prüfung im Einzelfall erforderlich.

---

nologietransfer-Vereinbarungen, ABl. L 93, S. 17, abrufbar unter http://eur-lex.europa.eu/legal-content/DE/TXT/HTML/?uri=CELEX:32014R0316&qid=1398541318377&from=EN. Zuletzt abgerufen am 21. April 2016.
[9] Art. 101 AEUV.
[10] Art. 2 Abs. 1 GrFVO-TT.
[11] Art. 3 Abs. 1 GrFVO-TT.

12.2.8.2.2   Kernbeschränkungen

Die Verordnung sieht außerdem vor, dass bestimmte Kernbeschränkungen, die eine besondere wettbewerbsbeschränkende Wirkung haben, die Anwendung und Wirkung der Verordnung für den betreffenden Lizenzvertrag automatisch entfallen lassen.[12] Dies sind Beschränkungen bezüglich

- der Festsetzung des Preises, zu dem die Produkte an Dritte verkauft werden,
- der zu produzierenden Höchstmengen,
- der Zuweisung von Märkten oder Kunden,
- der Möglichkeit des Lizenznehmers, seine eigenen Technologierechte zu verwerten und
- der Möglichkeit der Vertragsparteien, Forschung- und Entwicklungsarbeiten durchzuführen.

► Vor Abschluss von Lizenzverträgen, die sich auf einen Technologietransfer beziehen, ist deshalb zu prüfen, ob Kernbeschränkungen enthalten sind. Sofern dies der Fall ist, ist anhand der Verordnung im Detail zu prüfen, ob eine der engen Ausnahmeregelungen für Kernbeschränkungen eingreift, wie zum Beispiel die Festsetzung von unverbindlichen Preisempfehlungen. Sofern eine oder mehrere Kernbeschränkungen enthalten sind und keine Ausnahme gilt, ist die Gruppenfreistellungsverordnung nicht anwendbar und eine kartellrechtliche Prüfung im Einzelfall erforderlich.

12.2.8.2.3   Nichtfreigestellte Beschränkungen

Darüber hinaus gibt es Beschränkungen in Lizenzverträgen die ausdrücklich nicht freigestellt sind.[13] Hierbei handelt es sich um solche Beschränkungen, die zwar aus kartellrechtlicher Sicht bedenklich sind und deshalb nicht generell freigestellt werden, aber auch nicht so bedenklich sind, dass sie automatisch zum Wegfall der Freistellung für den gesamten Vertrag führen würden. Das sind

- Verpflichtungen des Lizenznehmers, dem Lizenzgeber für eigene Verbesserungen an der lizenzierten Technologie Rechte zu gewähren, und
- Verpflichtungen einer Partei, die Gültigkeit der Rechte des Geistigen Eigentums, über die die andere Partei verfügt, nicht anzufechten.

► Vor Abschluss von Lizenzverträgen, die sich auf einer Technologietransfer beziehen, ist deshalb zu prüfen, ob nichtfreigestellte Beschränkungen enthalten sind. Sofern dies der Fall ist, ist anhand der Verordnung im Detail zu prüfen, ob eine der engen Ausnahmeregelungen für nichtfreigestellte Beschränkungen eingreift, wie zum Beispiel für das Verbot, Rechte des Geistigen Eigentums des

---

[12] Art. 4 GrFVO-TT.
[13] Art. 5 GrFVO-TT.

Vertragspartners außerhalb der EU anzugreifen. Sofern eine oder mehrere nicht-freigestellte Beschränkungen enthalten sind und keine Ausnahme gilt, ist eine kartellrechtliche Prüfung dieser Klauseln im Einzelfall erforderlich.

12.2.8.2.4   Entzug der Freistellung im Einzelfall

Die Kommission der EU behält sich vor, im Einzelfall die Freistellung zu entziehen, ob-wohl alle formellen Voraussetzungen erfüllt werden.[14] Hintergrund ist die Erwägung, dass es trotzdem Fälle geben kann, in denen trotz Erfüllung aller formellen Voraussetzungen der Wettbewerb gefährdet ist, zum Beispiel wenn durch die kumulative Wirkung paralleler Netze gleichartiger beschränkender Vereinbarungen der Zugang von Technologien Dritter oder der Zugang potentieller Lizenznehmer zum Markt beschränkt wird.

Literatur

Ströbele, P., & Hacker, F. (2015). *Markengesetz*. Köln: Carl Heymanns.

---

[14] Art. 6 GrFVO-TT.

Arbeitnehmer und Geistiges Eigentum

Wenn Arbeitnehmer in Erfüllung ihrer Verpflichtungen aus einem Arbeits- oder Dienstverhältnis Geistiges Eigentum schaffen, stellt sich die Frage, inwieweit eventuelle Schutzrechte dem Arbeitnehmer oder dem Arbeitgeber zustehen. Für Arbeitnehmererfindungen und von Arbeitnehmern geschaffene Computerprogramme oder sonstige urheberrechtlich geschützte Werke gibt es ausdrückliche gesetzliche Regelungen.

13.1 Arbeitnehmererfindungen

Mehr als 80 % aller Patentanmeldungen in Deutschland stammen von Unternehmen und gehen damit auf Arbeitnehmer zurück.[1] Häufig wird angenommen, dass Erfindungen, die Arbeitnehmer in Erfüllung ihrer Verpflichtungen aus einem Arbeits- oder Dienstverhältnis machen, automatisch dem Arbeitgeber zustehen. Immerhin wird der Arbeitnehmer für seine Tätigkeit bezahlt. Insbesondere bei angestellten Ingenieuren dient das Gehalt häufig der Abgeltung für erfinderische Tätigkeit. Das Arbeitnehmererfindungsgesetz[2] unterscheidet diesbezüglich jedoch. Zwar hat der Arbeitgeber das Recht, Diensterfindungen des Arbeitnehmers in Anspruch zu nehmen und für sein Unternehmen zum Patent anzumelden. Schließlich wurde die Erfindung im Rahmen der Tätigkeit für das Unternehmen gemacht. Der Arbeitgeber muss den Arbeitnehmer hierfür aber im Gegenzug zusätzlich zu dem Gehalt angemessen vergüten. Dahinter steht die Überlegung, dass technische Erfindungen teilweise einen erheblichen Wert darstellen können und dies nicht angemessen in pauschalen Gehaltszahlungen berücksichtigt werden kann. Das Arbeitnehmererfindungs-

---

[1] Amtliche Begründung des Gesetzes zur Vereinfachung und Modernisierung des Patentrechts vom 31.7.2009, BR-Drucks. 757/08, S. 23.
[2] Gesetz über Arbeitnehmererfindungen, Bundesgesetzblatt Teil III, Gliederungsnummer 422-1, zuletzt geändert durch Art. 7 des Gesetzes vom 31. Juli 2009 (BGBl. S. 2521).

© Springer Fachmedien Wiesbaden 2016
S. Ahrens, *Geistiges Eigentum und Wettbewerbsrecht*, FOM-Edition,
DOI 10.1007/978-3-658-14313-8_13

gesetz versucht, diese Interessenlage durch ein Inanspruchnahmeverfahren und ein Vergütungsverfahren möglichst praxisgerecht zu regeln.

13.1.1 Inanspruchnahme von Erfindungen

Erfindungen im Sinne des Arbeitnehmererfindungsgesetzes sind nur solche, die patent- oder gebrauchsmusterfähig sind.[3] Der Arbeitnehmer, der eine solche Diensterfindung gemacht hat, ist verpflichtet, sie unverzüglich seinem Arbeitgeber in Textform zu melden. Dabei hat er anzugeben, dass es sich um die Meldung einer Erfindung handelt, ob gegebenenfalls andere Arbeitnehmer an dem Zustandekommen der Erfindung beteiligt waren, welche technische Aufgabe der Erfindung zugrunde liegt und wie diese gelöst wird, gegebenenfalls unter Hinzufügung entsprechender Aufzeichnungen.[4] Das Arbeitnehmererfindungsgesetz sieht für alle relevanten Erklärungen Textform vor. Hierdurch soll die Nutzung moderner Informations- und Kommunikationstechniken erlaubt werden und einem offensichtlichen Bedürfnis der Praxis in den Unternehmen Rechnung getragen werden. Um dem Textformerfordernis zu genügen, ist eine Erklärung in Schriftzeichen erforderlich, die zum einen die Person des Erklärenden nennt und zum anderen den Abschluss der Erklärung erkennbar macht.[5]

Beispiel

Diese Voraussetzungen der Textform erfüllt beispielsweise eine E-Mail mit einer Grußformel und die Angabe des Namens des Absenders oder eine vorgefertigte E-Mail-Signatur. Endet die E-Mail jedoch ohne einen solchen erkennbaren Abschluss einfach dadurch, dass der Text endet, liegt keine Textform in rechtlicher Hinsicht vor.

▶ Um Kommunikationsprobleme zu vermeiden, empfiehlt es sich, elektronische Formulare oder Textvorgaben für ordnungsgemäße Erfindungsmeldungen im Unternehmen zur Verfügung zu stellen.

Der Arbeitgeber hat das Recht, die gemeldete Erfindung in Anspruch zu nehmen. Die Inanspruchnahme erfolgt durch Erklärung gegenüber dem Arbeitnehmer in Textform.[6] Möchte der Arbeitgeber die Erfindung nicht in Anspruch nehmen, so erklärt er dies innerhalb von vier Monaten nach Eingang der ordnungsgemäßen Meldung ebenfalls durch Erklärung gegenüber dem Arbeitnehmer in Textform. Äußert sich der Arbeitgeber nicht innerhalb dieser vier Monate, so gilt die Inanspruchnahme der Erfindung durch den Arbeitnehmer als erklärt.

---

[3] § 2 ArbnErfG.
[4] § 5 ArbnErfG.
[5] § 126 b BGB.
[6] § 6 ArbnErfG.

▶ Um zu verhindern, dass Erfindungen, die für das Unternehmen nicht relevant sind oder deren Patentierung zu hohe Kosten verursachen würde, nicht automatisch in Anspruch genommen werden, empfiehlt es sich, zuständige Ansprechpartner für die Meldung von Arbeitnehmererfindungen im Unternehmen einzusetzen, damit diese die gemeldeten Erfindungen zügig prüfen und eine Entscheidung über die Inanspruchnahme treffen können.

Die Inanspruchnahme hat zur Folge, dass alle vermögenswerten Rechte an der Diensterfindung auf den Arbeitgeber übergehen.[7] Allerdings ist der Arbeitgeber nicht nur berechtigt, sondern nach Inanspruchnahme auch verpflichtet, eine gemeldete Diensterfindung unverzüglich zur Erteilung eines Patentes oder eines Gebrauchsmusters anzumelden.[8] Schutzrechtsanmeldungen im Ausland kann der Arbeitgeber vornehmen. Er ist hierzu jedoch nicht verpflichtet.[9]

13.1.2 Vergütung bei Inanspruchnahme von Erfindungen

Sobald der Arbeitgeber eine Diensterfindung in Anspruch genommen hat, steht dem Arbeitnehmer ein Anspruch auf angemessene Vergütung zu.[10] Eine angemessene Bemessung der Vergütung ist naturgemäß schwierig, weil jeder Einzelfall unterschiedlich ist. Das Gesetz sieht deshalb auch vor, dass die wirtschaftliche Verwertbarkeit der Diensterfindung, die Aufgaben und die Stellung des Arbeitnehmers im Betrieb sowie der Anteil des Betriebes an dem Zustandekommen der Diensterfindung zu berücksichtigen sind.[11]

Beispiel

Macht ein Entwicklungsingenieur eine Erfindung und verwendet hierbei zu einem großen Teil Forschungsergebnisse, die bereits von seinem Arbeitgeber zur Verfügung gestellt wurden, dann wird seine Arbeitnehmererfindervergütung tendenziell niedriger berechnet, weil er gerade für derartige Erfindungen eingestellt wurde, sein Gehalt also aller Wahrscheinlichkeit nach bereits seine Fähigkeit zur Generierung technischer Erfindungen berücksichtigt, und weil er sich auf Vorarbeiten des Arbeitgebers stützen konnte.

Macht hingegen ein Mitarbeiter, der für die Reinigung der Büros eingestellt wurde, die gleiche Erfindung, wird man seine Arbeitnehmererfindervergütung tendenziell höher berechnen, weil er nicht für derartige Erfindungen eingestellt wurde, sein Gehalt also aller Wahrscheinlichkeit nach derartige Leistungen nicht berücksichtigt. Die Diskrepanz zwischen seiner normalen Vergütung durch sein Gehalt und dem Mehrwert für den Arbeitgeber ist deshalb wesentlich höher als in dem erstgenannten Beispiel.

---

[7] § 7 Abs. 1 ArbnErfG.
[8] § 13 ArbnErfG.
[9] § 14 ArbnErfG.
[10] § 9 Abs. 1 ArbnErfG.
[11] § 9 Abs. 2 ArbnErfG.

Von besonderer Bedeutung für die Berechnung ist naturgemäß die wirtschaftliche Verwertbarkeit der Erfindung. Führt die Erfindung zu erheblichen Einnahmen bzw. Einsparungen des Arbeitgebers, so ist auch eine entsprechend hohe Erfindervergütung angemessen. Erfindungen, die hingegen lediglich geringfügige Einnahmen bzw. Einsparungen generieren, werden entsprechend niedriger vergütet, auch wenn sie hinsichtlich der intellektuellen Leistung des Erfinders nicht weniger anspruchsvoll sind.

Das Bundesministerium für Arbeit hat hierzu Richtlinien erlassen, die zwar nicht verbindlich die Vergütung vorschreiben, aber Anhaltspunkte geben.[12] Über die Höhe der Vergütung ist zwischen Arbeitnehmer und Arbeitgeber eine Vereinbarung zu treffen.[13] Kommt eine solche Vereinbarung nicht zustande, hat der Arbeitgeber die Vergütung festzusetzen, diese zu begründen und die entsprechende Zahlung vorzunehmen.[14] Der Arbeitnehmer kann diese Festsetzung entweder akzeptieren – dann wird sie für beide Teile verbindlich –,[15] oder er kann dieser Festsetzung innerhalb von zwei Monaten widersprechen, wenn er mit der Höhe nicht einverstanden ist.[16] In diesem Fall können die Parteien ein Schiedsverfahren betreiben, um eine gütliche Einigung herbeizuführen.[17] Beim Deutschen Patent- und Markenamt ist eine Schiedsstelle für Arbeitnehmererfindungen eingerichtet worden.[18]

▶ Je nach Erfindungswert können Arbeitnehmererfindervergütungen erhebliche
    Beträge darstellen. Aus diesem Grunde ist es ratsam, möglichst umgehend zu
    prüfen, ob die Erfindung tatsächlich im Unternehmen genutzt werden kann,
    um gegebenenfalls innerhalb der viermonatigen Frist nach Meldung der Erfin-
    dung durch den Arbeitnehmer die Freigabe der Erfindung zu erklären und die
    automatische Inanspruchnahme und daraus folgende Vergütungspflicht zu ver-
    meiden. Außerdem sollte beim Erwerb eines Unternehmens geprüft werden, ob
    alle Abnehmererfindungen ordnungsgemäß vergütet wurden. Häufig kommt
    es gerade nach Unternehmensübernahmen zu Kündigungen und zur Geltend-
    machung von noch nicht vergüteten Arbeitnehmererfindungsansprüchen.

Das Gesetz stellt ausdrücklich klar, dass die gesetzlichen Regelungen nicht zulasten des Arbeitnehmers abbedungen werden können.[19]

---

[12] Richtlinien für die Vergütung von Arbeitnehmererfindungen im privaten Dienst vom 20.7.1959, Bl. 1959, 300 geändert durch Richtlinie vom 1.9.1983 Bl. 1983, 150.
[13] § 12 Abs. 1 ArbnErfG.
[14] § 12 Abs. 3 ArbnErfG.
[15] § 12 Abs. 4 S. 2 ArbnErfG.
[16] § 12 Abs. 4 S. 1 ArbnErfG.
[17] § 28 ArbnErfG.
[18] § 29 ArbnErfG.
[19] § 22 ArbnErfG.

13.2 Computerprogramme

Auch die Schaffung von Computerprogrammen durch einen Arbeitnehmer ist gesetzlich geregelt.[20] Das Urhebergesetz lässt den Parteien jedoch zunächst die Freiheit, selbst vertraglich zu regeln, wie mit den von Arbeitnehmern geschaffenen Computerprogrammen verfahren werden soll. Lediglich wenn keine Vereinbarung diesbezüglich vorliegt, sieht das Gesetz vor, dass ausschließlich der Arbeitgeber zur Ausübung aller vermögensrechtlichen Befugnisse an den Computerprogrammen berechtigt sein soll. Genau wie bei Arbeitnehmererfindungen, die patentrechtlich oder gebrauchsmusterrechtlich schutzfähig sind, sollen also auch Computerprogramme im Zweifel dem Arbeitgeber zustehen. Anders als bei Arbeitnehmererfindungen ist bei Computerprogrammen jedoch keine gesonderte Vergütung des Arbeitnehmers vorgesehen. Es wird davon ausgegangen, dass die Programmierung von Computerprogrammen durch das Gehalt abgegolten ist. Diese Regelung gilt auch für Dienstverhältnisse, also beispielsweise für Verträge mit freiberuflichen Programmierern.[21]

▶ Sofern sich der Arbeitnehmer die Rechte an Computerprogrammen vorbehalten möchte, sollte er unbedingt bei den Verhandlungen über den Arbeitsvertrag bzw. im Falle freiberuflicher Tätigkeit bei den Verhandlungen über den Dienstvertrag eine ausdrückliche Klausel zu seinen Gunsten aushandeln.

13.3 Sonstige urheberrechtlich geschützte Werke

Auch für sonstige urheberrechtlich geschützte Werke sieht das Urheberrechtsgesetz vor, dass die Parteien eine entsprechende vertragliche Vereinbarung abschließen können. Enthält der Arbeitsvertrag bzw. bei Freiberuflern der Dienstvertrag jedoch keine Regelung diesbezüglich, gilt bei sonstigen urheberrechtlich geschützten Werken – anders als bei Computerprogrammen – im Zweifel die Regel, dass alle Rechte beim Urheber verbleiben.[22]

▶ Sofern sich der Arbeitgeber die Rechte an den rechtlich geschützten Werken vorbehalten möchte, sollte er unbedingt bei den Verhandlungen über den Arbeitsvertrag bzw. im Falle freiberuflicher Tätigkeit bei den Verhandlungen über den Dienstvertrag eine ausdrückliche Klausel zu seinen Gunsten aushandeln.

Die abweichende Regelung im Vergleich zu Computerprogrammen zeigt deutlich, dass der Schutz von Computerprogrammen über das Urheberrecht keine optimale Lösung ist. Anders als bei sonstigen urheberrechtlich geschützten Werken ist die persönliche Bindung

---

[20] § 69 b Abs. 1 UrhG.
[21] § 69 b Abs. 2 UrhG.
[22] § 43 UrhG.

des Urhebers an sein Werk bei einem Computerprogramm weniger stark ausgeprägt. Es ist eher ein technisches Produkt. Deshalb ist auch eine stärkere Rechtstellung des Arbeitgebers vertretbar.

13.4 Sonstiges Geistiges Eigentum

Für sonstiges Geistiges Eigentum, insbesondere Marken und Designs, die von Arbeitnehmern geschaffen werden, existiert keine gesetzliche Regelung. Im Zweifel stehen alle Rechte dem Arbeitgeber zu. Das ist auch sinnvoll, da die Gestaltung von Marken und Designs ebenfalls weniger persönliche geistige Schöpfungen als handwerklich gestalterische Tätigkeit darstellt. Es ist zwar denkbar, dass die Gestaltung einer Marke oder eines Designs gleichzeitig eine persönliche geistige Schöpfung darstellt, so dass zusätzlich Urheberrechte entstehen. Das ist aber die Ausnahme. Außerdem gründet sich der Wert einer Marke weniger auf deren Gestaltung, sondern in erster Linie auf die Bekanntheit des Unternehmens bzw. die Qualität der Produkte. Deshalb ist auch eine gesonderte Vergütung, anders als bei Erfindungen, nicht erforderlich. Tab. 13.1 zeigt eine Übersicht über die Rechte an von Arbeitnehmern geschaffenem Geistigen Eigentum und eventuelle Vergütungsansprüche.

Tab. 13.1 Übersicht über die Rechte an von Arbeitnehmern geschaffenem Geistigen Eigentum und eventuelle Vergütungsansprüche

	Design	Marke	Urheberrechtlich geschütztes Werk	Urheberrechtlich geschütztes Computerprogramm	Erfindung
Verwertung, wenn keine vertragliche Regelung vorliegt	Arbeitgeber	Arbeitgeber	Arbeitnehmer	Arbeitgeber	Arbeitgeber nach Inanspruchnahme
Vergütung, wenn keine vertragliche Regelung vorliegt	Nein	Nein	Ja	Nein	Ja

Erlöschen von Schutzrechten 14

Alle Schutzrechte des Geistigen Eigentums können auch wieder erlöschen, entweder durch Zeitablauf, durch Verzicht des Inhabers oder durch ein aktives Eingreifen der jeweiligen Registrierungsbehörde, in Deutschland des Deutschen Patent- und Markenamts.

14.1 Verzicht

Das Recht an einer Marke oder einem Patent ist ein subjektives Recht des jeweiligen Inhabers. Es besteht keine Verpflichtung, dieses Recht aufrechtzuerhalten. Der Inhaber hat jederzeit die Möglichkeit, auf sein Schutzrecht zu verzichten.[1] Dies kann allein deshalb schon sinnvoll sein, um eine rechtliche Auseinandersetzung mit Dritten zu vermeiden. So können beispielsweise Dritte eigene Rechte an der geschützten Bezeichnung oder Erfindung geltend machen. Auch können sie behaupten, eine bestimmte Marke verletze die eigene Marke und müsse deshalb gelöscht werden. Lediglich im Urheberrechtsgesetz ist weder ein Verzicht noch eine Löschung vorgesehen. Dies ist auch konsequent, da Urheberrechte nicht in ein Register eingetragen werden. Eine Löschung ist deshalb nicht erforderlich. Der Inhaber eines (vermeintlichen) Urheberrechts kann einfach durch faktisches Nichtausüben seines Urheberrechts sämtlichen Konflikten aus dem Weg gehen.

14.2 Zeitablauf

Schutzrechte des Geistigen Eigentums werden auf Zeit gewährt. Dies ist Ausdruck des Kompromisses, der einer Einräumung eines Schutzrechts immer zugrunde liegt. Einerseits soll dem Gestalter bzw. Erfinder als Anreiz bzw. als Belohnung für den durch ihn geschaffenen Fortschritt ein ausschließliches Verwertungsrecht eingeräumt werden. An-

---

[1] § 48 MarkenG, § 20 Abs. 1 Nr. 1 PatG, § 23 Abs. 3 S. 1 GebrmG, § 36 Abs. 1 Nr. 2 DesignG.

© Springer Fachmedien Wiesbaden 2016
S. Ahrens, *Geistiges Eigentum und Wettbewerbsrecht*, FOM-Edition,
DOI 10.1007/978-3-658-14313-8_14

dererseits soll der Grundsatz der Nachahmungsfreiheit nicht mehr als unbedingt nötig eingeschränkt werden, um den Fortschritt auch möglichst breit in die Praxis umsetzen zu können. Ein Ausdruck dieses Kompromisses ist die lediglich zeitlich beschränkte Einräumung der Schutzrechte. Die Details unterscheiden sich dabei je nach Schutzrecht.

14.2.1 Marken

Die Schutzdauer einer eingetragenen Marke beträgt zehn Jahre. [2] Sie kann um jeweils zehn Jahre verlängert werden.[3] Das ist eine Besonderheit: Die Marke ist das einzige Schutzrecht des Geistigen Eigentums, dass dadurch theoretisch eine unendliche Laufzeit haben kann. Erforderlich ist lediglich ein entsprechender Antrag vor Ablauf der jeweiligen Zehnjahresfrist und die Zahlung einer Verlängerungsgebühr.[4] Auch diese Besonderheit ist letztlich auf den Zweck der Marke zurückzuführen. Die Marke hat die Aufgabe, die Waren und Dienstleistungen eines Unternehmens von denen anderer Unternehmen zu unterscheiden. Das gilt natürlich so lange, wie das entsprechende Unternehmen bzw. Produkt auf dem Markt ist. Anderenfalls könnte der Markenschutz für eine Produktbezeichnung enden, obwohl das Produkt noch auf dem Markt ist.

Beispiel

Das Produkt Coca-Cola ist seit über 100 Jahren auf dem Markt. Es besteht auch weiterhin ein Bedürfnis für den Schutz der Produktbezeichnung „Coca-Cola". Die Marke „Coca-Cola" kann deshalb weiterhin geschützt werden, solange die entsprechenden Verlängerungsgebühren gezahlt werden.

Ähnliches gilt für geschäftliche Bezeichnungen, also Unternehmenskennzeichen und Werktitel. Auch hier besteht das Bedürfnis, den Schutz so lange aufrecht zu erhalten, wie das Unternehmen oder das Werk unter dieser Bezeichnung existiert. Da geschäftliche Bezeichnungen nicht registriert werden, ist auch keine Verlängerung erforderlich. Die geschäftlichen Bezeichnungen genießen Schutz bis zur Aufgabe des jeweiligen Kennzeichen- bzw. Werktitel-Gebrauchs.

Beispiel

Die Unternehmensberatung Accenture firmierte bis Ende 2000 unter der Bezeichnung „Andersen Consulting". Durch Aufgabe dieser geschäftlichen Bezeichnung und Benutzung der neuen, endete auch der Schutz der ursprünglichen geschäftlichen Bezeichnung. Sie stand damit der Öffentlichkeit wieder zur Verfügung, sofern nicht noch eine eingetragene Marke existierte. Zu beachten wäre in dem Fall lediglich eine mögliche Irreführungsgefahr. Hätte ein Unternehmensberatungsunternehmen am 1. Januar 2001

---

[2] § 47 Abs. 1 MarkenG.
[3] § 47 Abs. 2 MarkenG.
[4] § 47 Abs. 3 MarkenG.

die Bezeichnung „Andersen Consulting" übernommen, wäre dies eine irreführende geschäftliche Handlung gemäß 5 UWG und damit unlauter. Ein zusätzlicher Hinweis zur Ausräumung der Verwechslungsgefahr wäre jedenfalls in der Übergangszeit erforderlich. Dieses Beispiel demonstriert sehr anschaulich das Zusammenspiel zwischen dem Kennzeichenrecht und dem Lauterkeitsrecht.

14.2.2   Urheberrechte und verwandte Schutzrechte

Das Urheberrecht ist ebenfalls eine Besonderheit hinsichtlich der Schutzdauer. Der Schutz besteht für den Zeitraum von 70 Jahren nach dem Tode des Urhebers.[5]

Beispiel

Wenn also ein Urheber ein Werk im Alter von 40 Jahren erschafft und er mit 80 Jahren stirbt, dann ist das Werk insgesamt 110 Jahre lang geschützt (40 Jahre vor dem Tode und 70 Jahre nach dem Tode des Urhebers).

Diese sehr lange Schutzdauer ist auf die besondere persönliche Beziehung des Urhebers zu seinem Werk als persönliche geistige Schöpfung zurückzuführen. Aus diesem Grunde sind die entsprechenden Zeiträume für urheberrechtsähnliche Werke auch kürzer. Bei diesen Werken steht die persönliche Beziehung des Urhebers zu seinem Werk weniger im Vordergrund. Bei einer Datenbank beispielsweise wird nicht eine persönliche geistige Leistung geschützt, sondern die Investitionen in die Datenbank. Der Schutz beträgt deshalb auch lediglich 15 Jahre nach der Veröffentlichung der Datenbank.[6] Die jeweiligen Angaben für alle weiteren verwandten Schutzrechte sind in Tab. 14.1 aufgeführt.

14.2.3   Design

Die Schutzdauer eines eingetragenen Designs beträgt maximal 25 Jahre, gerechnet ab dem Anmeldetag.[7] Die Aufrechterhaltung des Schutzes wird durch Zahlung einer Aufrechterhaltungsgebühr jeweils für das 6. bis 10., 11. bis 15., 16. bis 20. und für das 21. bis 25. Jahr der Schutzdauer bewirkt.[8] Der Inhaber des eingetragenen Designs muss also jeweils nach fünf Jahren eine weitere Gebühr bezahlen. Tut er dies nicht, so endet die Schutzdauer.[9] Das nicht eingetragene Gemeinschaftsgeschmacksmuster gewährt eine Schutzdauer von

---

[5] § 64 UrhG.
[6] § 87 d UrhG.
[7] § 27 Abs. 2 DesignG.
[8] § 28 Abs. 1 DesignG.
[9] § 28 Abs. 3 DesignG.

Tab. 14.1 Übersicht der Schutzdauer der Rechte des Geistigen Eigentums

Schutzrecht	Schutzdauer	Verlängerungs-möglichkeit
Marke	10 Jahre (§ 47 Abs. 1 MarkenG)	Unbegrenzt um jeweils weitere 10 Jahre (§ 47 Abs. 2 MarkenG)
Geschäftliche Bezeichnung	Bis zur Aufgabe des Kennzeichen- bzw. Werktitel-Gebrauchs	Nein
Geographische Herkunftsangabe	Unbeschränkt	Nein
Urheberrecht	70 Jahre nach dem Tod des Urhebers (§ 64 UrhG)	Nein
Wissenschaftliche Ausgabe	25 Jahre nach dem Erscheinen der Ausgabe oder der Herstellung der Ausgabe, wenn diese innerhalb dieser Frist nicht erschienen ist (§ 70 Abs. 3 UrhG)	Nein
Nachgelassenes Werk	25 Jahre nach dem Erscheinen des Werkes oder der ersten öffentlichen Wiedergabe (§ 71 Abs. 3 UrhG)	Nein
Lichtbild	50 Jahre nach dem Erscheinen des Lichtbildes oder der ersten öffentlichen Wiedergabe/50 Jahre nach der Herstellung, wenn das Lichtbild innerhalb dieser Frist weder erschienen noch öffentlich wiedergegeben worden ist (§ 72 Abs. 3 UrhG)	Nein
Darbietung von ausübenden Künstlern	Bezüglich der Persönlichkeitsrechte mit dem Tode des ausübenden Künstlers, frühestens jedoch 50 Jahre nach der Darbietung bzw. dem Ablauf der Verwertungsrechte bzw. bei mehreren ausübenden Künstlern mit dem Tode des letzten der beteiligten Künstler (§ 76 UrhG) Bezüglich der Verwertungsrechte 70 Jahre nach dem Erscheinen des Tonträgers oder der ersten öffentlichen Wiedergabe bzw. 50 Jahre nach der Darbietung, wenn eine Aufzeichnung innerhalb dieser Frist weder erschienen noch öffentlich wiedergegeben worden ist (§ 82 Abs. 1 UrhG)	Nein
Veranstaltung von Darbietungen	25 Jahre nach dem Erscheinen einer Aufzeichnung bzw. der ersten öffentlichen Wiedergabe bzw. nach der Darbietung, wenn eine Aufzeichnung innerhalb dieser Frist nicht erschienen oder öffentlich wiedergegeben worden ist (§ 82 Abs. 2 UrhG)	Nein

Tab. 14.1 (Fortsetzung)

Schutzrecht	Schutzdauer	Verlängerungs-möglichkeit
Tonträger	70 Jahre nach dem Erscheinen des Tonträgers bzw. der ersten öffentlichen Wiedergabe, wenn der Tonträger innerhalb von 50 Jahren nach der Herstellung nicht erschienen ist. oder 50 Jahre nach der Herstellung, wenn er innerhalb dieser Frist weder erschienen noch öffentlich wiedergegeben worden ist (§ 85 Abs. 2 UrhG)	Nein
Funksendung	50 Jahre nach der ersten Funksendung	Nein
Datenbank	15 Jahre nach der Veröffentlichung der Datenbank bzw. nach der Herstellung, wenn die Datenbank innerhalb dieser Frist nicht veröffentlicht worden ist (§ 87 d UrhG)	Nein
Presseerzeugnis	Ein Jahr nach Veröffentlichung	Nein
Filmwerk	50 Jahre nach dem Erscheinen des Bildträgers (§ 94 Abs. 3 UrhG)	Nein
Laufbilder	50 Jahre nach dem Erscheinen des Bildträgers (§§ 94 Abs. 3, 95 UrhG)	Nein
Patent	20 Jahre (§ 16 PatG)	Nein
Gebrauchsmuster	10 Jahre (§ 23 GebrMG)	Nein
Eingetragenes Design	25 Jahre (§ 27 Abs. 2 DesignG)	Nein
Nicht eingetragenes Gemeinschaftsgeschmacksmuster	3 Jahre nach der ersten Vorstellung innerhalb der Europäischen Union (Art. 11 GGV)	Nein
Topographie	10 Jahre (§ 5 Abs. 2 HalbLSchG)	Nein

drei Jahren, beginnend mit dem Tag, an dem das Design zum ersten Mal der Öffentlichkeit innerhalb der EU vorgestellt wurde.[10]

14.2.4 Patente und Gebrauchsmuster

Die Schutzdauer eines Patentes beträgt 20 Jahre, die mit dem Tag beginnen, der auf die Anmeldung der Erfindung folgt.[11] Der Patentschutz endet allerdings auch, wenn die Jahresgebühren nicht gezahlt werden. Da die Gebühren für ein Patent relativ hoch sind, werden sie jährlich erhoben. Das gibt dem Patentinhaber die Möglichkeit, die Laufzeit seines Patents individuell zu bestimmen und zu einem ganz bestimmten Zeitpunkt die

---

[10] Art. 11 GGV (Verordnung (EG) Nr. 6/2002 des Rates vom 12. Dezember 2001 über das Gemeinschaftsgeschmacksmuster (ABl. EG Nr. L 3 vom 5.1.2002, S. 1))

[11] § 16 Abs. 1 PatG.

Zahlung der Jahresgebühr einzustellen und damit den Schutz zu beenden, um Kosten zu sparen. Die Jahresgebühren steigen mit zunehmendem Alter des Patents an. Dies soll dem Patentinhaber einerseits die Möglichkeit geben, zunächst relativ kostengünstig Schutz für seine Erfindung zu erhalten, und andererseits einen Anreiz darstellen, das Patent nicht länger als unbedingt nötig aufrechtzuerhalten und damit die Erfindung möglichst bald wieder zur Nachahmung freizugeben. Die Jahresgebühren beginnen mit dem dritten Jahr und betragen zunächst 70 €. Sie steigern sich bis zu dem maximalen Betrag von 1940 € für das 20. Jahr des Patentschutzes. Insgesamt sind also über die Gesamtlaufzeit eines Patentes Gebühren in Höhe von ca. 14.000 € zu bezahlen.

Gebrauchsmuster genießen lediglich zehn Jahre Schutz.[12]

Tab. 14.1 zeigt eine Übersicht der Schutzdauer der Rechte des Geistigen Eigentums.

14.3 Löschung

Eingetragene Schutzrechte können auch wegen Nichtigkeit gelöscht werden, wenn die Voraussetzungen für ihre Erteilung tatsächlich nicht bestehen. Die Eintragung einer Marke wird beispielsweise wegen Nichtigkeit gelöscht, wenn absolute Schutzhindernisse bestehen, wie zum Beispiel das Fehlen jeglicher Unterscheidungskraft,[13] oder wenn ältere Rechte Dritter entgegenstehen.[14] Ein Patent wird für nichtig erklärt, wenn beispielsweise der Gegenstand des Patents nicht patentfähig[15] ist oder aber das Patent die Erfindung nicht deutlich und vollständig genug offenbart.[16]

▶ Für geprüfte Schutzrechte, wie Marken und Patente, deren Schutzfähigkeit vor der Eintragung vom Deutschen Patent- und Markenamt geprüft wird, sind Löschungsverfahren seltener und weniger gefährlich. Immerhin hat ein Prüfer bereits das Vorliegen der Schutzvoraussetzungen geprüft und bejaht. Für ungeprüfte Schutzrechte, wie das eingetragene Design und das Gebrauchsmuster, sind die Löschungsverfahren hingegen eine Bewährungsprobe, da nun zum ersten Mal offiziell geprüft wird, ob die Schutzvoraussetzungen tatsächlich vorliegen.

---

[12] § 23 Abs. 1 GebrmG.
[13] § 50 i. V. m. § 8 Abs. 2 Nr. 1 MarkenG.
[14] § 51 i. V. m. § 9 MarkenG.
[15] § 81 i. V. m. § 21 Abs. 1 Nr. 1 PatG.
[16] § 81 i. V. m. § 21 Abs. 1 Nr. 2 PatG.

Lauterkeitsrecht

15

15.1 Übersicht

Das Lauterkeitsrecht ist im Gesetz gegen den unlauteren Wettbewerb (UWG) geregelt.[1] Das Gesetz dient dem Schutz der Mitbewerber, der Verbraucher sowie der sonstigen Marktteilnehmer vor unlauteren geschäftlichen Handlungen und soll gleichzeitig das Interesse der Allgemeinheit an einem unverfälschten Wettbewerb schützen.[2] Dem liegt die Annahme zugrunde, dass Wettbewerb als solcher zwischen den Marktteilnehmern positiv ist. Für den Marktteilnehmer bedeutet dies, dass er grundsätzlich das Recht hat, in Wettbewerb zu bereits bestehenden Anbietern zu treten und Marktchancen selbst zu nutzen. Durch Wettbewerb wird aber auch der Marktgegenseite (den Nachfragern) eine Alternative geboten. Das zwingt den einzelnen Wettbewerber dazu, seine Leistung möglichst gut und/oder preiswert zu erbringen, um nicht aus dem Markt gedrängt zu werden. Für die Marktgegenseite bedeutet dies also auch eine preisliche und qualitative Verbesserung des Angebotes. Bestünde kein Wettbewerb, würden Waren und Dienstleistungen entweder gar nicht angeboten werden oder aber durch einen einzelnen Anbieter. Ein solcher Monopolist hätte es nicht nötig, auf die Bedürfnisse der Marktgegenseite einzugehen. Es bestünde kein Anreiz, die Leistung möglichst gut und/oder preiswert zu erbringen.

Im Grundsatz gilt deshalb die Regel, dass mehr Wettbewerb besser ist als weniger Wettbewerb. Auch Werbung wird grundsätzlich als positiv angesehen. Sie ermöglicht dem Anbieter die Darstellung seiner Leistung und der besonderen Vorteile seines Angebotes. Der Marktgegenseite bietet sie im besten Falle eine hilfreiche Information über die am Markt erhältlichen Angebote und deren jeweiligen Vorteile bzw. Produktspezifikationen. Diese Regel gilt aber nur bis zu einem gewissen Grad. Wirbt beispielsweise ein

---

[1] Gesetz gegen den unlauteren Wettbewerb in der Fassung der Bekanntmachung vom 3. März 2010. (BGBl. I S. 254), das zuletzt durch Art. 4 des Gesetzes vom 17. Februar 2016 (BGBl. S. 233) geändert worden ist.
[2] § 1 UWG.

© Springer Fachmedien Wiesbaden 2016
S. Ahrens, *Geistiges Eigentum und Wettbewerbsrecht*, FOM-Edition,
DOI 10.1007/978-3-658-14313-8_15

Wettbewerber in irreführender Art und Weise und behauptet, dass seine Waren und Dienstleistungen Vorteile bzw. Eigenschaften besitzen, die diese tatsächlich nicht haben, so mag dies immer noch einen Wettbewerbsvorteil für ihn zur Folge haben. Gleichzeitig hat diese Art von Wettbewerb aber auch erhebliche Nachteile sowohl für die Marktgegenseite als auch für die Mitbewerber. Der Kunde wird durch derartige Wettbewerbshandlungen irregeführt. Er erwirbt gegebenenfalls ein Produkt, das nicht die durch die Werbung suggerierten Eigenschaften aufweist. Den Mitbewerbern entgeht ein eigenes Geschäft, da der Kunde bei zutreffender Werbung und korrekter Aufklärung über die Eigenschaften des Produktes gegebenenfalls das Geschäft mit ihnen abgeschlossen hätte. In diesem Fall versagt also die positive Steuerungsfunktion des Wettbewerbs. Nicht der beste und günstigste Anbieter wird belohnt, sondern der dreisteste Anbieter.

Diese Fehlsteuerung soll durch das Lauterkeitsrecht vermieden werden. Der lautere Wettbewerb soll geschützt werden, unlautere Auswüchse sollen verhindert werden. Die Abgrenzung zwischen dem positiven und gewollten Wettbewerb und dem negativen, nicht gewollten Wettbewerb ist Aufgabe des Lauterkeitsrechts.

▶   Der positive und gewollte Wettbewerb wird in Rechtsprechung[3] und Literatur[4] häufig auch als Leistungswettbewerb bezeichnet. Gemeint ist damit der Wettbewerb, der sich an der Leistung der einzelnen Wettbewerber orientiert, also beispielsweise der Qualität oder der Preiswürdigkeit der angebotenen Waren, nicht jedoch der Wettbewerb, durch den Einzelne sich durch unzulässige Praktiken Vorteile im Wettbewerb verschaffen.[5] Regelmäßig ist die allgemeine Testfrage bei allen Zweifelsfällen im Lauterkeitsrecht: Dient die zu beurteilende geschäftliche Handlung der Herausstellung der Leistung des einzelnen Wettbewerbers oder versucht ein Wettbewerber, sich unabhängig davon unzulässige Vorteile zu verschaffen? Dabei ist immer zu berücksichtigen, dass auch der zulässige Leistungswettbewerb negative Auswirkungen für die anderen Wettbewerber haben kann. Wenn ein Wettbewerber die zutreffenden Vorteile seiner Produkte in nicht zu beanstandender Weise in der Werbung herausstellt, hat dies zwangsläufig immer auch zur Folge, dass die Wettbewerbsprodukte dadurch relativ weniger attraktiv erscheinen. Dieser negative Effekt ist jeder Wettbewerbshandlung immanent und nicht zu beanstanden.

15.2   Geschichte

Im 19. Jahrhundert galt zunächst der Grundsatz, dass alles, was nicht ausdrücklich verboten ist, im Wettbewerb erlaubt ist.[6] Um Auswüchsen zu begegnen, erging 1896 das Gesetz

---

[3] BVerfG GRUR 2008, 81, 82 – Pharmakartell.
[4] Fezer (2010), § 3, Rn. 3.
[5] BVerfG GRUR 2008, 81, 82 – Pharmakartell.
[6] RGZ 3 67, 69 – Apollinaris.

zur Bekämpfung des unlauteren Wettbewerbs.[7] Es versuchte, einzelne zu missbilligende Wettbewerbshandlungen zu untersagen. Es stellte sich jedoch schnell heraus, dass dies der Vielfältigkeit des Wettbewerbs nicht gerecht wurde und das Gesetz wenig effektiv war. Deshalb wurde im Jahre 1909 das Gesetz gegen unlauteren Wettbewerb erlassen, mit dem versucht wurde, dem unlauteren Wettbewerb durch eine Generalklausel Herr zu werden. Die Klausel lautete:

> Wer im geschäftlichen Verkehr zu Zwecken des Wettbewerbs Handlungen vornimmt, die gegen die guten Sitten verstoßen, kann auf Unterlassung und Schadensersatz in Anspruch genommen werden.[8]

Die Einführung dieser Generalklausel prägt das deutsche Lauterkeitsrecht bis heute. Durch eine Generalklausel wird es ermöglicht, einen Auffangtatbestand für alle nicht ausdrücklich im Gesetz genannten unlauteren Handlungen zu schaffen. Dies hat den Vorteil, dass ein weitgehend offenes Recht geschaffen wird, dass es ermöglicht, neue Entwicklungen zu berücksichtigen. Es hat allerdings auch den Nachteil geringerer Rechtssicherheit. Für den einzelnen Rechtsanwender ist es schwierig nachzuvollziehen, was tatsächlich im Einzelfall gegen die guten Sitten verstößt bzw. unlauter ist.

Beispiel

Die Frage, ob die Verwendung von Marken und geschäftlichen Bezeichnungen eines Wettbewerbers als Metatag[9] auf der Internetseite eines anderen Wettbewerbers unlauter ist, wurde vom Gesetzgeber im Jahre 1909 nicht vorhergesehen. Er konnte deshalb auch keine konkrete Spezialvorschrift zur Verwendung von Metatags ins Gesetz aufnehmen. Ohne eine Generalklausel wäre die Verwendung deshalb nicht vom Gesetz verboten. Die Generalklausel hingegen erlaubt es dem Richter, die Frage zu stellen, ob eine solche Verwendung eventuell als unlauter einzustufen ist. Der Richter übernimmt damit zu einem gewissen Teil Aufgaben der Gesetzgebung und entscheidet im Jahre 2014 konkret, ob ein solches Verhalten unlauter ist.

Durch die Verwendung derartiger Generalklauseln nähert sich das Wettbewerbsrecht dem „case law" des angloamerikanischen „common law" an. Auch dort entscheidet der Richter im Einzelfall, ohne dass die Frage konkret in einem Gesetz vorab geklärt worden ist. Für den Rechtsanwender ist es kaum möglich, die Vielzahl von Gerichtsentscheidungen und das sich daraus ergebende System des Lauterkeitsrechts im Detail zu überblicken. Ein sicheres Navigieren in der Praxis setzt deshalb immer voraus, dass man sich die grundsätzliche Zielrichtung des Lauterkeitsrechts vor Augen hält, den positiven Leistungswettbewerb vom negativen unlauteren Wettbewerb abzugrenzen. Das Gesetz gegen

---

[7] RGBl. 145.
[8] RGBl. 499.
[9] Metatags sind Informationen im Quelltext einer Internetseite, die von Suchmaschinen aufgefunden werden und zu einer entsprechenden Trefferanzeige führen können.

den unlauteren Wettbewerb wurde im Jahre 2004 umfassend modernisiert.[10] So wurde der sprachlich veraltete Begriff des „Verstoßes gegen die guten Sitten" ersetzt durch den Begriff der „unlauteren Wettbewerbshandlungen". Inhaltlich war damit keine Änderung verbunden. Auch der ursprüngliche Begriff des „Verstoßes gegen die guten Sitten" bezog sich nicht auf moralische Bedenken, sondern auf die Einhaltung der im Geschäftsverkehr üblichen Gebräuche.

Im Jahre 2008 wurde die EU-Richtlinie über unlautere Geschäftspraktiken[11] in nationales Recht umgesetzt.[12] Die Richtlinie dient der Harmonisierung des Lauterkeitsrechts innerhalb der EU. Aus deutscher Sicht führte dies insbesondere zur Einführung der schwarzen Liste im Anhang zu § 3 Abs. 3 UWG. Die Liste führt ausgewählte geschäftliche Handlungen auf, die immer, ohne Berücksichtigung der Umstände des Einzelfalles, unzulässig sind. Hierdurch sollte eine erhöhte Rechtssicherheit und Übersichtlichkeit des Lauterkeitsrechts erreicht werden. Aufgrund der Komplexität der einzelnen Tatbestände ist dieses Ziel allerdings nicht wirklich erreicht worden. Deshalb wurde das UWG im Jahr 2016 erneut modernisiert, um die Richtlinie über unlautere Geschäftspraktiken besser in das deutsche Recht zu integrieren.[13]

15.3   Der Maßstab des Durchschnittsverbrauchers

Bei der Frage, wann konkret eine geschäftliche Handlung als unlauter einzustufen ist, stellt sich immer auch die Frage des dabei anzuwendenden Maßstabes. Wirbt beispielsweise ein Telekommunikationsunternehmen für einen Mobiltelefonvertrag, dann kann diese Werbung viel Detailinformation enthalten und durchaus kompliziert sein. Das ist im Prinzip nicht zu beanstanden, da Werbung auch den Verbraucher informieren soll. Ein wenig aufmerksamer, wenig verständiger und schlecht informierter Verbraucher versteht derart komplizierte Werbung aber eventuell nicht oder missversteht sie. Es besteht dann das Risiko der Irreführung derartiger Verbraucher, selbst wenn der Werbende objektiv betrachtet keine unzutreffende Aussage macht oder dies beabsichtigt. Ein gut informierter und intelligenter Verbraucher hingegen versteht die Werbung problemlos und ist dankbar für die umfassende Information. Die Werbung hat ihn in die Lage versetzt, eine unterrichtete Geschäftsentscheidung zu treffen. Hinsichtlich dieses Verbrauchers besteht keine Irreführungsgefahr. Würde man den uninformierten Verbraucher, der die Werbung nur flüchtig betrachtet, zum Maßstab nehmen, nähme man dem informierten Verbraucher, der die Werbung aufmerksam betrachtet, die Möglichkeit, durch derartige Werbung effektiv informiert zu werden. Würde man den intelligenten und gut informierten Verbraucher, der die Werbung intensiv betrachtet, zum Maßstab nehmen, setzte man die weniger intelli-

---

[10] BGBl. S. 1414.
[11] Richtlinie 2005/29/EG des Europäischen Parlaments und des Rates vom 11.5.2005 über unlautere Geschäftspraktiken (ABl. vom 11. Juni 2005, L 149 S 22).
[12] BGBl. S. 254.
[13] Artikel 4 des Gesetzes vom 17. Februar 2016, BGBl. S. 233.

genten Verbraucher einem Irreführungsrisiko aus. Es ist also eine Abwägung erforderlich. Diese orientiert sich an der Intention des Wettbewerbsrechts, den Leistungswettbewerb zu fördern. Dieser wird bestmöglich gefördert, wenn möglichst viele Verbraucher in die Lage versetzt werden, dass für sie beste und möglichst preisgünstigste Produkt zu erwerben. Dieses Ziel wird erreicht, wenn man den Maßstab der Unlauterkeit an der großen Gruppe der durchschnittlichen Verbraucher orientiert und hinnimmt, dass die kleine Gruppe der überdurchschnittlich aufmerksamen Verbraucher auf sehr anspruchsvolle Werbung verzichten muss und gewisse komplizierte Information nicht erhält und die ebenfalls kleine Gruppe der unterdurchschnittlich aufmerksamen Verbraucher eine Werbung auch einmal nicht versteht. Entscheidend ist deshalb der normal informierte und angemessen aufmerksame und verständige Durchschnittsverbraucher.[14]

15.3.1   Informiertheit des Verbrauchers

Der Werbende muss seine Werbung so gestalten, dass der normal informierte Durchschnittsverbraucher sie versteht. Um festzustellen, welches Verständnis dieser hat, ist zunächst die Zielgruppe der Werbung zu definieren. Bei einer Werbung, die sich nur an Fachleute richtet, können ein höherer Kenntnisgrad und Wissensstand vorausgesetzt werden als bei einer Werbung, die sich an jedermann richtet. Richtet sich die Werbung an Gruppen, die einen geringeren Wissensstand haben, muss auch darauf Rücksicht genommen werden.[15] Darüber hinaus ist auch zu beachten, dass der Wissensstand von der Art des Produktes abhängt.

> **Beispiel**
>
> Wird beim Abschluss eines Mobiltelefonvertrages ein Mobiltelefon unentgeltlich oder nahezu unentgeltlich hinzugegeben, ist davon auszugehen, dass der durchschnittlich informierte Verbraucher weiß, dass er dieses Gerät letztlich nicht geschenkt bekommt, sondern über die Gebühren seines Vertrages finanziert.[16]

15.3.2   Aufmerksamkeit des Verbrauchers

Die Aufmerksamkeit des Verbrauchers entscheidet darüber, ob er Informationen wahrnimmt oder nicht. Hierbei ist von einer situationsadäquaten Aufmerksamkeit auszugehen. Das bedeutet, es ist zu unterscheiden, ob es sich um hochpreisige, langlebige Produkte handelt oder um solche, die man nebenbei erwirbt. Nur bei hochpreisigen Produkten, die

---

[14] EuGH GRUR Int. 2005, 44, 45 Rn. 24.
[15] Köhler in Köhler und Bornkamm (2016), § 1 UWG, Rn. 34.
[16] BGH GRUR 1999, 261, 263 – Hardy-Endpreis.

nicht jeden Tag gekauft werden, wird der durchschnittliche Verbraucher sich die Mühe machen, das Angebot gründlich zu prüfen.[17]

Beispiel

Beim Erwerb eines Pkw wird ein angemessen aufmerksamer Durchschnittsverbraucher sich sehr genau mit dem Angebot auseinandersetzen. Die Grenze zur Annahme einer möglichen Irreführung ist deshalb eher hoch anzusetzen. Bei geringwertigen Gegenständen des täglichen Bedarfs, wie zum Beispiel einem Müsliriegel, wird sich auch ein angemessen aufmerksamer Durchschnittsverbraucher weniger intensiv mit dem Produkt und dessen Werbung auseinandersetzen. Eine Irreführung kann deshalb eher angenommen werden.

15.3.3 Verständigkeit des Verbrauchers

Bei der Verständigkeit des Verbrauchers geht es um seine Fähigkeit, eine Werbeaussage richtig zu verstehen. Auch hier kommt es auf die Zielgruppe an. Bei Werbung, die Geschäftsleute anspricht, kann ein höheres Maß an Verständigkeit vorausgesetzt werden.

Beispiel

Bei einer umgekehrten Versteigerung von Gebrauchtwagen, bei der der Preis immer günstiger wird, bis jemand ein Gebot abgibt, kann man annehmen, dass ein verständiger Verbraucher durch die Verkaufsgestaltung nicht unangemessen unsachlich beeinflusst wird.[18] Auch kann von einem verständigen Verbraucher erwartet werden, dass er zwischen humorvollen, nicht ernst gemeinten Behauptungen und echter Kritik unterscheiden kann.[19]

15.4 Gesetzesaufbau

Der Aufbau des aktuellen Gesetzes gegen den unlauteren Wettbewerb (UWG) ist wenig übersichtlich. Das gilt sowohl für die Struktur des Gesetzes als auch der einzelnen Normen und ist auf die Anpassung des Gesetzes an Vorgaben der EU zurückzuführen, insbesondere die Umsetzung der Richtlinie über unlautere Geschäftspraktiken in das nationale Recht. Im Gegensatz zu Verordnungen zeichnen sich Richtlinien der EU dadurch aus, dass sie nicht unmittelbar geltendes Recht in allen Mitgliedstaaten sind, sondern den Mitgliedstaaten lediglich aufgeben, die inhaltlichen Vorgaben der Richtlinie innerhalb einer bestimmten Frist in das nationale Recht umzusetzen. Dies lässt den Mitgliedstaaten Spielräume für den Erhalt der jeweiligen nationalen Rechtsstruktur. Die Bundesrepublik

---

[17] BGH GRUR 2000, 619, 621 – Orient-Teppichmuster.
[18] BGH GRUR 2003, 626, 627 – Umgekehrte Versteigerung.
[19] BGH GRUR 2010, 161 RN. 20, 23 – Gib mal Zeitung.

Deutschland hat von dieser Möglichkeit Gebrauch gemacht. Das UWG wurde in seiner Grundstruktur beibehalten und lediglich dort ergänzt, wo die Umsetzung der Richtlinie dies erforderlich machte.

Zunächst gibt es einen Katalog von Handlungen, die immer unzulässig sind.[20] Dann gibt es allgemeine Regeln zum Rechtsbruch,[21] zum Mitbewerberschutz,[22] zu aggressiven geschäftlichen Handlungen,[23] zu irreführenden geschäftlichen Handlungen,[24] zur vergleichenden Werbung[25] und zu unzumutbaren Belästigungen,[26] die ebenfalls teilweise Beispiele enthalten. Schließlich gibt es die Generalklausel, die alle sonstigen unlauteren geschäftlichen Handlungen auffängt.[27]

Darüber hinaus gibt es im UWG strafrechtliche Sondervorschriften zum Verrat von Geschäfts- und Betriebsgeheimnissen.[28] Außerdem erfasst das UWG auch unlautere geschäftliche Handlungen gegenüber Mitbewerbern. Die Richtlinie über unlautere Geschäftspraktiken harmonisiert aber nur unlautere geschäftliche Handlungen gegenüber Verbrauchern. Der deutsche Gesetzgeber hat deshalb das UWG auch lediglich bezüglich unlauterer geschäftlicher Handlungen gegenüber Verbrauchern den europäischen Vorgaben angepasst.

▶ Für die Prüfung, ob eine konkrete Handlung nach deutschem Recht unlauter ist, sollte deshalb in folgender Prüfungsreihenfolge vorgegangen werden:

1. Liegt eine geschäftliche Handlung im Sinne des § 2 Abs. 1 Nr. 1 UWG vor?
2. Handelt es sich um eine Handlung gegenüber Verbrauchern?
   a) Ist die Handlung im Katalog des Anhangs zu § 3 Abs. 3 UWG enthalten? Wenn ja, ist sie unzulässig.
   b) Ist die Handlung von den Vorschriften zum Rechtsbruch (§ 3a UWG), zum Mitbewerberschutz (§ 4 UWG), zu aggressiven geschäftlichen Handlungen (§ 4a UWG), zu irreführenden geschäftlichen Handlungen (§§ 5, 5a UWG), zu vergleichender Werbung (§ 6 UWG) oder zu unzumutbaren Belästigungen (§ 7 UWG) erfasst? Wenn ja, ist sie unzulässig.
   c) Ist die Handlung allgemein unlauter im Sinne der Generalklausel des § 3 UWG? Wenn ja, ist sie unzulässig.
3. Handelt es sich um eine Handlung gegenüber Wettbewerbern?
   a) Ist die Handlung im Katalog des Anhangs zu § 3 Abs. 3 UWG enthalten?
   b) Wenn ja, ist die Handlung tatsächlich auch gegenüber Wettbewerbern als unlauter einzustufen? Wenn ja, ist sie unzulässig.

---

[20] Anhang zu § 3 Abs. 3 UWG.
[21] § 3 a UWG.
[22] § 4 UWG.
[23] § 4 a UWG.
[24] § 5, § 5 a UWG.
[25] § 6 UWG.
[26] § 7 UWG.
[27] § 3 UWG.
[28] § 17 ff UWG.

    c) Ist die Handlung von den Vorschriften zum Rechtsbruch (§ 3a UWG), zum Mitbewerberschutz (§ 4 UWG), zu aggressiven geschäftlichen Handlungen (§ 4a UWG), zu irreführenden geschäftlichen Handlungen (§§ 5, 5a UWG), zu vergleichender Werbung (§ 6 UWG) oder zu unzumutbaren Belästigungen (§ 7 UWG) oder zum Verrat von Geschäfts- und Betriebsgeheimnissen (§ 17 UWG) erfasst? Wenn ja, ist sie unzulässig.

    d) Ist die Handlung allgemein unlauter im Sinne der Generalklausel des § 3 Abs. 1 UWG? Wenn ja, ist sie unzulässig.

15.5   Geschäftliche Handlung

Das UWG erfasst generell geschäftliche Handlungen. Das Gesetz definiert diese als jedes Verhalten einer Person, das mit der Förderung des Absatzes oder des Bezugs von Waren oder Dienstleistungen oder mit dem Abschluss oder der Durchführung eines Vertrags über Waren oder Dienstleistungen objektiv zusammenhängt.[29] Dabei kommt es nicht darauf an, ob dieses Verhalten zu Gunsten des eigenen oder eines fremden Unternehmens vorgenommen wird.

Beispiel

Wenn von einer Universität gegenüber Studierenden darauf hingewiesen wird, dass es sich bei dem Lehrbuch über Geistiges Eigentum und Wettbewerbsrecht aus der FOM-Edition des Springer Gabler-Verlags um das beste Lehrbuch zu diesem Thema handelt und es auf 7000 Seiten jedes Detail dieser Rechtsmaterie abhandelt, dann ist jedenfalls Letzteres irreführend und folglich wettbewerbswidrig. Die Universität selbst muss sich diese irreführende geschäftliche Handlung zurechnen lassen, auch wenn sie selbst dieses Buch nicht herausgibt. Sie hat Wettbewerb für einen Dritten, nämlich den Springer Gabler-Verlag und die FOM gemacht.

Auch kommt es nicht darauf an, ob das Verhalten vor, bei oder nach einem Geschäftsabschluss vorgenommen wird.[30] Es soll also möglichst jedes Verhalten im Wettbewerb erfasst werden.

15.6   Die schwarze Liste, Anhang zu § 3 Abs. 3 UWG

Der Beispielskatalog der schwarzen Liste im Anhang zu § 3 Abs. 3 UWG sollte bei der Prüfung unlauteren Wettbewerbsverhaltens gegenüber Verbrauchern immer als Erstes überprüft werden, weil bei einer Übereinstimmung mit den dort genannten Tatbeständen

---

[29] § 2 Abs. 1 Nr. 1 UWG.
[30] § 2 Abs. 1 Nr. 1 UWG.

mit dem geringsten Aufwand ein Verstoß festgestellt werden kann. Liegt einer der genannten Tatbestände vor, ist die geschäftliche Handlung stets unzulässig.

Das gilt allerdings nicht in gleichem Maße für geschäftliche Handlungen gegenüber Wettbewerbern. Anders als bei Verbrauchern wird bei Unternehmern eine größere geschäftliche Erfahrung vorausgesetzt. Ihnen gegenüber sind deshalb die Grenzen lauteren Wettbewerbshandelns weiter gesteckt. Allerdings ist es nicht ausgeschlossen, dass die in der schwarzen Liste genannten Tatbestände auch gegenüber Wettbewerbern als unlauter eingestuft werden. Hier kommt es allerdings – anders als bei Verbrauchern – auf eine Einzelfallprüfung an. Die Erfüllung des Tatbestandes ist in diesen Fällen lediglich ein Indiz für eine mögliche unlautere geschäftliche Handlung.[31] Die ersten 24 Tatbestände betreffen Fälle der Irreführung, die Tatbestände 25 bis 30 sind den aggressiven Geschäftspraktiken zuzuordnen.

15.6.1   Angebliche Unterzeichnung eines Verhaltenskodex (Nr. 1)

Diese Vorschrift regelt die unwahre Angabe eines Unternehmers, zu den Unterzeichnern eines Verhaltenskodex zu gehören. Aufgrund der zunehmenden Bedeutung und Beachtung der ethischen Verhaltensweise von Unternehmern sowie von Zertifizierungen ist davon auszugehen, dass das Merkmal der Irreführung über die Einhaltung eines Verhaltenskodex zukünftig eine erhebliche Bedeutung haben wird. Es ist nicht erforderlich, dass ausdrücklich behauptet wird, die Standards würden eingehalten werden. Allein die Behauptung, man habe einen Verhaltenskodex unterzeichnet, weckt bereits die Erwartung, dass man diesen auch einhalten wird. Dabei kommt es nicht darauf an, ob der Unternehmer sich direkt einem Kodex verpflichtet hat oder dies nur indirekt durch Beitritt zu einem Verband getan hat, der die Verpflichtung an seine Mitglieder weitergibt.[32]

15.6.2   Verwendung von Gütezeichen, Qualitätskennzeichen oder Ähnlichem ohne die erforderliche Genehmigung (Nr. 2)

Unzulässig ist nach dieser Vorschrift die Verwendung von Gütezeichen, Qualitätskennzeichen oder Ähnlichem ohne die erforderliche Genehmigung. Es ist nicht erforderlich, dass die angebotenen Waren oder Dienstleistungen die durch das Güte- oder Qualitätszeichen verbürgte Qualität tatsächlich aufweisen. Der Irreführungstatbestand ist bereits erfüllt, wenn der Werbende nicht autorisiert ist, das Güte- oder Qualitätszeichen zu verwenden.[33]

---

[31] Köhler und Bornkamm (2016), Anhang zu § 3 Abs. 3 UWG, Rn. 0.12.
[32] Dreyer (2007), S. 1294–1298.
[33] Entwurf der Bundesregierung für ein erstes Gesetz zur Änderung des Gesetzes gegen unlauteren Wettbewerb, BR-Drs. 345/08, S. 61.

15.6.3 Angebliche Billigung eines Verhaltenskodex von einer öffentlichen oder anderen Stelle (Nr. 3)

Es ist unzulässig anzugeben, ein Verhaltenskodex sei von einer öffentlichen oder anderen Stelle gebilligt worden, wenn dies nicht der Fall ist. Die Beteiligung öffentlicher oder privater Stellen an der Aufstellung oder Überprüfung von Verhaltenskodizes ist in Deutschland eher selten. Ein Beispiel ist die Anerkennung von Wettbewerbsregeln[34] durch die Kartellbehörden.[35] Es kommt nicht darauf an, ob die behauptete Billigung möglich wäre. Es ist alleine entscheidend, ob die Billigung tatsächlich vorliegt. Auch kommt es nicht darauf an, ob die genannte Stelle, deren Billigung vorgetäuscht wird, tatsächlich zuständig wäre. Die Angabe, die Stelle habe den Kodex gebilligt, enthält konkludent auch die Aussage, die Stelle sei zuständig.[36]

15.6.4 Billigung einer geschäftlichen Handlung oder einer Ware oder Dienstleistung durch eine öffentliche Stelle (Nr. 4)

Es ist unzulässig vorzugeben, eine vorgenommene geschäftliche Handlung oder eine Ware oder Dienstleistung sei von einer öffentlichen oder privaten Stelle bestätigt, gebilligt oder genehmigt worden, wenn dies tatsächlich nicht der Fall ist. Auch hier kommt es nicht darauf an ob die Voraussetzungen für eine entsprechende Bestätigung, Billigung oder Genehmigung tatsächlich vorliegen. Sofern die behauptete Bestätigung, Billigung oder Genehmigung nicht vorliegt, ist die Behauptung unlauter.[37]

15.6.5 Lockangebote (Nr. 5)

Es ist irreführend, für eine Ware zu werben, wenn nicht darüber aufgeklärt wird, dass eine Lieferung tatsächlich nicht möglich sein wird. Es reicht bereits aus, dass hinreichende Gründe für die Annahme vorliegen, dass die beworbenen oder gleichartige Waren oder Dienstleistungen nicht für einen angemessenen Zeitraum in angemessener Menge zum genannten Preis bereitgestellt werden können. Das Tatbestandsmerkmal der „Gleichartigkeit der Waren oder Dienstleistungen" ist eng auszulegen. Gleichartigkeit liegt nur vor, wenn die Waren oder Dienstleistungen tatsächlich gleichwertig und aus Sicht des Verbrauchers austauschbar sind. Dies kann bereits aus subjektiven Gründen zu verneinen sein, weil ein Kunde eventuell nur ein bestimmtes Markenprodukt erwerben möchte.[38] Wird für ein

---

[34] §§ 24 ff GWB.

[35] Ahrens in Hasselblatt (2012), § 22, Rn. 334.

[36] Dreyer (2007), S. 1294–1300.

[37] Ahrens in Hasselblatt (2012), § 22, Rn. 335.

[38] Entwurf der Bundesregierung für ein erstes Gesetz zur Änderung des Gesetzes gegen unlauteren Wettbewerb, BR-Drs. 345/08, S. 62.

Markenprodukt geworben, ist ein unter einer Handelsmarke vertriebenes Produkt nicht gleichartig, auch wenn es möglicherweise objektiv gleichwertig ist.[39]

Diese Vorschrift sanktioniert nicht die unzureichende Bevorratung, sondern die fehlende Aufklärung über die unzureichende Bevorratung. Der Kunde kann erwarten, dass eine einschränkungslos angebotene Ware in sämtlichen in die Werbung einbezogenen Filialen in ausreichender Menge erworben werden kann. Diese Erwartung lässt sich nur durch einen aufklärenden Hinweis neutralisieren, der klar formuliert, leicht lesbar und gut erkennbar ist.[40] Das Gesetz gibt vor, dass im Regelfall ein Vorrat für zwei Tage angemessen ist, es sei denn, der Unternehmer weist Gründe nach, die eine geringere Bevorratung rechtfertigen. Solche Umstände können bei einer unerwarteten, außergewöhnlich hohen Nachfrage vorliegen, bei unvorhergesehenen Lieferschwierigkeiten, die der Unternehmer nicht zu vertreten hat, oder wenn es sich um ein Produkt handelt, das er im Verhältnis zu seiner üblichen Produktpalette nicht gleichermaßen bevorraten konnte.[41]

Beispiel

Wenn ein PC in einer zu einem Komplettsystem zusammengestellten konkreten Ausstattung zu einem attraktiven Preis besonders herausgestellt beworben wird, geht der angesprochene Verbraucher davon aus, dass die beworbenen Waren am Tag des Erscheinens oder der Verbreitung der Werbung im Ladengeschäft vorgefunden werden können.[42] Der Unternehmer hat deshalb einen entsprechenden Vorrat vorzuhalten oder aber ausdrücklich darauf hinzuweisen, dass aufgrund einer geringen Menge oder zu erwartenden hohen Nachfrage mit Lieferengpässen gerechnet werden muss. Das kann beispielsweise durch einen in der Fußzeile der Werbeanzeige enthaltenen Hinweis erfolgen, der wie folgt lautet:

Keine Mitnahmegarantie. Sofern nicht vorhanden, gleich bestellen. Wir liefern umgehend.[43]

Anders ist dies jedoch bei individuell zu konfigurierenden, wenig auffällig beworbenen Computern. Bei derartigen Produkten erwartet der Verbraucher keine entsprechende Bevorratung. Hier steht die individuelle Konfigurierbarkeit im Vordergrund. Es ist bekannt, dass bei derartigen Produkten in der Regel Teile oder auch das gesamte Produkt bestellt werden müssen.

---

[39] BGH Urteil vom 10.2.2011 – I ZR 183/09 – Irische Butter.

[40] BGH Urteil vom 10.2.2011 – I ZR 183/09 – Irische Butter.

[41] Entwurf der Bundesregierung für ein erstes Gesetz zur Änderung des Gesetzes gegen unlauteren Wettbewerb, BR-Drs. 345/08, S. 62.

[42] BGH WRP 2000, 1248, 1250 – Computerwerbung I.

[43] BGH GRUR 2003, 163, 164 – Computer Werbung II.

15.6.6   Versuch, andere Waren oder Dienstleistungen abzusetzen (Nr. 6)

Diese Vorschrift regelt eine besondere Variante des Lockvogelangebotes. Der Unternehmer bietet dabei bestimmte Waren oder Dienstleistungen zu besonders günstigen Konditionen an. Sobald der dadurch angelockte Kunde Kontakt mit ihm aufgenommen hat, teilt er ihm jedoch mit, dass er tatsächlich nicht willens oder in der Lage ist, die beworbenen Waren oder Dienstleistungen zu verkaufen bzw. zu erbringen, oder er führt eine defekte Ware vor, um den Interessenten davon abzubringen, weiter nach dem beworbenen Angebot zu fragen. Stattdessen bietet er andere Waren oder Dienstleistungen an, die in der Regel weniger günstig sind. Die Unlauterkeit wird dadurch begründet, dass der Unternehmer von vornherein andere als die – in der Regel als besonders günstig beworbenen – Waren oder Dienstleistungen abzusetzen beabsichtigt.[44] Wenn der Unternehmer jedoch nachweisen kann, dass die Lieferunfähigkeit auf unvorhersehbaren Störungen in der Lieferkette beruht, oder wenn er sonstige sachliche Gründe aufweisen kann, wie zum Beispiel eine zweifelhafte Bonität des Kunden, fehlt es sowohl an der erforderlichen Absicht, das beworbene Produkt nicht zu verkaufen, als auch an der Absicht, ein anderes als das ursprünglich beworbene Produkt anzubieten.[45]

15.6.7   Veranlassen zu einer sofortigen geschäftlichen Entscheidung (Nr. 7)

Gegenstand dieser Vorschrift ist die unwahre Angabe des Unternehmers, bestimmte Waren oder Dienstleistungen seien allgemein oder zu bestimmten Bedingungen nur für einen sehr begrenzten Zeitraum verfügbar, um den Verbraucher dadurch zu einer sofortigen geschäftlichen Entscheidung zu veranlassen, ohne dass dieser Zeit und Gelegenheit hat, sich aufgrund von Informationen zu entscheiden.

Hier wird wieder sehr deutlich, welche Intention das Lauterkeitsrecht verfolgt. Werbung und Wettbewerb sollen Qualität und Preis der Angebote möglichst erhöhen und die Informationsbasis für den Verbraucher erweitern. Der Verbraucher soll in die Lage versetzt werden, die bestmögliche Entscheidung zu treffen. Durch die unzutreffende Angabe, es müsse eine schnelle Entscheidung getroffen werden, wird dem Verbraucher die Möglichkeit genommen, sich ausreichend zu informieren. Er wird verleitet, ein Geschäft abzuschließen, das für ihn nicht optimal ist. Hierbei handelt es sich um einen Fall der Ausübung eines psychologischen Kaufzwangs durch übertriebenes Anlocken.[46]

Nicht erfasst wird hingegen die wahre Angabe, bestimmte Waren oder Dienstleistungen seien nur zu bestimmten Bedingungen oder einen begrenzten Zeitraum verfügbar.

---

[44] Entwurf der Bundesregierung für ein erstes Gesetz zur Änderung des Gesetzes gegen unlauteren Wettbewerb, BR-Drs. 345/08, S. 62.

[45] Lettl (2008), S. 155–160.

[46] Entwurf der Bundesregierung für ein erstes Gesetz zur Änderung des Gesetzes gegen unlauteren Wettbewerb, BR-Drs. 345/08, S. 63.

Zwar führt auch dies zu einem Zeitdruck bei dem Verbraucher. Er wird aber nicht irrege-führt, weil der Zeitdruck tatsächlich besteht.[47] Dies lässt sich im Wirtschaftsleben nicht immer vermeiden. Anderenfalls wäre der Unternehmer nicht mehr in der Lage, Restpos-ten angemessen zu vermarkten oder Sonderangebote nur für einen bestimmten Zeitraum anzubieten.

15.6.8 Erbringung einer Leistung in einer anderen Sprache (Nr. 8)

Diese Vorschrift bezieht sich auf die enttäuschte Erwartung eines Kunden, die Abwick-lung eines Geschäfts in einer bestimmten Sprache durchführen zu können. Danach ist es unzulässig, Kunden Dienstleistungen in einer anderen Sprache zu erbringen, als derjeni-gen, in der die Verhandlungen vor dem Abschluss des Geschäfts geführt worden sind, wenn die ursprünglich verwendete Sprache nicht Amtssprache des Mitgliedstaats ist, in dem der Unternehmer niedergelassen ist. Der Kunde hatte hier eventuell gerade deshalb das Geschäft abgeschlossen, weil er in einer anderen als der Landessprache kommunizie-ren konnte. Deshalb muss er vor dem Abschluss des Geschäfts darüber aufgeklärt werden, dass die Leistungen in einer anderen als der ursprünglich verwendeten Sprache erbracht werden. Anderenfalls liegt eine Irreführung vor.[48]

Beispiel

Ein Kunde, dem in Deutschland in einem Geschäft eine Ware auf Ungarisch verkauft wird, muss darüber informiert werden, dass die weitere Abwicklung des Vertrages und alle Kundendienstleistungen gegebenenfalls nicht mehr auf Ungarisch, sondern auf Deutsch durchgeführt werden.

Hierbei handelt es sich um eine typisch europäische Regelung, die es dem Verbrau-cher erleichtern soll, im einheitlichen europäischen Binnenmarkt trotz einer Vielzahl von unterschiedlichen Amtssprachen möglichst sicher Geschäfte abzuwickeln.

15.6.9 Verkehrsfähigkeit der Ware oder Dienstleistung (Nr. 9)

Nach dieser Vorschrift ist es unzulässig, den unzutreffenden Eindruck zu erwecken, ei-ne Ware oder Dienstleistung sei verkehrsfähig. Betroffen sind beispielsweise Waren und Dienstleistungen, deren Besitz, bestimmungsgemäße Benutzung oder Entgegennahme ge-

---

[47] Ahrens in Hasselblatt (2012), § 22, Rn. 347.
[48] Entwurf der Bundesregierung für ein erstes Gesetz zur Änderung des Gesetzes gegen unlauteren Wettbewerb, BR-Drs. 345/08, S. 63.

gen ein gesetzliches Verbot verstößt. Das ist typischerweise der Fall beim Fehlen einer Betriebserlaubnis für ein technisches Gerät.[49]

15.6.10 Gesetzlich bestehende Rechte (Nr. 10)

Immer unzulässig ist auch die unwahre Angabe oder das Erwecken des unzutreffenden Eindrucks, gesetzlich bestehende Rechte stellten eine Besonderheit des Angebots dar. Hierbei handelt es sich um eine irreführende Werbung mit Selbstverständlichkeiten. Es wird der unzutreffende Eindruck erweckt, als würden die genannten Rechte gegebenenfalls bei Wettbewerbern nicht in gleicher Weise gewährt werden. Typischerweise handelt sich hierbei um Verbraucherrechte. Der Unternehmer darf zwar grundsätzlich zu Informationszwecken auf solche Rechte hinweisen. Er darf sie jedoch nicht in einer Art und Weise hervorheben, dass der Eindruck entsteht, es handele sich um eine Besonderheit und eben nicht um eine immer bestehende gesetzliche Rechtslage.

> **Beispiel**
>
> Eine unzulässige Hervorhebung als Besonderheit liegt vor, wenn der Unternehmer die den Verbrauchern von Rechts wegen sowieso zustehenden Rechte, wie zum Beispiel gesetzliche Mängelgewährleistungsrechte, in seiner Werbung besonders hervorhebt. Eine Information im Rahmen klein gedruckter Angaben ist hingegen unbedenklich, es sei denn, aus der Formulierung ergibt sich erneut der Eindruck, es handele sich um eine nicht selbstverständliche Besonderheit.[50]

15.6.11 Einsatz redaktioneller Inhalte zu Zwecken der Verkaufsförderung (Nr. 11)

Diese Vorschrift regelt das Verbot von als Information getarnter Werbung. Unzulässig ist danach der vom Unternehmer finanzierte Einsatz redaktioneller Inhalte zu Zwecken der Verkaufsförderung, ohne dass sich dieser Zusammenhang aus dem Inhalt oder aus der Art der optischen oder akustischen Darstellung eindeutig ergibt. Die Unlauterkeit wird dadurch begründet, dass dem Verbraucher die Möglichkeit genommen wird, sich auf den kommerziellen Charakter der Mitteilung einzustellen und diese mit der erforderlichen kritischen Haltung zu überprüfen. Dies widerspricht dem presserechtlichen Gebot der Trennung von Werbung und redaktionellem Teil. Das gilt nicht nur für Printmedien,

---

[49] Entwurf der Bundesregierung für ein erstes Gesetz zur Änderung des Gesetzes gegen unlauteren Wettbewerb, BR-Drs. 345/08, S. 64.
[50] Bornkamm in Köhler und Bornkamm (2016), Anhang zu § 3 Abs. 3 UWG, Rn. 10.5 f.

sondern auch für alle elektronischen Medien, insbesondere Hörfunk, Fernsehen und Telemedien und auch für redaktionelle Beiträge im Internet sowie die Produktplatzierung.[51]

15.6.12 Gefahr für die persönliche Sicherheit des Verbrauchers oder seiner Familie (Nr. 12)

Unzulässig sind nach dieser Vorschrift unwahre Angaben über Art und Ausmaß einer Gefahr für die persönliche Sicherheit des Verbrauchers oder seiner Familie für den Fall, dass er die angebotene Ware nicht erwirbt oder die angebotene Dienstleistung nicht in Anspruch nimmt. Es handelt sich um eine geschäftliche Handlung, bei der das Gefühl der Angst ausgenutzt wird. Gerade bei Fragen der persönlichen Sicherheit wie Krankheit, Unfall, Kriminalität oder Naturkatastrophen reagiert man in der Regel sehr sensibel. Die Entscheidungsfreiheit des Verbrauchers wird durch einen solchen unangemessenen und unsachlichen Einfluss beeinträchtigt.

Beispiel

Wirbt beispielsweise ein Fahrradhändler bei dem Vertrieb von Fahrradhelmen mit unzutreffenden übertriebenen Angaben zu den Risiken durch Fahrradunfälle, und übertreibt er auch bezüglich der tatsächlichen Schutzmöglichkeiten durch einen Fahrradhelm, so ist eine solche Werbung immer unzulässig.

15.6.13 Täuschung über die betriebliche Herkunft der beworbenen Ware oder Dienstleistung (Nr. 13)

Unzulässig ist nach dieser Vorschrift die Werbung für eine Ware oder Dienstleistung, die der Ware oder Dienstleistung eines bestimmten Herstellers ähnlich ist, wenn dies in der Absicht geschieht, über die betriebliche Herkunft der beworbenen Ware oder Dienstleistung zu täuschen.

Beispiel

Wird ein Produkt mit einer Verpackung vertrieben, die mit einem bekannten Wettbewerbsprodukt identisch oder fast identisch ist, kann davon ausgegangen werden, dass der Unternehmer absichtlich versucht, den Verbraucher über die Herkunft des Produktes irrezuführen.[52]

---

[51] Entwurf der Bundesregierung für ein erstes Gesetz zur Änderung des Gesetzes gegen unlauteren Wettbewerb, BR-Drs. 345/08, S. 64. siehe auch Abschn. 15.10.4.8 zu § 5 a Abs. 6 UWG.
[52] Köhler in Köhler und Bornkamm (2016), Anhang zu § 3 Abs. 3 UWG, Rn. 13.7.

15.6.14   Schneeballsystem (Nr. 14)

Nach dieser Vorschrift ist es unzulässig, ein Schneeball- oder Pyramidensystem einzuführen, zu betreiben oder zu fördern. Dabei handelt es sich um Systeme zur Verkaufsförderung, bei denen vom Verbraucher ein finanzieller Beitrag für die Möglichkeit verlangt wird, allein oder hauptsächlich durch die Einführung weiterer Teilnehmer in das System eine Vergütung zu erlangen. Dabei erkennt der Verbraucher in der Regel nicht, dass aufgrund des progressiven Charakters des Systems die Chancen, neue Kunden zu werben, immer weiter sinken.[53] Derartige Wettbewerbsmaßnahmen sind auch bereits gemäß § 16 Abs. 2 UWG strafbar.

15.6.15   Geschäftsaufgabe oder -verlegung (Nr. 15)

Nach dieser Vorschrift ist die Angabe unzulässig, der Unternehmer werde demnächst sein Geschäft aufgeben oder seine Geschäftsräume verlegen. Die Irreführung liegt hier in der Annahme, der Unternehmer werde aus Anlass der Geschäftsaufgabe seine Ware zu besonders günstigen Konditionen abgeben. Es kommt nicht darauf an, ob tatsächlich auch mit besonders günstigen Angeboten geworben wird.[54] Voraussetzung ist, dass die Angaben objektiv unrichtig sind und die Aufgabeabsicht fehlt.[55]

15.6.16   Gewinnchancen bei einem Glücksspiel (Nr. 16)

Unzulässig ist nach dieser Vorschrift die Angabe, durch eine bestimmte Ware oder Dienstleistung ließen sich die Gewinnchancen bei einem Glücksspiel erhöhen. Auch hier wird vermutet, dass immer eine irreführende geschäftliche Handlung vorliegt.

15.6.17   Auslobung eines vermeintlichen Preises oder eines sonstigen Vorteils (Nr. 17)

Diese Vorschrift erfasst die unwahre Angabe oder das Erwecken des unzutreffenden Eindrucks, der Verbraucher habe bereits einen Preis gewonnen oder werde ihn gewinnen oder werde durch eine bestimmte Handlung einen Preis gewinnen oder einen sonstigen Vorteil erlangen, wenn es einen solchen Preis oder Vorteil tatsächlich nicht gibt. Das Gleiche gilt für den Fall, dass jedenfalls die Möglichkeit, einen Preis oder sonstigen Vorteil zu

---

[53] Entwurf der Bundesregierung für ein erstes Gesetz zur Änderung des Gesetzes gegen unlauteren Wettbewerb, BR-Drs. 345/08, S. 65.
[54] Entwurf der Bundesregierung für ein erstes Gesetz zur Änderung des Gesetzes gegen unlauteren Wettbewerb, BR-Drs. 345/08, S. 66.
[55] OLG Köln GRUR-RR 2010, 250 – Die letzten 6 Ausverkaufstage.

erlangen, von der Zahlung eines Geldbetrages oder der Übernahme von Kosten abhängig gemacht wird. Hierbei handelt es sich um eine Erscheinungsform der „unzulässigen Beeinflussung". Es soll verhindert werden, dass Unternehmer die psychologische Wirkung der Erwähnung eines Preises ausnutzen. Dies kann den Verbraucher zu einer irrationalen Entscheidung veranlassen.[56]

15.6.18 Vermeintliche Heilung von Krankheiten, Funktionsstörungen oder Missbildungen (Nr. 18)

Diese Vorschrift erfasst die unwahre Angabe, eine Ware oder Dienstleistung könne Krankheiten, Funktionsstörungen oder Missbildungen heilen. Auch hier handelt es sich um einen besonderen und sensiblen Bereich. Im Bereich der Gesundheitswerbung besteht aufgrund der hohen Bedeutung der Gesundheit für den betroffenen Verbraucher eine erhöhte Irreführungsgefahr.

Beispiel

Immer unzulässig sind folglich Werbeaussagen, dass zum Beispiel ein Edelstein Müdigkeit lindern könne[57] oder dass Zimtkapseln eine Blutzucker senkende Wirkung haben, sofern dies nicht wissenschaftlich gesichert ist.[58]

15.6.19 Marktbedingungen oder Bezugsquellen (Nr. 19)

Unzulässig ist nach dieser Vorschrift eine unwahre Angabe über die Marktbedingungen oder Bezugsquellen, um den Verbraucher dazu zu bewegen, eine Ware oder Dienstleistung zu weniger günstigen Bedingungen als in allgemeinen Marktbedingungen abzunehmen oder in Anspruch zu nehmen. Es handelt sich um einen Sonderfall der Irreführung über die Preiswürdigkeit eines Angebotes.[59] Das besondere unlauterkeitsbegründende Moment liegt in der Erweckung des Eindrucks beim Verbraucher, dass gerade aufgrund der angeblich besonderen Marktbedingungen oder Bezugsquellen ein besonders preiswürdiges Angebot vorliege, was tatsächlich nicht der Fall ist. Es besteht die Gefahr, dass die natürliche kritische Haltung des Verbrauchers gegenüber Werbebotschaften ausgeschaltet wird.[60]

---

[56] EuGH WRP 2012, 1509 Rn. 38, 49 – Purely Creative.
[57] OLG Düsseldorf Magazindienst 2007, 529, 530 f.
[58] BGH GRUR-RR 2010, 406 – Nobilin GLUCO Zimt.
[59] Bornkamm in Köhler und Bornkamm (2016), Anhang zu § 3 Abs. 3 UWG, Rn. 19.1.
[60] Ahrens in Hasselblatt (2012), § 22, Rn. 359.

15.6.20   Angebot eines Gewinnspiels oder Preisausschreibens ohne Vergabe der ausgelobten Preise (Nr. 20)

Diese Vorschrift erfasst das Angebot eines Wettbewerbs oder Preisausschreibens, ohne dass die in Aussicht gestellten Preise oder ein angemessenes Äquivalent tatsächlich vergeben werden. Im Gegensatz zu den in Abschn. 15.6.16 und 15.6.17 erfassten Fallgestaltungen liegt hier die besondere Unlauterkeit darin, dass nicht nur über die Modalitäten des Gewinnspiels oder Preisausschreibens getäuscht wird bzw. die Spiellust direkt zur Förderung des Absatzes ausgenutzt wird, sondern dass das Angebot eines Gewinnspiels oder Preisausschreibens selbst nicht den Tatsachen entspricht. Es handelt sich mangels Gewinns also gar nicht um ein echtes Gewinnspiel oder Preisausschreiben.[61]

15.6.21   Angebot einer Ware oder Dienstleistung als „gratis", „umsonst", „kostenfrei" oder dergleichen (Nr. 21)

Unzulässig ist nach dieser Vorschrift das Angebot einer Ware oder Dienstleistung als „gratis", „umsonst", „kostenfrei" oder dergleichen, wenn hierfür gleichwohl Kosten zu tragen sind. Dies gilt nicht für Kosten, die im Zusammenhang mit dem Eingehen auf das Warenoder Dienstleistungsangebot oder für die Abholung der Ware oder die Inanspruchnahme der Dienstleistung unvermeidbar sind. Bei dieser Fallvariante handelt es sich um einen Sonderfall der Irreführung über die Berechnung des Preises.[62] Das besondere unlauterkeitsbegründende Moment liegt in diesem Fall in der hohen Anlockwirkung, die von den Begriffen „gratis", „umsonst" etc. ausgeht. Auch hier wird die normale kritische Haltung des Verbrauchers gegenüber Werbebotschaften ausgeschaltet. Er bemerkt nicht, dass er letztlich einen normalen Preis bezahlt, dieser lediglich nicht als Preis, sondern als Nebenkosten deklariert wird.

Beispiel

Wirbt ein Unternehmer damit, ein Produkt gratis abzugeben, berechnet dann aber eine Bearbeitungsgebühr, ist dies unzulässig. Dass hingegen gegebenenfalls (angemessene) Portokosten für die Versendung der Ware zum Kunden anfallen, ist unschädlich. Auch von Dritten erhobene Gebühren und Steuern wie zum Beispiel Flughafengebühren sind unschädlich und unvermeidbar.

---

[61] Ahrens in Hasselblatt (2012), § 22, Rn. 360.
[62] Entwurf der Bundesregierung für ein erstes Gesetz zur Änderung des Gesetzes gegen unlauteren Wettbewerb, BR-Drs. 345/08, S. 67.

15.6.22 Übermittlung von Werbematerial unter Beifügung einer Zahlungsaufforderung (Nr. 22)

Unzulässig ist nach dieser Vorschrift die Übermittlung von Werbematerial unter Beifügung einer Zahlungsaufforderung, wenn damit der falsche Eindruck vermittelt wird, die beworbene Ware oder Dienstleistung sei bereits bestellt. Hierdurch werden mittelbar das Bestehen eines Vertragsverhältnisses und eine daraus folgende Zahlungspflicht vorgetäuscht.[63] Erfasst werden auch rechnungsmäßig aufgemachte Angebotsschreiben.[64] Das Problem hierbei ist, dass der Verbraucher das Angebot nicht mehr prüft, weil er fälschlich annimmt, es sei bereits ein Vertrag zustande gekommen.[65]

Beispiel

Nach der Veröffentlichung einer Markenanmeldung durch das Markenamt erhalten die Markenanmelder häufig Schreiben von angeblichen Anbietern von Markenverzeichnissen. Diese Schreiben sind so gestaltet, dass man den Eindruck hat, sie seien direkt vom Markenamt und die beigefügte Zahlungsaufforderung beziehe sich direkt auf die Markenanmeldung. Die Markenanmelder sollen dadurch verleitet werden, die genannte Gebühr ohne weitere Prüfung zu bezahlen. Dies wird häufig getan, weil man befürchtet, dass ansonsten die Markenanmeldung vom Markenamt nicht weiter bearbeitet wird.

15.6.23 Erwecken des Eindrucks der Handlung nicht für Zwecke des Geschäfts, Handels, Gewerbes- oder Berufs, oder der Verbrauchereigenschaft (Nr. 23)

Nach dieser Vorschrift sind die unwahre Angabe oder das Erwecken des unzutreffenden Eindrucks, der Unternehmer sei Verbraucher oder nicht für Zwecke seines Geschäfts, Handels, Gewerbes oder Berufs tätig, unzulässig. Auch hierbei wird die natürliche Skepsis des Verbrauchers in unlauterer Weise ausgeschaltet.[66]

Beispiel

Unzulässig ist beispielsweise die wahrheitswidrige Behauptung, der Vertrieb einer Ware oder einer angebotenen Dienstleistung diene sozialen oder humanitären Zwecken.[67]

---

[63] Entwurf der Bundesregierung für ein erstes Gesetz zur Änderung des Gesetzes gegen unlauteren Wettbewerb, BR-Drs. 345/08, S. 68.
[64] OLG Köln GRUR 2009, 608 – Winter-Check-Wochen.
[65] Ahrens in Hasselblatt (2012), § 22, Rn. 362.
[66] Ahrens in Hasselblatt (2012), § 22, Rn. 363.
[67] Entwurf der Bundesregierung für ein erstes Gesetz zur Änderung des Gesetzes gegen unlauteren Wettbewerb, BR-Drs. 345/08, S. 68.

15.6.24 Erwecken des Eindrucks, ein Kundendienst sei in einem anderen Mitgliedstaat der Europäischen Union verfügbar (Nr. 24)

Unzulässig ist nach dieser Vorschrift die unwahre Angabe oder das Erwecken des unzutreffenden Eindrucks, es sei im Zusammenhang mit Waren oder Dienstleistungen in einem anderen Mitgliedstaat der EU ein Kundendienst verfügbar. Erfasst werden insbesondere Irreführungen im grenzüberschreitenden Rechtsverkehr,[68] bei denen dem Verbraucher der Eindruck vermittelt wird, er könne den Kundendienst zum Beispiel auch in seinem Heimatland in Anspruch nehmen.[69]

15.6.25 Erwecken des Eindrucks, bestimmte Räumlichkeiten könnten ohne den vorherigen Abschluss eines Vertrages nicht verlassen werden (Nr. 25)

Diese Vorschrift verbietet das Erwecken des Eindrucks, der Verbraucher könne bestimmte Räumlichkeiten nicht ohne vorherigen Vertragsabschluss verlassen. Hierbei liegt der Schwerpunkt der Unlauterkeit weniger auf der Irreführung (in der Regel kann der Verbraucher die Räumlichkeiten trotz der Androhung verlassen), sondern eher auf der Aggressivität des Vorgehens. Der noch schlimmere Fall, dass der zutreffende Eindruck erweckt wird, dass die Räumlichkeiten nicht verlassen werden können, wird natürlich ebenfalls umfasst. Nicht erforderlich ist hingegen, dass der Unternehmer auch die Voraussetzungen des Straftatbestandes der Nötigung gemäß § 240 StGB erfüllt.[70]

Beispiel

Es kann bereits ausreichend sein, wenn bei einer Verkaufsveranstaltung die Bemerkung gemacht wird, es hätten noch nicht alle Teilnehmer gekauft, wenn dadurch bei den Verbrauchern der Eindruck erweckt wird, der Unternehmer habe es in der Hand, sie am Verlassen der Räumlichkeit zu hindern.[71]

15.6.26 Nichtbeachtung einer Aufforderung zum Verlassen der Wohnung (Nr. 26)

Nach dieser Vorschrift ist es unzulässig, bei persönlichem Aufsuchen des Kunden in seiner Wohnung diese trotz einer Aufforderung des Besuchten nicht wieder zu verlassen oder zu

---

[68] Entwurf der Bundesregierung für ein erstes Gesetz zur Änderung des Gesetzes gegen unlauteren Wettbewerb, BR-Drs. 345/08, S. 68.
[69] Bornkamm in Köhler und Bornkamm (2016), Anhang zu § 3 Abs. 3 UWG, Rn. 24.1.
[70] Entwurf der Bundesregierung für ein erstes Gesetz zur Änderung des Gesetzes gegen unlauteren Wettbewerb, BR-Drs. 345/08, S. 68.
[71] Köhler in Köhler und Bornkamm (2016), Anhang zu § 3 Abs. 3 UWG, Rn. 25.2.

ihr zurückzukehren, es sei denn, der Besuch ist zur rechtmäßigen Durchsetzung einer vertraglichen Verpflichtung gerechtfertigt. Eine solche Verpflichtung kann sich zum Beispiel aus einer vertraglichen Mitwirkungspflicht ergeben, die das Aufsuchen einer Wohnung erforderlich machen, zum Beispiel bei Mietverträgen. Ansonsten kommt es auch bei dieser Vorschrift nicht darauf an, ob die Voraussetzungen der Straftatbestände der Nötigung gemäß § 240 StGB oder des Hausfriedensbruchs gemäß § 123 StGB erfüllt sind. Die Unzulässigkeit ergibt sich bereits aus der Aggressivität des Vorgehens.

> **Beispiel**
>
> Ein Unternehmer handelt bereits unzulässig, wenn er auf eine indirekte Äußerung des Verbrauchers, wie zum Beispiel „Danke, ich habe kein Interesse", die Wohnung des Verbrauchers nicht verlässt.[72]

15.6.27 Hinderung an der Durchsetzung von vertraglichen Rechten aus einem Versicherungsverhältnis (Nr. 27)

Unzulässig sind nach dieser Vorschrift Maßnahmen, durch die der Verbraucher von der Durchsetzung seiner vertraglichen Rechte aus einem Versicherungsverhältnis abgehalten werden soll, indem von ihm bei der Geltendmachung seines Anspruchs die Vorlage von Unterlagen verlangt wird, die zum Nachweis dieses Anspruchs nicht erforderlich sind, oder indem Schreiben zur Geltendmachung eines solchen Anspruchs systematisch nicht beantwortet werden. Hierbei handelt es sich um einen Fall der unangemessenen unsachlichen Beeinflussung des Verbrauchers. Es kommt nicht darauf an, ob die Ansprüche tatsächlich bestehen.[73] Der Versicherer hat mit dem Verbraucher zu kommunizieren und gegebenenfalls auf das Nichtbestehen von Ansprüchen hinzuweisen bzw. dies gerichtlich klären zu lassen. Er darf den Verbraucher jedoch nicht ignorieren oder abblocken, auch wenn Ansprüche tatsächlich nicht bestehen. Etwas anderes gilt nur, wenn Ansprüche offensichtlich nicht bestehen.

> **Beispiel**
>
> Wenn feststeht, dass ein Versicherungsnehmer einen Brand vorsätzlich selbst herbeigeführt hat, er jedoch trotzdem die Versicherungssumme für den Brandschaden geltend macht, muss der Versicherer nicht antworten.[74] Da es in der Praxis häufig zweifelhaft ist, wie genau der Schaden zustande gekommen ist, empfiehlt sich dennoch eine, wenn auch knappe, schriftliche Ablehnung der Ansprüche.

▶ Es ist nicht möglich, diese Vorschrift auf andere Unternehmer als Versicherer, zum Beispiel Banken, Telefongesellschaften oder Kaufhäuser, anzuwenden.

---

[72] Köhler in Köhler und Bornkamm (2016), Anhang zu § 3 Abs. 3 UWG, Rn. 26.1.
[73] Köhler in Köhler und Bornkamm (2016), Anhang zu § 3 Abs. 3 UWG, Rn. 27.1.
[74] Köhler in Köhler und Bornkamm (2016), Anhang zu § 3 Abs. 3 UWG, Rn. 27.1.

Dennoch kann ein entsprechendes Vorgehen anderer Unternehmer ebenfalls unlauter gemäß § 4 a UWG sein.[75] Da aber nur die in der schwarzen Liste des Anhanges zu § 3 Abs. 3 UWG genannten Tatbestände immer ohne weitere Relevanzprüfung unzulässig sind, ist in den Fällen, bei denen es sich nicht um Versicherer handelt, immer noch zusätzlich gemäß § 3 Abs. 2 UWG zu prüfen, ob die Handlung der unternehmerischen Sorgfalt widersprechen und geeignet sind, das wirtschaftliche Verhalten der Verbraucher zu beeinflussen. Erst dann kann festgestellt werden, dass die Handlung unlauter ist. Das wird jedoch häufig der Fall sein.

15.6.28 Unmittelbare Aufforderung an Kinder (Nr. 28)

Unzulässig ist nach dieser Vorschrift die in eine Werbung einbezogene unmittelbare Aufforderung an Kinder, selbst die beworbene Ware zu erwerben oder die beworbene Dienstleistung in Anspruch zu nehmen oder ihre Eltern oder andere Erwachsene dazu zu veranlassen. Die gesetzgeberische Intention ist der besondere Schutz von Kindern, da diese Werbeäußerungen weniger kritisch aufnehmen. Ihnen ist nicht immer klar, dass Werbeäußerungen in erster Linie der Steigerung des Umsatzes und nicht immer der Information des Verbrauchers dienen. Sie sind deshalb aufgrund ihrer Unerfahrenheit leichter zu beeinflussen und besonders schutzbedürftig. Geschützt werden sollen aber auch die Eltern vor einer Instrumentalisierung ihrer Kinder, da es Eltern häufig schwer fällt, ihren Kindern Wünsche nicht zu erfüllen.[76]

Beispiel

Unzulässig ist typischerweise eine direkte Kaufaufforderung wie *„Hol Dir jetzt …"* oder *„Noch heute kaufen!"*, aber auch indirekte Aufforderungen wie *„Einfach 25-N-Screens sammeln, die sich auf vielen N-Schoko-Riegeln befinden"*[77].

Die Gewährung einer Kaufpreisermäßigung von 2 € für jede Eins im Zeugnis verbunden mit einer allgemeinen, auf das gesamte Warensortiment bezogenen Kaufaufforderung ist jedoch unproblematisch.[78]

15.6.29 Aufforderung zur Bezahlung nicht bestellter, aber gelieferter Waren oder erbrachter Dienstleistungen (Nr. 29)

Diese Vorschrift erfasst die Aufforderung zur Bezahlung nicht bestellter, aber gelieferter Waren oder erbrachter Dienstleistungen oder eine Aufforderung zur Rücksendung oder Aufbewahrung nicht bestellter Sachen. Die Unlauterkeit ergibt sich hier daraus, dass der

---

[75] Köhler in Köhler und Bornkamm (2016), Anhang zu § 3 Abs. 3 UWG, Rn. 27.5.
[76] Köhler in Köhler und Bornkamm (2016), Anhang zu § 3 Abs. 3 UWG, Rn. 28.2.
[77] BGH GRUR 2009, 71 – Sammelaktion für Schoko-Riegel.
[78] BGH, Urteil vom 3. April 2014 – I ZR 96/13 – Zeugnisaktion.

Eindruck erweckt wird, es bestünden bereits vertragliche Beziehungen. Außerdem wird
der Umstand ausgenutzt, dass es einem Verbraucher unangenehm oder lästig sein kann,
einmal erhaltene Sachen zurückzugeben.[79]

> **Beispiel**
>
> Eine unzulässige Aufforderung zur Bezahlung kann auch bereits in der Ankündigung
> der Übersendung einer Rechnung liegen. Eine Aufforderung liegt jedoch noch nicht
> vor, wenn die Bitte um Bezahlung mit dem ausdrücklichen Hinweis verbunden ist,
> dass den Verbraucher keine Pflicht zur Zahlung oder Rücksendung oder Aufbewahrung
> trifft.[80] Auch hier wird zwar ein psychischer Druck auf den Verbraucher ausgeübt. Dies
> ist jedoch nicht ohne Weiteres als unzulässig einzustufen. Insoweit ist eine Beurteilung
> nach den allgemeinen Kriterien der unzumutbaren Belästigung gemäß § 7 Abs. 1 UWG
> erforderlich.[81]

15.6.30 Vermeintliche Gefährdung des Arbeitsplatzes oder Lebensunterhaltes des Unternehmers (Nr. 30)

Unzulässig ist nach dieser Vorschrift die ausdrückliche Angabe, dass der Arbeitsplatz oder
Lebensunterhalt des Unternehmers gefährdet sei, wenn der Verbraucher die Ware oder
Dienstleistung nicht abnehme. Die Unlauterkeit ergibt sich daraus, dass der Verbraucher
aufgrund einer solchen Behauptung dem moralischen Vorwurf mangelnder Hilfsbereit-
schaft oder fehlender Solidarität ausgesetzt wird.[82] Die Entscheidungsfreiheit des Verbrauchers wird unsachlich beeinflusst.

> **Beispiel**
>
> Ein ausdrücklicher Hinweis ist bereits anzunehmen, wenn der Werbende erklärt, er sei
> strafentlassen und würde rückfällig werden, wenn ihm nichts abgekauft werde, nicht
> jedoch Hinweise auf Räumungsverkäufe wegen Insolvenz oder der bloße Verkauf einer
> Obdachlosenzeitung.[83] Hier fehlt es an der Ausdrücklichkeit.

Sofern die zu prüfende geschäftliche Handlung nicht von der schwarzen Liste erfasst
wird, ist zu prüfen, ob sie einen der Spezialtatbestände der §§ 3 a bis 7 UWG erfüllt. Die
Tatsache, dass eine Handlung nicht von den Tatbeständen der §§ 3 a bis 7 UWG erfasst
ist, bedeutet nicht, dass sie nicht unlauter sein kann. Die Tatbestände stellen lediglich eine

---

[79] Entwurf der Bundesregierung für ein erstes Gesetz zur Änderung des Gesetzes gegen unlauteren
Wettbewerb, BR-Drs. 345/08, S. 70.
[80] BGH GRUR 2012, 212, Rn. 18 – Auftragsbestätigung.
[81] Köhler in Köhler und Bornkamm (2016), Anhang zu § 3 Abs. 3 UWG, Rn. 29.6.
[82] Entwurf der Bundesregierung für ein erstes Gesetz zur Änderung des Gesetzes gegen unlauteren
Wettbewerb, BR-Drs. 345/08, S. 70.
[83] Köhler in Köhler und Bornkamm (2016), Anhang zu § 3 Abs. 3 UWG, Rn. 30.2.

Konkretisierung des Tatbestandsmerkmals der „Unlauterkeit" in der Generalklausel des § 3 Abs. 1 UWG dar. Die ausdrückliche Nennung der Tatbestände dient der größeren Transparenz und soll es leichter erkennbar machen, welche Handlungsweisen typischerweise unlauter sind.

15.7 Rechtsbruch, § 3 a UWG

Gemäß § 3 a[84] UWG ist es unlauter, einer gesetzlichen Vorschrift zuwider zu handeln, die auch dazu bestimmt ist, im Interesse der Marktteilnehmer das Marktverhalten zu regeln. Es ist also nicht jeder Gesetzesverstoß gleichzeitig auch ein Wettbewerbsverstoß. Lediglich Verstöße gegen solche Vorschriften, die das Marktverhalten regeln, werden erfasst. Nicht erfasst werden hingegen Verstöße gegen Marktzutrittsregelungen. Diese Vorschrift soll verhindern, dass Wettbewerber sich einen Vorsprung im Wettbewerb verschaffen, indem sie gegen Gesetze verstoßen und sich dadurch gegenüber den rechtstreuen Mitbewerbern einen Kostenvorteil sichern.[85]

> **Beispiel**
>
> Die Verwendung unwirksamer Allgemeiner Geschäftsbedingungen ist ein Verstoß gegen eine Marktverhaltensregel und damit auch unlauter.[86]

15.8 Mitbewerberschutz, § 4 UWG

Diese Vorschrift bezweckt nicht den Schutz von Verbrauchern, sondern von Mittbewerbern.[87]

15.8.1 Herabsetzung und Verunglimpfung von Mitbewerbern, § 4 Nr. 1 UWG

Die Regelung erfasst in erster Linie Meinungsäußerungen, typischerweise die so genannte Schmähkritik, bei der ein Mitbewerber pauschal und ohne erkennbaren sachlichen Bezug abgewertet wird.[88] Zwar hat auch ein Mitbewerber grundsätzlich das Recht, seine Meinung zu äußern. Das UWG schränkt dieses Recht aber ein, da bei einem Mitbewerber nicht in gleichem Maße wie bei unbeteiligten Dritten mit einer der öffentlichen Diskussion

---

[84] Ehemals § 4 Nr. 11 UWG.
[85] BGH GRUR 2010, 1117 Rn. 18 – Gewährleistungsausschluss im Internet.
[86] BGH GRUR 2010, 1117 Rn. 18 – Gewährleistungsausschluss im Internet.
[87] Ehemals § 4 Nr. 7–10 UWG.
[88] Begr RegE UWG 2004 zu § 4 Nr. 7, BT Drucks 15/1487 S. 18.

bzw. der Wahrheitsfindung dienenden Äußerung zu rechnen ist. Ein Mitbewerber hat immer auch eigene wirtschaftliche Interessen, so dass in einem Wettbewerbsverhältnis sehr genau differenziert werden muss, ob die Äußerung tatsächlich eine für den Verbraucher oder sonstigen Marktteilnehmer wichtige Information oder lediglich eine Geschäftsschädigung des Mitbewerbers enthält. Ermöglicht eine Äußerung über einen Mitbewerber dem Verbraucher kein sachbezogenes Urteil, tritt der Schutz der Meinungsäußerungsfreiheit hinter dem Schutz des lauteren Wettbewerbs zurück.[89]

> **Beispiel**
>
> Die Bezeichnung eines Coaching-Anbieters als „Scharlatan" stellt eine solche Verunglimpfung dar.

15.8.2 Anschwärzung, § 4 Nr. 2 UWG

Im Gegensatz zu der Verunglimpfung bezieht sich die Anschwärzung nicht auf Meinungsäußerungen, sondern nur auf unwahre geschäftsschädigende Tatsachenäußerungen. Die Abgrenzung zwischen Werturteilen und Tatsachen ist schwierig. Entscheidend ist, ob der betroffene Vorgang oder Zustand dem Beweis zugänglich ist. Dann handelt es sich um eine Tatsache. Geht es hingegen darum, ob eine Äußerung als „richtig" oder „falsch" bewertet werden kann, liegt eine Meinungsäußerung vor. Maßgeblich für die Einordnung ist auch hier das Verständnis des durchschnittlichen Verbrauchers.[90]

> **Beispiel**
>
> Die Tatsachenäußerung (wenn sie unwahr ist, handelt es sich um eine Anschwärzung) *„Wettbewerber X hat Steuern hinterzogen."* wird nicht dadurch zu einer Meinungsäußerung, dass formuliert wird *„Ich meine, dass Wettbewerber X Steuern hinterzogen hat."* Entscheidend ist die inhaltliche Aussage.

Derjenige, der die Tatsachenbehauptung aufstellt, muss deren Wahrheit im Streitfall beweisen.

15.8.3 Lauterkeitsrechtlicher Nachahmungsschutz, § 4 Nr. 3 UWG

Der lauterkeitsrechtliche Nachahmungsschutz, auch wettbewerbsrechtlicher Leistungsschutz genannt, ist sowohl dogmatisch komplex als auch gleichzeitig von großer praktischer Bedeutung. Deshalb lohnt sich ein vertiefter Blick auf dieses Rechtsinstitut. Gegenstand des lauterkeitsrechtlichen Nachahmungsschutzes ist die Frage, ob und inwieweit

---

[89] BGH GRUR 2012, 74, 75 – Coaching Newsletter.
[90] BGH GRUR 1988, 402, 403 – Mit Verlogenheit zum Geld.

fremde Leistungsergebnisse, also Waren und Dienstleistungen, von Wettbewerbern nachgeahmt werden dürfen.

15.8.3.1 Rechtliche Einordnung

Zunächst gilt auch hier der Grundsatz, dass die Nachahmung von Waren und Dienstleistungen grundsätzlich nicht zu beanstanden ist. Die allgemeinen Grundsätze der Hand-
lungs- und Berufsfreiheit der Art. 2 und 12 GG geben einen weiten Spielraum vor. Ein-
gegrenzt wird dieser grundrechtlich gewährte Spielraum durch besondere Gesetze, wie
insbesondere das Patentgesetz (siehe Kap. 5), das Designgesetz (Kap. 4), das Urhebergesetz (Abschn. 3.2) sowie das Markengesetz (Abschn. 2.2). Ausnahmsweise sollen nach
diesen Gesetzen bestimmte Leistungsergebnisse dem Schöpfer bzw. Erfinder ausschließlich zugeordnet werden. Dem Inhaber dieser Rechte wird Nachahmungsschutz gewährt,
um einen Anreiz zur Entwicklung und Vermarktung von neuen Produkten zu schaffen.[91] In
dieses Verhältnis von Nachahmungsfreiheit und Sonderrechtsschutz soll durch den wettbewerbsrechtlichen Leistungsschutz nicht eingegriffen werden. Insbesondere soll auch
kein Ausschließlichkeitsrecht an Leistungsergebnissen gewährt werden.[92]

Gegenstand des wettbewerbsrechtlichen Schutzes ist deshalb nicht, wie im Patentrecht
oder im Designrecht, der unmittelbare Schutz des Leistungsergebnisses, also zum Beispiel einer technischen Erfindung als solcher, sondern der Schutz vor unlauteren Begleitumständen.[93] Der wettbewerbsrechtliche Leistungsschutz hat deshalb auch eine eigene,
unabhängige Daseinsberechtigung neben den Regelungen des Patentrechts und des Designrechts, denn er ist nach seinem Schutzzweck, seinen Voraussetzungen und seinen
Rechtsfolgen anders als die Sonderschutzrechte ausgestaltet. Die Ansprüche aus wett-
bewerbsrechtlichem Leistungsschutz können unabhängig vom Bestehen von Ansprüchen
aus einem Schutzrecht gegeben sein, wenn besondere Begleitumstände vorliegen, die außerhalb des patentrechtlichen oder designrechtlichen Tatbestands liegen.[94] Ein Hersteller
kann deshalb aus wettbewerbsrechtlichen Gründen nicht verhindern, dass ein Wettbewerber ein Produkt anbietet, das ein Merkmal aufweist, das bei gleichartigen Erzeugnissen
aus technischen Gründen zwingend verwendet werden muss.[95] Hierfür hätte der Hersteller Patentschutz erlangen müssen, wenn er die Erfindung für sich monopolisieren wollte.
Auch nach Ablauf des Patentschutzes für eine Erfindung kann die Verwendung einer technischen Lösung nicht mit wettbewerbsrechtlichen Gründen angegriffen werden. Dies sind
allein Fragen des Patentrechts, die abschließend vom Patentgesetz geregelt werden. Das
Wettbewerbsrecht kann und darf in diese Regelung nicht eingreifen.

Wettbewerbsrechtlicher Schutz greift hingegen ein, wenn in einem konkreten Fall die
Nachahmung auf unlauteren Begleitumständen beruht. Das ist der Fall, wenn entweder

---

[91] BGH GRUR 1996, 210, 213 – Vakuumpumpen.
[92] Köhler in Köhler/Bornkamm (2016), § 4, Rn. 3.4.
[93] BGH GRUR 2011, 436, 437 – Hartplatzhelden.de.
[94] BGH GRUR 2013, 951, 954 – Regalsystem.
[95] BGH GRUR 2010, 80 Rn. 27 – LIKEaBIKE.

eine vermeidbare Täuschung der Abnehmer über die betriebliche Herkunft entsteht,[96] die Wertschätzung des nachgeahmten Produktes unangemessen ausgenutzt oder beeinträchtigt wird[97] oder die für die Nachahmung erforderlicher Kenntnisse oder Unterlagen unredlich erlangt wurden.[98]

15.8.3.2 Wettbewerbliche Eigenart

Diese unlauteren Begleitumstände werden allerdings wettbewerblich nur relevant, wenn es sich bei dem nachgeahmten Produkt um ein solches handelt, das vom Verbraucher auch bewusst als von einem bestimmten Hersteller stammend wahrgenommen wird. Ansonsten kann zum Beispiel eine Täuschung über die betriebliche Herkunft gar nicht erst entstehen. Es sollen also keine Allerweltsprodukte geschützt werden.[99] Voraussetzung für den wettbewerbsrechtlichen Leistungsschutz ist deshalb das Vorliegen des ungeschriebenen Tatbestandsmerkmals der wettbewerblichen Eigenart. Ein Produkt besitzt wettbewerbliche Eigenart, wenn seine konkrete Ausgestaltung oder bestimmte Merkmale geeignet sind, die interessierten Verkehrskreise auf seine betriebliche Herkunft oder seine Besonderheiten hinzuweisen. [00] Das kann sich vor allem aus ästhetischen Merkmalen ergeben. Dabei kommt es nicht darauf an, ob die Gestaltung neuartig oder eigenartig im Sinne des Designrechts ist. Auch müssen die verwendeten Einzelmerkmale nicht originell sein. Entscheidend ist, ob das Produkt in seiner Gesamtgestaltung beim Verbraucher den Eindruck entstehen lässt, dass es aus einem ganz bestimmten Unternehmen kommen müsse.[101]

> **Beispiel**
>
> Die Beiersdorf AG hatte versucht, der Unilever Deutschland GmbH den Vertrieb eines Haut- und Körperpflegeproduktes der Marke „DOVE" zu untersagen, da dieses für die Verpackung den auch für die Produkte der Marke „Nivea" verwendeten Farbton „Dunkelblau" verwendete.
>
> Das Oberlandesgericht Hamburg wies die Klage ab. Der Farbton „Dunkelblau" sei für sich alleine genommen weder markenrechtlich schutzfähig noch zur Begründung wettbewerblicher Eigenart eines Nivea-Produktes geeignet, weil der Verbraucher allein aus einer dunkelblauen Produktverpackung noch nicht auf die Herkunft des Produktes aus einem bestimmten Unternehmen schließe. Die blaue Verpackung werde lediglich als dekoratives Element oder als Hinweis auf eine besonders reichhaltige Körperlotion verstanden.[102]
>
> Die Apple Inc. konnte jedoch der Samsung Electronics verbieten, einen Tablet-Computer zu vertreiben, der die optische Gestaltung des Apple iPads nachahmte. Das

---

[96] § 4 Nr. 3 a UWG.
[97] § 4 Nr. 3 b UWG.
[98] § 4 Nr. 3 c UWG.
[99] BGH WRP 2012, 1179 Rn. 34 – Sandmalkasten.
[100] BGH GRUR 2013, 951, 954 – Regalsystem.
[101] BGH WRP 2012, 1179 Rn. 34 – Sandmalkasten.
[102] OLG Hamburg, Urteil vom 19. November 2008, 5 U 148/07 – Nivea-Blau, Seite 14 f.

Oberlandesgericht Düsseldorf gesteht dem Apple iPad wettbewerbliche Eigenart zu. Hierzu verweist es auf

die rechteckige Form mit vier gleichmäßig abgerundeten Ecken und die flache klare Oberfläche, die die gesamte Vorderseite bedeckt und die lediglich vom oberen Rand der die Seiten und die rückfrontbildenden dünnwandigen Metallschale umfasst wird, wobei sich unter der Oberfläche ein Rahmen abzeichnet, der den zentrierten Bildschirm umgibt. Die Geräte verfügen über eine geschlossene Rückseite und ein flaches Profil. Diese Elemente vermitteln den Tablet-Computern in ihrer Kombination ein ganz eigenes Gepräge, das sie deutlich vom vorbekannten Formenschatz abhebt. [...] [Alle anderen auf dem Markt erhältlichen Produkte] weisen einen erhöhten, vom Bildschirm auch im Material klar zu unterscheidenden Rahmen auf, in denen zudem die Bedienelemente in Form von Tasten integriert waren. Ein solcher Rahmen verleiht der Frontansicht eines Tablet-Computers ein völlig anderes Gepräge.[103]

Hier erkennt der Verbraucher also unmittelbar, dass es sich bei einem derart gestalteten Produkt um ein Produkt des bekannten amerikanischen Computerherstellers handelt.

Die wettbewerbliche Eigenart kann sich auch aus technischen Merkmalen ergeben. Zwar sind solche technischen Lösungen, die dem Stand der Technik entsprechen, grundsätzlich allgemein frei von jedermann zu benutzen.[104] Vor allem Gestaltungselemente, die technisch notwendig sind, um ein bestimmtes Produkt herzustellen, können deshalb nicht die erforderliche wettbewerbliche Eigenart begründen. Anderenfalls würde die Grundsatzentscheidung des Patentrechts unterlaufen werden, dass technische Lösungen spätestens nach 20 Jahren frei genutzt werden können.[105] Technische Merkmale, die hingegen zwar technisch bedingt, aber frei wählbar und austauschbar sind, ohne dass damit Qualitätseinbußen verbunden wären, können wettbewerbliche Eigenart begründen, wenn gerade aufgrund dieser Merkmale der Eindruck entsteht, das Produkt komme aus einem bestimmten Unternehmen.[106]

15.8.3.3 Vermeidbare Herkunftstäuschung

Eine Herkunftstäuschung liegt vor, wenn der durchschnittlich informierte, situationsadäquat aufmerksame und verständige Durchschnittsverbraucher (siehe Abschn. 15.3), der sich für das Produkt interessiert, den Eindruck gewinnen kann, die Nachahmung stamme vom Hersteller des Originals oder zumindest von einem mit ihm geschäftlich oder organisatorisch verbundenen Unternehmen.[107] Das setzt zunächst eine gewisse Bekanntheit des Originalproduktes voraus.[108] Da es bei dem wettbewerbsrechtlichen Leistungsschutz – anders als beim Markenrecht – nicht um den absoluten Schutz vor Herkunftstäuschung, sondern um die Unterbindung unlauterer Begleitumstände geht, ist eine Herkunftstäuschung

---

[103] OLG Düsseldorf GRUR-RR 2012, 200, 209 – Tablet-PC.
[104] BGH GRUR 2007, 339, Rn. 27 – Stufenleitern.
[105] BGH GRUR 2012, 58, Rn. 43 – Seilzirkus.
[106] BGH GRUR 2010, 1125, Rn. 22 – Femur-Teil.
[107] BGH GRUR 2010, 1125, Rn. 32 – Femur-Teil.
[108] BGH GRUR 2007, 984 Rn. 34 – Gartenliege.

allein noch nicht ausreichend. Wettbewerbswidrig ist sie nur, wenn sie vermeidbar gewesen wäre, der Wettbewerber also bei lauterem Handeln sein Produkt hätte anders gestalten können. Deshalb ist immer zu prüfen, ob es geeignete und zumutbare Maßnahmen gegeben hätte, um die Herkunftstäuschung zu vermeiden.[109] Hierbei ist zunächst zu überlegen, welchen Gestaltungsspielraum ein Wettbewerber bei dem betreffenden Produkt hat. Das kann in der Regel schon dadurch festgestellt werden, dass man sämtliche Wettbewerbsprodukte vergleicht. Dabei zeigt sich dann, dass gewisse Gestaltungsmerkmale von allen Wettbewerbern verwendet werden, weil sie beispielsweise eine technisch angemessene Lösung darstellen[110] oder aber durch bestimmte Trends, Moden oder Stilrichtungen nahe liegen.[111] Kein Wettbewerber muss auf trendige Farbgestaltung verzichten, nur weil ein anderer Wettbewerber bereits derartige trendige Farben verwendet. Handelt es sich jedoch um Merkmale, die weder durch technische noch aktuelle ästhetische Vorgaben erklärbar sind, ist es für Wettbewerber zumutbar, auf abweichende Gestaltungen auszuweichen, um eine Herkunftstäuschung zu vermeiden.

Zum gleichen Ergebnis gelangt man, wenn man das Problem von der Seite der Kunden betrachtet. Diese haben ein Interesse daran, dass erfolgreiche Produkte nicht nur von einem Hersteller angeboten werden, sondern dass man möglichst ähnliche Produkte auch von anderen Herstellern beziehen kann, damit ein funktionierender Wettbewerb und damit angemessene Preise gewährleistet sind. Die Interessen der Verbraucher stehen auch bei kompatiblen Wettbewerbsprodukten im Vordergrund. Würde man die Wettbewerber bei derartigen Produkten zwingen, optische oder technische Abweichungen vorzunehmen, könnte der Erweiterungsbedarf der Kunden nur bei dem einen Wettbewerber befriedigt werden, bei dem die ersten Teile gekauft wurden. Ein funktionierender Wettbewerb wäre nicht mehr gegeben.

Beispiel

Bei einem Regalsystem haben die Abnehmer wegen des Ersatz- und Erweiterungsbedarfs ein Interesse an der Verfügbarkeit optisch und technisch kompatibler Konkurrenzprodukte. Die Wettbewerber des Originalherstellers dürfen deshalb nicht auf abweichende Produktgestaltungen verwiesen werden, die die Verkäuflichkeit ihrer Produkte im Hinblick auf den Ersatz- und Erweiterungsbedarf beim Originalprodukt einschränken.[112]

Kein Interesse haben Kunden jedoch daran, dass Merkmale, die weder durch technische noch aktuelle ästhetische Vorgaben nahe liegen, übernommen werden. Dies würde lediglich die Unterscheidbarkeit der Produkte erschweren.

---

[109] BGH GRUR 2009, 1069 Rn. 12 – Knoblauchwürste.
[110] BGH GRUR 2007, 984 Rn. 35 – Gartenliege.
[111] BGH GRUR 1972, 546, 547 – Trainingsanzüge.
[112] BGH GRUR 2013, 951 – Regalsystem.

15.8.3.4   Ausnutzung oder Beeinträchtigung der Wertschätzung

Eine Ausnutzung der Wertschätzung des Originalproduktes liegt vor, wenn der gute Ruf des Originalproduktes auf die Nachahmung übertragen wird.[113] Dazu muss nicht unbedingt eine Herkunftstäuschung vorliegen.

Beispiel

Bei Handtaschen, die sehr hochwertigen Handtaschen nachgeahmt sind, kann beispielsweise eine Herkunftstäuschung bei den potentiellen Käufern aufgrund des erheblichen Preisunterschiedes und ebenso erheblichen Unterschieden in der Qualität des Materials fern liegen. Getäuscht wird hier nicht der potentielle Kunde, sondern allenfalls der beiläufige Betrachter, der den Käufer mit seinen nachgeahmten Produkten in der Öffentlichkeit sieht und das Produkt für echt hält. Der Käufer des nachgeahmten Produktes profitiert sogar von der Täuschung, da der gute Ruf des nachgeahmten Produktes „auf ihn zurückfällt". Nachteile erleidet aber der Hersteller der Original-Handtaschen, weil die von ihm mit großem Aufwand geschaffene Wertschätzung von Wettbewerbern verwendet werden und diese sich dadurch einen Wettbewerbsvorteil verschaffen.[114]

Eine Beeinträchtigung der Wertschätzung des Originalproduktes entsteht dadurch, dass die Nachahmungen häufig von minderwertiger Qualität sind und dadurch auch der gute Ruf des Originals Schaden nimmt.[115] Denkbar ist auch, dass die Exklusivität des Originals durch eine massenhafte Nachahmung leidet.[116]

15.8.3.5   Unredliche Erlangung von Kenntnissen und Unterlagen

Auch dieser Tatbestand macht deutlich, dass es nicht in erster Linie um den Schutz eines Produktes oder einer Leistung geht, sondern um die Vermeidung unlauterer Begleitumstände. Unabhängig davon, ob eine Herkunftstäuschung entsteht oder ein besonders guter Ruf gefährdet wird, ist eine Nachahmung immer unlauter, wenn die hierfür erforderlichen Kenntnisse oder Unterlagen unredlich erlangt wurden. Das ist immer der Fall, wenn Unterlagen gestohlen werden, aber auch wenn ein Vertragsverhältnis angebahnt wird und im Rahmen eines solchen Vertrauensverhältnisses Informationen und Unterlagen unter der Bedingung offengelegt werden, diese vertraulich zu behandeln, und wenn der Empfänger unter Verstoß gegen diese Vereinbarung die Informationen zur Nachahmung eines Produktes verwendet.[117]

---

[113] BGH GRUR 2010, 1125, Rn. 42 – Femur-Teil.
[114] OLG Frankfurt am Main GRUR-RR 2012, 213, 215 – Cabat-Tasche.
[115] BGH GRUR 2000, 521, 526 f – Modulgerüst I.
[116] BGH GRUR 1985, 876 – Tchibo/Rolex I.
[117] BGH GRUR 1983, 377, 379 – Brombeermuster.

15.8.4   Gezielte Behinderung von Wettbewerbern, § 4 Nr. 4 UWG

Der angestrebte Leistungswettbewerb basiert auf der Annahme, dass die einzelnen Wettbewerber ihre Energie in die Verbesserung des eigenen Waren- und Dienstleistungsangebotes stecken, nicht jedoch in die Behinderung der anderen Wettbewerber. Dies würde für den Verbraucher lediglich negative Konsequenzen haben. Im Einzelfall ist allerdings die Abgrenzung zwischen dem positiven Leistungswettbewerb und dem negativen Behinderungswettbewerb schwierig. Jede Stärkung der eigenen Wettbewerbsposition bringt zwangsläufig eine relative Schwächung der Wettbewerbsposition aller anderen Wettbewerber mit sich. Eine vom Leistungswettbewerb erwünschte Preissenkung oder Qualitätssteigerung bezüglich der Produkte eines Wettbewerbers stellt gleichzeitig eine Behinderung der anderen Wettbewerber dar. Ihre Position im Wettbewerb wird geschwächt. Dies ist jedoch jedem Wettbewerb immanent und soll durch das Wettbewerbsrecht auch nicht verhindert werden. Ein unlauterer Behinderungswettbewerb liegt nur dann vor, wenn es sich um eine gezielte Behinderung handelt. Das ist immer dann der Fall, wenn es dem Wettbewerber nicht in erster Linie um die unmittelbare Stärkung der eigenen Wettbewerbsposition, sondern um die unmittelbare Schwächung der Position seiner Wettbewerber geht.[118]

Beispiel

Eine Behinderung kann bei dem Anbieten einer kostenlosen Dienstleistung vorliegen. Hier liegt es nahe, dass ein Wettbewerber unter Ausnutzung seiner Finanzkraft andere Wettbewerber aus dem Markt verdrängen oder vernichten will, da ein kostenloses Anbieten einer Dienstleistung im Normalfall nicht im Interesse eines Anbieters liegen kann.[119]

15.8.4.1   Abfangen von Kunden

Jeder Wettbewerber hat das Ziel, auch die Kunden noch zu gewinnen, die bereits entschlossen sind, bei einem Wettbewerber einen Vertrag abzuschließen. Das ist auch kein Problem, solange der Wettbewerber dem Kunden vor dem Abschluss des Vertrages noch Informationen über seine eigenen Angebote zukommen lässt.

Beispiel

Kein unlauteres Abfangen von Kunden liegt deshalb in der Verwendung von Kennzeichen eines Wettbewerbers als Adword, um den Verbraucher, der eine ganz bestimmte Internetseite sucht, darauf hinzuweisen, dass auch noch weitere Wettbewerber interessante Angebote haben.[120] Verwendet beispielsweise eine Hochschule die Marke „FOM" als Adword, werden alle Interessenten, die auf die Internetseite der FOM gelangen möchten, über ein weiteres Angebot informiert. Das ist auch noch im Interesse

---

[118] BGH GRUR 2007, 800 Rn. 23 – Außendienstmitarbeiter.
[119] BGH GRUR 2001, 80, 81 – ad-hoc-Meldungen.
[120] BGH WRP 2011, 1160 Rn. 35 – Bananabay II.

der Verbraucher. Sie werden letztlich nicht davon abgehalten, trotzdem direkt auf die Seite der FOM zu gehen oder aber zunächst die Seite des so werbenden Wettbewerbers zu besuchen und dann zu erkennen, dass das Angebot der FOM doch attraktiver ist. Vergleichbar ist diese Fallkonstellation mit dem Verteilen von Werbebroschüren vor dem Ladenlokal eines Wettbewerbers. Auch hier wird der Kunde, der das Ladenlokal des Wettbewerbers betreten möchte, nicht daran gehindert. Er erhält lediglich zusätzliche Information.[121]

Anders ist die Situation zu beurteilen, wenn ein Wettbewerber das Suchergebnis im Rahmen des iPhone App Stores in einer Weise beeinflusst, dass die eigene Applikation immer vor der eines Wettbewerbers angezeigt wird. Darin liegt eine gezielte Behinderung, die es dem anderen Wettbewerber unmöglich macht, sich mit den ihm zur Verfügung stehenden lauteren Mitteln im Wettbewerb angemessen darzustellen. Anders als bei einer Adword-Werbung wird im App Store nicht nach bezahlten Anzeigen und Suchergebnissen differenziert. Der Verbraucher muss deshalb davon ausgehen, dass die Reihenfolge nach sachlichen Kriterien zustande gekommen ist.[122]

Beispiel

Wenn beispielsweise das Suchergebnis im Rahmen des iPhone App Stores so beeinflusst wird, dass bei Eingabe der Begriffe „Elitepartner" bzw. „Elite-Partner" die „Parship"-Applikation immer in der Rangfolge vor der „Elitepartner"-Applikation angezeigt wird, dann liegt darin eine gezielte Behinderung, die wettbewerbsrechtlich unzulässig ist.[123]

Problematisch wird das Abfangen von Kunden auch dann, wenn deren Wille missachtet wird und sie letztlich an einen Anbieter gelangen, mit dem sie eigentlich keinen Vertrag abschließen wollten.

Beispiel

Unlauter ist es deshalb, wenn ein Telekommunikationsdienstleister entgegen dem Wunsch des Kunden den Telefonanschluss so voreinstellt, dass Dienstleistungen anderer Anbieter nicht mehr in Anspruch genommen werden können.[124]

15.8.4.2 Abwerben von Kunden

Im Gegensatz zum Abfangen von Kunden handelt es sich bei dem Abwerben von Kunden um das Einwirken auf solche Kunden, die nicht nur beabsichtigen, bei einem Wettbewerber einen Vertrag zu schließen, sondern dies bereits getan haben. Es geht also um das

---

[121] Köhler in Köhler und Bornkamm (2016), § 4 UWG, Rn. 4.29.
[122] LG Hamburg GRUR 2014, 490, 492 – Elitepartner.
[123] LG Hamburg GRUR 2014, 490 – Elitepartner.
[124] BGH GRUR 2009, 876 Rn. 10 – Änderung der Voreinstellung II.

Einwirken auf den existierenden Kundenstamm eines Wettbewerbers. Auch dies ist grundsätzlich nicht zu beanstanden. Der Kundenstamm als solcher ist nicht geschützt.[125] Der Versuch, Kunden abzuwerben, ist Teil des freien Wettbewerbs. Insbesondere liegt es auch im Interesse der Kunden, dass andere Wettbewerber sich um sie bemühen und sie durch attraktive Angebote zum Wechseln verleiten. Die Grenze zum unlauteren Wettbewerb wird erst dann überschritten, wenn versucht wird, das Abwerben nicht durch attraktive Angebote, sondern durch unlautere Begleitumstände herbeizuführen. Das ist beispielsweise der Fall bei einer unangemessenen Herabsetzung des Mitbewerbers beim Kunden, der Verwendung irreführender Angaben [126] oder der Ausnutzung fremder Geschäftsgeheimnisse.

> **Beispiel**
>
> Versendet ein Arbeitnehmer noch während der Tätigkeit für seinen Arbeitgeber ein Verabschiedungsschreiben an die Kunden seines Arbeitgebers und gibt dabei seine neuen Kontaktdaten als Wettbewerber an, so stellt dies eine wettbewerbswidrige Ausnutzung der ihm als Angestellten anvertrauten Adressen dar.[127] Das Abwerben der Kunden des früheren Arbeitgebers nach Beendigung des Arbeitsverhältnisses und ohne Nutzung rechtswidrig beschaffter Kundenadressen ist hingegen nicht zu beanstanden. Selbst wenn dadurch gegen ein nachvertragliches Wettbewerbsverbot verstoßen werden sollte, wäre dies lediglich ein Vertragsverstoß, nicht jedoch ein Wettbewerbsverstoß.[128]

Als unlauter ist es nach der bisherigen Rechtsprechung auch noch anzusehen, wenn ein Kunde zum Vertragsbruch bei seinem bisherigen Vertragspartner verleitet wird.[129] Letztlich handelt es sich aber auch hier „nur" um einen Vertragsverstoß. Zwar sollten Verträge eingehalten werden. Geschieht dies jedoch nicht, so ist der Vertragspartner durch vertragliche Ansprüche, wie zum Beispiel Vertragsstrafen etc., hinreichend geschützt. Diese Rechtsprechung wird deshalb auch in der Literatur kritisch gesehen.[130]

15.8.4.3 Beeinträchtigung fremder Werbung

Eine typische Behinderung ist die gezielte Ausschaltung fremder Werbung.

> **Beispiel**
>
> Das ist zum Beispiel die Zerstörung oder Verdeckung der Werbung eines Mitbewerbers. Das Anbieten eines Werbeblockers, mit dem der Fernsehzuschauer Werbung in seinem Fernsehprogramm ausblenden kann, ist hingegen nicht wettbewerbswidrig. Zwar führt die Anwendung des Gerätes ebenfalls dazu, dass Werbung der Fernsehsender nicht an die Adressaten gelangt. Die Unterdrückung der Werbung bleibt aber eine bewusste

---

[125] BGH GRUR 2002, 548, 549 – Mietwagenkostenersatz.
[126] BGH GRUR 2002, 548, 549 – Mietwagenkostenersatz.
[127] BGH GRUR 2004, 704, 705 – Verabschiedungsschreiben.
[128] BGH GRUR 2010, 939 Rn. 30 – Telefonwerbung nach Unternehmenswechsel.
[129] BGH GRUR 2009, 173 Rn. 31 – bundesligakarten.de.
[130] Köhler in Köhler und Bornkamm (2016), § 4 UWG, Rn. 4.36 a.

Entscheidung des Fernsehzuschauers, der das Gerät verwendet. Der Anbieter des Werbeblockers behindert den Werbenden also nicht direkt. Er bietet dem Fernsehzuschauer lediglich einen Service, der es ihm ermöglicht, eine freie Entscheidung über den Konsum von Werbung zu fällen.[131] Auch die Verwendung von Deep Links, bei denen ein Internetbenutzer an der Startseite eines Dritten vorbei direkt auf eine auf einer tieferliegenden Ebene befindlichen Internetseite des Dritten geleitet wird, stellt keine unlautere Behinderung dar, obwohl die auf der Startseite befindliche Werbung des Dritten umgangen wird. Die Verwendung derartiger Verweise ist im Internet allgemein üblich und muss vom Werbenden akzeptiert werden.[132]

Ein Fall der Beeinträchtigung fremder Werbung kann auch das Einschleichen in ein Direktvertriebssystem sein. Das passiert häufig dadurch, dass Anbieter im Internet die Seiten anderer Anbieter auswerten und deren Angebote auf einer eigenen Seite zusammenstellen und anderen Angeboten gegenüberstellen, um dem Kunden eine Übersicht über den Gesamtmarkt anbieten zu können. Häufig wird in den Allgemeinen Geschäftsbedingungen ausdrücklich untersagt, ein automatisiertes System zum Herausziehen von Daten aus der Internetseite zu verwenden, um diese auf einer anderen Internetseite wieder anzuzeigen. Teilweise werden auch technische Schutzmechanismen eingerichtet.

Beispiel

Wertet der Betreiber eines Internetportals, über das Kunden Flüge verschiedener Fluggesellschaften online buchen können, die Internetseite einer Fluggesellschaft entgegen deren Allgemeinen Geschäftsbedingungen aus, liegt keine Behinderung vor. Die Auswertung verschiedener Internetseiten liegt im Interesse des Wettbewerbs und fördert die Preistransparenz. Werden hingegen technische Schutzmaßnahmen überwunden, stellt dies einen Eingriff dar, der von der Fluggesellschaft nicht akzeptiert werden muss. Die Überwindung technischer Schutzmaßnahmen kann deshalb als Behinderung angesehen werden.[133]

15.8.4.4 Mitarbeiterabwerbung

Auch um Mitarbeiter herrscht Wettbewerb. Auch das ist gewollt. Die Abwerbung von Mitarbeitern ist grundsätzlich nicht zu beanstanden. Sie liegt sowohl im Interesse der Mitarbeiter, denen sie die Möglichkeit gibt, sich beruflich zu verbessern, als auch im Interesse der Arbeitgeber, die Mitarbeiter rekrutieren müssen. Die Konsequenz, dass Arbeitgeber, die aus Arbeitnehmersicht weniger attraktiv sind, dadurch Schwierigkeiten haben, Arbeitnehmer zu rekrutieren bzw. im Unternehmen zu halten, ist eine logische Folge des Wettbewerbs. Dies ist auch gesamtwirtschaftlich nicht problematisch, da es sinnvoll ist, dass die besten Arbeitnehmer für die attraktivsten Arbeitgeber tätig werden. Auch das Abwerben von Mitarbeitern ist deshalb nur dann wettbewerbswidrig, wenn unlautere

---

[131] BGH GRUR 2004, 877, 879 – Werbeblocker.
[132] BGH GRUR 2003, 958, 963 – Paperboy.
[133] BGH Urteil vom 30. April 2014 – I ZR 224/12 – Flugvermittlung im Internet.

Begleitumstände hinzukommen, insbesondere unlautere Mittel eingesetzt oder unlautere Zwecke verfolgt werden.[134]

▶ Der Arbeitgeber kann sich gegen das Abwerben bis zu einem gewissen Grad schützen, indem er ein vertragliches Wettbewerbsverbot mit seinem Arbeitnehmer vereinbart.[135] Ein solches Wettbewerbsverbot ist schriftlich zu vereinbaren und zum Schutze des Arbeitnehmers nur wirksam, wenn es für einen Zeitraum von nicht mehr als zwei Jahren gilt und eine Ausgleichszahlung für den Arbeitnehmer vorsieht.

Unlauter ist das Abwerben, wenn es nicht in erster Linie der Rekrutierung eigener Mitarbeiter, sondern der Schädigung des Wettbewerbers dient. Indizien hierfür sind beispielsweise das Abwerben von Mitarbeitern, die im eigenen Unternehmen nicht wirklich benötigt werden, oder das Abwerben von Mitarbeitern ausschließlich eines Unternehmens, obwohl vergleichbar geeignete Mitarbeiter auch ganz allgemein auf dem Arbeitsmarkt erhältlich wären.[136]

15.8.4.5 Boykottaufruf

Auch der Aufruf zum Boykott eines Wettbewerbers ist grundsätzlich als unzulässige Behinderung wettbewerbswidrig. Ein solcher Aufruf stellt nicht die Leistung des eigenen Unternehmens in den Vordergrund, sondern die Behinderung des Wettbewerbers.[137] Allerdings steht auch Unternehmen das Grundrecht der Meinungs- und Pressefreiheit zu.[138] Sofern es sich um eine Angelegenheit von öffentlicher Bedeutung handelt, der Boykottaufrufende nicht unverhältnismäßig handelt und keinen – insbesondere wirtschaftlichen – Druck auf die Adressaten ausübt, liegt der Aufruf im Rahmen der Meinungs- und Pressefreiheit und ist auch für Unternehmer nicht wettbewerbswidrig.[139]

Beispiel

Nicht zu beanstanden ist deshalb die Aufforderung einer Konzertagentur an eine andere Konzertagentur, eine als rechtsradikal bekannte Musikgruppe nicht auftreten zu lassen.[140]

15.8.4.6 Unberechtigte Abmahnung

Grundsätzlich steht es jedem Wettbewerber frei, einen Mitbewerber abzumahnen, wenn er der Meinung ist, dieser handele wettbewerbswidrig. Dies ist zwar für den Abgemahnten durchaus lästig. Sofern er aber der Meinung ist, die abgemahnte Handlung sei nicht zu

---

[134] BGH GRUR 2006, 426, 427 – Direktansprache am Arbeitsplatz II.
[135] §§ 74 ff, § 90 a HGB.
[136] Köhler in Köhler und Bornkamm (2016), § 4 UWG , Rn. 4.105.
[137] BT-Drucks 15/1487 S. 19.
[138] BVerfG GRUR 2001, 170 – Schockwerbung.
[139] BVerfG NJW 1992, 1153, 1154.
[140] LG Köln GRUR 1994, 741.

beanstanden, muss er die gerügte Handlung nicht einstellen. Dann steht es dem Wettbewerber frei, gerichtlich vorzugehen. Sofern die Abmahnung unberechtigt war, wird das Gericht dies entsprechend feststellen, und der Abgemahnte hat nichts zu befürchten. Die mit der Auseinandersetzung verbundene Lästigkeit macht auch eine unberechtigte Abmahnung noch nicht wettbewerbswidrig. Es ist eben häufig nicht leicht festzustellen, ob ein Verstoß vorliegt oder nicht. Es ist das gute Recht eines Wettbewerbers, eine solche Klärung herbeizuführen. Ausnahmsweise kann eine Abmahnung aber auch eine unlautere Behinderung darstellen, wenn der Abmahnende Kenntnis von der fehlenden Berechtigung seiner Abmahnung hat oder sich dieser Erkenntnis bewusst verschließt.[141]

Handelt es sich um eine Abmahnung, die sich auf die vermeintliche Verletzung von Rechten des Geistigen Eigentums stützt (auch Schutzrechtsverwarnung genannt), gelten strengere Regeln für den Abmahnenden. Eine unberechtigte Schutzrechtsverwarnung stellt einen rechtswidrigen und schuldhaften Eingriff in den Gewerbebetrieb des Abgemahnten und folglich eine unerlaubte Handlung dar.[142] Zwar gilt auch hier der Grundsatz, dass es jedem Wettbewerber freistehen muss, auch bei Zweifelsfragen eine gerichtliche Klärung herbeiführen zu lassen. Das gilt jedoch nicht in gleichem Maße für eine Abmahnung. Im Gegensatz zu einer Klage ist eine Abmahnung nämlich für den Abmahnenden mit relativ wenig Kostenaufwand möglich. Für den Abgemahnten stellt eine Abmahnung, die sich auf eine Schutzrechtsverletzung bezieht, jedoch eine erhebliche Gefährdung dar. Sollte die Abmahnung berechtigt sein, wäre das gerügte Produkt gegebenenfalls umgehend vom Markt zu nehmen oder abzuändern. Außerdem drohen erhebliche Schadensersatzforderungen. Der Abgemahnte muss deshalb davor geschützt werden, unberechtigt in Anspruch genommen zu werden. Das gilt insbesondere für Abmahnungen, die nicht gegenüber dem Hersteller des gerügten Produktes, sondern gegenüber dessen Abnehmern ausgesprochen werden. Derartige Abnehmerverwarnungen können einen besonders großen Schaden anrichten, da die Abnehmer – anders als die Hersteller – relativ schnell zu einem anderen Produkt wechseln, um einer lästigen Auseinandersetzung aus dem Wege zu gehen.[143] Es ist davon auszugehen, dass eine solche unberechtigte Schutzrechtsverwarnung nicht nur einen Eingriff in den Gewerbebetrieb des Abgemahnten, sondern auch eine wettbewerbswidrige Behinderung darstellt.[144]

Beispiel

Weist beispielsweise ein Fachverband, dem Schlüsselhersteller als Mitglieder angehören, potentielle Abnehmer des Herstellers eines Fräsautomaten pauschal darauf hin, dass die Verwendung des Automaten Patent- und Markenrechte seiner Mitglieder verletzen könne, dann kann darin eine unlautere Mitbewerberbehinderung liegen, wenn mit dem Automaten auch in einem nennenswerten Umfang das Prägen nicht geschützter Profile möglich ist, der Hinweis aufgrund seines pauschalen Inhaltes aber Inter-

---

[141] BGH GRUR, 2010, 1133 Rn. 24 – Bonuspunkte.
[142] § 823 I BGB.
[143] BGH GRUR 2005, 882 – Unberechtigte Schutzrechtsverwarnung.
[144] BGH GRUR 2009, 878, 879 Rn. 12 – Fräsautomat.

essenten dazu veranlassen kann, sicherheitshalber gleich ganz von dem Erwerb der Maschine Abstand zu nehmen.[145]

15.8.4.7 Preisunterbietung

Auch eine Unterbietung der Preise eines Wettbewerbers kann wettbewerbswidrig sein, wenn sie in Verdrängungsabsicht geschieht. Zwar ist ein Preiswettbewerb grundsätzlich erwünscht und normaler Bestandteil jedes Wettbewerbs. Das gilt im Grundsatz auch für einen Verkauf unter Einstandspreis.

Wenn es dem Wettbewerber aber nicht mehr darum geht, selbst das preisgünstigste Produkt anbieten zu können, sondern darum, einen konkreten Wettbewerber aus dem Markt zu drängen, ist dies nicht mehr Bestandteil des Leistungswettbewerbs.[146] Indizien für eine derartige Verdrängungsabsicht sind beispielsweise der systematische Verkauf unter Einstandspreis, der sich an den Preisen eines bestimmten Wettbewerbers orientiert.

Beispiel

Es ist daher unlauter, wenn der Herausgeber der örtlichen Telefonbücher der Telekom ein Kreistelefonbuch herausgibt und hierfür kostenlos sämtliche Anzeigen aus den örtlichen Telefonbüchern des Landkreises übernimmt, um dadurch einen konkreten Wettbewerber vom Markt zu verdrängen.[147]

15.9 Aggressive geschäftliche Handlungen, § 4 a UWG

Die Vorschrift bezweckt den Schutz der geschäftlichen Entscheidungsfreiheit der Verbraucher und sonstigen Marktteilnehmer vor einer aggressiven Beeinflussung, die geeignet ist, ihn zu einer geschäftlichen Entscheidung zu veranlassen, die er andernfalls nicht getroffen hätte. Erforderlich ist eine erhebliche Beeinträchtigung der Entscheidungsfreiheit durch Belästigung,[148] Nötigung einschließlich der Anwendung körperlicher Gewalt[149] oder unzulässige Beeinflussung.[150]

15.9.1 Belästigung, § 4 a Abs. 1 Nr. 1. UWG

Unter Belästigung versteht man den störenden Eingriff in die Privatsphäre des Verbrauchers, sofern sie die Grenzen des sozial adäquaten Umgangs überschreitet.[151]

---

[145] BGH GRUR 2009, 878 – Fräsautomat.
[146] BGH GRUR 2009, 416, 417 – Küchentiefstpreis-Garantie.
[147] OLG Stuttgart NJWE-WettbR 1999, 200, 201.
[148] § 4 a Abs. 1, S. 2, Nr. 1. UWG.
[149] § 4 a Abs. 1, S. 2, Nr. 2. UWG.
[150] § 4 a Abs. 1, S. 2, Nr. 3. UWG.
[151] Köhler in Köhler/Bornkamm (2016), § 4 a, Rn. 1.40.

Beispiel

Das Aufsuchen eines Verbrauchers in seiner Wohnung kann unerwünscht sein. Die Grenze zur Belästigung wird aber erst überschritten, wenn der so Werbende beispielsweise einen Todesfall ausnutzt, um zu einem Geschäftsabschluss zu gelangen.[152]

15.9.2   Nötigung einschließlich der Anwendung körperlicher Gewalt, § 4 a Abs. 1 Nr. 2. UWG

Hierbei handelt es sich z. B. um Bedrohungen. Die Entscheidungsfreiheit des Verbrauchers wird durch das Erzeugen einer Zwangslage beeinflusst. Dies sind typischerweise Nötigungsfälle.

Beispiel

Psychischer Druck liegt beispielsweise vor, wenn in einem Internetportal zum kostenpflichtigen Herunterladen von Computerprogrammen nach Vertragsschluss der Hinweis gegeben wird, die Angabe eines falschen Geburtsdatums sei ein Betrug und führe eine Strafanzeige nach sich. Dieser Hinweis beeinflusst insbesondere Minderjährige, das schwebend unwirksame Geschäft allein deshalb zu erfüllen, weil sie hoffen, so der angedrohten Strafanzeige zu entgehen.[153]

Auch offene körperliche Gewalt wird umfasst. Die Entschließungsfreiheit des Opfers wird dabei vollständig ausgeschaltet. Es ist offensichtlich, dass dies dem angestrebten Leistungswettbewerb widerspricht.

Beispiel

Das Hineinzerren in ein Geschäft stellt eine solche physische Gewalt dar. Auch die Ankündigung eines unabgesprochenen „Besuchs" von Inkassomitarbeitern in einem Mahnschreiben kann unter bestimmten Umständen als Androhung von Gewaltmaßnahmen verstanden werden.[154]

15.9.3   Unzulässige Beeinflussung, § 4 a Abs. 1 Nr. 3. UWG

Eine unzulässige Beeinflussung liegt nach der gesetzlichen Definition[155] vor, wenn der Unternehmer eine Machtposition gegenüber dem Verbraucher oder sonstigen Marktteilnehmer zur Ausübung von Druck, auch ohne Anwendung oder Androhung von körperli-

---

[152] vgl. § 4 a Abs. 2, Nr. 3. UWG.
[153] LG Mannheim MMR 2009, 568.
[154] OLG München GRUR-RR 2010, 50, 51 – Besuch durch Inkasso-Team.
[155] § 4 a Abs. 1, S. 3 UWG.

cher Gewalt, in einer Weise ausnutzt, die die Fähigkeit des Verbrauchers oder sonstigen Marktteilnehmers zu einer informierten Entscheidung wesentlich einschränkt.

Das kann z. B. durch die Ausübung wirtschaftlichen Drucks geschehen. In gewisser Weise ist die Ausübung wirtschaftlichen Drucks zwar normal oder sogar als Ausdruck der Privatautonomie und der Vertragsfreiheit ein wichtiger Bestandteil unserer freiheitlichen Wirtschaftsordnung. Die Grenze zur Unlauterkeit wird auch hier jedoch überschritten, wenn die Art und Weise bzw. das Ausmaß der Druckausübung nicht mehr dem gewünschten Leistungswettbewerb entspricht.

> **Beispiel**
>
> Es ist deshalb nicht zu beanstanden, dass ein Verpächter den Pachtvertrag fristgerecht kündigt, um dem Vertragspartner daraufhin den Abschluss eines neuen, für den Verpächter günstigeren Vertrags anzubieten.[156] Die Schwelle zur Unlauterkeit ist allerdings überschritten, wenn ein Energieversorger damit droht, die Lieferung von Energie einzustellen, wenn der Kunde keine Einzugsermächtigung unterzeichnet.[157]

Erfasst werden insbesondere auch geschäftliche Handlungen, die geeignet sind, geistige oder körperliche Gebrechen, das Alter, die geschäftliche Unerfahrenheit, die Leichtgläubigkeit, die Angst oder die Zwangslage von Verbrauchern auszunutzen. Bei diesen Fallgruppen wird deutlich, dass das Ziel des Leistungswettbewerbs besonders gefährdet ist. Der Leitungswettbewerb soll dem Verbraucher die Möglichkeit geben, eine informierte Entscheidung zu treffen und somit das für ihn beste und günstigste Rechtsgeschäft abzuschließen (siehe Abschn. 15.1). Die genannten besonders schutzbedürftigen Verbrauchergruppen sind hierzu nicht in gleichem Maße fähig wie die ansonsten relevanten Durchschnittsverbraucher. Die Abwägung zwischen den Interessen der Werbenden auf maximalen Werbeerfolg und den Interessen der Verbraucher auf bestmögliche Information ist hier anders vorzunehmen. Die genannten Verbrauchergruppen sind schutzbedürftiger. Darauf ist Rücksicht zu nehmen. Für die Anwendung dieses verschärften Maßstabes reicht es jedoch nicht aus, dass zumindest auch Kinder oder Unerfahrene durch die Werbung angesprochen werden. Anderenfalls wäre fast jede Werbung betroffen und der eigentlich geltende Maßstab des Durchschnittsverbrauchers wäre obsolet. Entscheidend ist, dass die Werbung sich gezielt an die genannten Gruppen richtet. Dies kann sich entweder aus dem Produkt selbst oder aus der gezielten Ansprache der Kundengruppe in der Werbung ergeben. Bei der Werbung für Produkte, die typischerweise von Kindern und Jugendlichen erworben werden, wie Süßigkeiten oder Jugendzeitschriften, gilt im Zweifel der verschärfte Maßstab des § 4 a UWG.

> **Beispiel**
>
> Die Werbung für Klingeltöne in einer Jugendzeitschrift (BRAVO Girl) ist deshalb unzulässig, weil nicht ausdrücklich auf alle damit verbundenen auch langfristigen Kosten

---

[156] BGH GRUR 1997, 920, 921 – Automatenaufsteller.
[157] Ebert-Weidenfeller in Hasselblatt (2012), S. 483.

sowie die Kosten für das Herunterladen ausdrücklich hingewiesen wird und nicht eine preisliche Begrenzung der Angebote vorgesehen ist (im entschiedenen Fall wurde ein durchschnittlicher Preis von ca. 4,50 € als zu hoch angesehen).[158]

Eine vergleichbare Werbung für das Herunterladen von nicht kinderspezifischen Produkten wie zum Beispiel Musik wäre in einer Zeitschrift für Erwachsene wie zum Beispiel Spiegel oder Focus problemlos möglich. Hier wäre nicht zu befürchten, dass die angesprochenen Durchschnittsverbraucher nicht in der Lage wären, die damit verbundenen Gesamtkosten zu überblicken.

15.10   Irreführende geschäftliche Handlungen

Das Verbot irreführender geschäftlicher Handlungen[159] hat große praktische Bedeutung. Irreführungen stellen einen Hauptfall unlauteren Wettbewerbshandelns dar, und es liegen unzählige Gerichtsentscheidungen zu diesem Thema vor. Dies ist auch nicht überraschend. Das Anpreisen der eigenen Produkte ist ein typisches Wettbewerbshandeln und normaler Inhalt von Werbung. So ist es nahe liegend, dass dabei auch schon einmal etwas „zu dick aufgetragen" wird. Das ist im Prinzip auch nicht zu beanstanden, zumal der Verbraucher auch nichts anderes erwartet.

15.10.1   Begriff

Die Grenze zu einem wettbewerbswidrigen Verhalten ist jedoch auch hier überschritten, wenn die Werbung nicht mehr geeignet ist, dem angesprochenen Kunden Informationen über die beworbenen Produkte zu kommunizieren, und stattdessen einen unzutreffenden Eindruck beim Kunden erzeugt. Dies würde zu einer Verfälschung des Leistungswettbewerbes führen. Der so angesprochene Kunde ist nicht mehr in der Lage, die richtige Entscheidung für oder gegen ein bestimmtes Produkt zu treffen, da er irregeführt wurde. Nach der gesetzlichen Definition ist eine geschäftliche Handlung deshalb immer dann irreführend, wenn sie unwahre oder sonstige zur Täuschung geeignete Angaben enthält.[160] Entscheidend ist immer, dass der bei den relevanten Verkehrskreisen erweckte Eindruck unzutreffend ist. Zur Feststellung einer Irreführung ist deshalb der erweckte Eindruck mit der Realität abzugleichen. Stellt man dabei eine Abweichung zwischen Realität und erwecktem Eindruck fest, liegt eine Irreführung vor. Sonstige zur Täuschung geeignete Angaben können auch wahre Angaben sein, wenn sie denn zu einer Irreführung beim angesprochenen Verkehrskreis führen.

---

[158] OLG Hamburg GRUR-RR 2003, 317 – BRAVO Girl.
[159] § 5 UWG.
[160] § 5 Abs. 1 UWG.

15.10.2 Maßstab

Relevante Verkehrskreise sind die angesprochenen Adressaten der zu beurteilenden Werbung.[161] Bei Massenartikeln und Waren des täglichen Bedarfs sind deshalb alle Bevölkerungskreise zu beachten.

> **Beispiel**
>
> Werbung für Geschirrspüler richtet sich an die allgemeinen Verbraucher, die sich für den Erwerb von Spülmaschinen interessieren, ohne dass sie sich zwangsläufig bereits näher mit den betreffenden Maschinen beschäftigt haben müssen.[162] Werbung für Flachbettscanner spricht hingegen nur Verbraucher an, die bereits über einen Computer verfügen, da es sich um einen nur mit sonstiger Computerausrüstung verwendbares Zubehörgerät handelt.[163]

Bei der Feststellung der Irreführung ist die Intention des Werbenden nicht von Bedeutung. Entscheidend ist allein die Verkehrsauffassung. Das ist die Auffassung der relevanten Verkehrskreise. Diese wird maßgebend durch die Umstände des Einzelfalls beeinflusst, insbesondere durch den Inhalt und den Umfang der konkreten Werbung, die Art der angebotenen Waren sowie die Bedeutung des werbenden Unternehmens.[164] Außerdem orientiert sich der Verbraucher daran, was ihm in der jeweiligen Branche tatsächlich begegnet.[165] Bei der konkreten Feststellung des Verbraucherverständnisses stellt sich das Problem, dass Verbraucher durchaus unterschiedlich sind. Einerseits gibt es Verbraucher, die Werbung lediglich flüchtig zur Kenntnis nehmen und nicht lange über die jeweilige Werbeaussage nachdenken. Diese „flüchtigen Verbraucher" werden natürlich relativ schnell irregeführt. Andererseits gibt es Verbraucher, die gut informiert sind, Werbung aufmerksam betrachten und sich bemühen, die Werbeaussage richtig zu verstehen. Derartige Verbraucher werden in Zweifelsfällen eher nicht irregeführt. Entscheidend ist die mutmaßliche Erwartung eines normal informierten und angemessen aufmerksamen und verständigen Durchschnittsverbrauchers (siehe Abschn. 15.4).[166]

> **Beispiel**
>
> Die Werbung für Konfitüre mit der Angabe „naturrein" ist deshalb auch dann nicht als irreführend anzusehen, wenn diese Konfitüre Blei-, Kadmium- und Pestizidrückstände aufweist, solange diese Rückstände nicht in einer höheren Konzentration als in der Umwelt auftreten.[167]

---

[161] BGH GRUR 2007, 981, 982 f – 150 % Zinsbonus.
[162] OLG Hamm GRUR-RR 20110, 37, 38 – Geschirrspüler.
[163] BGH WRP 1999, 357, 362 – Konzernsalve III.
[164] BGH WRP 1999, 924, 925 – Werbebeilage.
[165] BGH WRP 2000, 92, 94 – Last-Minute-Reise.
[166] EuGH GRUR 2011 159, 162.
[167] EuGH WRP 2000, 489, 491 – naturrein.

Das aktuelle Verbraucherleitbild weicht deutlich von dem noch im letzten Jahrhundert in Deutschland maßgeblichen Verbraucherleitbild des flüchtigen und unaufmerksamen Verbrauchers ab.

▶   Deutsche Gerichtsentscheidungen zur irreführenden Werbung aus dem letzten Jahrhundert entsprechen deshalb häufig nicht mehr der aktuellen Rechtslage und sollten nicht verallgemeinert werden.

Zu beachten ist allerdings auch, dass der Durchschnittsverbraucher sich je nach Produkt und Situation unterschiedlich aufmerksam verhält. Bei Werbung für geringwertige Gegenstände des täglichen Bedarfs wird der Verbraucher Werbeaussagen flüchtiger wahrnehmen als bei Werbung für hochwertige Güter, die man normalerweise erst nach reiflicher Überlegung erwirbt. Entscheidend ist also die situationsadäquate Aufmerksamkeit des Durchschnittsverbrauchers. [168]

Beispiel

Ein über Orientteppiche durchschnittlich informierter und verständiger Verbraucher, der an einem Erwerb interessiert ist, wird deshalb durch die Abbildung mechanisch hergestellter Teppiche mit für Orient-Teppiche typischen Mustern in einer Werbebeilage, in der auch Original-Orient-Teppiche angeboten werden, nicht irregeführt, da er sich nach der allgemeinen Lebenserfahrung bei vorhandenem Interesse auch mit den unter jeder Abbildung befindlichen, klein gedruckten Erläuterungen befasst hat, aus denen alle erforderlichen Angaben hervorgehen.[169]

Die Bezeichnung „Klosterbräu" für ein Bier, das lediglich bezüglich des Ortes der Brauerei einen Bezug zu einem ehemaligen Kloster aufweist, ist hingegen als irreführend anzusehen, da es sich bei Bier um ein Erzeugnis für den täglichen Bedarf handelt, dass auch der verständige Verbraucher erwirbt, ohne kritisch zu hinterfragen, ob seine bei flüchtiger Befassung mit der Bezeichnung „Klosterbräu" verbundenen Vorstellungen bei näherem Nachdenken überhaupt ein ernsthaftes Kaufargument sein dürfen.[170]

15.10.3 Wettbewerbliche Relevanz

Nicht jede noch so geringe durch Werbung erzeugte Fehlvorstellung beim Verbraucher, soll jedoch vom Wettbewerbsrecht erfasst werden. Wettbewerbsrechtlich relevant ist die geweckte Fehlvorstellung nur dann, wenn sie geeignet ist, die Interessen von Mitbewerbern, Verbrauchern oder sonstigen Marktteilnehmern spürbar zu beeinträchtigen. In der Regel wird dies bei einer Werbung mit objektiv falschen Angaben der Fall sein.

---

[168] BGH GRUR 2010, 352, 354 – Hier spiegelt sich Erfahrung.
[169] BGH WRP 2000, 517, 520 – Orient-Teppichmuster.
[170] BGH GRUR 2003, 629, 630 – Klosterbrauerei.

Beispiel

Die bereits erwähnte Bezeichnung eines Bieres als „Klosterbräu" ist als wettbewerbsrechtlich relevant anzusehen, wenn tatsächlich lediglich bezüglich des Ortes der Brauerei ein Bezug zu einem ehemaligen Kloster besteht, da die so beworbene klösterliche Brautradition ein Qualitätssignal darstellt, das positive Assoziationen weckt und daher für die Kaufentscheidung maßgeblich sein kann.[171]

Wettbewerbsrechtlich irrelevant ist hingegen die Werbung mit der Angabe „Tageszulassung mit 0 km", wenn der Wagen tatsächlich sechs Tage lang zugelassen war. Entscheidend ist nämlich die Tatsache, dass das Fahrzeug zugelassen und nicht gefahren wurde, nicht, wie lange es zugelassen war.[172]

Bei einer Werbung mit objektiv richtigen Angaben, die aber dennoch viele Verbraucher irreführen kann, weil sie komplexe Informationen zu einem schwierigen Thema beinhaltet, kann die Interessenlage allerdings anders sein. Hier ist auch das Informations- und Aufklärungsbedürfnis der interessierten Verbraucher zu berücksichtigen. Vor allem die durchschnittlich und überdurchschnittlich aufmerksamen und informierten Verbraucher haben ein besonderes Interesse an Information und Aufklärung auch über komplexe Themen. Die Überforderung der flüchtigen und unaufmerksamen Verbraucher kann in solchen Fällen hinzunehmen sein.[173]

Beispiel

Bei Produkten, die in der Öffentlichkeit kritisch und kontrovers diskutiert werden, wie zum Beispiel bei Produkten mit PVC-Bestandteilen und den damit eventuell verbundenen Umweltbelastungen, führt das Informations- und Aufklärungsbedürfnis der Verbraucher dazu, dass die Irreführung der verbleibenden Verbraucher, an denen die öffentliche Diskussion um die PVC-Risiken unbemerkt vorüber gegangen ist, hingenommen werden muss.[174]

Darüber hinaus sind auch die Interessen des Werbenden in die Abwägung einzubeziehen. Das kann dazu führen, dass eine Irreführungsgefahr in besonderen Ausnahmefällen hinzunehmen ist, wenn die Belange der Allgemeinheit nicht in erheblichem Maße in Mitleidenschaft gezogen werden, andererseits aber ein Verbot die Interessen des Werbenden erheblich beeinträchtigen würde.[175]

---

[171] BGH GRUR 2003, 629, 630 – Klosterbrauerei.
[172] BGH WRP 2000, 1129 – Tageszulassung II.
[173] Ahrens in Hasselblatt (2012), § 22 Rn. 118.
[174] BGH WRP 1996, 1156, 1158 ff – PVC-frei.
[175] BGH GRUR 2011, 166, 168 – Rote Briefkästen.

Beispiel

Ein Hersteller von PVC-freien Radiergummis, dem in der Vergangenheit vorgeworfen worden war, PVC-enthaltende Radiergummis auf den Markt zu bringen, und der
in einem Heft des „Öko-Test-Magazins" zu denjenigen Herstellern von Radiergummis gezählt worden war, die PVC verwenden, hat ein schützenswertes Interesse daran,
den Hinweis „PVC-frei" zu verwenden. Dass auch die verwendeten Alternativstoffe
eventuell Umweltbelastungen verursachen können, wenn auch andere, ist insoweit irrelevant. Das Irreführungsverbot begründet kein Informationsgebot. Eine verbleibende
Irreführungsgefahr ist hinzunehmen.[176]

Checkliste zur Feststellung einer Irreführung
1. Welche Verkehrskreise werden mit der geschäftlichen Handlung angesprochen?
2. Richtet sich die geschäftliche Handlung an Verbraucher?
3. Handelt es sich um eine geschäftliche Handlung ohne Wertungsvorbehalt gemäß
    Anhang zu § 3 Abs. 3 UWG?
4. Welcher Grad an Aufmerksamkeit ist bei dem betroffenen Produkt in der betref-
    fenden Situation adäquat?
5. Wie verstehen die angesprochenen Verkehrskreise die geschäftliche Handlung?
6. Ist dieses Verständnis zutreffend?
7. Wie hoch ist der Anteil der Irregeführten?
8. Ist die geschäftliche Handlung geeignet, den Verbraucher oder sonstigen Markt-
    teilnehmer zu einer geschäftlichen Entscheidung zu veranlassen, die er anderen-
    falls nicht getroffen hätte?
9. Hat der Werbende ein besonderes Interesse an der geschäftlichen Handlung?
10. Hat die Allgemeinheit ein besonderes Interesse an der geschäftlichen Handlung?

15.10.4   Arten der Irreführung

15.10.4.1   Objektiv unzutreffende Angaben

Objektiv unzutreffende Angaben sind in der Regel irreführend. Sie erzeugen Vorstellungen beim angesprochenen Verbraucher, die nicht mit der Realität übereinstimmen.

Beispiel

Die Werbeaussage „natürlich" für ein Hautöl, das überwiegend aus synthetisch hergestellten Wirkstoffen besteht, ist deshalb irreführend.[177]

---

[176] BGH WRP 1996, 1156, 1159 – PVC-frei.
[177] OLG Nürnberg GRUR 1989, 128 – Hautöl.

15.10.4.2 Mehrdeutige Angaben

Ist eine Werbeaussage mehrdeutig, so muss der Werbende dies gegen sich gelten lassen. Wenn ein erheblicher Teil der angesprochenen Verkehrskreise die Aussage in einem Sinne versteht, der den tatsächlichen Verhältnissen nicht entspricht, ist die entsprechende Werbung irreführend.[178]

> **Beispiel**
>
> Die Verwendung der Bezeichnung „Praxis für Naturheilverfahren" durch einen Heilpraktiker ist irreführend, da sie zumindest von einem nicht unerheblichen Teil der angesprochenen Verbraucher als Hinweis auf eine naturheilkundlich ausgerichtete Arztpraxis ausgelegt werden kann.[179]

Die Mehrdeutigkeit ergibt sich häufig auch durch verkürzte Darstellungen in der Schlagzeile eines Werbetextes oder sonst besonders hervorgehobene Passagen oder Abbildungen, dem so genannten Blickfang. Eine solche Mehrdeutigkeit muss deutlich durch eine irrtumsausschließende Aufklärung ausgeräumt werden, zum Beispiel durch einen deutlichen Sternchen-Hinweis, der zu einer aufklärenden Fußnote führt.

> **Beispiel**
>
> Bei einer blickfangmäßig herausgestellten Preisangabe kann die Mehrdeutigkeit dadurch ausgeräumt werden, dass in einem deutlich erkennbaren aufklärenden Hinweis in einer Fußnote auf anfallende Versandkosten hingewiesen wird.[180]

15.10.4.3 Nicht ernst gemeinte Angaben

Ein typisches Phänomen in der Werbung sind Übertreibungen. Diese können naturgemäß zu Irreführungen führen, wenn sie ernst genommen werden. Das ist in der Regel insbesondere dann der Fall, wenn die Aussage nachprüfbar ist.

> **Beispiel**
>
> Die Angabe „Der größte Biermarkt der Welt" ist dann irreführend, wenn dies nicht tatsächlich der Fall ist. Da die Angabe nachprüfbar ist, wird sie ernst genommen.[181] Das Gleiche gilt für die Angabe „Der beste Preis der Stadt". Auch dies ist durch Preisvergleiche nachprüfbar und folglich irreführend, wenn nicht zutreffend.[182]

Allgemeine Anpreisungen ohne Tatsachenkern, die nach objektiven Maßstäben nicht nachgeprüft werden können, werden hingegen häufig nicht ernst genommen. Eine Irreführung scheidet dann aus, weil der angesprochene Verbraucher die Übertreibung als solche

---

[178] OLG Hamm GRUR-RR 2010, 342 – Persönliche Beratung.
[179] OLG Düsseldorf WRP 1999, 700, 701 – Werbung eines Heilpraktikers.
[180] BGH GRUR 2008, 84, 85 – Versandkosten.
[181] BGH GRUR 1981, 910, 911 – Der größte Biermarkt der Welt.
[182] OLG Hamburg GRUR-RR 2007, 369, 370 – Der beste Preis der Stadt.

erkennt. Die immer zu vermeidende Diskrepanz zwischen der Realität und dem Verständnis der Verbraucher tritt also gar nicht erst ein.

> **Beispiel**
>
> Die Bewerbung von Süßwaren mit dem Spruch „The juiciest experience ever" ist deshalb nicht irreführend. Der durchschnittliche Verbraucher würde nicht auf die Idee kommen, dass dies ein ernsthafter Vergleich mit anderen Produkten sein soll. Er wird der Angabe lediglich entnehmen, dass die Süßigkeit ein saftiges Geschmackserlebnis vermittelt. Das sollte dann aber in der Tat auch der Fall sein.[183]

15.10.4.4   Objektiv zutreffende Angaben

Zwar ist bei objektiv zutreffenden Angaben – gerade bei komplexen Produkten – in der Abwägung das Interesse der gut informierten Verbraucher an Aufklärung zu berücksichtigen (siehe Abschn. 15.10.3). Da das UWG in § 5 neben „unwahren" ausdrücklich auch „sonstige zur Täuschung geeignete Angaben" nennt, kann sich eine Irreführung auch daraus ergeben, dass eine objektiv zutreffende Angabe in einer für den durchschnittlichen Verbraucher nicht richtig verständlichen Art und Weise formuliert wird.

> **Beispiel**
>
> Die Angabe von für sich genommen zutreffenden Prozentwerten bezüglich der empfohlenen Tagesmengen an Nährstoffen im Rahmen der Nährwertangaben auf einer Nuss-Nougat-Creme kann irreführend sein, wenn die angesprochenen Verbraucher sie aufgrund ihrer Aufmachung in der typischen Kaufsituation falsch verstehen.[184] Beim Einkauf im Supermarkt kann es für den Verbraucher schwierig sein, die vielen verschiedenen und zwangsläufig relativ klein gedruckten Angaben zu differenzieren, zumal diese teilweise auf 100 g und teilweise auf Portionsgrößen à 30 g umgerechnet werden und gleichzeitig sowohl absolute Angaben als auch relative Angaben in Bezug auf die für den täglichen Verzehr empfohlene Menge gegenübergestellt werden.

Eine Werbung mit objektiv zutreffenden Behauptungen ist auch die Werbung mit Selbstverständlichkeiten. Die Herausstellung von Selbstverständlichkeiten kann zu einer Irreführung führen, wenn den angesprochenen Verbrauchern nicht bewusst ist, dass es sich um eine Selbstverständlichkeit handelt. Sie bekommen dann durch die Werbung den Eindruck, ein besonderes Produkt zu erhalten, das sich von den Wettbewerbsprodukten in dieser Hinsicht positiv absetzt, obwohl dies tatsächlich nicht der Fall ist, weil alle Wettbewerbsprodukte dieses Produktmerkmal ebenfalls aufweisen oder aufgrund gesetzlicher Vorschriften aufweisen müssen.

---

[183] OLG Frankfurt Urteil vom 19.11.2003 – 5 U 62/03.
[184] OLG Frankfurt Urteil vom 20.10.2011 – 6 U 40/11.

Beispiel

Die Werbung mit dem Hinweis „Tiergerechte Haltungsform" ist irreführend, wenn der Werbende die Tiere lediglich entsprechend den geltenden gesetzlichen Vorschriften hält.[185]

Einen Sonderfall dieser Art der Irreführung enthält Nr. 10 des Anhangs zu § 3 Abs. 3 UWG. Danach ist es immer unzulässig, den unzutreffenden Eindruck zu erwecken, gesetzlich bestehende Rechte stellten eine Besonderheit des Angebots dar (siehe Abschn. 15.6.10). Da es auch bei der Werbung mit Selbstverständlichkeiten immer darauf ankommt, welchen Eindruck der durchschnittliche Verbraucher erhält, ist sehr auf die Art der Darstellung zu achten. Eine unauffällige Erwähnung einer Selbstverständlichkeit kann deshalb akzeptabel sein, wenn der Verbraucher sie auch als solche versteht.

Beispiel

Die unauffällige Erwähnung der Angabe „inklusive Mehrwertsteuer" ist daher nicht als irreführend anzusehen.[186]

15.10.4.5   Äußerungen Dritter

Äußerungen Dritter werden vom durchschnittlichen Verbraucher so verstanden, dass der Werbende sie sich zu eigen macht. Der Werbende hat deshalb für eventuelle Unrichtigkeiten und Irreführungen einzustehen.[187] Die Irreführung kann sich auch daraus ergeben, dass die Umstände des Zustandekommens der Äußerungen nicht deutlich genug werden.

Beispiel

Wird bei der Veröffentlichung einer Meinungsumfrage als Quelle in einer Werbung für Motorräder ein Fachzeitschriften-Verlag genannt, geht der durchschnittliche Verbraucher davon aus, dass der Verlag die Befragung neutral durchgeführt hat und jedenfalls keine finanziellen Zusammenhänge zwischen der Befragung und dem Unternehmen bestehen.[188]

Ein Fall der irreführenden Verwendung von Äußerungen Dritter in der Werbung liegt auch vor, wenn der Werbende die eigenen Aussagen als Äußerungen Dritter darstellt. Bei derartiger getarnter Werbung liegt die Irreführung darin, dass der angesprochene Verbraucher der Werbeaussage unkritischer gegenübertritt. Einem Dritten wird grundsätzlich eine größere Objektivität als dem Werbenden selbst zugesprochen. Hierbei handelt es sich nicht nur um eine unlautere Tarnung von Werbemaßnahmen gemäß § 4 Nr. 3 UWG, sondern auch um eine irreführende Werbung gemäß § 5 UWG.

---

[185] OLG Oldenburg GRUR-RR 2011, 190, 191 f. – Tiergerechte Haltungsform.
[186] BGH GRUR 2008, 532, 534 – Umsatzsteuerhinweis.
[187] BGH GRUR 1962, 45, 49 – Betonzusatzmittel.
[188] OLG Hamburg WRP 1979, 317 f.

> **Beispiel**
>
> Beispielsfälle für getarnte Werbung sind redaktionelle Werbung und Produktplatzierung.

15.10.4.6 Alleinstellungswerbung

Eine in der Praxis beliebte Werbeform ist die Alleinstellungswerbung, auch Spitzenstellungswerbung bezeichnet. Dabei behauptet der Werbende, in irgendeiner Hinsicht einen Vorsprung vor den Mitbewerbern zu haben. Das kann sich auf das Unternehmen selbst, das angebotene Produkt oder den Preis des Produktes beziehen.

> **Beispiel**
>
> Eine Alleinstellungswerbung bezüglich des Unternehmens liegt in der Behauptung „Der größte Biermarkt der Welt".[189] Eine Alleinstellungswerbung bezüglich des angebotenen Produktes liegt in der Behauptung „Der meistverkaufte Europas"[190] oder der Aussage „Deutschlands meistgekauftes Pils".[191] Eine Alleinstellungswerbung bezüglich des Preises des angebotenen Produktes liegt in der Behauptung „Der beste Preis der Stadt".[192]

Von der Spitzenstellungswerbung zu unterscheiden ist die Spitzengruppenwerbung. Hierbei handelt es sich um eine Aussage, mit der lediglich zum Ausdruck gebracht wird, dass der Werbende sich zu einer Spitzengruppe zählt, dass es aber durchaus ähnlich qualifizierte Mitbewerber bzw. Produkte von Mitbewerbern geben kann.[193]

> **Beispiel**
>
> Eine Spitzengruppenwerbung ist die Aussage „Eines der besten Biere nach Pilsener Brauart" der Krombacher Brauerei.

Alleinstellungswerbung ist zulässig, solange sie zutreffend ist. Das ist der Fall, wenn ein deutlicher Vorsprung gegenüber den Mitbewerbern besteht und dieser eine gewisse Stetigkeit aufweist. Erforderlich ist eine nach Umfang und Dauer erhebliche Vorrangstellung.[194]

> ▶ Eine Spitzenstellung wird nicht nur durch den Superlativ zum Ausdruck gebracht. Auch der negative komparativ wie zum Beispiel in der Aussage „kein Wettbewerber-Produkt ist besser" enthält sprachlich lediglich eine Spitzengruppenwerbung, kann aber auch als Alleinstellungswerbung verstanden werden.[195]

---

[189] BGH GRUR 1981, 910 – Der größte Biermarkt der Welt.

[190] BGH GRUR 1996, 910 – Der meistverkaufte Europas.

[191] Aktuelle Werbung der Krombacher-Brauerei auf dem Produkt.

[192] OLG Hamburg GRUR-RR 2007, 369 – Der beste Preis der Stadt.

[193] BGH GRUR 2010, 352, 154 – Hier spiegelt sich Erfahrung.

[194] BGH GRUR 1991, 680, 681 f. – Porzellanmanufaktur.

[195] OLG Hamburg Urteil vom 22.3.2007 – 3 U 202/06.

Die Aussage „Einfach billiger telefonieren" in der Werbung eines Anbieters von Telekommunikationsdienstleistungen ist irreführend, wenn dessen Tarife nicht durchweg billiger sind als diejenigen sämtlicher konkurrierender Wettbewerber.[196] Auch dies ist eine Spitzenstellungswerbung. Das Gleiche gilt für die Werbung eines Mobilfunknetzbetreibers mit dem Hinweis „Get More", wenn sich das Angebot im Hinblick auf Netzabdeckung, Sprachqualität, Tarife und Service nicht von den Leistungen anderer Anbieter unterscheidet.[197] Es sollte also sehr genau auf die sprachliche Formulierung und mögliche Verständnisvarianten geachtet werden.

15.10.4.7 Verschweigen von Angaben, § 5 a UWG

Es ist kaum möglich, in der Werbung vollständige Angaben über alle Aspekte der angebotenen Produkte zu machen. Der angesprochene Verbraucher erwartet auch nicht die Offenlegung aller – auch der weniger vorteilhaften – Eigenschaften eines Produktes.[198] Eine Aufklärungspflicht kann sich allerdings aus gesetzlichen Vorschriften ergeben. Insbesondere das Lebensmittelrecht enthält eine Vielzahl von Kennzeichnungsvorschriften, die eine Aufklärungspflicht des Werbenden über die Verwendung von Zusatzstoffen oder die Angabe von Zutaten begründen.[199] Außerdem besteht eine Pflicht zur Aufklärung über wesentliche Informationen.[200] Um das unbestimmte Tatbestandsmerkmal „wesentlich" näher zu konkretisieren, gibt das Gesetz einige Informationen vor, die immer dann anzugeben sind, wenn es sich nicht lediglich um allgemeine Imagewerbung handelt, sondern Waren oder Dienstleistungen gegenüber Verbrauchern so beworben werden, dass ein durchschnittlicher Verbraucher das Geschäft abschließen kann, also wenn beispielsweise deren Merkmale und Preis genannt werden.[201] Zu nennen sind in diesem Fall:

- Alle wesentlichen Merkmale der Ware oder Dienstleistung,
- Die Identität und Anschrift des Unternehmers,
- Der Endpreis bzw. die Art der Preisberechnung und gegebenenfalls alle zusätzlichen Fracht-, Liefer- und Zustellkosten,
- Zahlungs-, Liefer- und Leistungsbedingungen und
- Das Bestehen eines Rechts zum Rücktritt oder Widerruf.

Dabei werden zwei Einschränkungen akzeptiert. Zum einen müssen diese Angaben nicht ausdrücklich detailliert wiederholt werden, wenn sie sich bereits aus den Umständen ergeben.[202] Zum anderen reicht ein hinsichtlich der konkreten Ware oder Dienstleistung und dem konkret verwendeten Kommunikationsmittel angemessener Informations-

---

[196] OLG Köln WRP 1999,222 – einfach billiger telefonieren.
[197] OLG Hamburg GRUR-RR 2003, 377 – Get More.
[198] Landgericht Hamburg Urteil vom 4.8.2009 – 312 O 365/09 – Apotheken Umschau III.
[199] Ahrens in Hasselblatt (2012), § 22, Rn. 192.
[200] § 5 a Abs. 2 UWG.
[201] § 5 a Abs. 3 UWG.
[202] § 5 a Abs. 3 S. 1 UWG.

umfang. Die Entscheidung, ob eine Information anzugeben ist, muss folglich vom Werbenden in jedem Einzelfall erneut anhand aller Umstände getroffen werden. Die Regelung zur Irreführung durch Unterlassen ist ein gutes Beispiel dafür, wie eine vom Gesetzgeber gut gemeinte, sehr detaillierte Regelung zu großer Verunsicherung in der Praxis führen kann.

Beispiel

Für die Praxis bedeutet das konkret, dass ein Plakat mit der Abbildung zweier BMW-Modelle und der Angabe „*BMW i. Born Electric.*" als allgemeine Aufmerksamkeitswerbung ohne weitere Angaben möglich ist.

Ein durchschnittlicher Verbraucher wäre nicht in der Lage, aufgrund dieser Information ein Geschäft abzuschließen. Es liegt deshalb kein Fall des § 5 a Abs. 3 UWG vor. Die dort als wesentlich genannten Informationen, wie Endpreis oder Zahlungsbedingungen, müssen nicht angegeben werden. Es gilt lediglich die allgemeine Regel des § 5 a Abs. 2 UWG, wonach nur die Information erforderlich ist, die unter Berücksichtigung aller Umstände wesentlich ist. Das ist bei schlichter Aufmerksamkeitswerbung kein Problem. Der Verbraucher benötigt keine zusätzliche Information. Es ist völlig ausreichend, dass hier die Optik der Fahrzeuge und ein allgemeiner Hinweis auf Produkte aus dem Bereich der Elektromobilität dargestellt werden. Außerdem handelt es sich um ein relativ teures und komplexes Produkt, das nicht ohne nähere Befassung mit den Details erworben wird. Darüber hinaus erwartet man auf einem Plakat nicht sämtliche Details, da man diese in der Regel im Vorbeigehen betrachtet und Detailangaben sowieso nicht zur Kenntnis nehmen kann.

Anders ist dies bei der Werbung für ein Mobiltelefon im Internet. Hier werden in der Regel detaillierte Angaben zum konkreten Produkt, der Displaygröße, dem verwendeten Chip sowie dem Preis gemacht. Ein durchschnittlicher Verbraucher könnte also das Geschäft abschließen. Zwar fehlen häufig noch weitere Details, die man als wesentlich zum Abschluss des Vertrages bezeichnen kann. Durch eine Fußnote hinter der Preisangabe und einen Link wie z. B. „*Zum iPhone 5C 16 GB*" kann aber ausdrücklich darauf hingewiesen werden, dass weitere Informationen auf einer anderen Ebene per Link zu erreichen sind. Deshalb ist auch eine solche Werbung nicht zu beanstanden. Das ist ein typischer Fall, bei dem Angaben in dem für das verwendete Kommunikationsmittel angemessenen Umfang erfolgen. Es ist allgemein üblich, dass man im Internet lediglich durch einen Mausklick auf eine weitere Ebene geht und weitere Informationen erhält. Dies ist auch dem durchschnittlichen Verbraucher bekannt und geläufig. Ohne die Verlinkung zu weiteren Detailinformationen wäre diese Werbung problematisch.

15.10.4.8   Tarnung von Werbemaßnahmen, § 5 a Abs. 6 UWG

Die Tarnung von Werbemaßnahmen erscheint auf den ersten Blick nicht besonders problematisch. Man könnte meinen, getarnte Werbung wird nicht wahrgenommen und kann deshalb auch nicht schaden. Tatsächlich liegt jedoch das Problem eher darin, dass sie wahrgenommen wird, aber nicht als Werbung, sondern als redaktioneller Beitrag zum Beispiel in einer Zeitung. Die Unlauterkeit liegt in der Verschleierung des Werbecharakters. Dem Leser wird vorgetäuscht, dass es sich um einen redaktionellen Beitrag handelt, der Autor sich also bemüht hat, über einen Sachverhalt objektiv zu berichten oder aber zumindest seine eigene Meinung subjektiv darzustellen. Da Journalisten in der Regel kein eigenes wirtschaftliches Interesse am Vertrieb bestimmter Produkte haben, kommt ihren Äußerungen besonderer Wert und Glaubwürdigkeit zu. Auch Werbung kann informativ sein. Dem durchschnittlichen Verbraucher ist jedoch bewusst, dass hinter der Werbung der Hersteller steht, der jedenfalls nicht in erster Linie objektiv berichtet, sondern sehr subjektiv versucht, das eigene Produkt in einem möglichst positiven Licht erscheinen zu lassen. Werbung wird daher weniger ernst genommen. Bei der Tarnung von Werbemaßnahmen wird der Verbraucher über die Neutralität und Glaubwürdigkeit der Werbeaussage getäuscht. Es wird der Eindruck erweckt, es handele sich um eine objektive, redaktionelle Äußerung. Die natürliche Zurückhaltung des Verbrauchers gegenüber einer Werbeaussage wird dadurch ausgeschaltet. Die Landespressegesetze sehen daher ein Trennungsgebot von redaktionellem Inhalt und Werbung vor. Werbung muss als solche zum Beispiel durch den Zusatz „Anzeige" gekennzeichnet sein. Die Regelung des UWG geht jedoch weiter und umfasst jede Tarnung von Werbung in jeglichen Medien. In der Praxis liegt das Problem allerdings häufiger in den schwieriger feststellbaren Konstellationen, in denen es sich nicht einheitlich um Werbung handelt, die als redaktioneller Beitrag getarnt ist, sondern lediglich werbender Einfluss in die redaktionellen Beiträge einfließt.[203]

> **Beispiel**
>
> Journalisten werden häufig zu Produktpräsentationen eingeladen. Diese finden oft an attraktiven Standorten mit ebenso attraktivem Begleitprogramm statt. Der Hersteller fordert die Journalisten nicht auf, unangemessen positiv zu berichten. Die attraktive Inszenierung führt aber zumindest zu einer positiven Grundstimmung und gegebenenfalls auch zu einer gewissen Dankbarkeit dem Hersteller gegenüber. Es besteht deshalb die Gefahr, dass die daraufhin entstehenden journalistischen Beiträge nicht mit der nötigen Objektivität formuliert werden. Seriöse Zeitungen weisen deshalb auf derartige Einladungen hin. In der Welt am Sonntag vom 7. April 2013 wurde deshalb beispielsweise am Ende eines Berichtes über einen neuen BMW der folgende Hinweis abgedruckt:
>
> Die Reise zur Präsentation des X 4 Concept wurde unterstützt von BMW. Unsere Standards der Transparenz und journalistischen Unabhängigkeit finden Sie im Internet unter www.axelspringer.de/unabhaengigkeit.

---

[203] Siehe auch Abschn. 15.6.11 zu Nr. 11 des Anhangs zu § 3 Abs. 3 bezüglich der Werbung gegenüber Verbrauchern.

Das ändert zwar nichts an der Attraktivität der Produktpräsentation und den damit verbundenen Risiken. Es informiert den Verbraucher aber hierüber und ermöglicht es ihm so, den Bericht entsprechend einzuordnen und zu bewerten. Damit ist er wieder in der Lage, für sich die richtigen Entscheidungen bezüglich des Produktes zu treffen.

Das Gleiche gilt für die Produktplatzierung. Hier handelt es sich um die Darstellung von Waren in Fernsehsendungen oder Kinofilmen. Dabei stellt der Hersteller dem Filmproduzenten Produkte kostenlos zur Verfügung und zahlt teilweise noch erhebliche Summen dafür, dass die Produkte möglichst werbewirksam platziert werden. [204] Da Filmproduktionen mit erheblichen Kosten verbunden sind, können derartige Produktplatzierungen die Finanzierung erheblich erleichtern. Für die Hersteller der platzierten Produkte ergibt sich die sehr wertvolle Möglichkeit, das eigene Produkt im gewünschten Umfeld werbewirksam darzustellen und gegebenenfalls die Bekanntheit und das Ansehen einer Filmfigur für das zu bewerbende Produkt auszunutzen – also ein für beide Seiten vorteilhaftes Geschäft.

Beispiel

Ein typisches Beispiel für Produktplatzierung sind die James-Bond-Filme. Hier sollen Beträge für Produktplatzierungen in Höhe von 45 bis zu 100 Mio. US-$ pro Film dafür gezahlt worden sein, damit James Bond Aston Martin fährt, Tom-Ford-Anzüge trägt, Heineken-Bier trinkt, Omega-Uhren trägt, Sony Computer und Mobiltelefone benutzt, die Tate Gallery in London besucht etc. Auch ist es kein Zufall, dass Matthias Schweighöfer in seinem Film „Schlussmacher" sehr erkennbar Mercedes fährt, Red Bull trinkt, mit Vodafone telefoniert und Leibniz-Kekse isst. Für den Verbraucher entsteht dabei wiederum das Problem, dass er außerhalb der erkennbaren Werbeblöcke innerhalb einer Sendung oder eines Kinofilms keine Werbung erwartet. Zwar erwartet der Verbraucher auch nicht ernsthaft, dass sich die fiktive Figur James Bond selbst einen Dienstwagen aussucht. Er könnte aber davon ausgehen, dass der Autor des Drehbuchs der Meinung sei, ein Aston Martin passe sehr gut zu der Figur des souveränen und eleganten Geheimagenten James Bond. Dass die Entscheidung für dieses Auto und die weiteren Accessoires lediglich aufgrund von Zahlungen der Hersteller erfolgte, ist nicht unmittelbar erkennbar.

Natürlich steht es einem Drehbuchautor frei, in Ausübung seiner Grundrechte auf Meinungsäußerungsfreiheit und Kunstfreiheit bestimmte Produkte in seiner Sendung zu verwenden und dadurch Situationen und Charaktere nach seinen eigenen Vorstellungen zu gestalten. Dazu gehört auch die Wahl einer bestimmten Automarke für den Hauptdarsteller. Sobald dies aber gegen Bezahlung erfolgt und nicht Ausdruck der freien künstlerischen Entscheidung des Drehbuchautors ist, werden Werbehandlungen getarnt. Hierauf muss hingewiesen werden.[205] Deshalb werden neuerdings in entsprechenden Filmen zu

---

[204] § 2 Abs. 2 Nr. 11 S. 1 des Rundfunkstaatsvertrages.
[205] Ahrens (2012b), S. 234 f.

Beginn der Sendung, vor und nach Werbeeinblendungen und am Ende der Sendung Hinweise eingeblendet wie: *„Unterstützt durch Produktplatzierungen"*.

Außerdem regelt § 7 des Rundfunkstaatsvertrages, dass Produktplatzierung nur in Kinofilmen, Filmen und Serien, Sportsendungen und Sendungen der leichten Unterhaltung zulässig ist. Ausgenommen sind Sendungen, die informativen Charakter haben, wie zum Beispiel Nachrichten, Ratgeber- und Verbrauchersendungen, weil der Verbraucher hier eine besondere Objektivität erwartet, und Sendungen für Kinder, da diese besonders schutzbedürftig sind. Auch für die zulässige Produktplatzierung in Kinofilmen, Filmen und Serien, Sportsendungen und Sendungen der leichten Unterhaltung muss aber die redaktionelle Verantwortung und Unabhängigkeit hinsichtlich Inhalt und Sendung unbeeinträchtigt bleiben, und es darf nicht unmittelbar zum Abschluss von Verträgen aufgefordert werden. Außerdem darf das Produkt nicht zu stark herausgestellt werden.

15.10.5   Gegenstand der Irreführung

Die gesetzliche Regelung[206] enthält eine abschließende Aufzählung von Umständen, über die nicht irregeführt werden darf. Das erscheint auf den ersten Blick ungewöhnlich, da eine offene Formulierung mit Angaben von Beispielen gewährleistet hätte, dass auch vom Gesetzgeber nicht bedachte Umstände vom Irreführungsschutz umfasst werden. Da der Katalog der genannten Umstände aber sehr umfangreich ist und teilweise auch in sich offen formuliert wurde, ist davon auszugehen, dass es keine Fälle geben wird, in denen eine relevante Irreführung stattfindet, diese aber nicht vom Tatbestand des Gesetzes umfasst wird.

15.10.5.1   Wesentliche Merkmale der Waren oder Dienstleistungen, § 5 Abs. 1 S. 2 Nr. 1 UWG

15.10.5.1.1   Verfügbarkeit, Angemessenheit des Vorrats
Eine typische Irreführung über die Merkmale der Waren oder Dienstleistungen ist deren Verfügbarkeit.

Beispiel

Im Internet-Versandhandel erwartet der Verbraucher in der Regel, dass die beworbene Ware unverzüglich versandt werden kann, wenn nicht auf eine Lieferfrist unmissverständlich hingewiesen wird.[207] Die Angabe *„Original Druckerpatronen innerhalb 24 Stunden"* ist jedoch nicht irreführend, wenn die Aussage auf der Startseite des Anbieters in einem Ausmaß eingeschränkt wird, mit dem der Verbraucher ohnehin rechnet (*„Lieferung am Folgetag nur bei Bestellung bis 15:45 Uhr, keine Auslieferung am Sonntag"*).[208]

---

[206] § 5 Abs. 1 UWG.
[207] BGH GRUR 2005, 690, 692 f. – Internet-Versandhandel.
[208] BGH GRUR 2012, 81, 82 – „innerhalb 24 Stunden".

15.10.5.1.2 Art, Ausführung, Vorteile, Risiken, Zusammensetzung, Zubehör, Beschaffenheit

Bei dieser Fallgruppe handelt es sich typischerweise um die Angabe von Leistungsmerkmalen, die tatsächlich nicht erfüllt werden.

Beispiel

Irreführend ist die Werbung für Fernsehgeräte unter Herausstellung besonderer technischer Merkmale (100 Hz-Technik), wenn die genannten Preise sich tatsächlich nur auf bauähnliche Modelle beziehen, die die herausgestellten Merkmale gerade nicht aufweisen.[209]

Hausinterne Bewertungen des Werbenden, wie beispielsweise „*Linie Prestige*" oder „*Premium*" sind als subjektive Einschätzung jedoch unbedenklich.[210]

15.10.5.1.3 Zwecktauglichkeit, Verwendungsmöglichkeit, Verwendungsergebnisse

Die Eignung des Produktes ist für den Käufer regelmäßig besonders wichtig.

Beispiel

Der Vertrieb von Händler-Testversionen eines Computerprogramms nach Entfernung der Hinweise „*nicht zum Wiederverkauf*" und „*not for resale*" einschließlich der dazugehörigen Barcodes stellt eine relevante Irreführung der Abnehmer dar, weil diesen verschwiegen wird, dass sie für diese Testversionen keine Upgrades erwerben können und bestimmte Serviceleistungen nicht in Anspruch nehmen können.[211]

15.10.5.1.4 Verfahren und Zeitpunkt der Herstellung, Lieferung oder Erbringung

Die Qualität von Produkten ergibt sich häufig auch aus dem Verfahren und dem Zeitpunkt der Herstellung.

Beispiel

Irreführend ist deshalb die Verwendung der Werbeangabe „*Frischegarantie*" und „*immer frisch*" auf der Verpackung von Schaumküssen, wenn diese lediglich durch die Hinzufügung von Konservierungsstoffen haltbar gemacht worden sind.[212]

15.10.5.1.5 Kundendienst und Beschwerdeverfahren

Gerade bei komplexen Produkten wird häufig der Kundendienst beworben.

Beispiel

Die Werbung mit einem Vorortservice oder einer Hotline ist irreführend, wenn diese nicht angemessen erreichbar sind.

---

[209] OLG Dresden WRP 1000, 427 ff. – bauähnliche Modelle.
[210] OLG-Rp Zweibrücken 2007, 451 ff.
[211] OLG München GRUR 1999, 339 – Software-Testversion.
[212] LG Hamburg WRP 1999, 1314, 1315 f. – Frischegarantie.

15.10.5.1.6   Ergebnisse oder wesentliche Bestandteile von Tests der Waren und Dienstleistungen

Testergebnisse können eine wichtige Orientierungshilfe für den Verbraucher sein. Der Test muss allerdings die Grundanforderungen an Neutralität und Objektivität, insbesondere im Hinblick auf die Sachkunde der Untersuchung und die Vertretbarkeit der daraus gezogenen Schlüsse erfüllen.[213]

> **Beispiel**
>
> Die Werbung mit dem Testurteil „gut" ist irreführend, wenn bei dem Test zehn Produkte als „sehr gut", elf als „gut" und eines als „zufriedenstellend" beurteilt wurden. Aus der Bewerbung ergibt sich ein nicht existierender relativer Qualitätsrang, weil man das Testurteil „gut" eher als überdurchschnittlich einschätzt.[214]
>
> Die Verwendung von Prüf- und Gütezeichen ist irreführend, wenn die betreffenden Produkte nicht einer laufenden Überwachung durch einen Dritten nach objektiven Gütebedingungen entsprechend den „Grundsätzen für Gütezeichen" unterliegen.[215]

15.10.5.1.7   Geographische Herkunft

Herkunftsangaben zur Kennzeichnung von Waren oder Dienstleistungen werden vom Markenrecht erfasst und geregelt. Das Lauterkeitsrecht erfasst lediglich die Fälle, bei denen eine Herkunftsangabe Bestandteil der Firma des Werbenden ist.[216]

> **Beispiel**
>
> Irreführend ist die Unternehmensbezeichnung „Hit-Radio Antenne 1 Baden-Württemberg", wenn relevante Teile des Landes nicht in das Sendegebiet des Radiosenders fallen.[217]
>
> Das Gleiche gilt für die Bezeichnung „Flughafen Niederrhein (Düsseldorf)" für einen etwa 70 bis 80 km von Düsseldorf entfernten, zwischen den Städten Goch und Kevelaer gelegenen Flughafen.[218]

15.10.5.1.8   Betriebliche Herkunft

Die Interessen von Markeninhabern an Schutz vor Irreführung über die betriebliche Herkunft werden durch das Markengesetz geregelt. Darüber hinaus hat aber auch die Allgemeinheit ein Interesse daran, derartige Irreführungen zu vermeiden, insbesondere wenn mit der betrieblichen Herkunftsangabe auch Gütevorstellungen kommuniziert werden.[219]

---

[213] BGH GRUR 1989, 539 – Warentest V.
[214] BGH GRUR 1982, 437, 438 – Test gut.
[215] BGH GRUR 1991, 553 – TÜV-Prüfzeichen.
[216] BGH NJW-RR 2000, 1640, 1643 – Stich den Buben.
[217] OLG Karlsruhe GRUR-RR 2001, 320 – Hit-Radio Antenne 1 Baden Württemberg.
[218] OLG Köln GRUR-RR 2004, 143, 144 – Flughafen Niederrhein (Düsseldorf).
[219] BGH GRUR 1999, 68, 69 – Vogue-Ski.

Die Verwendung der Bezeichnung „Zentrale" durch einen einzelnen Unternehmer im Bereich des Taxigewerbes ist irreführend, da dieser Begriff herkömmlich mit der unternehmensübergreifenden Einrichtung der „Taxi-Zentrale" in Verbindung gebracht wird.[220]

15.10.5.2 Anlass des Verkaufs, § 5 Abs. 1 S. 2 Nr. 2 UWG

15.10.5.2.1 Vorhandensein eines besonderen Preisvorteils, Preis und Art und Weise der Preisberechnung

Der Preis ist für die Kaufentscheidung des Verbrauchers besonders wichtig. Zwar besteht keine Verpflichtung zur Angabe von Preisen in der Werbung. Wenn jedoch mit Preisen geworben wird, ist der Endpreis anzugeben. Das ist der Preis, der einschließlich der Umsatzsteuer und sonstiger Preisbestandteile zu zahlen ist.[221] Der Werbende versucht in der Regel, den angegebenen Preis als besonders vorteilhaft darzustellen. Das ist zwar grundsätzlich zulässig. Wenn dies aber durch die unzutreffende Vorspiegelung besonderer Umstände geschieht, aus denen der Verbraucher eine besondere Preiswürdigkeit ableitet, ist dies irreführend.

Die Werbung für Räumungsverkäufe wegen Geschäftsaufgabe ist irreführend, wenn tatsächlich keine Geschäftsaufgabe zugrunde liegt.[222]

Die Werbung mit Preisherabsetzungen ist grundsätzlich zulässig – auch in der Form der Gegenüberstellung der eigenen Alt- und Neupreise.

Eine Irreführung liegt vor, wenn der frühere, höhere Preis nicht, nicht ernsthaft, nicht über einen längeren Zeitraum oder nicht in letzter Zeit verlangt worden war.[223]

Die Fallgruppe, dass mit der Herabsetzung eines Preises geworben wird, und der ehemalige höhere Preis nur für eine unangemessen kurze Zeit gefordert worden ist, ist inzwischen ausdrücklich geregelt.[224] Der Werbende hat nachzuweisen, dass der Preis tatsächlich für eine angemessene Zeit gefordert worden ist.

---

[220] LG Frankfurt a. M. GRUR-RR 2004, 86 – Taxi-Zentrale.

[221] § 1 der Preisangabenverordnung (PAngV).

[222] Entwurf der Bundesregierung für ein erstes Gesetz zur Änderung des Gesetzes gegen den unlauteren Wettbewerb, S. 47.

[223] OLG Köln Urteil vom 15.2.2008 – 6 U 140/07.

[224] § 5 Abs. 4 UWG.

15.10.5.2.2 Bedingungen, unter denen die Ware geliefert oder die Dienstleistung erbracht wird

Auch die Bedingungen, unter denen eine Ware geliefert wird und insbesondere unter denen eine Dienstleistung erbracht wird, können relevante Irreführungen enthalten.

Beispiel

Irreführend ist beispielsweise die Werbung für ein Mobiltelefon, wenn die bei Abschluss des Kartenvertrages geschuldete feste Gebühr („Aktivierungskosten") unter den gut lesbaren Angaben über die Vertragsdauer, die monatlichen Grundgebühren und die Gesprächsgebühren pro Minute nicht aufgeführt ist und sich lediglich aus einer in deutlich kleinerer Schrift gedruckten Fußnote, auf die in der Gebührenübersicht mit einem weiteren Stern hingewiesen wird, aufgeführt ist.[225]

15.10.5.3 Person, Eigenschaften oder Rechte des Unternehmers, § 5 Abs. 1 S. 2 Nr. 3 UWG

15.10.5.3.1 Identität, Umfang der Verpflichtungen, Befähigung, Status, Zulassung, Mitgliedschaften, Beziehungen

Die Art und die Identität des Unternehmens können für die Entscheidung des Verbrauchers, ob eine Ware oder Dienstleistung erworben wird, von Bedeutung sein. Auch in diesem Bereich sind deshalb Irreführungen relevant.

Beispiel

Das Vortäuschen einer handwerklichen Fertigung bei fabrikmäßig gefertigten Produkten durch die Verwendung der Bezeichnung „*Möbelhaus des Handwerks*" ist deshalb irreführend.[226]

Das Gleiche gilt für die Führung des Firmenbestandteils „*gemeinnützig*", wenn die Voraussetzungen dafür tatsächlich nicht vorliegen.[227]

Auch Angaben über die Bedeutung des Unternehmens können irreführend sein, zum Beispiel unzutreffende Altersangaben, die eine langjährige Geschäftstradition suggerieren,[228] oder Angaben über die Rechtsform einer Gesellschaft.

Beispiel

Die Bezeichnung „AG" für eine Gesellschaft, die tatsächlich keine Aktiengesellschaft ist, führt über die Größe und Bedeutung des Unternehmens irre.

Die Verwendung der Unternehmensbezeichnung „WISAG" ist hingegen nicht irreführend, obwohl es sich nicht um eine AG handelt, solange die Endung „AG" nicht

---

[225] BGH WRP 1999, 512, 516 – Aktivierungskosten; BGH MMR 2006, 105 – Aktivierungskosten II.
[226] BGH GRUR 1961, 425, 428 – Möbelhaus des Handwerks.
[227] BGH WRP 2003, 640 – Gemeinnützige Wohnungsgesellschaft.
[228] BGH GRUR 1991, 680, 681 f. – Porzellanmanufaktur.

besonders hervorgehoben wird. Hier ist davon auszugehen, dass der Verbraucher erkennt, dass die Buchstaben „AG" Teil der Unternehmensbezeichnung, nicht jedoch die
Angabe der Rechtsform sind.[229]

15.10.5.3.2   Vermögen einschließlich Rechte des geistigen Eigentums

Auch die Werbung mit Schutzrechtshinweisen kann irreführend sein, wenn diese tatsächlich nicht, noch nicht oder nicht mehr existieren.

Beispiel

Die Verwendung des Zeichens „®" für eine Bezeichnung, die tatsächlich nicht als Marke eingetragen ist, ist irreführend.

15.10.5.3.3   Auszeichnungen und Ehrungen

Auszeichnungen und Titel können ebenfalls für den Verbraucher große Bedeutung bezüglich der Einschätzung des Unternehmens haben.

Beispiel

Die Verwendung des Begriffs „Diplom" für ein nicht staatlich oder nicht amtlich anerkanntes Abschlusszeugnis über die Ausbildung an einer privaten Schule ist deshalb
irreführend. Die Bezeichnung „diplomierte Legasthenie-Trainerin" ist hingegen nicht
irreführend, auch wenn es tatsächlich gar keinen Diplomstudiengang zur Legasthenie-
Trainerin gibt. Hier ist davon auszugehen, dass der Verbraucher aufgrund der unübli-
chen Bezeichnung „diplomierte" gerade davon ausgeht, dass kein offizielles Diplom,
sondern lediglich eine entsprechende Ausbildung gemeint sei. Dieses Beispiel macht
sehr deutlich, wie wichtig es ist, in jedem Einzelfall ganz konkret zu überlegen, wie
der durchschnittliche Verbraucher die betroffene Aussage genau versteht.

15.10.5.3.4   Beweggründe für die geschäftliche Handlung

Die Motivation des Vertragspartners kann ein wichtiger Hinweis zur Einschätzung dieses
Vertragspartners sein.

Beispiel

Die Täuschung über die Tatsache, dass der Werbende, der eine Partnervermittlungs-
anzeige aufgibt, gewerblich handelt,[230] oder die Verwendung einer Anzeige zur Ver-
mietung eines Wohnmobils, die nicht erkennen lässt, dass es sich um ein Inserat eines
gewerblichen Vermieters handelt und nicht um das eines Privatmannes,[231] sind deshalb
irreführend.

---

[229] OLG Frankfurt GRUR-RR 2007, 163, 165 – WISAG.
[230] OLG München Magazindienst 2007, 973 ff – Partnervermittler.
[231] OLG Karlsruhe WRP 1998, 329 ff. – Zweigniederlassung.

15.10.5.3.5 Art des Vertriebs

Die Einordnung eines Unternehmens in einem Vertriebssystem sowie die Größe des Filialnetzes haben große Bedeutung für den Vertragspartner, da sie über Preiswürdigkeit und Zuverlässigkeit des Unternehmers Auskunft geben können.

Beispiel

Die Verwendung der Begriffe „Designer Outlet" oder „Factory Outlet" ist deshalb irreführend, wenn der Werbende nicht selbst der Hersteller ist bzw. mit diesem unmittelbar in Verbindung steht und deshalb Markenware unter Ausschaltung von Groß- und Zwischenhändlern preisgünstig anbietet.[232]

15.10.5.4 Aussagen oder Symbole im Zusammenhang mit Sponsoring oder einer Zulassung, § 5 Abs. 1 S. 2 Nr. 4 UWG

Insbesondere die Erweckung des Eindruckes, der Werbende sei Sponsor einer Veranstaltung, hat praktische Bedeutung. Großveranstaltungen, wie Weltmeisterschaften oder Olympische Spiele, erzeugen große Aufmerksamkeit beim Verbraucher. Die Stellung eines Unternehmens als Sponsor eines solchen Ereignisses führt deshalb zum einen zu erhöhter Aufmerksamkeit und zum anderen zur Übertragung der positiven Einstellung des Verbrauchers zu dem Großereignis auf das werbende Unternehmen. Außerdem wird die Stellung als Sponsor von den Veranstaltern derartiger Ereignisse regelmäßig zu sehr hohen Preisen verkauft. Um den Sponsoren dann auch die versprochene Exklusivität und Werbewirkung zu ermöglichen, wird gegen Trittbrettfahrer mit großer Konsequenz und Härte vorgegangen.

Gibt sich ein Unternehmen als Sponsor eines Ereignisses aus, ohne dass dies tatsächlich zutreffend ist, so ist diese Angabe irreführend. Verwendet ein Unternehmen in seiner Werbung darüber hinaus die – häufig markenrechtlich geschützten – Bezeichnungen der Veranstalter wie zum Beispiel „FIFA", so liegt darüber hinaus eine Markenverletzung vor, da dies nur den offiziellen Sponsoren gestattet wird. Schwieriger zu beurteilen sind Werbemaßnahmen, die lediglich anlässlich eines großen Ereignisses erfolgen, aber nicht den Eindruck vermitteln, der Werbende sei auch Sponsor des Ereignisses. Diese anlassbezogene Werbung wird häufig auch „Ambush Marketing" genannt. Damit wird aus der Sicht der Veranstalter des Ereignisses zum Ausdruck gebracht, dass der Werbende das Ereignis „aus dem Hinterhalt" – weil er eben nicht Sponsor ist – ausnutzt. Sofern es sich hierbei lediglich um einen subtilen Bezug auf das Ereignis handelt, ohne dass die Wertschätzung des Ereignisses in unlauterer Weise ausgenutzt wird, ist derartige anlassbezogene Werbung nicht zu beanstanden.

Beispiel

Die Bewerbung eines Autohauses mit der Überschrift: „*Flat Rate Edition Beijing. Unser Angebot zu Olympia 2008*" erweckt nicht den Eindruck, dass es sich bei dem

---

[232] OLG Hamburg GRUR-RR 2001, 42 – Designer Outlet.

Autohaus um einen offiziellen Sponsor handelt. Es wird lediglich ein subtiler Bezug auf die Olympiade hergestellt und auch nicht die Wertschätzung der Olympischen Spiele unlauter ausgenutzt. [233] Dabei ist auch zu berücksichtigen, dass ein normal informierter Verbraucher die Werbung eines offiziellen Sponsors schon deshalb leicht erkennen kann, weil dieser in der Regel seine Sponsoren-Stellung deutlich herausstellt.[234]

15.10.5.5 Notwendigkeit einer Leistung, eines Ersatzteiles, eines Austauschs oder einer Reparatur, § 5 Abs. 1 S. 2 Nr. 5 UWG

Bei dieser Fallgruppe handelt es sich um eine Täuschung über den tatsächlichen Bedarf für die angebotene Ware oder Leistung.

Beispiel

Ein Unternehmer behauptet, der Motor eines Autos müsse ausgetauscht werden, obwohl tatsächlich lediglich eine Zündkerze defekt ist.

15.10.5.6 Einhaltung eines Verhaltenskodexes, § 5 Abs. 1 S. 2 Nr. 6 UWG

Sofern der Unternehmer in der Werbung darauf hinweist, dass er sich zur Einhaltung eines Verhaltenskodexes verbindlich verpflichtet hat, muss er diesen auch einhalten. Anderenfalls ist der Hinweis irreführend.

15.10.5.7 Rechte des Verbrauchers, § 5 Abs. 1 S. 2 Nr. 7 UWG

Diese Fallgruppe erfasst die Irreführung über Rechte des Verbrauchers, wie beispielsweise Rechte, die sich aus Garantieversprechen ergeben, oder Gewährleistungsrechte bei Leistungsstörungen.

Beispiel

Eine Fluggesellschaft, die mit einer Tiefpreisgarantie wirbt und dabei folgende Aussagen verwendet: *„Man muss kein Insider sein, um das zu verstehen: Nur wir garantieren die tiefsten Preise! Wir garantieren Ihnen, Sie sparen Geld. Finden Sie einen niedrigeren Tarif als bei uns, erstatten wir Ihnen die Differenz doppelt zurück*.“*, sowie den *-Hinweis: *„Die Tiefpreisgarantie unterliegt besonderen Bedingungen – Details auf unserer Internetseite.“,* wirbt irreführend, wenn sich aus den Bedingungen ergibt, dass bei der Geltendmachung des Anspruches schwerwiegende bürokratische Hindernisse zu überwinden sind oder eine enge Begrenzung auf wenige Vergleichsflüge vorgenommen wird.[235]

---

[233] LG Nürnberg-Fürth Urteil vom 12. Dezember 2012 – 3 O 10482/11, BeckRS 2013, 13079.

[234] BGH GRUR-RR 2010, 642; Schmidt-Petersen, S. 85, 90.

[235] OLG Köln GRUR-RR 2010, 293, 294 – Wir erstatten die Differenz doppelt zurück.

15.11   Vergleichende Werbung, § 6 UWG

15.11.1   Begriff

Der Begriff der vergleichenden Werbung ist im Gesetz definiert. Danach ist vergleichende Werbung jede Werbung, die unmittelbar oder mittelbar einen Mitbewerber oder die von einem Mitbewerber angebotenen Waren oder Dienstleistungen erkennbar macht.[236] Diese sehr weite Definition hat zur Folge, dass vergleichende Werbung im Sinne des Gesetzes auch vorliegt, wenn die Werbung nicht unmittelbar erkennbar als Vergleich gestaltet ist, sich dieser aber letztlich doch aus der Werbeaussage ergibt.

Beispiel

Die Werbeaussage eines Herstellers von Tennisschlägern: *„Billige Composite Rackets (Graphite-Fiberglas) muten wir Ihnen nicht zu."* beinhaltet einen Vergleich der eigenen Tennisschläger mit denen aller Anbieter von Composite Rackets.[237]

Das Gleiche gilt für die bloße Andeutung, welcher Wettbewerber gemeint sein könnte.

Beispiel

Wirbt ein Mineralölkonzern mit verfremdeten Logos seiner Wettbewerber, zum Beispiel einer blau-weißen Raute mit dem Schriftzug „LARA" sowie einer gelb-roten Muschel mit dem Schriftzug „HELL", dann ist hinreichend deutlich dargestellt, dass Aral und Shell gemeint sind. Die Karikierung der Unternehmenslogos, der Unternehmensfarben sowie der Unternehmensbezeichnungen ist eine mittelbare Erkennbarmachung von Wettbewerbern.

Die Werbeaussage *„JET – IM KAMPF GEGEN TEUER!"* wird folglich wettbewerbsrechtlich übersetzt in die Aussage „JET hat günstigere Preise als Shell und Aral". Diese Aussage muss letztlich die rechtlichen Voraussetzungen für rechtmäßige vergleichende Werbung erfüllen.

15.11.2   Maßstab

Um die rechtliche Regelung der vergleichenden Werbung zu verstehen und Werbekampagnen in der Praxis schnell als „eher problematisch" oder „eher unproblematisch" einordnen zu können, hilft ein Blick auf die gesetzgeberische Intention und die geschichtliche Entwicklung des Rechts der vergleichenden Werbung. In Deutschland war vergleichende Werbung traditionell wettbewerbswidrig. Sie galt als ein typischer Fall unlauterer Werbung. Es wurde angenommen, dass es „grundsätzlich dem anständigen Wettbewerb widerspricht, die Kritik an der Leistungsfähigkeit eines Mitbewerbers als Vorspann für die

---

[236] § 6 Abs. 1 UWG.
[237] BGH WRP 1998, 718, 723.

eigene Kundenwerbung zu nehmen".[238] Dahinter stand die Annahme, dass ein Wettbewerber – anders als eine neutrale Instanz wie beispielsweise die Stiftung Warentest – kein Interesse an einer objektiven Gegenüberstellung der Vor- und Nachteile der verglichenen Produkte haben könne. Der eigentliche Vorteil der vergleichenden Werbung – die für den Verbraucher interessante und hilfreiche Gegenüberstellung der Wettbewerbsprodukte – komme also letztlich nicht zum Tragen. Es verbleibe lediglich die Herabsetzung des Wettbewerbers. Das allerdings müsse dieser sich nicht bieten lassen. Die Grundsätze des Leistungswettbewerbs gebieten eine positive Darstellung des eigenen Produktes, nicht aber eine vergleichende Herabsetzung des Wettbewerbsproduktes.[239]

Im Rahmen der europäischen Harmonisierung wurde diese Sichtweise modifiziert.[240] Vergleichende Werbung wird nicht mehr als grundsätzlich wettbewerbswidrig, sondern als grundsätzlich zulässig angesehen, sofern gewisse Regeln eingehalten werden.[241] Dem liegt allerdings keine neue Bewertung der Vor- und Nachteile von vergleichender Werbung zugrunde. Man betrachtet diese lediglich pragmatischer und versucht durch eine differenzierte gesetzliche Regelung, die Vorteile zu nutzen und gleichzeitig die Nachteile zu verhindern. Die Verbraucher sollen durch vergleichende Werbung möglichst gut über die am Markt erhältlichen Waren und Dienstleistungen informiert werden. Gleichzeitig sollen sie vor Irreführung und die Wettbewerber vor Herabsetzung geschützt werden.

Daraus kann folgende Grundregel abgeleitet werden:

▶ Dient die vergleichende Werbung der Information der Verbraucher?
Dann ist sie im Zweifel zulässig. Das sind typischerweise sachliche Vergleiche, die sich auf den Preis oder sonstige objektive Eigenschaften der verglichenen Waren und Dienstleistungen beziehen und zutreffende Informationen vermitteln.
Dient die vergleichende Werbung hingegen nicht der Information der Verbraucher, dann ist sie im Zweifel wettbewerbswidrig. Unter diese Rubrik fallen typischerweise Vergleiche, die sich nicht auf Tatsachen und Fakten, sondern eher auf subjektive Eindrücke beziehen.

Beispiel

Die fiktive Werbeaussage „*Der VW Golf verbraucht nach DIN einen Liter weniger Benzin als der Opel Astra.*" ist – sofern zutreffend – eine für den Verbraucher interessante und bei der Entscheidungsfindung hilfreiche Information, die ihm nicht vorenthalten werden sollte. Das Gleiche gilt für die fiktive Werbeaussage „*Der Opel Astra kostet 1000,00 € weniger als der vergleichbare VW-Golf.*"

---

[238] BGH GRUR 1952, 417 – Dauerdose.
[239] Köhler in Köhler und Bornkamm (2016), § 6 UWG, Rn. 2.
[240] Richtlinie 97/55/EG vom 6.10.1997 zur Änderung der Richtlinie 84/450/EWG über irreführende Werbung zwecks Einbeziehung der vergleichenden Werbung (ABl. EG Nr. L 290 S. 18).
[241] § 6 UWG.

Bei diesen Vergleichen objektiver und nachprüfbarer Daten überwiegt der Vorteil für die Verbraucherinformation deutlich das Risiko der unangemessenen Herabsetzung des Wettbewerbers.

Das gilt nicht für die fiktive Werbeaussage „*Das Design des VW-Golf ist wesentlich attraktiver als das des Opel Astra.*"

Zwar spielt das Design häufig eine sehr wichtige Rolle. Es ist nicht ungewöhnlich, dass Kunden zu Gunsten eines attraktiveren Designs Nachteile bezüglich Preis und Verbrauch in Kauf nehmen. Eine solche subjektive Äußerung ist aber für den Verbraucher nicht nachprüfbar, da es sich häufig um eine Geschmackssache bzw. persönliche Vorliebe handelt. In dieser Konstellation ist der objektive Nutzen für die Information des Verbrauchers deutlich geringer. Es ist logisch, dass der Werbende sein eigenes Produkt für attraktiver hält als das Produkt seiner Wettbewerber. Damit fällt der Hauptvorteil vergleichender Werbung weg. Es überwiegt deshalb das Risiko, dass der Werbende sich unsachlich und herabsetzend über einen Wettbewerber äußert. Der Vergleich ist deshalb wettbewerbswidrig.

Wieder anders zu beurteilen wäre hingegen die Werbeaussage „*Nach einer Umfrage des XYZ-Umfrage-Instituts (nachzulesen unter* www.xyz.de*) hält die Mehrheit der Bundesbürger den VW Golf für attraktiver als den Opel Astra.*"

Bei dieser Werbeaussage ist die subjektive Bewertung des Designs durch die Umfrage objektiviert worden. Das Umfrageergebnis stellt eine objektive und nachprüfbare Tatsache dar, die für den Verbraucher eine hilfreiche Information sein kann. Die Gefahr, dass hier lediglich der Werbende seine Mitbewerber herabsetzen möchte, rückt in den Hintergrund. Diese Werbeaussage ist deshalb zulässig.

15.11.3 Voraussetzungen rechtmäßiger vergleichender Werbung

Das Gesetz erklärt vergleichende Werbung für grundsätzlich rechtmäßig.[242] Es nennt aber auch sechs verschiedene Fallgruppen, bei denen die vergleichende Werbung jeweils als unlauter angesehen wird.[243]

15.11.3.1 Gleicher Bedarf oder selbe Zweckbestimmung, § 6 Abs. 2 Nr. 1 UWG

Unlauter ist eine vergleichende Werbung bereits dann, wenn sie sich nicht auf Waren oder Dienstleistungen für den gleichen Bedarf oder dieselbe Zweckbestimmung bezieht. Diese Einschränkung lässt sich unmittelbar mit der gesetzlichen Intention erklären. Vergleichende Werbung ist nur vorteilhaft und soll deshalb nur erlaubt werden, wenn der informatorische Nutzen für den Verbraucher größer ist als die Herabsetzungsgefahr für den Wettbewerber. Produkte, die für den gleichen Bedarf hergestellt werden oder dieselbe Zweckbestimmung haben, sind für den Verbraucher unmittelbar vergleichbar. Der Ver-

---

[242] § 6 Abs. 1 UWG.
[243] § 6 Abs. 2 UWG.

gleich ist damit nützlich und folglich erwünscht. Bei Produkten, die nicht für den gleichen Bedarf hergestellt werden oder dieselbe Zweckbestimmung haben, ist ein vergleichbarer Nutzen nicht erkennbar. Wenn „Äpfel mit Birnen" verglichen werden, mag das unterhaltsam sein und vielleicht auch in Grenzfällen noch einen Nutzwert haben. Dies reicht aber nicht aus, um das grundsätzliche Risiko eines von einem Wettbewerber angestellten Vergleiches zu akzeptieren. Der Gesetzgeber hat deshalb entschieden, diese Vergleiche nicht zuzulassen.

Der gleiche Bedarf bzw. dieselbe Zweckbestimmung werden angenommen, wenn ein hinreichender Grad an Austauschbarkeit zwischen den verglichenen Waren oder Dienstleistungen vorliegt. Das ist der Fall, wenn diese untereinander substituierbar sind,[244] der Verbraucher also das eine Produkt anstelle des anderen erwerben könnte, um seinen konkreten Bedarf zu decken. Produktidentität ist hingegen nicht erforderlich.[245]

Beispiel

Müsliriegel und Schokoriegel gelten als substituierbar.[246] Die Bahn und die Luftfahrt als Beförderungsmöglichkeiten sind ebenfalls substituierbar,[247] nicht jedoch eine Wirtschaftszeitung und eine Lotteriegesellschaft. Obwohl beide unter dem Gesichtspunkt der Möglichkeit der Geldvermehrung betrachtet werden können, werden sie vom verständigen durchschnittlichen Verbraucher nicht als substituierbar angesehen.[248]

15.11.3.2 Bezug auf Eigenschaften oder Preis, § 6 Abs. 2 Nr. 2 UWG

Unlauter ist eine vergleichende Werbung auch dann, wenn der Vergleich nicht objektiv auf eine oder mehrere wesentliche, relevante, nachprüfbare und typische Eigenschaften oder den Preis der Waren oder Dienstleistungen bezogen ist. Objektivität des Vergleichs bedeutet, dass der Vergleich nicht auf einer subjektiven Wertung beruht, sondern sich aus einer objektiven Feststellung ergibt.[249] Dabei geht es nicht um Richtigkeit des Vergleiches. Ein falscher Vergleich wäre bereits irreführend und aus diesem Grunde wettbewerbswidrig. Es geht um die Frage, ob objektive Kriterien, wie der genannte Verbrauch eines VW-Golfs oder eine subjektive Einschätzung, wie die genannte Aussage zum Design eines VW-Golfs Gegenstand des Vergleiches sind.[250]

Weiterhin müssen die verglichenen Eigenschaften wesentlich, relevant und typisch sein. Diese Kriterien sind so ähnlich, dass eine Abgrenzung in der Praxis in der Regel keinen Sinn ergibt.[251] Entscheidend ist auch hierbei der Zweck der Regelung zur vergleichenden Werbung. Wesentliche, relevante und typische Eigenschaften haben für den

---

[244] EuGH GRUR 2011, 159 Rn. 28 – Lidl/Vierzon Distribution.
[245] Köhler in Köhler und Bornkamm (2016). § 6 UWG, Rn. 99.
[246] OLG Hamburg GRUR-RR 2003, 251, 252.
[247] Köhler in Köhler und Bornkamm (2016), § 6 UWG, Rn. 99.
[248] BGH GRUR 2002, 828, 830 – Lottoschein.
[249] EuGH GRUR 2011, 159 Rn. 46 – Lidl/Vierzon Distribution.
[250] EuGH GRUR 203, 533 Rn. 37 – Pippig Augenoptik/Hartlauer.
[251] Köhler in Köhler und Bornkamm (2016), § 6 UWG, Rn. 131.

Verbraucher einen besonderen informatorischen Wert. Sie sind deshalb im Rahmen eines Vergleiches erlaubt.

Unwesentliche oder irrelevante Eigenschaften hingegen helfen dem Verbraucher kaum bei seiner Entscheidung für ein Produkt. Es gibt deshalb keinen hinreichenden Grund, einen von einem Wettbewerber angestellten Vergleich zuzulassen und das Risiko einer unangemessenen Herabsetzung der Mitbewerber einzugehen.

Beispiel

Die Eigenschaft einer Zahnbürste, „signifikant mehr Plaque" als andere Zahnbürsten zu entfernen, ist eine wesentliche, relevante und typische Eigenschaft, die Gegenstand eines Vergleichs sein darf.[252] Die Aussage ist für den Verbraucher von Bedeutung.

Die Verpackung eines Produktes wird man hingegen lediglich bei Luxusprodukten als wesentlich einordnen können.[253]

Das Erfordernis der Nachprüfbarkeit dient ebenfalls der Objektivität des Vergleichs und der Sicherstellung, dass der Vergleich für den Verbraucher tatsächlich einen Nutzen hat. Der Verbraucher muss in der Lage sein, den Vergleich mit zumutbarem Aufwand nachzuprüfen. Sofern dies aufgrund der konkreten Umstände nicht möglich ist, muss der Werbende zumindest in der Lage sein, die Richtigkeit seiner Aussagen kurzfristig nachzuweisen.

► Die Angabe von Fundstellen zum Beispiel im Internet oder der Hinweis auf sonstige Quellen direkt in der Werbung erleichtert die Nachprüfbarkeit und beugt Diskussionen über die Rechtmäßigkeit der vergleichenden Werbung vor.

Ausdrücklich genannt als zulässiges Objekt des Vergleiches ist der Preis. Hierbei handelt es sich typischerweise um eine für den Verbraucher wichtige, wesentliche, typische relevante und nachprüfbare Eigenschaft der beworbenen Ware oder Dienstleistung, wie zum Beispiel der genannte Hinweis auf den Preis eines VW-Golfs im Verhältnis zu einem Opel Astra. Preisvergleiche werden deshalb ausdrücklich hervorgehoben. Der Preiswettbewerb ist eine typische Ausdrucksform des Leistungswettbewerbs. Er sorgt dafür, dass der Verbraucher die Waren und Dienstleistungen möglichst kostengünstig erwerben kann.

15.11.3.3   Verwechslungsgefahr, § 6 Abs. 2 Nr. 3 UWG

Der Vergleich darf nicht zu einer Gefahr von Verwechslungen zwischen dem Werbenden und einen Mitbewerber oder zwischen den von diesen angebotenen Waren oder Dienstleistungen oder den von ihnen verwendeten Kennzeichen führen. Der Werbende, der sich in seiner Werbung auf Produkte der Wettbewerber bezieht, hat sicherzustellen, dass es zu keiner Verwechslung kommt. In der Regel wird dies aber seinem eigenen Interesse

---

[252] OLG Hamburg GRUR-RR 2013, 84.
[253] Köhler in Köhler und Bornkamm (2016), § 6 UWG, Rn. 130.

entsprechen, da er durch die vergleichende Werbung gerade die Vorteile seines eigenen Produktes in den Vordergrund stellen will.

15.11.3.4 Rufausnutzung und Rufbeeinträchtigung, § 6 Abs. 2 Nr. 4 UWG

Der Vergleich darf den Ruf des von einem Mitbewerber verwendeten Kennzeichens nicht in unlauterer Weise ausnutzen oder beeinträchtigen. Das ist noch nicht der Fall, wenn der vergleichend Werbende eine Marke oder ein sonstiges Kennzeichen des Mitbewerbers im Rahmen seiner vergleichenden Werbung benutzt, um den Mitbewerber zu identifizieren. Das kann sogar erforderlich sein, um eine Unterscheidung der eigenen Waren und Dienstleistungen von denen des Mitbewerbers im Rahmen der Werbung zu gewährleisten.[254] Die mit einem Vergleich notwendigerweise verbundene Rufausnutzung ist vom betroffenen Mitbewerber hinzunehmen.

> **Beispiel**
>
> Die vollständige Angabe von Bestellnummern des Mitbewerbers oder Bildmotiven mit der Funktion von Bestellnummern ist nicht zu beanstanden. Anderenfalls müsste der Besteller anhand von Vergleichslisten die entsprechenden Bestellnummern heraussuchen. Dies wäre für den Verbraucher mit viel Aufwand verbunden und deshalb für den Wettbewerb nachteilig.[255]

Eine unlautere Rufausnutzung kann nur dann angenommen werden, wenn über die bloße Nennung des Kennzeichens hinaus zusätzliche Umstände hinzukommen.

> **Beispiel**
>
> Die Produktbezeichnung „à la Cartier" für ein Schmuckstück ist ein Fall der Rufausnutzung. Hierbei steht nicht die Information des Verbrauchers über konkrete Ähnlichkeiten oder Unterschiede der gegenübergestellten Produkte im Vordergrund. Der Werbende versucht lediglich, sich an die bekannte Marke „Cartier" anzuhängen, um Aufmerksamkeit für sein Produkt zu erzielen.[256]

15.11.3.5 Herabsetzung und Verunglimpfung, § 6 Abs. 2 Nr. 5 UWG

Der Vergleich darf die Waren, Dienstleistungen, Tätigkeiten oder persönlichen oder geschäftlichen Verhältnisse eines Mitbewerbers nicht herabsetzen oder verunglimpfen. Diese Einschränkung zielt auf die typischerweise gegen vergleichende Werbung hervorgebrachte Befürchtung, dass es dem Werbenden nicht um einen sachlichen Vergleich, sondern um die Herabsetzung seines Wettbewerbers geht. Es ist deshalb sehr genau darauf zu achten, dass der Vergleich sachlich und objektiv bleibt. Die Abgrenzung ist schwierig, denn jede vergleichende Werbung zielt darauf ab, das eigene Produkt als den Wettbewerbsprodukten überlegen darzustellen. Es gibt bereits per Definition bei jedem Vergleich

---

[254] EuGH, GRUR 2002, 354, 355 – Toshiba Europe.
[255] BGH, WRP 2012, 318 Rn. 23 – Teddybär.
[256] BGH GRUR 2009, 871, Rn. 31 – Ohrclips.

einen Verlierer. Die Tatsache, dass das Produkt eines Wettbewerbers in einem Vergleich schlechter abschneidet, reicht deshalb noch nicht aus, um eine Herabsetzung oder Verunglimpfung im Sinne dieser Vorschrift zu begründen. Anderenfalls wäre vergleichende Werbung nicht möglich. Für die Information des Verbrauchers über Produktvorteile ist es jedoch nicht erforderlich, dass der Wettbewerber in einer lächerlichen Art und Weise dargestellt wird.

> **Beispiel**
>
> Eine szenische Darstellung, bei der das Navigationsgerät „Lucca" des Werbenden als attraktive, intelligente Schülerin und das Navigationsgerät „TomTom" des Mitbewerbers als dumme, ausgelachte Schülerin auftreten, enthält keine sachliche Information für den Verbraucher, sondern setzt den Wettbewerber lediglich herab.[257] Derartige Werbung ist für den Verbraucher nicht nützlich, sondern lediglich für den Wettbewerber schädlich. Es ist der Prototyp der Werbung, die zu der früheren Annahme führte, dass vergleichende Werbung unlauter sei.

Gegenstand der Diskussion ist in diesem Zusammenhang immer wieder die Nutzung von Humor im Rahmen von vergleichender Werbung. Dabei ist grundsätzlich gegen eine humorvolle Werbung nichts einzuwenden.

> **Beispiel**
>
> Gelungene Beispiele hierfür sind die mehrfach prämierte Werbung der Daimler AG, in der ein Ehemann spät nach Hause kommt und geohrfeigt wird, weil seine Ehefrau ihm nicht glaubt, dass sein Mercedes eine Panne hatte, sowie der Werbespot der Intel Corp. mit dem traurigen Roboter, der den Kopf hängen lässt, als er hört, dass nicht er, sondern ein anderes Produkt des Unternehmens die beste Erfindung aller Zeiten sei.

Das Problem liegt darin, dass im Rahmen der vergleichenden Werbung der (manchmal vermeintliche) Humor meistens zulasten des Mitbewerbers eingesetzt wird.

> **Beispiel**
>
> Ein Hersteller von Holzhäusern wirbt mit dem Spruch „Die Steinzeit ist vorbei.", um humorvoll darauf hinzuweisen, dass seiner Meinung nach heutzutage moderne Häuser auch aus Holz gebaut werden können.[258]

Der Bundesgerichtshof bewertet derartige Werbung zunehmend großzügig. Ausgangspunkt ist die Annahme, dass der durchschnittlich informierte, aufmerksame und verständige Durchschnittsverbraucher zunehmend an pointierte Aussagen in der Werbung gewöhnt ist. Deshalb ist auch grundsätzlich nichts gegen Humor und Ironie einzuwenden. Eine

---

[257] LG Köln GRUR-RR 2009, 154, 155.
[258] BGH GRUR 2002, 982, 984 f. – Die „Steinzeit" ist vorbei.

unzulässige Herabsetzung ist erst dann anzunehmen, „wenn der Mitbewerber dem Spott oder der Lächerlichkeit preisgegeben wird oder die Werbung wörtlich genommen und daher als Abwertung verstanden wird"[259]. Der Verbraucher erkennt humorvolle Überspitzungen und nimmt diese nicht ernst. Deshalb liegt auch normalerweise keine pauschale Abwertung vor. Entscheidend ist die Aussage, die hinter der humorvollen Darstellung steht. Solange diese Aussage nicht selbst herabsetzend ist, liegt keine unlautere Werbung vor.[260] Auch ein werbendes Unternehmen kann also Humor als Mittel der Darstellung im Rahmen vergleichender Werbung verwenden.

Beispiel

Gegenstand der Grundsatzentscheidung des Bundesgerichtshofes war ein Kino-Werbespot der taz.[261] Im ersten Teil des Werbespots ist vor einem als „Trinkhalle" bezeichneten Zeitungskiosk ein mit dem Logo der BILD-Zeitung versehener, leerer Zeitungsständer zu sehen. Ein Kunde, der nur mit einem Unterhemd und einer Jogginghose bekleidet ist, fordert den Inhaber des Kiosks auf: „*Kalle, gib mal Zeitung*", worauf dieser entgegnete: „*Is' aus.*" Auf Nachfrage des Kunden: „*Wie aus?*", schiebt der Kioskinhaber wortlos eine taz über den Tresen. Der Kunde reagiert hierauf mit den Worten: „*Wat is dat denn? Mach mich nicht fertig, Du*" und wirft die taz nach einem Blick in die Zeitung verärgert auf den Ladentisch. Der Kioskinhaber holt nun eine unter dem Tresen versteckte BILD-Zeitung hervor, die er dem Kunden gibt. Daraufhin brechen beide in Gelächter aus. Im zweiten Teil des Werbespots ist vor der „Trinkhalle" ein nunmehr mit BILD-Zeitungen gefüllter Zeitungsständer zu sehen. Der Kunde verlangt aber: „*Kalle, gib mal taz*". Der Kioskinhaber ist so verblüfft, dass er der Aufforderung nicht nachkommt. Jetzt bricht der Kunde in Gelächter aus, in das der Kioskinhaber einstimmt. Am Ende beider Teile des Werbespots ist der Text eingeblendet: „*taz ist nicht für jeden. Das ist gut so.*"

Sowohl das Landgericht Hamburg als auch das Oberlandesgericht Hamburg hatten der Unterlassungsklage der BILD-Zeitung wegen unlauterer Herabsetzung stattgegeben. Der Bundesgerichtshof hat die Entscheidung des Oberlandesgerichts aufgehoben und die Klage insgesamt abgewiesen. Es handele sich um eine erkennbare Überspitzung, hinter der die nicht zu beanstandende Aussage stehe, dass die taz nicht für jeden sei und sich insbesondere von der BILD-Zeitung deutlich unterscheide.[262]

Diese Entscheidung ist in zweifacher Hinsicht sehr weitgehend. Zum einen ist der BILD-Zeitungs-Leser nicht besonders schmeichelhaft dargestellt – auch wenn er im zweiten Teil des Werbespots sehr intelligent und witzig handelt. Man könnte auch die Auffassung vertreten, dass hierdurch der Wettbewerber und seine Kunden dem Spott und der Lächerlichkeit preisgegeben werden. Außerdem ist die eigentliche Werbeaussage „*taz ist nicht für jeden. Das ist gut so.*" auch nicht sehr objektiv. Man könnte sie

---

[259] BGH GRUR 2010, 161, 164 – Gib mal Zeitung.
[260] BGH GRUR 2010, 161, 164 – Gib mal Zeitung.
[261] https://www.youtube.com/watch?v=y55Pw0TnHf0. Zuletzt abgerufen am 21. April 2016.
[262] BGH GRUR 2010, 161 – Gib mal Zeitung.

auch als subjektive Eigeneinschätzung und damit als grundsätzlich nicht für vergleichende Werbung geeignet einstufen. Die Entscheidung macht deshalb deutlich, dass der Bundesgerichtshof auch im Bereich der Werbung dem Grundrecht der Meinungsäußerungsfreiheit weiten Raum zugesteht.[263]

▸   Für die Einschätzung humorvoller vergleichender Werbung ist es ratsam, zwischen der vordergründigen humorvollen Darstellung und der dahinter stehenden eigentlichen ernsthaften Werbeaussage zu differenzieren. Die humorvolle Darstellung ist akzeptabel, wenn sie als solche erkennbar ist und den Wettbewerber nicht dem Spott oder der Lächerlichkeit preisgibt.
Die eigentliche ernsthafte Werbeaussage wird hingegen sehr viel strenger an den wettbewerbsrechtlichen Regeln gemessen, da diese Aussage vom Verbraucher ernst genommen wird. Außerdem kann es hilfreich sein, die Aussage deutlich erkennbar zu gestalten, um sie von der humorvoller Darstellung abzugrenzen und identifizierbar zu machen.
In dem Werbespot der taz war die Einblendung der eigentlichen Aussage *„taz ist nicht für jeden. Das ist gut so.“* eventuell ausschlaggebend dafür, dass die Werbung letztlich nicht als unlauter eingestuft wurde. Ohne diese Einblendung hätte man auch annehmen können, dass die eigentliche Aussage der Werbung sei: *„BILD-Zeitungs-Leser sind unterdurchschnittlich gebildet, können sich nicht artikulieren und kleiden sich geschmacklos.“*
Eine solche Aussage wäre als ernst zu nehmende Kernaussage herabsetzend und deshalb unlauter.

15.11.3.6   Darstellung als Imitation oder Nachahmung, § 6 Abs. 2 Nr. 6 UWG

Ein Vergleich ist unlauter, wenn eine Ware oder Dienstleistung als Imitation oder Nachahmung einer unter einem geschützten Kennzeichen vertriebenen Ware oder Dienstleistung dargestellt wird. Diese Regelung schützt die Hersteller von Markenprodukten. Verboten ist deshalb lediglich die Werbung des Nachahmenden, nicht jedoch die Werbung des Markeninhabers, der darauf hinweist, dass ein Wettbewerber sein Produkt nachahmt.

Beispiel

Die Hersteller von Duftimitationen verwenden typischerweise für ihren Vertrieb Vergleichslisten, in denen die Marken des jeweiligen Markenparfums genannt werden und mit dem vom Nachahmer hergestellten Produkt gegenübergestellt werden.[264] Dies widerspricht dem Leistungswettbewerb, da nicht auf die Vorteile des eigenen Produktes hingewiesen, sondern lediglich der gute Ruf des imitierten Produktes ausgenutzt wird.

---

[263] Ahrens (2010), S. 211.
[264] EuGH, GRUR 2009, 756 Rn. 14–21 – L'Oreal/Bellure.

15.12   Unzumutbare Belästigungen, § 7 UWG

Werbung hat den Zweck, die Aufmerksamkeit des potentiellen Kunden zu wecken, um ihn über das anzubietende Produkt zu informieren und ihn hierfür zu interessieren. Das ist grundsätzlich nicht zu beanstanden. Tatsächlich ist ein solcher Hinweis häufig sehr hilfreich.

> **Beispiel**
>
> Im Zweifel freut man sich, wenn man darüber informiert wird, dass eine neue, verbesserte Version der verwendeten Spracherkennungssoftware erhältlich ist. Auch der Hinweis in der Werbung, dass wieder einen neues iPhone auf dem Markt ist, wird in der Regel erfreut zur Kenntnis genommen.

Häufig bittet man sogar ausdrücklich um derartige Informationen, indem man sich auf den Internetseiten der Anbieter hierfür registriert oder sogar Newsletter abonniert. Das Gleiche gilt für die Information über völlig neue Waren und Dienstleistungen, von denen man noch gar nicht wusste, dass es sie gibt.

> **Beispiel**
>
> Die großflächige Plakatierung in der Hamburger Innenstadt mit Hinweisen auf die neue Dienstleistung der car2go Deutschland GmbH hat viele, die heute diese Dienstleistung regelmäßig nutzen und zufriedene Kunden geworden sind, erst auf dieses neue, bis dahin unbekannte Geschäftsmodell aufmerksam gemacht.

Bestimmte Arten von Werbung können aber auch belästigend wirken. Wenn Verbraucher, Mitbewerber oder auch sonstige Marktteilnehmer sich gegen ihren Willen mit fremder Werbung auseinandersetzen müssen und deshalb in ihrer Ruhe oder anderweitigen Beschäftigung gestört werden, ist die Grenze zu unlauteren Verhalten überschritten. Unzulässig sind gemäß § 7 Abs. 1 S. 1 UWG alle geschäftlichen Handlungen, durch die ein Marktteilnehmer in unzumutbarer Weise belästigt wird.[265]

> **Beispiel**
>
> Das Werben mittels eines Banners im Rahmen eines Browserspiels kann als störend und belästigend angesehen werden. Nach Ansicht des Landgerichts Berlin überschreitet es die Schwelle der unzumutbaren Belästigung, wenn sich der Nutzer der Werbung nicht nach spätestens fünf Sekunden durch Wegklicken entziehen kann. Das Urteil ist sehr streng, vor allem, wenn es sich um ein kostenloses Spiel handelt, das sich nur über Werbung finanziert.[266]

---

[265] § 7 Abs. 1 S. 1 UWG.
[266] LG Berlin GRUR 2011, 848 – Interstitials.

Da es sich bei dieser gesetzlichen Definition um eine sehr allgemeine Generalklausel handelt und es im Einzelfall schwierig sein kann, die Grenze der unzumutbaren Belästigung zu definieren, nennt das Gesetz einige Konkretisierungen. Als unzumutbare Belästigung wird eine Werbung insbesondere dann angesehen, wenn erkennbar ist, dass der angesprochene Marktteilnehmer die Werbung nicht wünscht.[267] Da auch dies noch im Einzelfall zu Abgrenzungsschwierigkeiten führen kann, werden darüber hinaus vier Fallgruppen genannt, die stets als unzumutbare Belästigung anzusehen sind.

15.12.1   Telefonwerbung, § 7 Abs. 2 Nr. 2 UWG

Werbung mit Telefonanrufen gegenüber Verbrauchern ist immer unzulässig, es sei denn, es liegt eine ausdrückliche vorherige Einwilligung des Verbrauchers vor. Es wird davon ausgegangen, dass es sich bei einem Telefonanruf um ein Eindringen in die Privatsphäre des Verbrauchers handelt. Da man häufig nicht erkennt, wer anruft, unterbricht man seine aktuelle Tätigkeit und nimmt den Anruf an, da es ein wichtiger oder auch erwünschter Anruf sein könnte. Darüber hinaus ist für die Zeit des Werbeanrufs der Telefonanschluss blockiert, so dass andere wichtige oder erwünschte Anrufe nicht durchkommen können.[268]

Auch im geschäftlichen Bereich dringt der Werbende zu einem von ihm gewünschten Zeitpunkt in die Sphäre des Angerufenen ein und blockiert die Telefonanlage. Anders als im privaten Bereich wird man aber im geschäftlichen Bereich häufig eine größere Bereitschaft zur Entgegennahme von Telefonanrufen und insbesondere auch Werbeanrufen annehmen können. Deshalb ist im geschäftlichen Bereich ein Werbeanruf nicht nur bei ausdrücklicher vorheriger Einwilligung, sondern auch bei mutmaßlicher Einwilligung zulässig. Eine mutmaßliche Einwilligung ist anzunehmen, wenn aufgrund konkreter Umstände ein sachliches Interesse des Anzurufenden am Anruf vermutet werden kann.[269] Das Interesse muss sich sowohl auf den Inhalt des Werbeanrufes als auch auf die Tatsache beziehen, dass die Werbung gerade per Telefon und nicht durch ein anderes Kommunikationsmedium erfolgt.

Beispiel

Die Information über die Neuauflage eines wichtigen juristischen Kommentars wird zwar grundsätzlich für Rechtsanwälte wichtig und erwünscht sein. Sie ist jedoch nicht so dringend, dass man als Rechtsanwalt regelmäßig Telefonanrufe von Buchhandlungen erhalten möchte. Es ist völlig ausreichend, diese Information zum Beispiel per Post zu erhalten. Man kann dann selbst entscheiden, wann man diese Information zur Kenntnis nehmen möchte, und wird nicht durch einen Telefonanruf in seiner aktuellen Tätigkeit gestört.[270]

---

[267] § 7 Abs. 1 S. 2 UWG.
[268] BGH GRUR 1970, 523 – Telefonwerbung.
[269] BGH GRUR 2001, 1181, 1183 – Telefonwerbung für Blindenwaren.
[270] Köhler in Köhler und Bornkamm (2016), § 7 UWG, Rn. 166.

Der Anruf eines ausgeschiedenen Mitarbeiters, der einen Kunden anruft, um ihn über seinen Arbeitgeberwechsel zu informieren, ist hingegen zulässig, da es für den Kunden eine wichtige Information sein kann, wo sein ehemaliger Ansprechpartner jetzt tätig ist. Diese Information wird man typischerweise auch gern telefonisch erhalten, um Begleitumstände zu erfahren.[271]

15.12.2 Werbung mit automatischen Anrufmaschinen oder Faxgeräten, § 7 Abs. 2 Nr. 3 UWG

Auch die Werbung mit Faxgeräten (automatische Anrufmaschinen sind in Deutschland wenig verbreitet) ist nur zulässig, wenn eine ausdrückliche vorherige Einwilligung vorliegt. Wie beim Telefonanruf wird das Gerät für sonstige gewünschte Kommunikation blockiert. Hinzu kommt, dass hier vor allem der Empfänger die Kosten für zum Beispiel Papier, Toner, Strom und Wartung trägt. Deshalb ist sie auch gegenüber Unternehmern ohne ausdrückliche vorherige Einwilligung unzulässig.[272] Zu berücksichtigen ist dabei auch die Gefahr, dass ansonsten aufgrund des geringen Aufwands für den Versender eine erhebliche Anzahl von Telefaxsendungen verschickt werden würde.

15.12.3 Werbung mit elektronischer Post, § 7 Abs. 2 Nr. 3, Abs. 3 UWG

Von größerer Bedeutung ist heutzutage Werbung per elektronischer Post. Auch diese ist grundsätzlich unzulässig, wenn nicht eine vorherige ausdrückliche Einwilligung des Adressaten vorliegt.

> **Beispiel**
>
> Der „Freundefinder" von Facebook ermöglichte es Facebook-Nutzern, ihr persönliches E-Mail-Adressbuch in den Datenbestand bei Facebook zu importieren. Facebook sendete daraufhin Einladungen an diese Kontakte, um sie dazu zu bewegen, dem Netzwerk beizutreten. Auch wenn dies nur gemeinsam mit den Facebook-Nutzern erfolgte, die ihr Adressbuch zur Verfügung stellten, handelte es sich doch um eine auch von Facebook veranlasste Werbung per E-Mail. Da die eingeladenen Kontakte dieser Werbung nicht ausdrücklich zugestimmt hatten, wurde der Freundefinder als unzumutbare Belästigung angesehen.[273]

---

[271] BGH GRUR 2010, 939 Rn 29, 30 – Telefonwerbung nach Unternehmenswechsel.
[272] Köhler in Köhler und Bornkamm (2016), § 7 UWG, Rn. 193.
[273] LG Berlin WRP 2012, 613 – Freundefinder.

Um eine normale Korrespondenz zwischen Kunden und Unternehmen, die bereits in Kontakt stehen, zu ermöglichen, ist unter bestimmten Voraussetzungen die ausdrückliche Einwilligung nicht erforderlich.[274] Das ist der Fall, wenn

- ein Unternehmer im Zusammenhang mit dem Verkauf einer Ware oder Dienstleistung von dem Kunden dessen elektronische Postadresse erhalten hat,
- der Unternehmer die Adresse zur Direktwerbung für eigene ähnliche Waren oder Dienstleistungen verwendet,
- der Kunde der Verwendung nicht widersprochen hat und
- der Kunde bei Erhebung der Adresse und bei jeder Verwendung klar und deutlich darauf hingewiesen wird, dass er der Verwendung jederzeit widersprechen kann, ohne dass hierfür andere als die Übermittlungskosten nach den Basistarifen entstehen.

Beispiel

Wenn ein Kunde Software im Internet bestellt und dabei seine E-Mail-Adresse angibt, dann ist es nicht zu beanstanden, wenn der Unternehmer den Kunden später per elektronischer Post darüber informiert, dass es eine neue Version der Software gibt. Da der Kunde bereits einmal ein Produkt dieses Anbieters erworben hat, wird hier vermutet, dass er auch weiterhin interessiert ist, Informationen über Nachfolgeprodukte zu erhalten. Um die dennoch denkbare Belästigung so gering wie möglich zu halten, muss darauf hingewiesen werden, dass man als Kunde der Verwendung der Adresse jederzeit widersprechen kann, ohne dass dadurch unangemessene Kosten entstehen würden.

15.12.4   Verschleierung oder Verheimlichung der Identität des Absenders, § 7 Abs. 2 Nr. 4 UWG

Unzulässig ist Werbung, bei der die Identität des Absenders verschleiert oder verheimlicht wird oder bei der keine gültige Adresse vorhanden ist, an die der Empfänger einer Aufforderung zur Einstellung solcher Nachrichten richten kann, und zwar ohne dass dabei unverhältnismäßige Übermittlungskosten entstehen. Diese Regelung soll es dem Betroffenen ermöglichen, gegen unerwünschte Werbung vorzugehen, vor allem eine eventuell erteilte Einwilligung zu widerrufen.[275]

15.12.5   Briefwerbung

Werbung per herkömmlicher Post ist grundsätzlich nicht zu beanstanden. Auch ist kein vorheriges Einverständnis des Empfängers erforderlich. Das Gleiche gilt für Briefkastenwerbung. Hierbei handelt es sich nicht um einen an den Empfänger persönlich adressierten

---

[274] § 7 Abs. 3 UWG.
[275] Köhler in Köhler und Bornkamm (2016), § 7 UWG, Rn. 208.

Brief, sondern um nicht adressiertes Werbematerial. Es wird davon ausgegangen, dass viele Verbraucher an derartiger Werbung interessiert sind, um attraktive Angebote wahrzunehmen. Außerdem ist der Grad der Belästigung relativ gering. Der Betroffene muss das Material lediglich entsorgen.

Beispiel

Das Einwerfen von Prospekten, Handzetteln, Katalogen etc. in den Briefkasten ist grundsätzlich nicht zu beanstanden.

Häufig ist jedoch erkennbar, dass der Verbraucher auch diese Art der Werbung nicht wünscht.

Beispiel

Wenn der Verbraucher an seinem Briefkasten einen Aufkleber mit dem Text „Keine Werbung" oder Ähnliches angebracht hat, ist hinreichend deutlich, dass er keine Werbung wünscht. Jedes Einwerfen von Werbung ist dann unzulässig.

15.12.6   Haustürwerbung

Das Gleiche gilt für Haustürwerbung. Es wird grundsätzlich angenommen, dass der Belästigungsgrad beim Ansprechen an der Haustür geringer ist als beim Ansprechen über das Telefon, da Hausbesuche in der Regel tagsüber und werktags stattfinden.[276] Dies wird allerdings zu Recht zunehmend kritisiert, da ein Gespräch an der Haustür aufgrund des unmittelbar persönlichen Kontaktes nicht so leicht beendet werden kann wie ein Telefonat.[277] Dennoch geht die Rechtsprechung bislang von der grundsätzlichen Zulässigkeit aus. Wenn allerdings an der Haustür Hinweise wie „Vertreterbesuche verboten" verwendet werden, so ist hinreichend deutlich erkennbar, dass diese nicht erwünscht sind.

15.13   Schutz von Geschäfts- und Betriebsgeheimnissen

Technische Erfindungen, die ein Mindestmaß an Erfindungshöhe aufweisen, können als Patent geschützt werden. Erfindungen, die diese Schutzschwelle nicht überschreiten, können aber trotzdem einen Wert für den Inhaber haben. Sie können nur durch Geheimhaltung geschützt werden. Darüber hinaus mag es auch Erfindungen geben, die als Patent schutzfähig wären, vom Erfinder aber trotzdem nicht zum Patent angemeldet werden. Dies kann verschiedene Gründe haben. Zum einen ist internationaler Patentschutz aufwändig und teuer. Zum anderen ist die Identifizierung und Verfolgung von Patentverletzungen häufig schwierig und ebenfalls mit hohen Kosten verbunden. Dieses Know-how muss geheim

---

[276] BGH GRUR 1994, 380, 381 – Lexikothek.
[277] Köhler in Köhler und Bornkamm (2016), § 7 UWG, Rn. 47.

gehalten werden, um eine Nutzung durch Wettbewerber zu verhindern. Das Gleiche gilt für Informationen, die nicht erfinderisch sind, aber dennoch einen besonderen Wert für den Inhaber haben, wie zum Beispiel Zusammenstellungen von Kunden-Kontaktdaten. Im Rahmen einer Studie mit der EU wurde im November 2012 eine Umfrage zur Nutzung von Geschäftsgeheimnissen und damit verbundenen Risiken durchgeführt. Dabei bewerteten 75 % der Teilnehmer Betriebs- und Geschäftsgeheimnisse als strategisch wichtig für Wachstum, Wettbewerbsfähigkeit und Innovationsleistung ihres Unternehmens. 20 % der Befragten waren innerhalb der letzten zehn Jahre mindestens einmal Opfer einer versuchten widerrechtlichen Aneignung von Geschäftsgeheimnissen in der EU. 40 % der Befragten waren der Auffassung, dass das Risiko einer widerrechtlichen Aneignung von Geschäftsgeheimnissen innerhalb der letzten zehn Jahre zugenommen habe.[278] In der Praxis wird der Schutz in erster Linie durch allgemeine Geheimhaltungsmaßnahmen bewirkt. Darüber hinaus bietet das Lauterkeitsrecht aber auch rechtlichen Schutz vor der Erlangung, dem Verrat und der Verwertung von Geschäfts- und Betriebsgeheimnissen.

15.13.1   Allgemeine Geheimhaltungsmaßnahmen

Ein Geschäfts- und Betriebsgeheimnis wird definiert als jede im Zusammenhang mit einem Geschäftsbetrieb stehende, nicht offenkundige, sondern nur einem begrenzten Personenkreis bekannte Tatsache, an deren Geheimhaltung der Unternehmensinhaber ein berechtigtes wirtschaftliches Interesse hat und die nach seinem bekundeten oder doch erkennbaren Willen auch geheim bleiben soll.[279] Diese Definition macht bereits deutlich, dass allgemein bekannte Tatsachen nicht schutzfähig sind und der Inhaber der Information ein Interesse und den Willen an der Geheimhaltung zum Ausdruck bringen muss.

▶   Die Geheimhaltung sollte sich nicht darauf beschränken, die zu schützen-
     den Tatsachen nicht der Öffentlichkeit preiszugeben. Der Inhaber sollte aktiv
     Maßnahmen ergreifen, die seine Geschäfts- und Betriebsgeheimnisse vor Ent-
     deckung und Verbreitung schützen.

Dazu gehört zunächst die Identifizierung von geheimhaltungswürdiger Information. Auch sollte festgestellt werden, wo typischerweise geheimhaltungswürdige Information im Unternehmen entsteht, zum Beispiel in der Entwicklungsabteilung, aber auch im Vertrieb, wo Kundendaten gesammelt werden. Mitarbeiter, die typischerweise mit diesen Informationen in Berührung kommen und mit ihnen arbeiten, sollten über die Bedeutung der Geheimhaltung informiert werden. Häufig erfolgt die Offenlegung oder Weitergabe

---

[278] Vorschlag für eine Richtlinie des Europäischen Parlaments und des Rates über den Schutz vertraulichen Know-hows und vertraulicher Geschäftsinformationen (Geschäftsgeheimnisse) vor rechtswidrigem Erwerb sowie rechtswidriger Nutzung und Offenlegung vom 28. November 2013 (2013/0402), S. 5.
[279] BGH GRUR 2009, 603 Rn. 13 – Versicherungsvertreter.

derartiger Information auch aus Unwissen. Es ist in der Regel auch nicht erforderlich, dass alle Mitarbeiter im Unternehmen Zugang zu allen Informationen haben. Zugangsbeschränkungen sollten definiert und umgesetzt werden. Das bezieht sich nicht nur auf den tatsächlichen Zugang zu Unternehmensteilen oder bestimmten Räumlichkeiten, sondern auch auf den elektronischen Zugang zu bestimmten Informationen im Rechensystem des Unternehmens.

Darüber hinaus sollten die Mitarbeiter darüber informiert werden, dass sie auch aus rechtlichen Gründen verpflichtet sind, Geschäfts- und Betriebsgeheimnisse geheim zu halten. Dies ergibt sich bereits aus der allgemeinen Verpflichtung, den Vertragspartner vor Schäden zu bewahren. Trotzdem sollte eine entsprechende Geheimhaltungsklausel zur Verdeutlichung in den Arbeitsvertrag aufgenommen werden und gegebenenfalls durch Vertragsstrafen abgesichert werden.

Aus dem Unternehmen ausscheidende Mitarbeiter sollten ausdrücklich darüber informiert werden, dass es untersagt ist, Informationen zu kopieren oder auf Datenträger wie zum Beispiel USB-Sticks zu ziehen und mitzunehmen. Das Gleiche gilt für das Versenden mittels E-Mail. Viele Mitarbeiter gehen fälschlicherweise davon aus, dass Entwicklungen, die sie selbst im Unternehmen betreut und maßgeblich vorangetrieben haben, auch ihnen zustehen, und haben insoweit kein Unrechtsbewusstsein. Deshalb kann ein Hinweis auf zivilrechtliche und strafrechtliche Folgen sinnvoll sein.

Auch Wettbewerbsverbote sind hilfreich. Durch ein Wettbewerbsverbot wird dem Mitarbeiter untersagt, gleichzeitig für ein Konkurrenzunternehmen tätig zu werden. Dies vermeidet Interessenkonflikte.

Das Wettbewerbsverbot kann auch nachvertraglich vereinbart werden. Dann darf der Mitarbeiter auch nach dem Ausscheiden aus dem Unternehmen für einen bestimmten Zeitraum nicht für ein Konkurrenzunternehmen tätig werden. Hierbei ist zu berücksichtigen, dass das Verbot zeitlich und gegebenenfalls sachlich und örtlich begrenzt sein muss sowie eine Karenzentschädigung zu zahlen ist. Nicht verhindert werden kann allerdings, dass der Mitarbeiter Informationen und Wissen im Kopf hat und – gegebenenfalls nach Ablauf eines Wettbewerbsverbotes – im Rahmen seiner Tätigkeit für Konkurrenten einsetzt.[280] Dem Mitarbeiter darf nicht verwehrt werden, sich fortzubilden und weiterzuentwickeln und sein Wissen auch beruflich einzusetzen. Die Grenze ist immer dann überschritten, wenn externe Hilfsmittel verwendet werden, um Wissen zu transportieren, wie zum Beispiel Kopien oder Datenträger.

Nicht zuletzt ist darauf zu achten, dass E-Mail Korrespondenz nicht sicher ist. Es muss davon ausgegangen werden, dass insbesondere Länder wie China, USA, Russland und Großbritannien Informationen aus E-Mail Korrespondenz auswerten und enthaltene Geschäftsgeheimnisse an Wettbewerbsunternehmen im eigenen Land weiterleiten, um diesen einen Wettbewerbsvorteil zu verschaffen. Die Annahme, dass auch außerhalb der Bundesrepublik Deutschland ähnliche Maßstäbe bezüglich Rechtsstaatlichkeit und Datenschutz bestehen, ist in der Regel unzutreffend. Informationen über Preisgestaltungen und tech-

---

[280] BGH GRUR 2009, 603 Rn. 19 – Versicherungsvertreter.

nische Entwicklungen sollten deshalb keinesfalls in unverschlüsselten E-Mails kommuniziert werden. Anderenfalls ist damit zu rechnen, dass zum Beispiel Patentanmeldungen mangels Neuartigkeit scheitern, weil entsprechende Patente bereits von Wettbewerbern angemeldet wurden. Ein hundertprozentiger Schutz ist sicher nicht zu erreichen. Aber durch Identifizierung und Minimierung von Risiken kann potentieller Schaden so gering wie möglich gehalten werden.

15.13.2   Geheimnisverrat, § 17 Abs. 1 UWG

Das Lauterkeitsrecht schützt Betriebs- und Geschäftsgeheimnisse. Mitarbeitern ist es verboten, diese Geheimnisse Dritter mitzuteilen. Dabei kommt es nicht darauf an, ob der Mitarbeiter aus Eigennutz handelt, ob er zu Gunsten eines Dritten handelt oder ob er dem Inhaber des Unternehmens Schaden zufügen möchte.

Beispiel

Das Kopieren von Kundenadressen oder Musteranschreiben vor dem Ausscheiden aus dem Unternehmen des ehemaligen Arbeitgebers ist verboten. Dabei kommt es nicht darauf an, wer den Kunden akquiriert hat. Auch wenn der betreffende Mitarbeiter selbst die Kundenkontakte aufgebaut hat, geschah dies für seinen Arbeitgeber.

15.13.3   Betriebsspionage, § 17 Abs. 2 Nr. 1 UWG

Das Gleiche gilt für Dritte, die nicht oder nicht mehr Mitarbeiter eines Unternehmens sind. Auch sie dürfen sich selbstverständlich keine Geheimnisse aneignen.

Beispiel

Das Ausspähen und Verwerten von geschäftlicher Korrespondenz deutscher Unternehmen durch fremde Geheimdienste ist deshalb nach deutschem Recht verboten.

15.13.4   Geheimnisverwertung, § 17 Abs. 2 Nr. 2 UWG

Unabhängig davon, ob man selbst als Mitarbeiter Informationen organisiert hat oder als Externer Betriebsspionage begangen hat, ist die Verwertung von Betriebs- und Geschäftsgeheimnissen in jedem Fall verboten.

Beispiel

Der Unternehmer, der die von seinem neuen Mitarbeiter mitgebrachte Kundenliste des Wettbewerbers, für den der Mitarbeiter vorher gearbeitet hat, auswertet und verwendet, handelt ebenso rechtswidrig wie der Mitarbeiter selbst.

15.13.5   Internationaler Schutz

Das TRIPS-Abkommen verpflichtet die Mitgliedstaaten, „nicht offenbarte Informationen"
zu schützen.[281] Deshalb sind Geschäfts- und Betriebsgeheimnisse auch in sehr vielen
Staaten – ähnlich wie in Deutschland – rechtlich geschützt. Da innerhalb der EU der
gewährte Schutz vor einer rechtswidrigen Aneignung von Geschäftsgeheimnissen sehr
unterschiedlich ausgestaltet ist, wurde von der Kommission der EU eine Richtlinie zur
Harmonisierung der für den Bereich Geschäftsgeheimnisse in der EU geltenden Rechtsvorschriften vorgeschlagen.[282] Dies soll zukünftig die Rahmenbedingungen für Entwicklung, Austausch und Nutzung innovativen Wissens durch die Unternehmen verbessern.
Der Vorschlag der Kommission wurde bereits vom Europäischen Parlament in erster Le-
sung angenommen.[283]

15.14   Sonstige unlautere geschäftliche Handlungen, § 3 UWG

Sofern kein Verstoß gegen eine der im Anhang zu § 3 Absatz 3 UWG genannten immer
unzulässigen Geschäftspraktiken vorliegt und kein Fall der in §§ 3 a bis 7 UWG genannten
Spezialtatbestände vorliegt, ist noch zu prüfen, ob es sich nicht dennoch um eine sonstige,
nicht von den genannten Fallgruppen erfasste, unlautere geschäftliche Handlung handelt.
Hierzu dient die allgemeine wettbewerbsrechtliche Generalklausel.[284]

Die Vorschrift stellt lediglich fest, dass geschäftliche Handlungen unzulässig sind,
wenn sie unlauter sind.

Außerdem muss eine spürbare Beeinträchtigung vorliegen. Das ist bei Verbrauchern
der Fall, wenn die geschäftliche Handlung geeignet ist, das wirtschaftliche Verhalten
des Verbrauchers wesentlich zu beeinflussen. Auch hier ist auf den durchschnittlichen
Verbraucher oder, wenn sich die geschäftliche Handlung an eine bestimmte Gruppe von
Verbrauchern wendet, auf ein durchschnittliches Mitglied dieser Gruppe abzustellen.

Hier zeigt sich, dass es sich um eine typische Generalklausel handelt. Bei dem Begriff
„unlauter" handelt es sich um einen unbestimmten Rechtsbegriff, der von den Gerichten ausgelegt werden muss. In früheren Gesetzesfassungen des letzten Jahrhunderts war
von „sittenwidrigen Handlungen" die Rede. Gemeint waren damit geschäftliche Hand-

---

[281] Art. 39 TRIPS-Abkommen.

[282] Vorschlag für eine Richtlinie des Europäischen Parlaments und des Rates über den Schutz
vertraulichen Know-hows und vertraulicher Geschäftsinformationen (Geschäftsgeheimnisse) vor
rechtswidrigem Erwerb sowie rechtswidriger Nutzung und Offenlegung vom 28. November 2013
(2013/0402).

[283] Legislative Entschließung des Europäischen Parlaments vom 14. April 2016 zu dem Vorschlag
für eine Richtlinie des Europäischen Parlaments und des Rates über den Schutz vertraulichen Know-
hows und vertraulicher Geschäftsinformationen (Geschäftsgeheimnisse) vor rechtswidrigem Erwerb
sowie rechtswidriger Nutzung und Offenlegung (COM (2013) 0813 – C7-0431/2013 – 2013/0402
(COD)).

[284] § 3 UWG.

lungen, die nicht den geschäftlichen Sitten und Gebräuchen entsprachen, letztlich also alles, was „ein ordentlicher Kaufmann" nicht tut. Hinsichtlich der unlauteren geschäftlichen Handlungen gegenüber Verbrauchern spricht das UWG in Anlehnung an die Terminologie in der Richtlinie über unlautere Geschäftspraktiken[285] von Handlungen, die nicht der unternehmerischen Sorgfalt entsprechen.[286] Die unternehmerische Sorgfalt ist im Gesetz ausdrücklich definiert als „der Standard an Fachkenntnissen und Sorgfalt, von dem billigerweise angenommen werden kann, dass ein Unternehmer ihn in seinem Tätigkeitsbereich gegenüber Verbrauchern nach Treu und Glauben unter Berücksichtigung der anständigen Marktgepflogenheiten einhält."[287]

Eine solche Definition ist erkennbar wertlos. Sie ersetzt einen unbestimmten Rechtsbegriff (unternehmerische Sorgfalt) durch drei neue unbestimmte Rechtsbegriffe (billigerweise, Treu und Glauben sowie anständige Marktgepflogenheiten). Letztlich wird man nicht daran vorbeikommen, in jedem Einzelfall zu definieren, was von einem Unternehmer an Sorgfalt bzw. Zurückhaltung verlangt werden kann. Dies kann nur mit einem Blick auf den Sinn und Zweck des Gesetzes gegen unlauteren Wettbewerb erfolgen. Auch dieser wird im Gesetz ausdrücklich genannt. In § 1 UWG heißt es: „Dieses Gesetz dient dem Schutz der Mitbewerber, der Verbraucherinnen und Verbraucher sowie der sonstigen Marktteilnehmer vor unlauteren geschäftlichen Handlungen. Es schützt zugleich das Interesse der Allgemeinheit an einem unverfälschten Wettbewerb."

Das Bundesverfassungsgericht hat dies weiter konkretisiert. Danach werden nicht die guten Sitten bzw. die Lauterkeit als solche geschützt, sondern nur als Grundlage der Funktionsfähigkeit des Leistungswettbewerbs. Verhindert werden sollen Verhaltensweisen, die die Funktionsfähigkeit des an der Leistung orientierten Wettbewerbs stören. Dabei sind insbesondere die Grundrechte der betroffenen Parteien zu berücksichtigen.[288] Das sind im Wettbewerbsrecht typischerweise die Meinungsäußerungsfreiheit des Werbenden[289] und die Berufsausübungsfreiheit sowohl des Werbenden als auch des betroffenen Mitbewerbers,[290] aber auch zum Beispiel das Grundrecht auf Menschenwürde.[291] Es ist folglich in jedem einzelnen Fall unter Berücksichtigung der Grundrechte abzuwägen, ob die betroffene geschäftliche Handlung noch dem Leitbild des an der Leistung orientierten Wettbewerbs entspricht oder aber ob ein Unternehmer versucht, ohne Rücksicht auf

---

[285] Richtlinie 2005/29/EG des Europäischen Parlaments und des Rates vom 11. Mai 2005 über unlautere Geschäftspraktiken im binnenmarktinternen Geschäftsverkehr zwischen Unternehmen und Verbrauchern und zur Änderung der Richtlinie 84/450/EWG des Rates, der Richtlinien 97/7/EG, 98/27/EG und 2002/65/EG des Europäischen Parlaments und des Rates sowie der Verordnung (EG) Nr. 2006/2004 des Europäischen Parlaments und des Rates (Richtlinie über unlautere Geschäftspraktiken).

[286] § 3 Abs. 2 UWG.

[287] § 2 Abs. 1 Nr. 7 UWG.

[288] BVerfG GRUR 2008, 81, 82 f – Pharmakartell.

[289] Art. 5 GG.

[290] Art. 12 GG.

[291] Art. 1 GG.

Mitbewerber oder Verbraucher zu seinem eigenen Vorteil zu handeln. Schematische Einordnungen sind deshalb nicht möglich.

15.14.1   Schockwerbung

Das wird sehr deutlich am Beispiel der Schockwerbung. Bei dieser Art der Werbung handelt es sich um die Werbung mit provozierenden Mitteln, insbesondere Bildern, die Ekel und/oder Abscheu beim Betrachter erzeugen. Das können besonders blutrünstige und abstoßende oder sexuell anstößige Darstellungen sein oder solche, die das religiöse Empfinden des Betrachters beeinträchtigen.[292]

> **Beispiel**
>
> Das italienische Modeunternehmen Benetton Group S.p.A. startete in den 90er Jahren des letzten Jahrhunderts eine Werbekampagne mit Abbildungen einer ölverschmierten Ente, eines elektrischen Stuhls, eines nackten menschlichen Gesäßes mit dem Stempelaufdruck „H.I.V." etc. Diese Anzeige wurde vom Bundesgerichtshof als wettbewerbswidrig beurteilt, weil sie die Menschenwürde verletze.[293] Das Bundesverfassungsgericht hob dieses Urteil jedoch auf. Eine Verletzung der Menschenwürde konnte das Gericht nicht erkennen. Besonders treffend und pointiert fasste das Gericht die Bewertung mit der Formulierung zusammen: *„Ein vom Elend der Welt unbeschwertes Gemüt des Bürgers ist kein Belang, zu dessen Schutz der Staat Grundrechtspositionen einschränken darf."*[294]
>
> Auch der Werbezweck der Anzeige kann nicht zu der Bewertung führen, dass die Anzeige menschenwürdeverletzend ist. Das wäre erst dann der Fall, wenn dem Betroffenen sein Achtungsanspruch als Mensch abgesprochen werde, wenn beispielsweise die Betroffenen verspottet, verhöhnt oder erniedrigt oder das dargestellte Leid verharmlost, befürwortet oder in einen lächerlichen oder makabren Kontext gestellt wird.[295] Letztlich geht es bei der Beurteilung eines solchen Falles also nicht um Geschmacksfragen oder die Frage, ob die Gesellschaft so etwas sehen will. Erforderlich ist eine Identifizierung der betroffenen Grundrechte. Das sind in diesem Fall die Menschenwürde, die Meinungsäußerungsfreiheit, die Berufsausübungsfreiheit sowie die allgemeine Handlungsfreiheit. Diese Grundrechtspositionen sind miteinander in Einklang zu bringen. Nur so kann ein unbestimmter Rechtsbegriff wie „Unlauterkeit" oder „fachliche Sorgfalt" konkretisiert werden.

---

[292] Ahrens (2012a).

[293] BGH GRUR 1995, 600, 601.

[294] BVerfG GRUR 2001, 170, 174.

[295] BVerfG GRUR 2003, 442, 443.

15.14.2 Verkaufsförderungsmaßnahmen

Bei Verkaufsförderungsmaßnahmen handelt es sich um Preisnachlässe, Zugaben, Geschenke oder auch Gewinnspiele, durch die der Verbraucher zu einer Kaufentscheidung bewegt werden soll. Häufig wird auch von Wertreklame oder von aleatorischen Anreizen gesprochen. Auf den ersten Blick sind Preisnachlässe, Zugaben etc. für den Verbraucher positiv. Wettbewerbsrechtlich problematisch kann es aber werden, wenn für den Kunden die Qualität und der Preis des Produktes in den Hintergrund treten, weil er aufgrund der starken Verlockung der Zugaben oder Gewinnspielchancen seine Kaufentscheidung nicht mehr aufgrund rationaler Kriterien trifft, sondern nur noch, um in den Genuss der versprochenen Verkaufsförderungsmaßnahmen zu kommen. Da letztlich derartige Maßnahmen in den Preis einkalkuliert werden müssen, wäre es aus wettbewerbstheoretischer Betrachtung besser, wenn der Anbieter auf derartige Maßnahmen verzichten und stattdessen seine Preise entsprechend senken würde. Dann wäre es wieder einfacher für den Verbraucher, die Preiswürdigkeit der verschiedenen Produkte zu beurteilen und rational zu entscheiden. Eine derartig theoretische Betrachtung wäre aber praxisfremd. Das Lauterkeitsrecht setzt deshalb erst dort die Grenzen, wo der Verbraucher über Art und Wert der Verkaufsförderungsmaßnahmen nicht ausreichend aufgeklärt wird. Auch bei dieser Grenzziehung wird berücksichtigt, dass der durchschnittliche Verbraucher weiß, dass Verkaufsförderungsmaßnahmen letztlich eine Form der Preisgestaltung und Rabatte allein noch kein Garant für einen günstigen Preis sind.

▶ Dies wurde im deutschen Lauterkeitsrecht bis zum Ende des letzten Jahrhunderts noch sehr viel strenger beurteilt. Rabatte und Zugaben waren sogar weitgehend verboten. Selbst heute wird einem in Geschäften auf Nachfrage teilweise noch erklärt, man könne leider keine Rabatte gewähren, da dies gesetzlich verboten sei. Diese Aussage ist heute definitiv falsch. Rabatte und Zugaben sind grundsätzlich zulässig und als Mittel des Wettbewerbs akzeptiert. Eine Ausnahme gilt nur noch im Bereich des Buchhandels, in dem weiterhin die Buchpreisbindung gilt.

Zu beachten ist bei Verkaufsförderungsmaßnahmen in erster Linie, dass der Verbraucher angemessen über die Konditionen aufgeklärt wird.

Beispiel

Wird beispielsweise eine PlayStation mit einem Mobiltelefon für zusammen 1,00 € angeboten, dann muss zum Beispiel durch einen bei der Preisangabe angebrachten Stern und einem damit verbundenen Hinweis klargestellt werden, dass dieses Angebot nur im Zusammenhang mit dem Abschluss eines Telekommunikationsvertrages mit 24-monatiger Laufzeit gilt.[296]

---

[296] BGH GRUR 2004, 343 ff – Playstation.

Die Teilnahme an Gewinnspielen kann von dem Erwerb einer Ware abhängig gemacht werden.[297] Nur in Ausnahmefällen ist dies unlauter, beispielsweise wenn eine unverhältnismäßige Anlockwirkung gegenüber Kindern erzeugt wird.

Beispiel

Zulässig sind deshalb auch Preisausschreiben, bei denen der Verbraucher beispielsweise eine Reise in die Schweiz gewinnen kann, wenn er Lindt-Schokolade kauft und die Logos der einzelnen Tafeln ausschneidet und an Lindt einsendet.

Literatur

Ahrens, S. (2012a). Schockwerbung. *Der IP-Rechts-Berater (IPRB)*, *8*, 181.

Ahrens, S. (2012b). Produktplatzierung. Effektive Werbung oder Täuschung des Verbrauchers. *Der IP-Rechts-Berater (IPRB)*, *10*, 234.

Ahrens, S. (2010). Humor in der Werbung, Konsequenzen der Entscheidung des BGH „Gib mal Zeitung" für die Praxis. *Der IP-Rechts-Berater (IPRB)*, *9*, 211.

Dreyer, G. (2007). Verhaltenskodizes im Referentenentwurf eines Ersten Gesetzes zur Änderung des Gesetzes gegen unlauteren Wettbewerb. *WRP*, 1294–1296.

Fezer, K.-H. (2010). *Lauterkeitsrecht*. München: C.H. Beck.

Hasselblatt, G. N. (Hrsg.). (2012). *Münchener Anwaltshandbuch Gewerblicher Rechtsschutz*. München: C.H. Beck.

Köhler, H., & Bornkamm, J. (2016). *Gesetz gegen den unlauteren Wettbewerb*. München: C.H. Beck.

Lettl, T. (2008). Irreführung durch Lock(vogel)angebote im derzeitigen und künftigen UWG. *WRP*, 2, 155.

Schmidt-Petersen, F. (2014). Assoziationswerbung bei Sportevents. *Der IP-Rechts-Berater (IPRB)*, *4*, 85–90.

---

[297] EuGH GRUR 2010, 244 Rn. 33 – Plus Warenhandelsgesellschaft; Das ehemalige Verbot der Koppelung von Gewinnspiel und Produktverkauf in 4 Nr. 6 a. F. UWG wurde im Zuge der europarechtlichen Harmonisierung ersatzlos gestrichen.

Ansprüche 16

Die Verletzung von Rechten des Geistigen Eigentums begründet – genau wie Verstöße gegen das Lauterkeitsrecht – Ansprüche der Betroffenen. Die Gewährung derartiger Ansprüche soll insbesondere sicherstellen, dass Verletzungen zukünftig nicht mehr erfolgen und eventuell entstandene Schäden ausgeglichen werden.

16.1 Aktivlegitimation

Aktivlegitimation[1] ist die Befugnis einer Person, ein bestimmtes Recht geltend zu machen. Dabei geht es um die Frage, wer gegen die Verletzung von Rechten des Geistigen Eigentums bzw. gegen Verstöße gegen das Lauterkeitsrecht vorgehen darf.

Beispiel

Wenn eine neue Hochschule die Bezeichnung „VOM" im geschäftlichen Verkehr verwendet, so begründet dies eine Markenverletzung, da Verwechslungsgefahr mit der Marke „FOM" besteht. Betroffen sind davon neben der FOM selbst auch die angesprochenen Studenten, da sie gegebenenfalls die beiden Hochschulen verwechseln, aber auch sonstige Wettbewerber, da die neue Hochschule „VOM" durch die Markenverletzung eventuell schneller bekannt wird und mehr Studenten anzieht, als sie das ohne die Markenverletzung geschafft hätte. Man könnte auch argumentieren, dass die Allgemeinheit betroffen ist, da hier ein Verstoß gegen geltendes Recht, also gegen die allgemeine Rechtsordnung erfolgt. Hier muss der Gesetzgeber über die Aktivlegitimation regeln, wer gegen die Markenverletzung vorgehen darf.

---

[1] Sie wird auch Sachbefugnis oder Sachlegitimation genannt.

© Springer Fachmedien Wiesbaden 2016
S. Ahrens, *Geistiges Eigentum und Wettbewerbsrecht*, FOM-Edition,
DOI 10.1007/978-3-658-14313-8_16

16.1.1 Aktivlegitimation im Bereich des Geistigen Eigentums

Im Bereich des Geistigen Eigentums ist der jeweilige Inhaber des verletzten Rechts aktivlegitimiert. Der Inhaber hat das größte Interesse, die Verletzung zu beenden, da sein Recht betroffen ist und bei ihm unmittelbar ein eventueller Schaden eintritt. Wettbewerber des Rechteinhabers, Verbraucher, denen durch eine Markenverletzung die Zuordnung von Waren und Dienstleistungen zu dem jeweils dazugehörigen Unternehmen erschwert wurde, und die Allgemeinheit sind hingegen nur in geringerem Maße und indirekter betroffen. Ihnen gewährt das Gesetz keine Aktivlegitimation. Sie haben nicht das Recht, gegen eine Rechtsverletzung vorzugehen. Dadurch soll verhindert werden, dass zu viele Prozesse um die gleiche Sache geführt werden oder auch Fälle ohne große Bedeutung verfolgt werden. Im Zweifel kann der Rechteinhaber selbst am besten entscheiden, ob es sich um eine relevante und verfolgungswürdige Verletzung handelt oder nicht. Die Beschränkung der Aktivlegitimation auf den Rechteinhaber ist deshalb pragmatisch und dient der Prozessökonomie. Die Klage einer Person, die nicht aktiv legitimiert ist, wird als unbegründet abgewiesen.[2]

> **Beispiel**
>
> Allein die FOM Hochschule hat deshalb das Recht, Ansprüche gegen die Bezeichnung „VOM" geltend zu machen. Sie ist unmittelbar betroffen und deshalb aktivlegitimiert. Die Studenten, sonstige Hochschulen und die Allgemeinheit sind nicht aktivlegitimiert. Sie können gegen die Markenverletzung nicht vorgehen.

Neben dem Rechteinhaber ist auch der Inhaber einer ausschließlichen Patentlizenz aktivlegitimiert, soweit dies nicht im Lizenzvertrag ausgeschlossen ist.[3] Das Gleiche gilt für den Inhaber einer ausschließlichen Lizenz an einem Urheberrecht.[4] Der Inhaber einer Markenlizenz ist hingegen nur mit ausdrücklicher Zustimmung des Markeninhabers befugt, gegen Markenverletzungen vorzugehen.[5]

16.1.2 Aktivlegitimation im Bereich des Lauterkeitsrechts

Im Bereich des Lauterkeitsrechts ist der Kreis der Anspruchsberechtigten weiter gefasst. Neben den Mitbewerbern des unlauter Handelnden[6] sind auch rechtsfähige Verbände zur Förderung gewerblicher oder selbständiger beruflicher Interessen,[7] qualifizierte Einrich-

---

[2] Vollkommer in Zöller (2016), vor § 50 ZPO, Rn. 18.
[3] BGH GRUR 1995, 338, 340 – Kleiderbügel.
[4] Schulze in Dreier und Schulze (2015), § 31 UrhG, Rn. 56.
[5] § 30 Abs. 3 MarkenG.
[6] § 8 Abs. 3 Nr. 1 UWG.
[7] § 8 Abs. 3 Nr. 2 UWG.

tungen im Sinne des Unterlassungsklagengesetzes[8] sowie Industrie- und Handelskammern und Handwerkskammern[9] aktivlegitimiert.

16.1.2.1 Mitbewerber

Der Begriff des Mitbewerbers ist im Gesetz definiert. Mitbewerber ist jeder Unternehmer, der mit einem oder mehreren Unternehmen als Anbieter oder Nachfrager von Waren oder Dienstleistungen in einem konkreten Wettbewerbsverhältnis steht.[10] Auch der Begriff des Unternehmers ist im Gesetz definiert. Unternehmer ist jede natürliche oder juristische Personen, die geschäftliche Handlungen im Rahmen ihrer gewerblichen, handwerklichen oder beruflichen Tätigkeit vornimmt, und jede Person, die im Namen oder Auftrag einer solchen Person handelt.[11]

Nicht gesetzlich definiert ist das konkrete Wettbewerbsverhältnis. Die Rechtsprechung definiert das konkrete Wettbewerbsverhältnis in der Weise, dass entweder die beteiligten Unternehmen die gleichen oder gleichartige Waren oder Dienstleistungen innerhalb desselben Abnehmerkreises abzusetzen versuchen[12] oder diese auf demselben sachlichen, räumlichen und zeitlich relevanten Markt tätig sind.[13] Letztlich hat das immer zur Konsequenz, dass zwischen den Vorteilen, die jemand durch eine Maßnahme für sein Unternehmen oder das eines Dritten zu erreichen versucht, und den Nachteilen, die ein anderer dadurch erleidet, eine Wechselbeziehung in dem Sinne besteht, dass der eigene Wettbewerb gefördert wird und der fremde Wettbewerb beeinträchtigt werden kann.[14]

Beispiel

Ein konkretes Wettbewerbsverhältnis liegt zum Beispiel zwischen dem Anbieter eines iPads und dem Anbieter eines herkömmlichen Computers vor. Zwar handelt es sich um sehr unterschiedliche Geräte. Kunden, die sich ein iPad kaufen, verzichten aber gegebenenfalls auf den Erwerb eines herkömmlichen Computers, da man mit dem Gerät nicht nur unterwegs, sondern auch am Schreibtisch arbeiten kann. Umgekehrt gilt das Gleiche. Der Erwerber eines herkömmlichen Computers mag auf die Anschaffung eines iPads verzichten, da er vielleicht nur selten unterwegs einen Computer benötigt.

Ein konkretes Wettbewerbsverhältnis liegt hingegen zwischen dem Anbieter eines iPad und dem Anbieter eines Fahrrades nicht vor. Zwar können beide Produkte auch der Unterhaltung und der Freizeitgestaltung dienen. Letztlich handelt es sich aber um unterschiedliche Märkte. Der Kunde, der ein iPad gekauft hat, würde deshalb nicht auf den Kauf eines Fahrrades verzichten. Selbst wenn ihm die finanziellen Mittel fehlen

---

[8] § 8 Abs. 3 Nr. 3 UWG.

[9] § 8 Abs. 3 Nr. 4 UWG.

[10] § 2 Abs. 1 Nr. 3 UWG.

[11] § 2 Abs. 1 Nr. 6 UWG.

[12] BGH GRUR 2012, 193 Rn. 17 – Sportwetten im Internet II.

[13] BGH GRUR 2007, 1079 Rn. 18 – Bundesdruckerei.

[14] BT-Drucks 15/1487 S. 16.

sollten, um beide Produkte zu erwerben, begründet dies kein konkretes Wettbewerbsverhältnis. Ein Wettbewerb um die Kaufkraft des Kunden reicht hierfür nicht aus.[15]

16.1.2.2 Rechtsfähige Verbände zur Förderung gewerblicher oder selbständiger beruflicher Interessen

Auch rechtsfähige Verbände zur Förderung gewerblicher oder selbständiger beruflicher
Interessen sind aktivlegitimiert.[16] Dies ist wichtig, weil eventuell im Einzelfall ein Wettbewerber aus verschiedenen Gründen kein Interesse daran hat, gegen den Wettbewerbsverstoß eines anderen Wettbewerbers vorzugehen. Da die Bekämpfung unlauterer geschäftlicher Handlungen aber auch im Interesse der Allgemeinheit an einem unverfälschten
Wettbewerb liegt, ist es sinnvoll, dass Verbände zur Förderung gewerblicher oder selbständiger beruflicher Interessen in solchen Fällen tätig werden können.[17]

Beispiel

Als im Januar 1993 das Vielfliegerprogramm „Miles and More" von der Lufthansa ge-
startet wurde, stellte es einen Verstoß gegen das damalige Lauterkeitsrecht dar. Damals
war die Preisgestaltung noch durch Gesetze wie das Rabattgesetz und die Zugabeverordnung streng reglementiert. Es wurde jedoch von keinem Wettbewerber angegriffen,
da alle ein Interesse daran hatten, ähnliche Kundenbindungsprogramme aufzusetzen.
Allerdings wurde es auch von keinem Verband angegriffen. Eventuell war damals bereits allen Beteiligten klar, dass die Reglementierung der Preisgestaltung durch das
Rabattgesetz und die Zugabeverordnung lange überholt waren und kurzfristig abge-
schafft werden würden.

In der Vergangenheit wurde die Aktivlegitimation von Verbänden aber auch ausgenutzt und missbraucht. Es bildeten sich so genannte „Abmahnvereine", denen es nicht um
den Schutz des Wettbewerbs, sondern um die Ausnutzung von Wettbewerbsverstößen zur
Generierung von Abmahngebühren ging. Aus diesem Grunde müssen die Verbände jetzt
beispielsweise nachweisen, dass ihnen eine erhebliche Zahl von Unternehmern angehört,
die Waren oder Dienstleistungen gleicher oder verwandter Art auf demselben Markt ver-
treiben und sie nach ihrer personellen, sachlichen und finanziellen Ausstattung im Stande
sind, ihre satzungsmäßigen Aufgaben der Verfolgung gewerblicher oder selbständiger beruflicher Interessen tatsächlich wahrzunehmen.

Beispiel

Ein seriöser Verband zur Förderung gewerblicher oder selbständiger beruflicher Interessen ist zum Beispiel die Zentrale zur Bekämpfung unlauteren Wettbewerbs e. V. aus
Bad Homburg.[18]

---

[15] Köhler in Köhler und Bornkamm (2016), Einleitung UWG, Rn. 1.9.
[16] § 8 Abs. 3 Nr. 2 UWG.
[17] BGH GRUR 1990, 282, 284 – Wettbewerbsverein IV.
[18] http://www.wettbewerbszentrale.de/de/home/. Zuletzt abgerufen am 21. April 2016.

16.1.2.3 Qualifizierte Einrichtungen

Um bei grenzüberschreitenden Verstößen innerhalb der EU eine Unterlassungsklage auch in dem Mitgliedstaat erheben zu können, in dessen Hoheitsgebiet der Verstoß seinen Ursprung hat, sind auch Verbände aktivlegitimiert, die in anderen EU-Mitgliedstaaten ihren Sitz haben und dort in einer offiziellen Liste qualifizierter Einrichtungen geführt werden.[19]

16.1.2.4 Industrie- und Handelskammern und Handwerkskammern

Der Vollständigkeit halber nennt das Gesetz auch noch die Industrie- und Handelskammern sowie Handwerkskammern, die ebenfalls in ihren jeweiligen Tätigkeitsbereichen aktivlegitimiert sind.[20]

16.1.2.5 Verbraucher

Nicht im Gesetz genannt sind die Verbraucher. Sie sind nicht aktivlegitimiert. Sie können nicht gegen unlautere geschäftliche Handlungen vorgehen und Verstöße gegen das UWG rügen. Das Gesetz geht davon aus, dass dies nicht erforderlich ist, da die Einhaltung der Vorschriften des Lauterkeitsrechts von den Mitbewerbern und Verbänden sehr effektiv überwacht werden kann. Aus diesem Grunde gibt es auch keine allgemeine Behörde zur Überwachung des Lauterkeitsrechts.

Verbraucher haben allerdings Mängelgewährleistungsrechte, wenn für Produkte irreführend geworben wurde. Ein Sachmangel liegt nämlich auch dann vor, wenn für eine Sache in der Werbung Beschaffenheitsangaben gemacht wurden, die tatsächlich nicht gegeben sind.[21]

Beispiel

Sollte der Springer Gabler-Verlag damit werben, dass dieses Lehrbuch unter anderem auch die Bezüge zum brasilianischen Recht des Geistigen Eigentums erläutert, kann der Käufer sich darauf berufen, dass das Buch einen Sachmangel hat, da dies tatsächlich nicht der Fall ist. Der Kunde könnte Wandlung oder Minderung verlangen. Er könnte aber nicht den Verlag auf Unterlassung der irreführenden Werbung in Anspruch nehmen. Das könnte nur ein Mitbewerber, wie zum Beispiel der C.H. Beck-Verlag oder ein entsprechend qualifizierter Verband, wie die Zentrale zur Bekämpfung unlauteren Wettbewerbs e. V.

Abb. 16.1 zeigt eine Übersicht über die Aktivlegitimation

---

[19] § 8 Abs. 3 Nr. 3 UWG.
[20] § 8 Abs. 3 Nr. 4 UWG.
[21] § 434 Abs. 3 BGB.

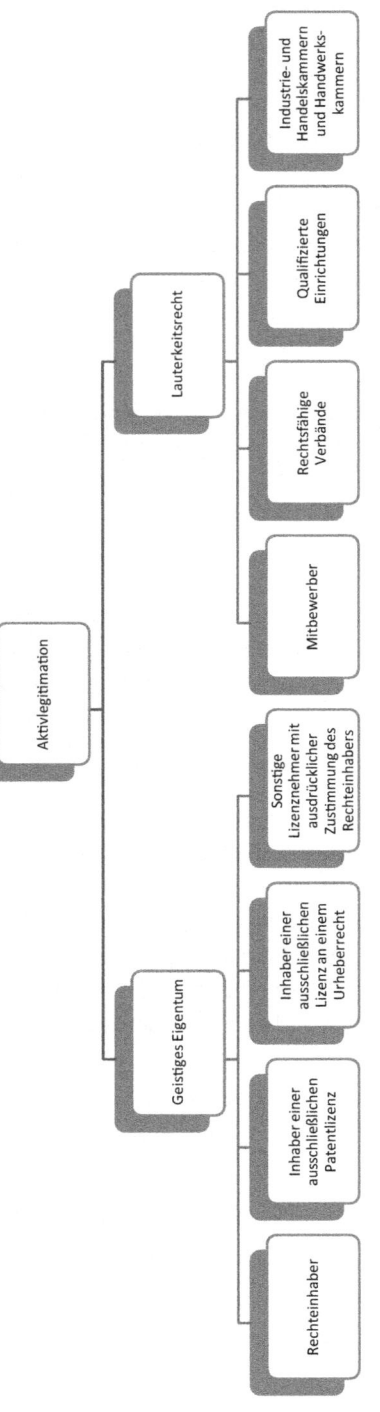

Abb. 16.1 Übersicht über die Aktivlegitimation

16.2 Passivlegitimation

Die Passivlegitimation beschreibt die Stellung einer Person als Schuldner eines Anspruches. Dabei geht es um die Frage, gegen wen Ansprüche wegen Verletzung von Rechten des Geistigen Eigentums bzw. Verstößen gegen das Lauterkeitsrecht geltend gemacht werden dürfen.

16.2.1 Täter

> **Beispiel**
>
> Wenn eine Zeitung die irreführende Anzeige eines Werbenden abgedruckt, stellt sich die Frage, ob neben dem Werbenden auch die Zeitung verantwortlich ist. Hier muss der Gesetzgeber über die Passivlegitimation regeln, wer in Anspruch genommen werden kann.

Als Täter verantwortlich ist in jedem Falle derjenige, der den objektiven Tatbestand der Zuwiderhandlung bzw. Rechtsverletzung verwirklicht.[22] Das ist in diesem Fall der Werbende.

16.2.2 Teilnehmer

Mitgewirkt an der Verletzung haben aber auch Dritte, ohne die die rechtswidrige Beeinträchtigung nicht entstanden wäre, wie zum Beispiel die Zeitung. Bei einer streng kausalen Betrachtung würde dann aber auch der Hersteller der Stifte verantwortlich sein, ohne den das Logo nicht hätte entworfen werden können. Deshalb wird die Verantwortlichkeit mittels Prüfungspflichten eingeschränkt. Dabei wird im Einzelfall auf die Funktion des Handelnden insbesondere im Verhältnis zu der Eigenverantwortung des unmittelbar handelnden Verletzers geschaut.[23] Der Zeitung, die von ihrem Kunden den Auftrag zur Veröffentlichung einer Werbeanzeige erhält, wird man keine Pflicht zur Prüfung der wettbewerbsrechtlichen Unbedenklichkeit der Anzeige auferlegen können. Sie wird sich im Zweifel darauf verlassen können, dass dies von dem Werbenden bzw. deren Rechtsanwälten geprüft wird. Es ist auch nicht die Aufgabe der Zeitung, Wettbewerbsverstöße zu verhindern. Anders wäre dies allenfalls, wenn der Verstoß offensichtlich ist.

> **Beispiel**
>
> Wenn in der Zeitung berichtet wird, dass das Landgericht Hamburg einem Unternehmen eine bestimmte Werbung untersagt hat und die Zeitung in der gleichen Ausgabe, in der dieser Bericht erscheint, eben diese Werbung erneut abdruckt – und zwar nicht

---

[22] BGH GRUR 2011, 340 Rn 27 – Irische Butter.
[23] BGH GRUR 2004, 693, 695 – Schöner Wetten.

als Illustration zu dem Artikel über das Gerichtsverfahren, sondern unabhängig davon als selbständige Werbeanzeige – dann kommt auch ein Vorgehen gegen die Zeitung in Betracht.

16.2.3 Unternehmensinhaber

Unternehmen können nicht selbst handeln. Sie werden durch ihre gesetzlichen Vertreter, in der Regel ihre Geschäftsführer oder Vorstandsmitglieder, gesetzlich vertreten. Diese gesetzlichen Vertreter sind aber nicht die einzigen Personen, die tatsächlich für ein Unternehmen handeln. Das sind häufig auch Mitarbeiter und Beauftragte. In der Praxis könnte die Unternehmensleitung deshalb auf die Idee kommen, sich von rechtsverletzendem bzw. wettbewerbswidrigem Verhalten ihrer Mitarbeiter zu distanzieren, um die Haftung des Unternehmens zu vermeiden.

Beispiel

Ein Mineralölhersteller wirbt irreführend mit der unzutreffenden Aussage, der Liter Super-Benzin koste bei ihm zehn Cent weniger als bei einem bestimmten Wettbewerber. Vor Gericht behauptet der Geschäftsführer, es täte ihm sehr leid, aber er habe diese Werbekampagne nicht autorisiert. Tatsächlich habe er von ihr gar nichts gewusst. Offenbar muss der Leiter seiner Werbeabteilung eigenmächtig und seine Kompetenzen überschreitend diese Werbekampagne in Auftrag gegeben und geschaltet haben. Tatsächlich kann er dies auch beweisen. Der Wettbewerber möge sich deshalb an seinen Mitarbeiter halten.

Wäre der geschädigte Mitbewerber tatsächlich darauf beschränkt, gegen den handelnden Mitarbeiter vorzugehen, würde dies seinen Rechtsschutz deutlich einschränken. Zum einen wäre ein möglicher Unterlassungsanspruch relativ leicht dadurch zu umgehen, dass zukünftig ein anderer Mitarbeiter derartige Werbekampagnen betreut und die Entscheidungen trifft. Zum anderen können eventuelle Schadensersatzansprüche häufig gegen einzelne Mitarbeiter nicht mit vergleichbarem Erfolg vollstreckt werden, da diese nicht über das erforderliche Vermögen verfügen. Das Gesetz sieht deshalb eine Erfolgshaftung des Unternehmensinhabers für den Unterlassungsanspruch und den Beseitigungsanspruch vor.[24] Lediglich im Patentgesetz fehlt eine derartige Zurechnungsnorm. Der Unternehmensinhaber haftet für Patentverstöße seiner Mitarbeiter deshalb nur, wenn er diese selbst veranlasst hat oder ihn ein Organisationsverschulden trifft, beispielsweise weil er seine Mitarbeiter nicht ordnungsgemäß angeleitet und überwacht hat.[25]

Den Mitarbeitern sind Beauftragte des Unternehmers gleichgestellt. Beauftragter ist jeder, der, ohne Mitarbeiter zu sein, für das Unternehmen eines anderen aufgrund eines Rechtsverhältnisses tätig ist. Er muss in die betriebliche Organisation so eingegliedert

---

[24] § 8 Abs. 2 UWG, § 14 Abs. 7 MarkenG, § 139 Abs. 1 PatG, § 42 Abs. 1 DesignG, § 100 S. 1 UrhG.
[25] Mes (2015), § 139 PatG Rn. 69.

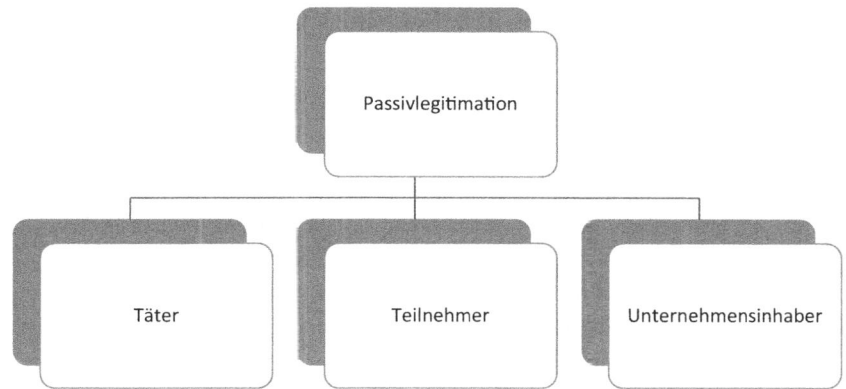

Abb. 16.2 Übersicht über die Passivlegitimation

sein, dass einerseits der Erfolg seiner Handlung zumindest auch dem Unternehmensinhaber zugutekommt, andererseits der Unternehmensinhaber einen bestimmenden und
durchsetzbaren Einfluss auf die beanstandete Tätigkeit hat, er diese also verhindern könnte.

Beispiel

Selbständige Handelsvertreter und Vertragshändler[26] sind derart in die Absatzorganisa-
tion des Herstellers eingegliedert, dass sie als Beauftragte gelten. Selbständige Händler
im Verhältnis zu Großhändlern oder Lieferanten sind hingegen diesen gegenüber so
unabhängig, dass sie nicht als Beauftragte gelten.[27] Sie haften lediglich allein für eventuelle Verstöße.

Abb. 16.2 zeigt eine Übersicht über die Passivlegitimation.

16.3 Vorlage und Besichtigung

Häufig ist es sehr wahrscheinlich, dass eine Schutzrechtsverletzung vorliegt. Der Verletzte
kann jedoch den letzten Beweis nicht erbringen und würde deshalb in einem eventuellen
Gerichtsverfahren unterliegen.

Beispiel

Der Hersteller einer Faxkarte stellt fest, dass, nachdem einer seiner Mitarbeiter zu
einem Wettbewerber gewechselt ist, dieser Wettbewerber ein Wettbewerbsprodukt anbietet, das in mehrfacher Hinsicht identisch erscheint. Beispielsweise sind die verwen-

---

[26] BGH GRUR 1971, 119, 120 – Branchenverzeichnis.
[27] BGH GRUR 2011, 543 Rn. 13 – Änderung der Voreinstellung III.

deten Softwaredateien gleich lang bzw. gleich groß. Der Quellcode liegt jedoch nicht vor, so dass letzte Sicherheit bezüglich der Verletzung eigener Urheberrechte an dem Programm nicht besteht. Diese kann nur durch Vorlage des Quellcodes erreicht werden.[28]

In einer solchen Situation wäre es unverhältnismäßig, das Geheimhaltungsinteresse des mutmaßlichen Verletzers höher zu bewerten als das Aufklärungsinteresse des mutmaßlich Verletzten. Deshalb besteht ein Anspruch auf Vorlage und Besichtigung, wenn eine Verletzung mit hinreichender Wahrscheinlichkeit vorliegt und es erforderlich ist, zur Begründung von Ansprüchen die Besichtigung einer Sache oder Vorlage von Urkunden zu verlangen. Der Anspruch kann sich auch auf die Vorlage von Bank-, Finanz- oder Handelsunterlagen erstrecken. Es ist jedoch in jedem Einzelfall die Verhältnismäßigkeit dieses weit gehenden Eingriffs in die Sphäre des – bislang nur mutmaßlichen – Verletzers zu prüfen.[29]

Im Bereich des Lauterkeitsrechts ist der Anspruch auf Vorlage und Besichtigung nicht ausdrücklich geregelt, ergibt sich jedoch aus den allgemeinen Vorschriften des BGB.[30] Das Interesse an Vorlage und Besichtigung kann sich hier insbesondere ergeben, wenn Produkte möglicherweise unter Verletzung von Geschäfts- oder Betriebsgeheimnissen hergestellt worden sein könnten.

Beispiel

Ein entsprechender Klageantrag bzw. eine entsprechende Formulierung in einem Urteil könnte wie folgt lauten: *„Die Beklagte wird verurteilt, der Klägerin den Quellcode der Faxkarte TCM 2001 vorzulegen."*

16.4   Unterlassung

Normalerweise versucht man, mit einem Anspruch die Gegenseite zu einer Handlung zu bewegen, beispielsweise der Zahlung eines bestimmten Geldbetrages oder der Herausgabe einer Sache. Bei Verletzungen der Rechte des Geistigen Eigentums und bei Wettbewerbsverstößen ist der wichtigste und dringlichste Anspruch aber in der Regel der Anspruch auf zukünftige Unterlassung der Verletzung. Der Inhaber der verletzten Rechte bzw. der Mitbewerber möchte den Verletzungszustand so schnell wie möglich beendet sehen. Diesem Zweck dient der gesetzliche Unterlassungsanspruch.[31]

---

[28] BGH GRUR 2002, 1046 – Faxkarte.
[29] § 8 Abs. 2 UWG, § 19 a MarkenG, § 140 c PatG, § 46 a DesignG, § 101 a UrhG.
[30] § 890 BGB.
[31] § 8 Abs. 1 S. 1 UWG, § 14 Abs. 5 MarkenG, § 139 Abs. 1 PatG, § 44 DesignG, § 100 S. 1 UrhG.

16.4.1 Ordnungsmittel

Sofern die Gegenseite diesem Anspruch nicht freiwillig nachkommt, ist ein Gerichtsverfahren erforderlich. Kommt die Gegenseite der gerichtlichen Entscheidung immer noch nicht nach, kann diese vollstreckt werden. Die Vollstreckung einer Zahlungsklage ist relativ einfach durch die Pfändung von Kontoguthaben oder Barbeständen durch einen Gerichtsvollzieher umzusetzen. Die geforderte Unterlassung einer Verletzung kann jedoch nicht unmittelbar durch einen Gerichtsvollzieher vollstreckt werden. Es hilft dem Verletzten nicht, wenn der Gerichtsvollzieher die Verletzung unterlässt. Auch kann man den Verletzer nicht mit Gewalt daran hindern, weiterhin in einer bestimmten Art und Weise zu werben. Deshalb sieht das Gesetz Ordnungsmittel vor. Dem Verletzer wird für den Fall, dass er die Verletzungshandlung nicht unterlässt, angedroht, dass er ein Ordnungsgeld zahlen muss, das laut Gesetz bis zu 250.000,00 € betragen darf. Falls die Zahlung nicht erfolgt oder weiterhin verstoßen wird, kann eine Ordnungshaft von maximal sechs Monaten verhängt werden. Dadurch soll der Verletzer angehalten werden, sich zukünftig rechtstreu zu verhalten.[32]

► Bei einem erstmaligen Verstoß gegen ein Unterlassungsurteil werden in der Regel vom Gericht Ordnungsgelder von bis zu ca. 10.000 € verhängt. Unterlässt der Verletzer die untersagte Handlung trotzdem nicht, wird das Ordnungsgeld sehr schnell erhöht. Sofern auch das nicht zur Einstellung der Verletzung führt, wird vom Gericht Ordnungshaft angeordnet. Handelt es sich bei dem Verletzer um eine Gesellschaft, ist die Ordnungshaft am Geschäftsführer zu vollstrecken. Das im Klageantrag bzw. im Tenor des Urteils genannte Ordnungsgeld von „bis zu 250.000,00 €" stellt lediglich den maximalen Betrag dar, der auch nur fällig wird, wenn tatsächlich gegen das Unterlassungsgebot verstoßen wird. Dies wird in der Presse häufig falsch dargestellt. Dort heißt es dann „Der Beklagte wurde verurteilt, die Marke zukünftig nicht mehr zu verwenden, 250.000,00 € Ordnungsgeld zu zahlen und eine Haftstrafe von sechs Monaten abzuleisten." Das ist nicht zutreffend. Im Urteil wird lediglich angedroht, dass für den Fall der erneuten Verletzung ein Ordnungsgeld bzw. Ordnungshaft verhängt werden kann.

16.4.2 Wiederholungsgefahr

Der Verletzte muss bei der Geltendmachung des Unterlassungsanspruches allerdings nachweisen, dass der Gegner tatsächlich ein Recht des Geistigen Eigentums verletzt hat bzw. einen Wettbewerbsverstoß begangen hat. Sofern dieser Nachweis geführt werden kann, wird davon ausgegangen, dass auch zukünftig weitere gleichartige Verstöße zu befürchten sind. Es liegt folglich eine Wiederholungsgefahr vor.

---

[32] § 890 ZPO.

16.4.3 Verschulden

Ein Verschulden des Verletzers ist nicht erforderlich. Selbst wenn er keine Kenntnis von der Existenz der verletzten Marke hatte und ihm auch diesbezüglich keine Fahrlässigkeit vorgeworfen werden kann, ist er dennoch zur zukünftigen Unterlassung verpflichtet.

16.4.4 Begehungsgefahr

In der Praxis kommt es aber auch vor, dass der Mitbewerber bzw. Inhaber der Schutzrechte bereits vor der tatsächlichen Verletzung Kenntnis davon erhält, dass sein Mitbewerber eine entsprechende Verletzungshandlung vorbereitet und plant.

Beispiel

In einem Zeitungsinterview kündigt der Gründer der VOM Hochschule an, dass er diese im nächsten Jahr eröffnen wird, die Hochschule unter der Bezeichnung „VOM" geführt werden soll und dass er sich diese Bezeichnung bereits als Marke hat registrieren lassen.

Es wäre unverhältnismäßig, dem Markeninhaber (hier der FOM) in einer solchen Situation keinen vorbeugenden Rechtsschutz zu gewähren und ihn darauf zu verweisen, zunächst die erste tatsächliche Verletzung abzuwarten. Der Unterlassungsanspruch kann deshalb auch schon dann geltend gemacht werden, wenn eine Erstbegehungsgefahr besteht.[33] Ein entsprechender Klageantrag bzw. eine entsprechende Formulierung in einem Urteil könnte wie folgt lauten:

Beispiel

„Die Beklagte wird verurteilt, es bei Meidung eines für jeden Fall der Zuwiderhandlung festzusetzenden Ordnungsgeldes bis zu 250.000,00 €, ersatzweise Ordnungshaft oder einer Ordnungshaft bis zu sechs Monaten, zu unterlassen, die Bezeichnung ,VOM' im geschäftlichen Verkehr zu verwenden."

16.5 Beseitigung

Häufig reicht die zukünftige Unterlassung der Verletzung nicht aus, um den Verletzungszustand vollständig auszuräumen, weil die ursprüngliche Verletzung fortwirkt. In diesen Fällen muss zusätzlich die ursprüngliche Störung beseitigt werden.

---

[33] § 8 Abs. 1 S. 2 UWG, § 97 Abs. 1 S. 2 UrhG; BGH GRUR 2001, 1174, 1175 – Berühmungsaufgabe.

Beispiel

Hat ein Energieunternehmen seinen Kunden zu Unrecht mitgeteilt, in der Nichtkündigung liege die Zustimmung zu den neuen (höheren) Preisen, liegt hierin eine Irreführung, die durch ein Berichtigungsschreiben zu beseitigen ist.[34]

Auch dieser Anspruch wird für die Verletzung sämtlicher Schutzrechte oder Wettbewerbsverstöße gewährt.[35] Das Verschulden des Verletzers ist auch bei diesem Anspruch nicht erforderlich. Ein entsprechender Klageantrag bzw. eine entsprechende Formulierung in einem Urteil könnte wie folgt lauten:

Beispiel

„Die Beklagte wird verurteilt, alle ihre Kunden erneut anzuschreiben und darauf hinzuweisen, dass die im letzten Schreiben erwähnte Zustimmung zu den neuen Preisen nicht automatisch eintritt, sondern gemäß § 12 des zugrunde liegenden Vertrages einer ausdrücklichen Zustimmung bedarf.“

16.6   Urteilsbekanntmachung

Diesem Zweck dient auch das Recht auf Veröffentlichung eines in einem Klageverfahren ergangenen Urteils.[36] Das wird in der Regel zu Gunsten des Schutzrechtsinhabers erfolgen, kann aber auch zu Gunsten des Beklagten erfolgen, wenn die Klage abgewiesen wird. Die Bekanntmachung muss innerhalb von drei Monaten erfolgen, nachdem das Urteil rechtskräftig geworden ist. Sie erfolgt auf Kosten desjenigen, der im Klageverfahren unterliegt. Voraussetzung ist ein berechtigtes Interesse desjenigen, der die Veröffentlichung fordert. Dabei geht es nicht um eine Bloßstellung der Gegenseite, sondern um eine Beseitigung eines fortdauernden Störungszustandes durch Information der Öffentlichkeit. Das wird bei Patentprozessen häufig nicht einschlägig sein, da derartige Prozesse die allgemeine Öffentlichkeit nur selten interessieren. [37]

Beispiel

Die FOM Hochschule hat gegebenenfalls ein berechtigtes Interesse, nach Abschluss des Klageverfahrens gegen die VOM Hochschule öffentlich bekannt zu geben, dass gerichtlich festgestellt wurde, dass es sich hierbei um eine Markenverletzung handelt, um der Öffentlichkeit und den potentiellen Kunden mitzuteilen, dass es sich bei der VOM eben nicht um die FOM handelt.

---

[34] LG Berlin Urteil vom 29.4.2011 – 103 O 198/10.
[35] Ausdrücklich gesetzlich geregelt ist er allerdings nur in § 8 Abs. 1 S. 1 UWG, § 97 Abs. 1 UrhG, §42 Abs. 1 DesignG, nicht jedoch im Markengesetz oder im Patentgesetz.
[36] § 19 c MarkenG, § 140 e PatG, § 47 DesignG, § 103 UrhG, § 12 Abs. 3 UWG.
[37] Mes (2015), § 140 e PatG, Rn. 9.

Das Gleiche gilt für eine eventuelle irreführende Werbung. Hat die VOM unzutreffenderweise damit geworben, dass bei ihr jeder Student garantiert seinen Abschluss mit der Note 1,0 machen wird, so besteht ein berechtigtes Interesse daran, die Öffentlichkeit auch darüber zu informieren, dass dies nicht zutreffend ist.

Das Verschulden des Verletzers ist auch bei diesem Anspruch nicht erforderlich. Ein entsprechender Klageantrag bzw. eine entsprechende Formulierung in einem Urteil könnte wie folgt lauten:

Beispiel

„Die Beklagte wird verurteilt, das Urteil auf ihre Kosten in allen bundesweit erscheinenden Tageszeitungen unter der Rubrik ‚Bildung und Wissenschaft' in normaler Schriftgröße zu veröffentlichen."

16.7   Vernichtung

Um sicherzugehen, dass weitere Verletzungshandlungen nicht erfolgen, kann der Verletzte im Bereich des Geistigen Eigentums auch Vernichtungsansprüche geltend machen. Er kann verlangen, dass die bereits produzierten und noch im Besitz des Verletzers befindlichen Verletzungsgegenstände vernichtet werden.[38] Außerdem kann er die Vernichtung der Maschinen verlangen, die vorwiegend zur Herstellung der verletzenden Erzeugnisse gedient haben.[39] Der Vernichtungsanspruch besteht nicht, wenn dies im Einzelfall unverhältnismäßig wäre.[40]

Beispiel

Der Hersteller eines markenverletzenden Produktes kann sich darauf berufen, dass die Vernichtung hochwertiger Maschinen unverhältnismäßig wäre, wenn die Markenverletzung auch durch Entfernung der betroffenen Marke von den Maschinen ausgeschlossen werden kann. Allein die Tatsache, dass die Vernichtung mit erheblichen materiellen Einbußen für den Verletzer verbunden ist, führt hingegen nicht zur Annahme der Unverhältnismäßigkeit. Das ist das Risiko des Markenverletzers.

Im Lauterkeitsrechts besteht kein entsprechender Vernichtungsanspruch, auch nicht für bereits hergestellte wettbewerbswidrig nachgeahmte Produkte. Die Herstellung selbst ist noch nicht unlauter.[41] Das ändert aber natürlich nichts daran, dass diese Produkte nicht mehr vertrieben werden dürfen. Dies verhindert bereits der Unterlassungsanspruch. Ein

---

[38] § 18 Abs. 1 S. 1 MarkenG, § 140 a Abs. 1 PatG, § 43 Abs. 1 S. 1 DesignG, § 98 Abs. 1 S. 1 UrhG.
[39] § 18 Abs. 1 S. 2 MarkenG, § 140 a Abs. 2 PatG, § 43 Abs. 1 S. 2 DesignG, § 98 Abs. 1 S. 2 UrhG.
[40] § 18 Abs. 1 S. 3 MarkenG, § 140 a Abs. 4 PatG, § 43 Abs. 1 S. 4 DesignG, § 98 Abs. 1 S. 4 UrhG.
[41] Köhler in Köhler und Bornkamm (2016), § 4 UWG, Rn. 3.81.

entsprechender Klageantrag bzw. eine entsprechende Formulierung in einem Urteil könnte wie folgt lauten:

Beispiel

„Die Beklagte wird verurteilt, die in ihrem Besitz befindlichen, mit der unter Ziffer I (Verweis auf die zu unterlassende Bezeichnung) genannten Bezeichnung versehenen Produkte an einen von der Klägerin zu bestimmenden Gerichtsvollzieher zum Zwecke der Vernichtung herauszugeben.“

16.8 Rückruf

Sofern zu befürchten ist, dass sich noch schutzrechtsverletzende Produkte bei Händlern und Vertriebspartnern des Verletzers befinden, kann der Verletzte einen Anspruch auf Rückruf geltend machen.[42] Auch der Anspruch auf Rückruf besteht nur im Recht des Geistigen Eigentums, nicht im Lauterkeitsrecht. Ein entsprechender Klageantrag bzw. eine entsprechende Formulierung in einem Urteil könnte wie folgt lauten:

Beispiel

„Die Beklagte wird verurteilt, sämtliche Produkte, die mit der unter Ziffer I (Verweis auf die zu unterlassende Bezeichnung) genannten Bezeichnung versehen sind, von ihren Vertriebspartnern zurückzurufen und an einen von der Klägerin zu bestimmenden Gerichtsvollzieher zum Zwecke der Vernichtung herauszugeben.“

16.9 Schadensersatz

Häufig entsteht durch die Verletzung eines Schutzrechts ein Schaden für den Schutzrechtsinhaber.

Beispiel

Durch die markenverletzende Verwendung der Bezeichnung „VOM Hochschule“ sind der FOM Hochschule eventuell Einnahmen entgangen, da potentielle Studenten irregeführt wurden und sich bei der VOM Hochschule im Glauben daran eingeschrieben haben, es handele sich um die bekannte FOM Hochschule.

---

[42] § 18 Abs. 2 MarkenG, § 140 a Abs. 3 PatG, § 43 Abs. 2 DesignG, § 98 Abs. 2 UrhG.

16.9.1 Verschulden

Dieser Anspruch ist allerdings verschuldensabhängig.[43] Der Verletzer ist nur zum Ersatz des entstandenen Schadens verpflichtet, wenn er vorsätzlich oder fahrlässig gehandelt hat.[44]

Beispiel

Die „VOM Hochschule" hat ihre Bezeichnung gewählt, ohne eine vorherige Recherche nach eventuell bereits bestehenden identischen oder ähnlichen Marken durchzuführen. Sie hätte bei einer einfachen Internetrecherche auf den Seiten des Deutschen Patent- und Markenamtes bzw. des Amtes der Europäischen Union für Geistiges Eigentum für den Binnenmarkt entsprechende Marken der FOM Hochschule gefunden. Die Unterlassung einer solchen Recherche ist fahrlässig.[45] Die Markenverletzung war also schuldhaft. Die Hochschule ist zum Schadensersatz verpflichtet.

Vor der Markteinführung eines neuen Produktes ist deshalb zur Vermeidung von Schutzrechtsverletzungen und insbesondere daraus resultierenden Schadensersatzansprüchen sowie Kosten der Produktumstellung sehr sorgfältig zu recherchieren, ob eventuell Marken, Patente oder sonstige Schutzrechte des Geistigen Eigentums existieren, die dem neuen Produkt bzw. seiner Bezeichnung und Gestaltung entgegenstehen könnten.

▶   Eine Markenrecherche erfordert beispielsweise nicht nur die Recherche nach identischen Marken in Markenregister, sondern muss sich auch auf ähnliche Marken sowie nicht eingetragene Benutzungsmarken beziehen.[46] Darüber hinaus ist eine Marktbeobachtung zum Beispiel durch Beachtung von Fachausstellungen, Katalogen, Fachzeitschriften etc. vorzunehmen.[47] Das Gleiche gilt für Patentrecherchen, und auch dann, wenn etwaige Patentverletzungen nur mit einem beträchtlichen Aufwand festgestellt werden können.[48] Bei Schwierigkeiten der rechtlichen Beurteilung ist ein Rechtsanwalt einzuschalten.[49] Die Vorlage eines die Unbedenklichkeit bestätigenden Gutachtens eines Rechtsanwalts allein reicht jedoch nicht aus. Bei zweifelhafter Rechtslage trägt der Verletzer das Risiko. Er muss eine abweichende Einschätzung durch das Gericht in Betracht ziehen.[50] Ein Rechtsirrtum kann nur dann entschuldigt sein, wenn

---

[43] § 9 UWG, § 14 Abs. 6 MarkenG, § 139 Abs. 2 PatG, § 42 Abs. 2 DesignG, § 97 Abs. 1 UrhG.
[44] § 276 BGB.
[45] BGH GRUR 1971, 251, 253 – Oldtimer; Hacker in Ströbele und Hacker (2015), § 14, Rn. 502.
[46] BGH GRUR 1971, 251, 253 – Oldtimer; Hacker in Ströbele und Hacker (2015), § 14, Rn. 502.
[47] BGH GRUR 1960, 186, 189 – Arctos; Hacker in Ströbele und Hacker (2015), § 14, Rn. 502.
[48] Mes (2015), § 139 PatG Rn. 109.
[49] BGH GRUR 1959, 367, 374 – Ernst Abbe; Hacker in Ströbele und Hacker (2015), § 14, Rn. 503.
[50] BGH GRUR 2004, 865, 867 – Mustang; Hacker in Ströbele und Hacker (2015), § 14, Rn. 503.

bei Anwendung der im Verkehr erforderlichen Sorgfalt mit einer abweichenden Beurteilung durch die Gerichte nicht zu rechnen ist.[51]

16.9.2 Schadensberechnung

Der Verletzte kann den ihm unmittelbar entstandenen Schaden einschließlich des entgangenen Gewinns ersetzt verlangen.[52] Der Schaden berechnet sich aus der Differenz der Vermögenslage nach Eintritt der Verletzung und dem fiktiven Zustand, in dem sich der Verletzte befände, wäre die Verletzung nicht erfolgt. Das klingt nach einer einfachen Rechenaufgabe. In der Praxis ist die Berechnung des Schadensersatzanspruches jedoch häufig schwierig.

16.9.2.1 Entgangener Gewinn
Am naheliegendsten ist zunächst die Geltendmachung des durch die Verletzung eingetretenen eigenen Verlustes, in der Regel der entgangene Gewinn.

Beispiel

Auf die Behauptung, durch die markenverletzende Verwendung der Bezeichnung „VOM Hochschule" seien der FOM Hochschule eventuell Einnahmen entgangen, da potentielle Studenten irregeführt wurden und sich bei der VOM Hochschule im Glauben daran eingeschrieben haben, es handele sich um die bekannte FOM Hochschule, würde die VOM Hochschule im Zweifel erwidern, dass dies konkret bewiesen werden müsse. Auf die Vorlage von rückläufigen Studentenzahlen würde die VOM Hochschule gegebenenfalls erwidern, dass dies viele Gründe haben könne. So sei eventuell der Gesamtmarkt rückläufig, oder aber das aktuelle Angebot der FOM Hochschule weniger attraktiv als das der Wettbewerber. Letztlich gelänge der FOM Hochschule nur dann der Nachweis eines konkreten Schadens, wenn einzelne Studenten aussagen, sie wollten eigentlich zur FOM, seien aber durch die Bezeichnung „VOM" irregeführt worden und deshalb jetzt leider versehentlich dort mitten im Studium, das sie auch nicht mehr abbrechen möchten. Derartige Aussagen wird man in der Praxis kaum bekommen. Außerdem ist es oft unangemessen, die eigenen Kunden in derartige Rechtsstreitigkeiten hineinzuziehen.

Aus diesem Grunde stehen dem Verletzten drei verschiedene Methoden der Schadensberechnung bei der Verletzung von Rechten des Geistigen Eigentums zur Verfügung. Bei der Bemessung des Schadensersatzes kann auch der Gewinn, den der Verletzer durch die Verletzung des Rechts erzielt hat, berücksichtigt werden. Darüber hinaus kann der Schaden auf der Grundlage einer fiktiven Lizenzgebühr berechnet werden. Das wäre der fiktive

---

[51] Mes (2015), § 139 PatG Rn. 113; BGH GRUR 2002, 622, 626 – .de; Hacker in Ströbele und Hacker (2015), § 14, Rn. 503.
[52] §§ 249, 252 BGB.

Betrag, den der Verletzer als angemessene Vergütung hätte zahlen müssen, wenn er die Erlaubnis zur Nutzung des Schutzrechtes eingeholt hätte.[53]

16.9.2.2 Verletzergewinn

Auch die Berechnung des Verletzergewinns ist in der Praxis nicht einfach. Zu berechnen ist der Gewinn, den der Verletzer durch die Schutzrechtsverletzung erzielt hat. Das erfordert in einem ersten Schritt die Feststellung, welcher Teil des mit einem Produkt erzielten Gewinns tatsächlich auf der Schutzrechtsverletzung beruht.[54] Es kann nicht davon ausgegangen werden, dass der Verletzergewinn in vollem Umfang auf der Schutzrechtsverletzung beruht.[55] Es muss daher geschätzt werden, welcher Teil des erzielten Gewinns auf der Benutzung des Schutzrechts beruht.

Beispiel

Ein Hersteller vertreibt einen seit längerer Zeit bekannten Getränketräger. Bei der neuesten Ausführung ist eine Detailverbesserung enthalten, die das Patent eines Wettbewerbers verletzt. Im Rahmen der Schätzung des Verletzergewinns ist festzustellen, wie sehr die Kaufentscheidung durch die Verbesserung verursacht oder mit verursacht wurde.[56]

In einem zweiten Schritt sind von den Erlösen des Verletzers dessen für die Herstellung des rechtsverletzenden Produktes aufgewendeten Kosten abzuziehen. Der Verletzer darf jedoch nicht seine Gemeinkosten, die in jedem Fall entstanden wären, abziehen, sondern nur die variablen Kosten, die allein für die Herstellung des schutzrechtsverletzenden Produktes aufgewendet wurden. Anderenfalls hätte die Schutzrechtsverletzung für ihn immer noch den Vorteil gehabt, dass sie einen Beitrag zur Deckung der Gemeinkosten geleistet hätte.[57]

Beispiel

Der Verletzer kann bei der Berechnung seines Gewinns nicht die Geschäftsführergehälter[58] oder die anteilige Miete für sowieso genutzte Räumlichkeiten abziehen.

Berücksichtigt werden können jedoch Einkaufs-, Material- und Vertriebskosten, die dem betroffenen Produkt unmittelbar zugerechnet werden können,[59] sowie Löhne und Gehälter für diejenigen Personen, die ausschließlich dazu eingestellt wurden, die verletzenden Produkte zu entwickeln oder zu fertigen.[60]

---

[53] § 14 Abs. 6 MarkenG, § 139 Abs. 2 PatG, § 42 Abs. 2 DesignG, § 97 Abs. 2 UrhG.
[54] BGH GRUR 2009, 856 – Tripp-Trapp-Stuhl.
[55] OLG Frankfurt GRUR-RR 2011, 201– Getränketräger.
[56] OLG Frankfurt GRUR-RR 2011, 201– Getränketräger.
[57] BGH GRUR 2001, 329, 331 – Gemeinkostenanteil.
[58] Mes (2015), § 139 PatG Rn. 149.
[59] BGH GRUR 2009, 856 – Tripp-Trapp-Stuhl.
[60] Mes (2015), § 139 PatG Rn. 148.

16.9.2.3 Lizenzanalogie

Diese Berechnungsmethode beruht auf der Überlegung, dass der Verletzer nicht besser als derjenige stehen soll, der beim Schutzrechtsinhaber ordnungsgemäß um eine Lizenz nachgefragt hat.[61] Da es sich um eine fiktive Lizenzgebühr handelt, kommt es nicht darauf an, ob der Schutzrechtsinhaber tatsächlich eine Lizenz erteilt hätte.[62] Die Berechnung basiert auf der hypothetischen Annahme, was vernünftige Vertragsparteien bei Abschluss eines Lizenzvertrages vereinbart hätten, wenn sie die künftige Entwicklung sowie den Umfang der Rechtsverletzung vorhergesehen hätten.[63]

Beispiel

Zu berücksichtigende Anhaltspunkte bei der Ermittlung eines angemessenen Lizenzsatzes sind:

- Ob die Parteien schon zuvor Lizenzgebühren vereinbart hatten,[64]
- Die Lizenzgebühren, die Dritte für das Produkt zahlen,[65]
- Die Lizenzgebühren, die für vergleichbare Produkte zwischen anderen Parteien vereinbart wurden,[66]
- Allgemein branchenübliche Lizenzsätze,[67]
- Aufgelaufene Zinsen[68] und
- Ein Verletzerzuschlag, um zu vermeiden, dass der Verletzer gegenüber einem vertraglichen Lizenznehmer ungerechtfertigt bessergestellt wird.[69]

In der Regel liegen die so ermittelten Lizenzsätze zwischen 0,33 % (für markenverletzende Bekleidungsstücke)[70] und 12,5 % (für die Verwendung einer Prestigemarke auf Billiguhren).[71]

16.9.2.4 Wahlrecht

Der Verletzte hat das alleinige Wahlrecht bezüglich der anzuwendenden Berechnungsmethode. Er entscheidet, ob es für ihn einfacher bzw. günstiger ist, den eigenen entgangenen Gewinn nachzuweisen, den Verletzergewinn zu berechnen oder aber eine fiktive Lizenzgebühr zu berechnen. Insbesondere muss er sich hierauf zunächst nicht festlegen, sondern kann ganz allgemein die Feststellung der Schadensersatzpflicht verlangen und sich später nach eingehender Prüfung für eine der Berechnungsmethoden entscheiden.

---

[61] BGH GRUR 1990, 1008, 1009 – Lizenzanalogie.
[62] Mes (2015), § 139 PatG Rn. 131.
[63] BGH GRUR 1995, 578 – Steuereinrichtung II.
[64] BGH GRUR 2009, 407 – Whistling for a train.
[65] BGH GRUR 2009, 660 – Resellervertrag.
[66] Mes (2015), § 139 PatG Rn. 134.
[67] Mes (2015), § 139 PatG Rn. 136.
[68] BGH GRUR 1982, 286, 288 – Fersenabstützvorrichtung.
[69] Mes (2015), § 139 PatG Rn. 144.
[70] LG Düsseldorf Mitt 1989, 222.
[71] BGH GRUR 1993, 55, 58 ff – Tchibo/Rolex II.

Beispiel

Ein entsprechender Klageantrag bzw. eine entsprechende Formulierung in einem Urteil könnte wie folgt lauten:

„Es wird festgestellt, dass die Beklagte verpflichtet ist, der Klägerin jeden Schaden zu ersetzen, welcher dieser durch Handlungen gemäß Ziffer I (Verweis auf die zu unterlassene Handlung) entstanden ist oder noch entstehen wird."

16.9.3 Besonderheiten des Schadensersatzanspruchs im Lauterkeitsrecht

Das Gesetz gegen den unlauteren Wettbewerb sieht anders als die jeweiligen Gesetze im Bereich des Geistigen Eigentums keine ausdrückliche Regelung für die Berechnung des Schadensersatzes und insbesondere nicht die dreifache Schadensberechnung vor. Es verbleibt deshalb für die Ansprüche gegen unlautere geschäftliche Handlungen grundsätzlich dabei, dass der Betroffene einen eventuell entstandenen eigenen Schaden nachweisen muss.[72]

Beispiel

Wirbt ein Wettbewerber irreführend, muss der Mitbewerber, der Ansprüche geltend macht, konkret darlegen, dass ihm daraus ein Schaden entstanden ist, zum Beispiel durch eigenen Umsatzrückgang, weil die irregeführten Kunden statt bei ihm jetzt bei dem irreführend werbenden Mitbewerber gekauft haben. Das ist in der Regel sehr schwierig. Deshalb wird in der Praxis häufig im Rahmen eines gerichtlichen Vergleiches auf die Geltendmachung von Schadensersatzansprüchen verzichtet, um den Gegner zumindest zur Abgabe einer Unterlassungserklärung zu bewegen.

Eine Ausnahme besteht allerdings für die Fälle des Schutzes von Geschäfts- und Betriebsgeheimnissen[73] (siehe Kap. 13) sowie des lauterkeitsrechtlichen Nachahmungsschutzes.[74] Das ist auch nachvollziehbar, da es sich in diesen Fällen nicht nur um ein unlauteres Handeln des Wettbewerbers, sondern auch ganz konkret um einen Eingriff in geschützte Leistungen des betroffenen Wettbewerbers handelt. An dieser Stelle wird die Schnittstelle zwischen dem Recht des Geistigen Eigentums und dem Lauterkeitsrecht sehr deutlich. Zwar sind Know-how des Unternehmers sowie Produkte mit wettbewerblicher Eigenart nicht wie Erfindungen oder schöpferische Gestaltungen als Geistiges Eigentum geschützt. Der lauterkeitsrechtliche Schutz nähert sie jedoch dem Geistigen Eigentum an.

Eine weitere Ausnahme stellt der Gewinnabschöpfungsanspruch dar.[75] Er wurde eingeführt, weil gerade im Lauterkeitsrecht häufig der eigene Schaden des Wettbewerbers,

---

[72] Köhler in Köhler und Bornkamm (2016), § 9 UWG, Rn. 1.36 b.
[73] Köhler in Köhler und Bornkamm (2016), § 9 UWG, Rn. 1.36 b.
[74] Siehe Abschn. 15.7.7; BGH GRUR 2007, 431 Rn. 21 – Steckverbindungsgehäuse.
[75] § 10 UWG.

der gegen den Verstoß vorgeht, kaum nachweisbar ist und gleichzeitig häufig eine Vielzahl von Verbrauchern geschädigt wird. Der Verletzer macht also gegebenenfalls einen hohen Gewinn durch seine Verletzungshandlung, ohne dass dies durch einen entsprechenden Schadensersatzanspruch ausgeglichen werden kann. In diesen Fällen kann der Gewinn, den ein vorsätzlich handelnder Wettbewerber mit derartigen Verstößen erzielt, abgeschöpft werden. Geltend machen können diesen Anspruch allerdings nicht die Mitbewerber des Verletzers und auch nicht die geschädigten Verbraucher, die im Lauterkeitsrecht sowieso nicht anspruchsberechtigt sind, sondern lediglich rechtsfähige Verbände zur Förderung gewerblicher oder selbständiger beruflicher Interessen,[76] qualifizierte Einrichtungen[77] sowie die Industrie- und Handelskammern und Handwerkskammern.[78]

Beispiel

Versendet ein Unternehmen Rechnungsschreiben, die den unzutreffenden Eindruck erwecken, der Adressat sei zur Zahlung des ausgewiesenen Rechnungsbetrages verpflichtet, entstehen bei den so Geschädigten lediglich Schäden in kleiner Höhe. Der Unternehmer macht mit dieser unlauteren geschäftlichen Handlung jedoch einen hohen Gewinn, da er die Beträge von sehr vielen Geschädigten erhält. Zwar erhalten die Geschädigten die jeweiligen Beträge nicht zurück. Die Gewinnabschöpfung wirkt aber präventiv, da sich der Verstoß für den Handelnden nicht mehr lohnt.[79]

16.10 Auskunft

16.10.1 Allgemeiner Auskunftsanspruch

Es gibt keine allgemeine Auskunftspflicht.[80] Durch die Verletzung von Rechten des Geistigen Eigentums oder unlauteres Verhalten entstehen jedoch zwischen dem Verletzer und dem Verletzten gesetzliche Schuldverhältnisse. Ähnlich wie bei vertraglichen Schuldverhältnissen sind die Parteien eines solchen Schuldverhältnisses ganz allgemein verpflichtet, sich nicht unfair oder unangemessen zu verhalten und der Gegenseite keinen unnötigen Schaden zuzufügen.[81] Deshalb gilt der allgemeine Grundsatz, dass eine Auskunftspflicht besteht, wenn der Berechtigte über das Bestehen und den Umfang seines Rechts im Ungewissen ist und die erforderlichen Informationen auch nicht selbst beschaffen kann, der Verpflichtete dies aber ohne größere Probleme leisten kann.[82]

---

[76] § 8 Abs. 3 Nr. 2 UWG.
[77] § 8 Abs. 3 Nr. 3 UWG.
[78] § 8 Abs. 3 Nr. 4 UWG.
[79] Köhler in Köhler und Bornkamm (2016), § 10 UWG, Rn. 3.
[80] BGH GRUR 1978, 54, 55 – Preisauskunft.
[81] Grundsatz von Treu und Glauben gemäß § 242 BGB.
[82] BGH GRUR 2010, 623 Rn. 43 – Restwertbörse.

Das ist typischerweise bei Schadensersatzansprüchen der Fall. Um den Schadensersatz berechnen zu können, ist der Verletzte auch auf Informationen aus der Sphäre des Verletzers angewiesen. Den Gewinn des Verletzers beispielsweise kann der Verletzte nur berechnen, wenn ihm dieser entsprechende Zahlen vorlegt. Da der allgemeine Auskunftsanspruch zur Vorbereitung des Schadenersatzanspruches dient und deshalb von diesem abhängt, setzt auch er Verschulden des Verletzers voraus.

▶   Der Auskunftsanspruch umfasst nicht die Informationen, die erforderlich sind, um überhaupt erst feststellen zu können, ob eine Rechtsverletzung vorliegt. Das wäre eine unzulässige Ausforschung. Erst wenn der Anspruchsteller darlegt und gegebenenfalls beweist, dass eine Rechtsverletzung vorliegt, muss der Verletzer an der Beseitigung des Schadens durch Auskunftserteilung mitwirken. [83]

Nach der Erteilung der Auskunft kann der Verletzte errechnen, welchen Gewinn der Verletzer durch die Verletzungshandlung generieren konnte und auf welcher Umsatzgrundlage gegebenenfalls eine fiktive Lizenzgebühr errechnet werden könnte. Damit hat er die erforderlichen Informationen, um zu entscheiden, auf welcher Basis er den geltend zu machenden Schadensersatzanspruch berechnen möchte bzw. ob es sich überhaupt lohnt, einen Schadensersatzanspruch geltend zu machen. Ein entsprechender Klageantrag bzw. eine entsprechende Formulierung in einem Urteil könnte im Falle einer Markenverletzung im Internet wie folgt lauten:

Beispiel

„Die Beklagte wird verurteilt, der Klägerin Auskunft zu erteilen über Art und Umfang des unter Ziffer I (Verweis auf die zu unterlassende Handlung) genannten Verstoßes, und zwar unter Vorlage einer geordneten Aufstellung, aus der Art, Umfang und Dauer der Verletzungen hervorgehen, insbesondere

1. *der Zeitraum, in dem die Anzeigen geschaltet wurden,*
2. *die Internetseiten, auf denen die Anzeigen geschaltet wurden,*
3. *die Anzahl der Klicks, welche die Anzeigen jeweils generiert haben,*
4. *die Art und die Anzahl der dadurch generierten Verkäufe,*
5. *die durch diese Verkäufe generierten Umsätze sowie*
6. *den hierdurch erzielten Gewinn, wobei die Gemeinkosten nur abgezogen werden dürfen, wenn und soweit sie ausnahmsweise den Schutzrechtsverletzungen eindeutig zugerechnet werden können.“*

Der Auskunftsanspruch ist ausgeschlossen, wenn die Inanspruchnahme im Einzelfall unverhältnismäßig ist. Das ist zum Beispiel der Fall, wenn bei einer relativ leichten Verletzung ein unverhältnismäßig hoher Arbeitsaufwand des Auskunftspflichtigen entstünde, [84]

---

[83] BGH GRUR 2010, 623 Rn. 43 – Restwertbörse.
[84] BGHZ 70, 86, 91.

die Auskunft in dem Umfang gar nicht erforderlich oder geeignet ist, um den Schadenersatzanspruch des Geschädigten zu berechnen[85] oder wenn Geheimhaltungsinteressen verletzt werden könnten.[86]

> **Beispiel**
>
> Die Herausgabe von sensiblen Kundendaten kann verweigert werden, wenn die Nachteile dieser Auskunft außer Verhältnis zum Wert der Auskunft für den Verletzten stünden.[87]

Das Geheimhaltungsproblem kann in der Praxis häufig dadurch gelöst werden, dass ein Wirtschaftsprüfervorbehalt aufgenommen wird. Das bedeutet, dass die Angaben lediglich einem zur Verschwiegenheit verpflichteten, vereidigten Wirtschaftsprüfer mitgeteilt werden und dieser nur die zur Schadensberechnung unbedingt erforderlichen Informationen aus der ihm erteilten Auskunft herausfiltert.

16.10.2 Anspruch auf Auskunft über und durch Dritte

Unabhängig von dem allgemeinen Auskunftsanspruch zur Vorbereitung des Schadenersatzanspruches gegen den Verletzer gewähren die jeweiligen Gesetze im Bereich des Geistigen Eigentums außerdem weitergehende Ansprüche auf Auskunft bezüglich der Herkunft und dem Vertriebsweg der schutzrechtsverletzenden Ware.[88] Der Schutzrechtsinhaber soll dadurch in die Lage versetzt werden, weitere Verletzungen in der Lieferkette aufzudecken und zu verfolgen. Diese Regelungen sind durch das Produktpirateriegesetz eingeführt worden. Gerade im Bereich der Produktpiraterie ist es besonders wichtig, umfassend gegen die gesamte Verletzerkette vorzugehen. Da es hierbei auch nicht in erster Linie um die Vorbereitung eines Schadensersatzanspruches, sondern um die Verhinderung weiterer Verletzungen geht, ist dieser Anspruch auf Drittauskunft anders als der allgemeine Auskunftsanspruch unabhängig von einem Verschulden des Verletzers.[89] Ein entsprechender Klageantrag bzw. eine entsprechende Formulierung in einem Urteil könnte im Falle einer Patentverletzung wie folgt lauten:

> **Beispiel**
>
> *„Die Beklagte wird verurteilt, der Klägerin Auskunft zu erteilen über Art und Umfang des unter Ziffer I (Verweis auf die zu unterlassene Handlung) genannten Verstoßes, und zwar unter Angabe*

---

[85] BGH GRUR 1991, 921, 924 – Sahnesiphon.
[86] Köhler in Köhler und Bornkamm (2016), § 9 UWG, Rn. 4.18.
[87] BGH GRUR 2006, 419 Rn. 14 – Noblesse.
[88] § 19 Abs. 1 MarkenG, § 140 b Abs. 1 PatG, § 46 Abs. 1 DesignG § 101 Abs. 1 UrhG.
[89] Mes (2015), § 140 b PatG, Rn. 16.

1. *der Menge der erhaltenen oder bestellten Erzeugnisse sowie der Namen und Anschriften der Hersteller, Lieferanten und anderer Vorbesitzer,*
2. *der einzelnen Lieferungen, aufgeschlüsselt nach Liefermengen, -zeiten, -preisen (und gegebenenfalls Typenbezeichnungen) sowie den Namen und Anschriften der Abnehmer,*
3. *der einzelnen Angebote, aufgeschlüsselt nach Angebotsmengen, -zeiten und -preisen (und gegebenenfalls Typenbezeichnungen) sowie der Namen und Anschriften der Angebotsempfänger."*

Außerdem hat der Schutzrechtinhaber auch einen selbständigen Auskunftsanspruch gegenüber Dritten, wenn es sich um eine offensichtliche Rechtsverletzung handelt oder gegen den eigentlichen Verletzer bereits Klage erhoben worden ist.[90] Diese Voraussetzung soll den Anspruch auf Auskunft durch Dritte auf solche Fälle beschränken, die so eindeutig sind, dass eine ungerechtfertigte Belastung des Dritten ausgeschlossen erscheint. Außerdem soll der Dritte davon entlastet werden, selbst aufwändige Prüfungen anzustellen, ob wirklich eine Rechtsverletzung vorliegt.[91] Als Dritte in Anspruch genommen werden können Personen, die gewerblich handeln und

- rechtsverletzende Erzeugnisse in ihrem Besitz hatten,
- rechtsverletzende Dienstleistungen in Anspruch genommen haben,
- für rechtsverletzende Tätigkeiten genutzte Dienstleistungen erbrachten oder
- nach Angaben Dritter an der Herstellung, Erzeugung oder am Vertrieb solche Erzeugnisse oder an der Erbringung solcher Dienstleistungen beteiligt waren.

Mit diesen Ansprüchen auf Auskunft über und durch Dritte ist es dem Schutzrechtsinhaber möglich, weitere Beteiligte an der Rechtsverletzung zu identifizieren und auch gegen diese entsprechende Auskunftsansprüche geltend zu machen. Dadurch kann die gesamte Lieferkette offengelegt und verfolgt werden.

16.10.3 Besonderheiten des Auskunftsanspruchs im Lauterkeitsrechts

Da es im Lauterkeitsrechts die dreifache Schadensberechnung nur in den Fällen des Schutzes von Geschäfts- und Betriebsgeheimnissen sowie des wettbewerbsrechtlichen Nachahmungsschutzes gibt, wird auch nur in diesen Fällen ein vergleichbar weitgehender Auskunftsanspruch gewährt. Nur in diesen und vergleichbaren Fällen, wie zum Beispiel der Rufausbeutung bzw. -beeinträchtigung oder der Verbreitung geschäftsschädigender Äußerungen steht dem betroffenen Wettbewerber auch ein Anspruch auf Drittauskunft zu.[92] In allen anderen Fällen wird der Auskunftsanspruch deshalb lediglich in beschränktem

---

[90] § 19 Abs. 2 MarkenG, § 140 b Abs. 2 PatG, § 46 Abs. 2 DesignG, § 101 Abs. 2 UrhG.
[91] Mes (2015), § 140 b PatG, Rn. 20.
[92] Köhler in Köhler und Bornkamm (2016), § 9 UWG, Rn. 4.2.

Umfang geltend gemacht. Ein entsprechender Klageantrag bzw. eine entsprechende Formulierung in einem Urteil könnte wie folgt lauten:

Beispiel

„Die Beklagte wird verurteilt, der Klägerin Auskunft zu erteilen, in welchem Umfang die unter Ziffer I (Verweis auf die zu unterlassene Handlung) genannte Wettbewerbshandlung begangen wurde, und zwar unter Angabe der Art, des Zeitpunktes, des Orts und der Anzahl der Werbemaßnahmen."

16.11 Rechnungslegung

Rechnungslegung ist eine gesteigerte Form der Auskunft. [93] Sie umfasst über die bloße Auskunft hinaus die Vorlage einer geordneten Zusammenstellung der Einnahmen oder der Ausgaben enthaltenen Rechnung und entsprechende Belege.[94] Sie soll den Verletzten in den Stand versetzen, die Richtigkeit der Auskunft im Detail nachzuvollziehen. Rechtsgrundlage für den Anspruch auf Rechnungslegung ist, wie beim allgemeinen Auskunftsanspruch, der allgemeine Grundsatz, dass sich auch die Parteien eines gesetzlichen Schuldverhältnisses nicht unfair oder unangemessen verhalten und der Gegenseite keinen unnötigen Schaden zufügen dürfen.[95] Soweit dies verhältnismäßig ist, dürfen deshalb bei Verstößen sowohl gegen Schutzrechte des Geistigen Eigentums als auch gegen das Lauterkeitsrecht Ansprüche auf Rechnungslegung geltend gemacht werden. Ein entsprechender Klageantrag bzw. eine entsprechende Formulierung in einem Urteil könnte im Falle einer Patentverletzung wie folgt lauten:

Beispiel

„Die Beklagte wird verurteilt, der Klägerin Auskunft zu erteilen und Rechnung zu legen über Art und Umfang des unter Ziffer I (Verweis auf die zu unterlassende Handlung) genannten Verstoßes, und zwar unter Angabe . . . "

16.12 Kostenerstattung

Der Verletzte hat immer auch einen Kostenerstattungsanspruch gegen den Verletzer. Sowohl die Kosten für eine (berechtigte) Abmahnung[96] als auch die Kosten für ein (zulässiges und begründetes) Gerichtsverfahren[97] sind vom Verletzer zu erstatten. Ein entspre-

---

[93] Köhler in Köhler und Bornkamm (2016), § 9 UWG, Rn. 4.6.

[94] Köhler in Köhler und Bornkamm (2016), § 9 UWG, Rn. 4.31.

[95] Grundsatz von Treu und Glauben gemäß § 242 BGB.

[96] BGH GRUR 1996, 1999 – Fotowettbewerb.

[97] BGH NJW 2008, 1123.

chender Klageantrag bzw. eine entsprechende Formulierung in einem Urteil könnte wie folgt lauten:

Beispiel

„Die Beklagte wird verurteilt, die Kosten des Verfahrens zu tragen.“

▶ Der Kostenerstattungsanspruch ist immer beschränkt auf die Rechtsanwaltsgebühren, die nach dem Rechtsanwaltsvergütungsgesetz (RVG)[98] vorgesehen sind. Auch wenn es in der Praxis sinnvoll ist, einen spezialisierten Rechtsanwalt einzuschalten, der in der Regel nach Zeitaufwand und damit häufig mehr als nach RVG vorgesehen abrechnet, können Im Rahmen des Kostenerstattungsanspruches nur die gesetzlichen Gebühren geltend gemacht werden.

Literatur

Dreier, T., & Schulze, G. (2015). *Urheberrechtsgesetz, Urheberrechtswahrnehmungsgesetz, Kunsturhebergesetz*. München: C.H. Beck.

Köhler, H., & Bornkamm, J. (2016). *Gesetz gegen den unlauteren Wettbewerb*. München: C.H. Beck.

Mes, P. (2015). *Patentgesetz/Gebrauchsmustergesetz*. München: C.H. Beck.

Ströbele, P., & Hacker, F. (2015). *Markengesetz*. Köln: Carl Heymanns.

Zöller, R. (2016). *Kommentar zur Zivilprozessordnung*. Köln: Dr. Otto Schmidt.

---

[98] Rechtsanwaltsvergütungsgesetz vom 5. Mai 2004 (BGBl. S. 718, 788), das zuletzt durch Art. 2 Abs. 4 des Gesetzes vom 17. Februar 2016 (BGBl. I S. 203) geändert worden ist.

Verfahren

17

Die dem Verletzten zustehenden Ansprüche müssen geltend gemacht und durchgesetzt werden. Hierfür hat sich im Bereich des Geistigen Eigentums und des Lauterkeitsrechts ein sehr pragmatisches, effektives und abgestuftes System entwickelt. Es beginnt in der Regel außergerichtlich zum Beispiel mit einer Abmahnung und Verhandlungen über eine vom Verletzen abzugebende Unterlassungserklärung. Erst wenn diese Gespräche gescheitert sind, folgt ein gerichtliches Verfahren, in der Regel im Rahmen des einstweiligen Rechtsschutzes, um zu schnellen Ergebnissen zu gelangen.

17.1 Berechtigungsanfrage

Eine Berechtigungsanfrage ist das mildeste Mittel im Rahmen einer Auseinandersetzung mit der Gegenseite. Bei einer Berechtigungsanfrage wird die Gegenseite gebeten zu erklären, aus welchem Grunde sie sich für berechtigt hält, ein Erzeugnis herzustellen bzw. eine Bezeichnung zu benutzen. Im Gegensatz zur Abmahnung werden in diesem Schreiben noch keine Forderungen gestellt, sondern es wird lediglich um Aufklärung und Darlegung der eigenen Position gebeten.

Das hat den Vorteil, dass im Gegensatz zu einer Abmahnung mit Aufforderung der sofortigen Unterlassung das Haftungsrisiko geringer ist. Eine unberechtigte Abmahnung kann in bestimmten Fällen zu Schadensersatzforderungen des unberechtigt Abgemahnten führen.[1] Besonders bei der Geltendmachung von Ansprüchen aus Schutzrechten, die vor ihrer Eintragung nicht vom Deutschen Patent- und Markenamt geprüft werden, wie insbesondere Designrechten und Gebrauchsmusterrechten, kann es sinnvoll sein, die Diskussion mit der Gegenseite auf diese Weise zu beginnen. Bei ungeprüften Schutzrechten besteht eine relevante Wahrscheinlichkeit, dass zum Beispiel Neuartigkeit oder Eigenart tatsächlich nicht vorliegen, weil ältere identische oder ähnliche Produkte zum Zeitpunkt

---

[1] BGH GRUR 2005, 1408, 1410 – Unberechtigte Schutzrechtsverwarnung.

© Springer Fachmedien Wiesbaden 2016

S. Ahrens, *Geistiges Eigentum und Wettbewerbsrecht*, FOM-Edition,

DOI 10.1007/978-3-658-14313-8_17

der Anmeldung bereits existierten. Beruft sich der mutmaßliche Verletzer dann auf ein älteres Design, wäre das eigene Schutzrecht zu Unrecht eingetragen und die Inanspruchnahme des vermeintlichen Verletzers zu Unrecht erfolgt. Bei Patenten, die vor ihrer Eintragung eingehend vom Patentamt geprüft werden, ist diese Gefahr etwas geringer.[2]

Auch aus psychologischen Gründen kann es sinnvoll sein, im ersten Schritt nicht gleich mit einer Abmahnung, sondern erst einmal mit einer Berechtigungsanfrage zu beginnen. Das gilt insbesondere für Fälle, in denen eine einvernehmliche Einigung bzw. Kompromisslösung angestrebt wird. Eine Abmahnung wirkt häufig sehr aggressiv mit ihrer direkten Behauptung der Verletzung und Forderung nach Abgabe einer strafbewehrten Unterlassungserklärung und Anerkennung der Schadensersatzverpflichtung. Das kann die Gegenseite reflexartig in eine konfrontative und eskalierende Verweigerungshaltung bringen. Eine offen formulierte Berechtigungsanfrage führt hingegen häufig zunächst zu einer objektiveren und sachlicheren Reaktion der Gegenseite. Allerdings kann eine Berechtigungsanfrage auch den Nachteil haben, dass der Eindruck entsteht, man sei sich seiner Sache nicht wirklich sicher.

Sofern die Gegenseite nachvollziehbare und vertretbare Gründe für die eigene Position darlegt, kann man seine eigene Position noch einmal überdenken und die Angelegenheit gegebenenfalls nicht weiter verfolgen. Antwortet die Gegenseite nicht oder trägt sie keine überzeugenden Argumente vor, kann die nächste Eskalationsstufe, typischerweise die Abmahnung vorgenommen werden, um den Druck auf die Gegenseite zu erhöhen.

17.2 Abmahnung

17.2.1 Definition und Rechtsnatur

Unter einer Abmahnung versteht man die Mitteilung eines Anspruchsberechtigten an einen Verletzer, dass er sich unlauter oder schutzrechtsverletzend verhalten habe und dass er aufgefordert werde, dieses Verhalten in Zukunft zu unterlassen und binnen einer bestimmten Frist eine strafbewehrte Unterlassungserklärung abzugeben.[3] Es besteht keine Verpflichtung, die Gegenseite vor einem gerichtlichen Verfahren zunächst abzumahnen. Die Durchführung eines gerichtlichen Verfahrens ohne vorherige Abmahnung kann aber nachteilige Rechtsfolgen für den Verletzten haben. Außerdem ist es grundsätzlich sinnvoll, zumindest zu versuchen, eine Einigung ohne gerichtliche Auseinandersetzung zu erzielen. Das UWG sowie das UrhG enthalten deshalb auch eine ausdrückliche Aufforderung, dass der Schuldner vor der Einleitung eines gerichtlichen Verfahrens abgemahnt und ihm Gelegenheit gegeben werden solle, den Streit durch Abgabe einer mit einer angemessenen Vertragsstrafe bewehrten Unterlassungsverpflichtung beizulegen.[4] Die Abmahnung selbst

---

[2] Gerlach in Hasselblatt (2012), § 46, Rn. 143.
[3] Begr. RegE BT-Drucks 15/1487 S. 25.
[4] § 12 Abs. 1 UWG, § 97 a UrhG.

ist eine geschäftsähnliche Handlung, auf die die Vorschriften über das Rechtsgeschäft und die Willenserklärung[5] entsprechend anwendbar sind.[6] Gleichzeitig handelt es sich um das Angebot zum Abschluss eines ganz bestimmten Unterlassungsvertrages.[7] Darüber hinaus wird das sowieso zwischen dem Verletzten und dem Verletzer durch die Verletzung bereits entstandene gesetzliche Schuldverhältnis durch die Abmahnung weiter konkretisiert. So begründet die Abmahnung für den Abgemahnten bestimmte Aufklärungs- und Antwort-pflichten.[8]

17.2.2 Inhalt

Die Abmahnung enthält eine Darstellung des Sachverhaltes, der Rechtslage sowie der möglichen Lösung des Konflikts aus der Sicht des Abmahnenden. Er muss zunächst er-läutern, warum er sich für berechtigt hält, überhaupt zu dem behaupteten Konflikt Stellung zu nehmen, also dass er aktivlegitimiert ist. Dies geschieht in der Regel durch die Vorstel-lung der eigenen Person bzw. des Unternehmens und der existierenden Schutzrechte, zum Beispiel Marken, Patente oder Designrechte.

Es folgt eine Beschreibung des beanstandeten Verhaltens des Abgemahnten, beispiels-weise die Verwendung einer bestimmten Bezeichnung im geschäftlichen Verkehr oder die Herstellung eines bestimmten Produktes mit bestimmten technischen Merkmalen. Daraus ergibt sich die Passivlegitimation des Abgemahnten, also warum gerade der Abgemahnte aufgefordert wird, ein konkretes Verhalten zu ändern. Dieser Aspekt ist wichtig. Es muss mit hinreichender Deutlichkeit zum Ausdruck kommen, was eigentlich genau das Problem ist. Anderenfalls kann der Abgemahnte nicht entsprechend reagieren.

Beispiel

Es ist nicht ausreichend, dem Abgemahnten lediglich mitzuteilen, dass man ihm ir-reführende Werbung vorwerfe und er sich entsprechend rechtstreu zu verhalten habe. Erforderlich ist, dass ihm konkret mitgeteilt wird, dass seine Werbung in der FAZ vom 5. August 2014 auf Seite 27 unten als irreführend angesehen wird, weil dort durch die Verwendung der Bezeichnung „kostenlos" der Eindruck erweckt werde, nicht nur das angebotene Mobiltelefon, sondern auch sämtliche Gespräche in alle Mobilfunknetze seien für den Kunden kostenlos, obwohl dies tatsächlich nicht der Fall ist.

Es muss kein ausführliches Rechtsgutachten mit Hinweisen auf entsprechende Ge-richtsentscheidungen beigefügt werden. Es ist allerdings ratsam zu erläutern, warum das

---

[5] §§ 104–185 BGB.
[6] Bornkamm in Köhler und Bornkamm (2016), § 12 UWG, Rn. 1.10.
[7] BGHZ 121, 13, 17 – Fortsetzungszusammenhang.
[8] Bornkamm in Köhler und Bornkamm (2016), § 12 UWG, Rn. 1.11.

beanstandete Verhalten als rechtswidrig angesehen wird. Dies erhöht natürlich die Chancen, dass der Abgemahnte das gerügte Verhalten einstellt.[9]

Die Abmahnung muss Informationen darüber beinhalten, wie der Abgemahnte sich verhalten kann, um ein Gerichtsverfahren zu vermeiden.[10] Das ist in der Regel die Abgabe einer strafbewehrten Unterlassungserklärung. Es ist zweckmäßig, der Abmahnung gleich eine vorformulierte Unterlassungserklärung beizufügen, damit der Abgemahnte weiß, wie er konkret die bestehende Wiederholungsgefahr ausräumen kann.

Zur Abgabe der geforderten Unterlassungserklärung wird eine Frist gesetzt, die dem Abgemahnten die Möglichkeit lassen muss, den Vorwurf zu prüfen und gegebenenfalls Rechtsrat einzuholen. Gleichzeitig ist aber das Interesse des Abmahnenden an einer sehr schnellen Beendigung des Verstoßes zu beachten.

Beispiel

In der Regel werden im Bereich des Geistigen Eigentums und des Lauterkeitsrechts Fristen von ca. einer Woche oder zwei Wochen als angemessen angesehen. In sehr dringlichen Fällen kann auch eine deutlich kürzere Frist angemessen sein. Droht beispielsweise konkret eine erneute Veröffentlichung, kann auch eine Frist von wenigen Stunden noch angemessen sein.[11] Der Abgemahnte kann sich nicht darauf berufen, dass er erst in drei Wochen einen Termin bei seinem Rechtsanwalt erhalten könne bzw. dieser mehr Zeit zur Prüfung benötige. In einem solchen Fall ist die Einschaltung eines spezialisierten Rechtsanwaltes erforderlich, der darauf eingerichtet ist, kurzfristig zu den genannten Verstößen Stellung zu nehmen.

Setzt der Abmahnende eine unangemessen kurze Frist, so ist es üblich, um eine Fristverlängerung zu bitten. Diese wird normalerweise unter Rechtsanwälten in angemessenem Rahmen gewährt.

▶ Besteht der Abmahnende auf einer unangemessen kurzen Frist, so sollte auf keinen Fall überstürzt ohne ausreichende Prüfung der Vorwürfe die geforderte Unterlassungserklärung abgegeben werden. Häufig sind die vorformulierten Unterlassungserklärungen zu weit gefasst. Außerdem kann der Abmahnende etwas übersehen haben, und es besteht tatsächlich überhaupt kein Anspruch auf Abgabe einer Unterlassungserklärung. Wird eine unangemessen kurze Frist gefordert und keine Einigung über eine Verlängerung erzielt, so gilt automatisch eine angemessene Frist.[12] In dieser Situation trägt der Abgemahnte das Risiko, dass er gegebenenfalls zu spät antwortet. Der Abmahnende trägt hingegen das Risiko, dass er zu früh gerichtliche Schritte einleitet und gegebenenfalls Kostennachteile hat, wenn der Abgemahnte später anerkennt und doch noch eine Unterlassungserklärung abgibt.

---

[9] Bornkamm in Köhler und Bornkamm (2016), § 12 UWG, Rn. 1.15.
[10] BGH GRUR 2010, 1120 Rn. 16 – Vollmachtsnachweis.
[11] OLG München WRP 1988, 62, 63.
[12] BGH GRUR 2010, 155 Rn. 18 – Textfundstelle.

Schließlich muss der Abmahnende dem Gegner zu erkennen geben, dass er gerichtliche Schritte einleiten wird, wenn die geforderte Unterlassungserklärung nicht innerhalb der angegebenen Frist abgegeben wird, damit der Abgemahnte sich über die Konsequenzen im Klaren ist.[13]

17.2.3 Form

Es gibt keine Formvorschriften für die Abmahnung. Aus Dokumentationsgründen ist eine schriftliche Abmahnung zu empfehlen. Außerdem ist der Abmahnung, sofern sie von einem Rechtsanwalt verwendet wird, eine Vollmacht des Mandanten beizufügen.

► Da Abgemahnte häufig behaupten, sie hätten die Abmahnung nicht erhalten, ist es zweckmäßig, die Abmahnung gleichzeitig auf verschiedenen Kommunikationswegen, zum Beispiel sowohl per Kurier als auch per Telefax und per E-Mail mit Zugangsbestätigung zu versenden. Zum einen liegen einem dann drei unterschiedliche Belege über den Zugang vor. Zum anderen ist die Behauptung, die Abmahnung sei auf allen drei Wegen nicht zugestellt worden, nicht glaubhaft.

17.2.4 Rechtsfolgen

Der Abgemahnte kann die Abmahnung nicht einfach ignorieren. Er ist verpflichtet, fristgemäß und abschließend zu antworten.[14] Tut er dies nicht, so treffen ihn gegebenenfalls Kostennachteile, wenn er erst später in einem Gerichtsverfahren seine Argumente vorträgt, die bereits im Abmahnverfahren die Auseinandersetzung hätten beenden können. Auch den Abmahnenden treffen Kostennachteile, wenn er ein Gerichtsverfahren beginnt, ohne vorher abgemahnt zu haben. Erkennt der Verletzer im Gerichtsverfahren umgehend die geltend gemachten Ansprüche an und behauptet nachvollziehbar, er hätte dies auch umgehend getan, wenn er ordnungsgemäß abgemahnt worden wäre, so trägt der Verletzte, der die Abmahnung unterlassen hat, die Kosten des Gerichtsverfahrens.[15]

► Trotzdem kann es in Einzelfällen sinnvoll sein, ohne Abmahnung unmittelbar ein Gerichtsverfahren zu beginnen und das Kostenrisiko in Kauf zu nehmen, um beispielsweise Zeit zu gewinnen oder um der Gegenseite die Möglichkeit zu nehmen, eine Schutzschrift bei Gericht einzureichen. Teilweise ist auch abzusehen, dass der Gegner auf keinen Fall anerkennen wird, so dass sowieso ein Gerichtsverfahren erforderlich sein wird.

---

[13] OLG Hamburg WRP 1986, 292.
[14] BGH GRUR 1990, 381, 382 – Antwortpflicht des Abgemahnten.
[15] § 93 ZPO.

17.2.5   Unberechtigte Abmahnung

Grundsätzlich hat der Abgemahnte auch damit zu leben, dass eine Abmahnung gegebenenfalls unberechtigt ist. Er muss in diesem Fall keine Unterlassungserklärung abgeben und kann im darauf folgenden Gerichtsverfahren darlegen, warum aus seiner Sicht keine Verletzung vorliegt. Die Geltendmachung von Ansprüchen im Rahmen einer Abmahnung oder auch eines Gerichtsverfahrens führt grundsätzlich nicht zu einem Schadensersatzanspruch. Das gilt aber nicht für Schutzrechtsverwarnungen, also Abmahnungen, die sich auf angebliche Verletzungen von Schutzrechten des Geistigen Eigentums beziehen. Die Behauptung, ein bestimmtes Produkt sei markenverletzend oder patentverletzend hat für den Abgemahnten erhebliche Auswirkungen auf seinen Geschäftsbetrieb. Aufgrund des Risikos, gegebenenfalls patentverletzende oder markenverletzende Produkte herzustellen, sieht sich der Abgemahnte häufig gezwungen, kurzfristig die Produktion seines Produktes einzustellen. Stellt sich dann heraus, dass die Abmahnung tatsächlich unberechtigt war und der Abmahnende dies wusste oder hätte wissen können – zum Beispiel durch angemessene Recherchen – dann stehen dem Abgemahnten Schadensersatzansprüche zu. Dies gilt insbesondere für Abnehmerverwarnungen. In diesen Fällen wird nicht der Hersteller des verletzenden Produktes abgemahnt, sondern seine Abnehmer. In diesen Fällen besteht eine besondere Waffenungleichheit zwischen dem Abmahnenden und dem Hersteller des angeblich verletzenden Produktes, weil die Abnehmer in der Regel kein eigenes Interesse an der Verteidigung des Produktes haben. Sie werden dazu neigen, jedem Streit aus dem Wege zu gehen, eine Unterlassungserklärung abzugeben und sich umgehend einen neuen Lieferanten zu suchen. In diesen Fällen ist der zu Unrecht Abmahnende dem Hersteller, der seine Abnehmer verloren hat, zum Schadensersatz verpflichtet.[16]

Diese Grundsätze gelten nicht für den Bereich des Lauterkeitsrechts.[17] Die Einstellung eines vermeintlich unlauteren Verhaltens führt in der Regel nicht zu vergleichbaren Schäden wie die Einstellung der gesamten Produktion. Eine typische Abmahnung im Falle einer Markenverletzung finden Sie im Anhang in Abschn. Z.1.

17.2.6   Unterlassungserklärung

Die Unterlassungserklärung wird in der Regel vom Abmahnenden vorformuliert und der Abmahnung beigefügt. Das hat den Vorteil, dass der Abgemahnte die Angelegenheit relativ schnell durch einfache Unterschrift und Rücksendung der Unterlassungserklärung beenden kann. Der Abmahnende vermeidet langfristige Diskussionen mit dem Abgemahnten über nicht ausreichende oder nicht deutlich formulierte Unterlassungserklärungen. Die Erklärung umfasst typischerweise mehrere Elemente, um die Angelegenheit abschließend zu klären.

---

[16] BGH GRUR 2005, 882, 884 – Unberechtigte Schutzrechtsverwarnung.
[17] BGH GRUR 2011, 152 Rn. 63 – Kinderhochstühle im Internet.

17.2.6.1 Rubrum

Im Rubrum werden die Parteien, wie bei einem Vertrag, exakt bezeichnet. Es werden der Abgemahnte, der sich verpflichtet, sowie der Abmahnende, demgegenüber sich der Abgemahnte verpflichtet, mit Namen und Adressen genannt. Hierbei ist insbesondere darauf zu achten, dass der Abgemahnte exakt bezeichnet wird, da nur für ihn die Erklärung bindend ist. Bezieht sich die Erklärung beispielsweise nur auf eine Tochtergesellschaft, kann es Diskussionen geben, wenn eine Schwestergesellschaft oder Muttergesellschaft gegen die Unterlassungserklärung verstößt, da diese nicht ausdrücklich in der Erklärung genannt ist.

17.2.6.2 Unterlassung

Bei der Erklärung zur Unterlassung handelt es sich um den Hauptbestandteil der Erklärung, mit der sich der Abgemahnte verpflichtet, die gerügte Handlung zukünftig nicht mehr vorzunehmen. Hier kommt es darauf an, sehr genau auf die Formulierung zu achten, um den Umfang der Erklärung exakt zu definieren. Der Abmahnende versucht im Zweifel, die zu unterlassende Handlung möglichst weit und umfassend zu formulieren. Der Abgemahnte hat ein Interesse daran, die zu unterlassende Handlung möglichst eng zu fassen. Keine Diskussionen gibt es, wenn die Erklärung sich exakt auf den von dem Abgemahnten begangenen Verstoß bezieht. Insoweit besteht in jedem Fall eine Wiederholungsgefahr. Eine konkrete Formulierung im Falle der irreführenden Werbung könnte wie folgt lauten:

> **Beispiel**
>
> „*. . . es zu unterlassen, im geschäftlichen Verkehr zu Wettbewerbszwecken wie folgt zu werben: ‚S. Clementinen Kl. II 1000 g = 2,00 €', wenn nicht zumindest am Tage der Geschäftseröffnung für alle Kunden ausreichend Waren zu diesem Preis zur Verfügung stehen.*"

Es ist jedoch anerkannt, dass auch für „im Kern gleichartige" Verstöße eine Wiederholungsgefahr besteht, der Abmahnende also eine gewisse Verallgemeinerung in der Formulierung vornehmen darf.[18] Eine noch zulässige Verallgemeinerung könnte wie folgt lauten:

> **Beispiel**
>
> „*. . . es zu unterlassen, im geschäftlichen Verkehr zu Wettbewerbszwecken für Obst und Gemüse mit konkreten Preisen zu werben, wenn nicht zumindest am Tage der Geschäftseröffnung für alle Kunden ausreichend Waren zu diesen Preisen zur Verfügung stehen.*"

17.2.6.3 Vertragsstrafe

Die Vertragsstrafe ist ein wichtiges Element, da sie den nötigen Druck auf den Abgemahnten aufbaut, um ihn davon abzuhalten, gegen seine Unterlassungserklärung zu verstoßen.

---

[18] BGH GRUR 2010, 749 Rn. 45 – Erinnerungswerbung im Internet.

Häufig sind in vorformulierten Unterlassungserklärungen feste Beträge für die Vertragsstrafe genannt. Eine Formulierung könnte wie folgt lauten:

Beispiel

„... verpflichtet sich für jeden Fall der schuldhaften Zuwiderhandlung gegen die Ver-
pflichtung unter Ziffer I (Verweis auf die Unterlassungsverpflichtung), eine Vertrags-
strafe in Höhe von 10.000,00 € zu zahlen."

Das hat den Vorteil, dass Klarheit über die zu zahlende Vertragsstrafe besteht und es im
Falle des Verstoßes keine Diskussionen über die Angemessenheit einer dann eventuell zu
bestimmenden Vertragsstrafe gibt. Allerdings führt dies regelmäßig zu Diskussionen über
die Angemessenheit der Vertragsstrafe zum Zeitpunkt der Diskussion über die Unterlassungserklärung. In der Praxis wird deshalb häufig eine Formulierung gewählt, mit der die
Höhe der Vertragsstrafe zunächst offen gelassen wird, um die Diskussion über die Angemessenheit nicht zum jetzigen Zeitpunkt führen zu müssen. Dies ist pragmatisch, da es in
vielen Fällen sowieso nicht zu einem Verstoß gegen die Unterlassungserklärung kommt,
eine Vertragsstrafe also niemals fällig wird. Eine Formulierung könnte wie folgt lauten:

Beispiel

„... verpflichtet sich für jeden Fall der schuldhaften Zuwiderhandlung gegen die Ver-
pflichtung unter Ziffer I (Verweis auf die Unterlassungsverpflichtung), eine von XYZ
(Verweis auf den Abmahnenden) festzusetzende und im Streitfall vom zuständigen Ge-
richt zu überprüfende Vertragsstrafe zu zahlen."

Diese Art der Vertragsstrafeformulierung nennt sich „Neuer Hamburger Brauch". Sie
ist von den Gerichten anerkannt. Der Abmahnende muss eine entsprechende Formulierung des Abgemahnten akzeptieren. Sie ist ausreichend, um die Wiederholungsgefahr
auszuräumen. Auf den ersten Blick erscheint die Formulierung für den Abgemahnten ris-
kant, da sie es in das Ermessen des Abmahnenden legt, im Falle des Verstoßes die Höhe
der Vertragsstrafe festzusetzen. Dem Abgemahnten steht es jedoch frei, der so festgesetz-
ten Vertragsstrafe nicht zuzustimmen und es auf eine gerichtliche Überprüfung ankommen
zu lassen. Da die Angemessenheit der Vertragsstrafe sehr davon abhängt, in welcher Art
und in welchem Umfang gegen die Unterlassungserklärung tatsächlich verstoßen wurde,
ist diese offene Formulierung letztlich vorteilhafter, da sie den Parteien einen angemessenen Spielraum zur Festlegung im konkreten Fall belässt.

17.2.6.4 Auskunft

Die Auskunftserteilung ist wichtig, um einen eventuellen Schadensersatzanspruch vorzubereiten. Eine Formulierung könnte wie folgt lauten:

> **Beispiel**
>
> „... *verpflichtet sich, XYZ Auskunft zu erteilen über Art und Umfang des unter Ziffer I (Verweis auf die Unterlassungsverpflichtung) genannten Verstoßes, und zwar unter Vorlage einer geordneten Aufstellung, aus der Art, Umfang und Dauer der Verletzungen hervorgehen.*"

17.2.6.5 Schadensersatz

Den konkreten Schadensersatz kann der Abmahnende zum jetzigen Zeitpunkt noch nicht bestimmen, da er noch nicht über alle Details des Verstoßes informiert ist. Dazu dient zunächst der Auskunftsanspruch. Der Abgemahnte kann sich aber zum jetzigen Zeitpunkt schon dem Grunde nach verpflichten, Schadensersatz zu leisten. Auch hier wird, wie bei der Vertragsstrafe, die exakte Bezifferung in die Zukunft verlegt und zum jetzigen Zeitpunkt lediglich die grundsätzliche Verpflichtung zur Zahlung des Schadensersatzes festgestellt. Eine Formulierung könnte wie folgt lauten:

> **Beispiel**
>
> „... *verpflichtet sich, XYZ jeden Schaden zu ersetzen, welcher diesem durch Handlungen gemäß Ziffer I (Verweis auf die Unterlassungsverpflichtung) entstanden ist oder noch entstehen wird.*"

17.2.6.6 Kostenerstattung

Schließlich kann der Abmahnende auch Kostenerstattung verlangen, um insbesondere seine Rechtsanwaltskosten ersetzt zu bekommen. Eine Formulierung könnte wie folgt lauten:

> **Beispiel**
>
> „... *verpflichtet sich, XYZ die in dieser Angelegenheit entstandenen Rechtsverfolgungskosten in Höhe einer 1,3 Geschäftsgebühr auf der Grundlage eines Gegenstandswertes in Höhe von 250.000,00 €, also einen Betrag in Höhe von 2928,90 € zuzüglich Auslagen und gesetzliche Mehrwertsteuer zu ersetzen.*"

Da der genannte Gegenstandswert (hier 250.000,00 €) häufig mit der zu zahlenden Summe verwechselt wird, nennt man in der Regel zusätzlich die exakt berechnete, tatsächlich zu zahlende Summe (hier 2128,90 €). Der Gegenstandswert beläuft sich grundsätzlich auf die Summe, um die gestritten wird. Das ist einfach bei Zahlungsklagen, wie zum Beispiel Schadensersatzklagen. Geht es jedoch um Unterlassung, ist der Gegenstandswert zu schätzen. Dabei kommt es nicht auf einen eventuell entstandenen Schaden an. Entscheidend ist der Wert, den die zukünftige Unterlassung der Verletzung für den Abmahnenden hat.[19] In Wettbewerbssachen werden in der Regel Gegenstands-

---

[19] OLG Stuttgart WRP 1997, 239.

werte zwischen 25.000,00 € und 250.000,00 €, in Markensachen Gegenstandswerte zwischen 50.000,00 € und 500.000,00 €, in Patentsachen Gegenstandswerte zwischen 100.000,00 € und 1.000.000,00 € angesetzt. Dies sind allerdings nur grobe Anhaltspunkte. Die Werte können im Einzelfall auch niedriger oder höher liegen.

17.2.6.7 Unterschrift

Sehr wichtig und nicht zu vergessen ist eine Unterschriftenzeile mit Ort- und Datumsangabe. Ohne Unterschrift ist die Erklärung nicht wirksam. Ohne Datumsangabe kann im Falle eines Verstoßes nicht mit Sicherheit festgestellt werden, ob die Erklärung zu diesem Zeitpunkt bereits wirksam sein sollte.

17.2.6.8 Eigene Unterlassungserklärung

Sofern der Abgemahnte einsieht, dass er in der Tat eine Verletzung begangen hat, er sich aber nicht mit dem Abmahnenden über eine angemessene Formulierung der Unterlassungserklärung einigen kann, bietet es sich an, eine selbst formulierte Unterlassungserklärung ohne Rücksicht auf die Zustimmung des Abmahnenden abzugeben. Anderenfalls ist mit einer gerichtlichen Auseinandersetzung und den damit verbundenen Kosten zu rechnen. Sofern man schon selbst davon ausgeht, dass grundsätzlich eine Verletzung vorliegt, ist in der gerichtlichen Auseinandersetzung mit einer Verurteilung zu rechnen. Durch die Abgabe einer selbst formulierten angemessenen Unterlassungserklärung kann dieses Risiko deutlich reduziert werden. Es ist dann Sache des Abmahnenden zu entscheiden, ob die abgegebene Erklärung tatsächlich nicht ausreichend und eine gerichtliche Auseinandersetzung noch erforderlich ist. Damit trägt er das Risiko, gegebenenfalls im gerichtlichen Verfahren zu viel zu verlangen und damit zu scheitern. Häufig wird der Abmahnende dieses Risiko nicht eingehen und sich mit der abgegebenen eingeschränkten Unterlassungserklärung zufriedengeben (Eine typische Unterlassungs- und Verpflichtungserklärung finden Sie im Anhang in Abschn. Z.2).

17.2.6.9 Annahme der modifizierten Unterlassungserklärung

Gibt der Abgemahnte eine modifizierte Unterlassungserklärung ab, ist dies rechtlich als Ablehnung des Angebots auf Abgabe der vom Abmahnenden formulierten Unterlassungserklärung in Verbindung mit dem Angebot auf Annahme der modifizierten Unterlassungserklärung einzuordnen. Das hat zur Folge, dass der Abmahnende die modifizierte Unterlassungserklärung ausdrücklich annehmen muss, wenn er sie akzeptieren will. Tut er dies nicht, so verbleibt es lediglich bei dem Angebot auf Annahme der modifizierten Unterlassungserklärung. Es kommt keine wirksame Vereinbarung zustande. Der Abmahnende wird im Falle eines Verstoßes folglich Schwierigkeiten haben, die Vertragsstrafe geltend zu machen.

17.2.6.10 Verstöße

Kommt es zu einem Verstoß gegen die Unterlassungserklärung, wird der Abmahnende den Abgemahnten auffordern, eine von ihm festgelegte Summe als Vertragsstrafe zu zahlen.

Einigen sich die Parteien auf eine angemessene Zahlung, ist die Angelegenheit erledigt. Anderenfalls ist die Vertragsstrafe vom zuständigen Gericht festzusetzen. Wurde ein fester Betrag als Vertragsstrafe vereinbart, so wird dieser beim Verstoß fällig. Gleichzeitig wird der Abmahnende den Abgemahnten auffordern, eine neue Unterlassungserklärung mit einer höheren Vertragsstrafe zu unterzeichnen. Dies ist berechtigt, da es sich gezeigt hat, dass die vereinbarte Vertragsstrafe offenbar nicht hoch genug war, um die Wiederholungsgefahr auszuräumen. Sie hat den Abgemahnten nicht davon abhalten können, den Verstoß gegen die Unterlassungserklärung zu begehen.

17.2.7 Negative Feststellungsklage

Entscheidet sich der Abgemahnte, keine Unterlassungserklärung abzugeben, weil er davon überzeugt ist, dass keine Verletzung vorliegt, so sollte er dies dem Abmahnenden mitteilen und erläutern. Dieser wird das entweder akzeptieren oder aber gerichtliche Schritte einleiten. Um Rechtssicherheit für sein weiteres Vorgehen zu bekommen, bietet es sich an, den Abmahnenden zu bitten, den Vorwurf der Verletzung ausdrücklich zurückzunehmen. Kommt der Abmahnende dieser Aufforderung nicht nach und leitet auch nicht umgehend ein Gerichtsverfahren ein, kann sich für den Abgemahnten eine unangenehme Situation der Rechtsunsicherheit einstellen, in der ständig mit Angriffen des Abmahnenden gerechnet werden muss. Um dies zu vermeiden, hat er die Möglichkeit, eine negative Feststellungsklage bei Gericht einzureichen.[20] Ziel dieses Verfahrens ist die Feststellung durch das Gericht, dass der vom Abmahnenden geltend gemachte Anspruch tatsächlich nicht besteht. Durch dieses Verfahren kann der Abgemahnte eine gerichtliche Entscheidung erzwingen und muss dies nicht der Entscheidung des Abmahnenden überlassen.

17.2.8 Abgrenzungsvereinbarung

In Markenstreitigkeiten werden Konflikte häufig durch Abgrenzungsvereinbarungen gelöst. Dabei handelt es sich um eine vertragliche Einigung, in der der Abgemahnte sich verpflichtet, seine Markenanmeldung einzuschränken, seine Marke nur in dem beschränkten Umfang zu benutzen und die vorrangigen Rechte des Abmahnenden anzuerkennen. Der Abmahnende verzichtet im Gegenzug darauf, umfassend gegen die Markenanmeldung des Abgemahnten vorzugehen, obwohl er dies aus formalen Gründen könnte.

Für beide Parteien hat dies den Vorteil, dass man die Unwägbarkeiten eines Widerspruchsverfahrens bzw. eines Klageverfahrens vermeidet und zu einer schnellen pragmatischen Lösung kommt. Eine Abgrenzungsvereinbarung bietet sich insbesondere an, wenn die betroffenen Marken zwar formal kollidieren, beispielsweise durch Überschneidungen in den geschützten Waren- und Dienstleistungsklassen, die Markeninhaber aber

---

[20] § 256 ZPO; BGH GRUR 1994, 846, 848 – Parallelverfahren II.

tatsächlich nur in bestimmten Bereichen tätig sind und deshalb den Vertragspartner in den anderen Bereichen dulden können.

Beispiel

Firma A ist Inhaberin der Marke „ABC", geschützt für sämtliche Waren der Klasse 9 mit einer Priorität vom 1. März 1999. Sie stellt Fotoapparate her.

Firma B meldet die Marke „CBA" ebenfalls für sämtliche Waren der Klasse 9 an. Sie stellt DVDs her.

Firma A legt Widerspruch ein. Sie begründet diesen mit einer Verwechslungsgefahr, da die verwendeten Zeichen ähnlich seien und beide für die Klasse 9 geschützt werden sollen.

Firma B bestreitet die Verwechslungsgefahr, da die verwendeten Zeichen durchaus unterschiedlich seien. Zur Vermeidung einer Auseinandersetzung schlägt sie eine Abgrenzungsvereinbarung vor und bietet an, die eigene Markenanmeldung in der Weise zu beschränken, dass nicht alle Waren in der Klasse 9, sondern nur noch DVDs geschützt sein sollen. Außerdem erkennt sie den Vorrang der Marke „ABC" ausdrücklich an und verpflichtet sich, die eigene Marke auch nur für DVDs zu verwenden.

Firma A stimmt dem zu und verpflichtet sich, die so beschränkte Marke der Firma B zu dulden. Sie hat sowieso kein Interesse an der Herstellung von DVDs und ist sich selbst auch nicht ganz sicher, ob die Ähnlichkeit zwischen dem Zeichen „ABC" und dem Zeichen „CBA" wirklich ausreicht, um eine markenrechtliche Verwechslungsgefahr anzunehmen.

17.3   Einstweilige Verfügung

Der Unterlassungsanspruch wird im Bereich des Geistigen Eigentums und des Lauterkeitsrechts in der Regel im Wege des einstweiligen Rechtsschutzes durch einen Antrag auf Erlass einer einstweiligen Verfügung geltend gemacht.[21] Das gerichtliche Verfahren des einstweiligen Rechtsschutzes führt zu einer schnellen Entscheidung des Gerichts. Ermöglicht wird dies durch eine Straffung des Verfahrens.

17.3.1   Verfügungsgrund

Entscheidungen im Eilverfahren sind nur zulässig, wenn die Angelegenheit dringlich ist. Anderenfalls ist es dem Antragsteller zumutbar, ein ordentliches Klageverfahren zu durchlaufen, um seine Ansprüche geltend zu machen. Diese objektive Dringlichkeit wird auch Verfügungsgrund oder Eilbedürftigkeit genannt. Normalerweise muss die Dringlichkeit vom Antragsteller dargelegt und glaubhaft gemacht werden. In Fällen des Lauterkeitsrechts stellt es jedoch die Regel dar, dass ein unlauteres Verhalten eines Wettbewerbers

---

[21] § 935 ZPO.

schnellstmöglich abgestellt werden muss, um weiteren Schaden von den betroffenen Wettbewerbern abzuhalten. Das UWG erklärt deshalb alle Ansprüche auf Unterlassung in Wettbewerbsangelegenheiten per Gesetz für dringlich.[22] Vergleichbare gesetzliche Regelungen gibt es in den Gesetzen zum Schutze des Geistigen Eigentums nicht. Eine entsprechende Anwendung für Ansprüche aus dem Markenrecht wird jedoch von einigen Gerichten anerkannt.[23] Im Ergebnis wird man jedoch auch in den Fällen der Verletzung eines Patents oder einer Marke die Dringlichkeit darlegen können. Im Unterschied zum Lauterkeitsrecht muss dies allerdings ausdrücklich dargelegt und glaubhaft gemacht werden.

Darüber hinaus muss der Antragsteller selbst zügig handeln. Wartet er zu lange mit der Einreichung des Antrages auf Erlass einer einstweiligen Verfügung, so lässt dies die Vermutung der Dringlichkeit entfallen bzw. widerspricht dem eigenen Vortrag bezüglich der Dringlichkeit. Die Zeitspanne, innerhalb der der Antragsteller tätig werden muss, hängt von den Umständen des Einzelfalles ab und wird außerdem von den Gerichten unterschiedlich beurteilt. Als Richtschnur kann die Rechtsprechung des diesbezüglich am strengsten urteilenden Oberlandesgerichts München dienen. Hier wird eine Frist von exakt einem Monat angenommen. Danach gilt die Dringlichkeit im Zweifel als widerlegt.[24]

▶ Um den Verfügungsgrund nicht zu gefährden, ist in allen Fällen des Lauterkeitsrechts und des Geistigen Eigentums schnelles Handeln geboten. Sofern der Verdacht besteht, dass Dritte unlauter handeln oder eigene Schutzrechte verletzen, sollte dies umgehend aufgeklärt und rechtlich bewertet werden. Spätestens zwei Wochen nach Kenntniserlangung sollte eine Abmahnung erfolgen, damit nach Ablauf einer angemessenen Frist von ca. 7 bis 10 Tagen noch rechtzeitig ein Antrag auf Erlass einer einstweiligen Verfügung bei Gericht eingereicht werden kann, bevor die Frist von einem Monat nach Kenntniserlangung abläuft. Um diesen engen Zeitplan einhalten zu können, ist es erforderlich, im Unternehmen das Bewusstsein für mögliche Verletzungstatbestände zu schärfen, damit diese erkannt und schnellstmöglich an die Rechtsabteilung kommuniziert werden.

17.3.2 Verfügungsanspruch

Neben dem Verfügungsgrund ist auch ein Verfügungsanspruch erforderlich. Nicht alle dem Verletzten zustehenden Ansprüche kommen als Verfügungsanspruch in Betracht. Da es sich bei dem Eilverfahren um eine vorläufige Regelung handelt, sind alle Ansprüche, die die Angelegenheit endgültig entscheiden bzw. die Hauptsacheentscheidung vorwegnehmen, vom Verfügungsverfahren ausgeschlossen. Das sind insbesondere Auskunfts-

---

[22] § 12 Abs. 2 UWG.
[23] Vgl. Ingerl und Rohnke (2010), Vorbemerkungen zu §§ 14–19 d, Rn. 193 ff.
[24] OLG München Mitt. 2001, 85, 89.

und Schadensersatzansprüche sowie Vernichtungsansprüche und Veröffentlichungsansprüche. Im Rahmen des Verfügungsverfahrens können typischerweise Unterlassungsansprüche geltend gemacht werden, weil sie nicht auf eine endgültige Regelung zielen. Sollte sich später herausstellen, dass der Anspruch doch nicht besteht, kann die vorläufig untersagte Handlung wiederaufgenommen werden.

17.3.3 Glaubhaftmachung

Um das Verfügungsverfahren zu beschleunigen, ist kein normales Beweisverfahren vorgesehen. Erforderlich, aber auch ausreichend ist die Glaubhaftmachung. Diese erfolgt durch alle präsenten Beweismittel.[25] Das sind Urkunden, Zeugen, die unmittelbar in der mündlichen Verhandlung präsentiert werden, und insbesondere die Vorlage einer eidesstattlichen Versicherung.

▶   Alles, was nicht spätestens in der mündlichen Verhandlung präsentiert wird, kann nicht mehr berücksichtigt werden. Es reicht deshalb nicht aus, in der mündlichen Verhandlung einen Antrag auf Vernehmung eines Zeugen zu stellen. Entweder der Zeuge ist anwesend, oder er wird nicht mehr gehört.
Bei der Abgabe einer eidesstattlichen Versicherung ist unbedingt darauf zu achten, dass diese wahrheitsgemäß erstellt wird. Die Abgabe einer falschen eidesstattlichen Versicherung ist strafbar und wird mit Freiheitsstrafe bis zu drei Jahren oder mit Geldstrafe bestraft.[26]

17.3.4 Verfahren

Zusätzlich beschleunigt wird das Verfügungsverfahren dadurch, dass der Vorsitzende Richter der zuständigen Kammer beim Landgericht allein und ohne mündliche Verhandlung entscheiden kann.[27] Dies muss vom Antragsteller ausdrücklich beantragt und begründet werden. Es muss also dargelegt werden, dass die Angelegenheit so dringlich ist, dass selbst die Durchführung einer mündlichen Verhandlung nicht abgewartet werden kann. Auch in lauterkeitsrechtlichen Verfahren ist diese Begründung erforderlich. Anders als die „normale" Dringlichkeit wird diese besondere Dringlichkeit nicht generell vermutet.

Für den Antragsgegner würde eine Entscheidung ohne mündliche Verhandlung bedeuten, dass ihm sein Anspruch auf „rechtliches Gehör" versagt würde. In besonders dringlichen Ausnahmefällen wird dies – jedenfalls im deutschen Recht und anders als in vielen anderen Ländern – in Kauf genommen, zumal der Antragsgegner die Möglich

---

[25] § 294 ZPO.
[26] § 156 StGB.
[27] § 944 ZPO.

keit hat, gegen die erlassene einstweilige Verfügung Widerspruch einzulegen. Auf den Widerspruch wird dann kurzfristig eine mündliche Verhandlung anberaumt, in der unter Berücksichtigung des Vortrags des Antragsgegners erneut entschieden wird. Außerdem hat der Antragsgegner die Möglichkeit, bereits vor der Entscheidung des Gerichts eine Schutzschrift einzureichen. Dabei handelt es sich um einen Schriftsatz, mit dem das Gericht bereits vorsorglich für den Fall, dass ein Antrag auf Erlass einer einstweiligen Verfügung gestellt wird, über die eigene Rechtsauffassung des Antragsgegners informiert wird.

> Immer wenn die Abgabe einer Unterlassungserklärung verweigert wird, sollte der Abgemahnte in Erwägung ziehen, eine Schutzschrift einzureichen, um dem Gericht die eigene Sicht des Sachverhaltes und die eigene Rechtsauffassung mitzuteilen.
>
> Dabei ist zu berücksichtigen, dass Verstöße gegen das UWG sowie Verstöße gegen Schutzrechte des Geistigen Eigentums in der Regel bundesweit erfolgen und deshalb auch alle Landgerichte in der Bundesrepublik Deutschland für derartige Fälle zuständig sind. Der Antragsteller kann seinen Antrag auf Erlass einer einstweiligen Verfügung also bei jedem Landgericht in der Bundesrepublik Deutschland einreichen. Das bedeutet auch, dass die Schutzschrift vorsorglich bei jedem Landgericht eingereicht werden muss.
>
> In der Praxis wird dies dadurch erleichtert, dass die Landesjustizverwaltung Hessen für die Länder ein zentrales, länderübergreifendes elektronisches Register für Schutzschriften führt.[28] Eine dort eingestellte Schutzschrift gilt als bei allen ordentlichen Gerichten der Länder eingereicht.[29] Die Gerichte erhalten Zugriff auf das Register über ein automatisiertes Abrufverfahren.[30]

Das Gericht entscheidet auf der Grundlage einer summarischen Prüfung. Das bedeutet nicht, dass die Angelegenheit nicht eingehend rechtlich geprüft wird. Es besteht allerdings mehr Raum für eine Interessenabwägung.[31] Dabei wird auch berücksichtigt, ob ein größerer Schaden entstünde, wenn die beantragte einstweilige Verfügung zu Unrecht erlassen oder wenn sie zu Unrecht verweigert würde.

17.3.5 Zustellung

Erlässt das Landgericht eine einstweilige Verfügung, so ist es Aufgabe des Antragstellers, diese dem Antragsgegner zuzustellen. Die Zustellung erfolgt, anders als bei einem Urteil im Klageverfahren, nicht durch das Gericht. Das Gesetz gibt dem Antragsteller bewusst die Möglichkeit, selbst über die Zustellung zu entscheiden. Erst mit der Zustellung

---

[28] § 945 a Abs. 1 ZPO.
[29] § 945 a Abs. 2 ZPO.
[30] § 945 a Abs. 3 ZPO.
[31] Vollkommer in Zöller (2016), § 935, Rn. 7.

wird die einseitige Verfügung wirksam. Sie erfolgt entweder durch Zustellung per Brief vom Rechtsanwalt des Antragstellers zum Rechtsanwalt des Antragsgegners oder durch Zustellung per Gerichtsvollzieher. Teilweise wird die erlassene einseitige Verfügung zur Vermeidung von Haftungsrisiken nicht zugestellt. In diesen Fällen wird der Gegenseite lediglich mitgeteilt, dass eine Verfügung ergangen ist, und es wird erneut versucht, eine einvernehmliche Lösung herbeizuführen.

▶ Die Zustellung der einstweiligen Verfügung an den Antragsgegner muss innerhalb von 30 Tagen nach Erlass der einstweiligen Verfügung erfolgen. Ansonsten verliert sie ihre Wirksamkeit.[32] Eine neue einstweilige Verfügung wird der Antragsteller danach auch nicht mehr beantragen können, weil es dann in der Regel an der Dringlichkeit fehlt.

17.3.6   Schadensersatz bei ungerechtfertigter einstweiliger Verfügung

Die Möglichkeit, mit einer einstweiligen Verfügung die Gegenseite kurzfristig zu einer Unterlassung zu zwingen, ist zwar ein sehr effektives Rechtsschutzmittel. Es birgt aber auch Risiken für den Antragsteller. Wenn er einstweiligen Rechtsschutz in Anspruch nimmt, muss er auch das Risiko dafür tragen, dass die im Eilverfahren ergangene Entscheidung eventuell ungerechtfertigt war. Stellt sich dies im weiteren Verfahren heraus, dann ist er dem Antragsgegner zum Schadensersatz verpflichtet.[33]

▶ Da der Antragsgegner durch die einstweilige Verfügung gegebenenfalls zur Umstellung oder zur Einstellung seiner Produktion bzw. seiner Werbekampagne gezwungen wurde, können erhebliche Schadensersatzforderungen auflaufen. Es sollte deshalb sehr genau überlegt werden, ob eine einstweilige Verfügung wirklich zugestellt wird, insbesondere wenn diese ohne mündliche Verhandlung und ohne Vorlage einer Schutzschrift erlassen wurde. In diesen Fällen ist nämlich die Argumentation der Gegenseite dem Gericht noch nicht bekannt. Die Wahrscheinlichkeit, dass die Verfügung im Widerspruchsverfahren, im Berufungsverfahren oder im Hauptsacheverfahren aufgehoben wird, ist also größer. Es kann deshalb sinnvoll sein, der Gegenseite lediglich mitzuteilen, dass eine Verfügung ergangen ist, und erneut zu versuchen, eine einvernehmliche Lösung herbeizuführen.

17.3.7   Abschlussverfahren

Die einstweilige Verfügung enthält nur eine vorläufige Regelung. Das bedeutet insbesondere, dass durch den Antrag auf Erlass einer einstweiligen Verfügung die Verjährung des

---

[32] § 929 Abs. 2 ZPO.
[33] § 945 Abs. 2 ZPO.

Unterlassungsanspruchs lediglich gehemmt wird.[34] Das bedeutet, dass sechs Monate nach der rechtskräftigen Entscheidung im Verfügungsverfahren die Verjährung wieder beginnt weiter zu laufen.[35]

▶ Unternimmt der Verletzte nach der Zustellung der einstweiligen Verfügung nichts mehr, tritt im Falle der Verletzung von Schutzrechten des Geistigen Eigentums nach einer Zeitspanne von ca. vier Jahren nach der ersten Kenntniserlangung vom Verstoß (drei Jahre Verjährungsfrist beginnend mit dem Schluss des Jahres, in dem erstmals vom Verstoß Kenntnis erlangt wurde (siehe Abschn. 11.1) plus die Zeit der Hemmung der Verjährung, also der Zeitraum zwischen Einreichung des Antrages auf Erlass einer einstweiligen Verfügung und der Zustellung der einstweiligen Verfügung – ca. ein Monat – plus sechs Monaten) Verjährung ein.
Bei Wettbewerbsverstößen erfolgt dies sogar noch schneller, da wettbewerbsrechtliche Ansprüche bereits nach sechs Monaten verjähren.[36]
Der Eintritt der Verjährung bedeutet, dass der Unterlassungsanspruch, der der einstweiligen Verfügung zugrunde lag, entfällt. Der Verletzer hat dann die Möglichkeit, die einstweilige Verfügung wegen veränderter Umstände aufheben zu lassen.[37] Der Verletzte wäre dann nicht mehr geschützt.

Der Antragsteller muss also entweder noch ein normales Hauptsacheverfahren durchführen oder aber eine Erklärung vom Antragsgegner erhalten, dass dieser die einstweilige Verfügung als endgültige Regelung anerkennt. Das bedeutet konkret, dass der Verletzer die einstweilige Verfügung als einem rechtskräftigen Urteil in einem Hauptsacheverfahren gleichwertig anerkennt, insbesondere also auf die möglichen Rechtsbehelfe gegen eine einstweilige Verfügung verzichtet.[38]

Eine solche Erklärung wird als Abschlusserklärung bezeichnet. So wie ein Antrag auf Erlass einer einstweiligen Verfügung ohne vorherige Abmahnung für den Antragsteller das Risiko beinhaltet, dass der Antragsgegner die geltend gemachten Ansprüche umgehend anerkennt und sich darauf beruft, dass er die Kosten des Gerichtsverfahrens nicht zahlen muss, da er bei ordnungsgemäßer Abmahnung ebenfalls umgehend die Ansprüche anerkannt hätte, beinhaltet auch die Einreichung einer Klage im Hauptsacheverfahren ohne vorherige Aufforderung zur Abgabe einer Abschlusserklärung das Risiko, dass der Beklagte sich darauf beruft, dass er die Kosten des Gerichtsverfahrens nicht zahlen muss, da er bei ordnungsgemäßer Aufforderung ebenfalls umgehend die einstweilige Verfügung als endgültige Regelung anerkannt hätte.

---

[34] § 204 Abs. 1 Nr. 9 ZPO.
[35] § 204 Abs. 2 ZPO.
[36] § 11 UWG.
[37] § 927 ZPO.
[38] Lensing-Kramer in Hasselblatt (2012), § 46, Rn. 143.

▶   Der Antragsteller sollte also vor Einreichung der Klageschrift im Hauptsache-
     verfahren dem Antragsgegner ein Abschlussschreiben mit der Aufforderung
     zur Abgabe einer Abschlusserklärung zusenden, um das Kostenrisiko eines
     Hauptsacheverfahrens zu vermeiden. Da diese Aufforderung zur Abgabe der
     Abschlusserklärung, wie eine Abmahnung, Kosten verursacht, die vom Antrags-
     gegner zu tragen sind, sollte dieser spätestens zwei Wochen nach Zustellung
     der einstweiligen Verfügung von sich aus dem Antragsteller mitteilen, ob er
     die einstweilige Verfügung als endgültige Regelung akzeptiert oder nicht bzw.
     dass er noch etwas Zeit für die Entscheidung benötigt und von sich aus auf die
     Angelegenheit zurückkommen wird, so dass die Zusendung eines Abschluss-
     schreibens nicht erforderlich ist.

17.4 Klage

Weigert sich der Antragsgegner, die einstweilige Verfügung als endgültige Regelung anzuerkennen und eine Abschlusserklärung abzugeben, ist ein Hauptsacheverfahren erforderlich. Im Rahmen dieses Verfahrens wird die Angelegenheit noch einmal im „normalen"
Verfahren entschieden. Inhaltlich unterscheidet sich das Verfahren im Wesentlichen dadurch, dass alle Beweismittel zugelassen sind und nicht – wie im Eilverfahren – nur die
unmittelbar präsenten Beweismittel. Da die Qualität der Entscheidungen im Eilverfahren
sehr gut ist, wird häufig auf die Durchführung eines Hauptsacheverfahrens verzichtet und
stattdessen eine Abschlusserklärung abgegeben oder aber vom Antragsteller akzeptiert,
dass das Gericht eine einstweilige Verfügung nicht erlassen möchte.

17.5 Strafrechtliche Verfahren

Von vielen Beteiligten wird übersehen, dass der Verstoß gegen Schutzrechte des Geistigen Eigentums auch eine Straftat darstellen kann. Alle entsprechenden Gesetze enthalten
Strafvorschriften, die Freiheitsstrafen von bis zu drei Jahren oder Geldstrafen vorsehen.[39]
    Auch das UWG enthält Strafvorschriften. Besondere praktische Relevanz hat der Verrat
von Geschäfts- und Betriebsgeheimnissen, der eine Straftat darstellt, die mit Freiheitsstrafe bis zu drei Jahren oder mit Geldstrafe bestraft werden kann.[40] In besonders schweren
Fällen, zum Beispiel wenn gewerbsmäßig gehandelt wird oder das Geheimnis im Ausland
verwertet werden soll, kann die Freiheitsstrafe bis zu fünf Jahren betragen.[41]

---

[39] §§ 143, 143 a MarkenG, § 106 UrhG, § 142 PatG, § 51 DesignG.
[40] § 17 Abs. 1 UWG.
[41] § 17 Abs. 4 UWG.

Literatur

Hasselblatt, G. N. (Hrsg.). (2012). *Münchener Anwaltshandbuch Gewerblicher Rechtsschutz*. München: C.H. Beck.

Ingerl, R., & Rohnke, C. (2010). *Markengesetz*. München: C.H. Beck.

Köhler, H., & Bornkamm, J. (2016). *Gesetz gegen den unlauteren Wettbewerb*. München: C.H. Beck.

Zöller, R. (2016). *Kommentar zur Zivilprozessordnung*. Köln: Dr. Otto Schmidt.

Schutz vor Produktpiraterie 18

18.1 Begriff

Die Produktpiraterie beschreibt eine besondere Art der Verletzung von Geistigem Eigentum. Bei einer herkömmlichen Verletzung von Geistigem Eigentum steht in der Regel die Frage im Vordergrund, ob eine Verletzung vorliegt. Ist eine Marke verwechselbar ähnlich mit einer anderen Marke? Liegt eine technische Gestaltung im Schutzbereich eines Patents? Bei Produktpiraterie handelt es sich hingegen um Produkte, die bewusst dem Originalprodukt so ähnlich wie möglich nachempfunden werden. Das Ziel ist, bei dem Kunden den Eindruck zu erwecken, als handele es sich bei dem nachgemachten Produkt um das Originalprodukt. Produktpiraterie wird häufig auch Markenpiraterie genannt. Diese Bezeichnung ist allerdings zu eng, da im Rahmen der Produktpiraterie nicht nur Marken verletzt werden, sondern auch andere Schutzrechte, insbesondere Patente und Designrechte. Der Begriff der Produktpiraterie ist deshalb der Oberbegriff, während die Markenpiraterie lediglich Fälschungen erfasst, die Marken verletzen.

18.2 Auswirkungen

Die Produktpiraterie stellt ein erhebliches Problem dar. In der EU sind im Jahre 2014 in knapp 95.000 Beschlagnahmefällen Waren im Wert von über 617 Mio. € als Fälschungen sichergestellt worden. Die Waren stammen in erster Linie aus China, Hongkong und der Türkei. Sie betreffen sämtliche Branchen, insbesondere Schuhe, Bekleidung, Schmuck und Uhren, Parfüm und sogar Medikamente.[1]

---

[1] Report on EU customs enforcement of intellectual property rights – Results at the EU border 2014, http://ec.europa.eu/taxation_customs/customs/customs_controls/counterfeit_piracy/statistics/index_de.htm. Zuletzt abgerufen am 21. April 2016.

© Springer Fachmedien Wiesbaden 2016
S. Ahrens, *Geistiges Eigentum und Wettbewerbsrecht*, FOM-Edition,
DOI 10.1007/978-3-658-14313-8_18

Die Auswirkungen der Produktpiraterie werden vielfach unterschätzt. Für die betroffenen Unternehmen geht das Risiko weit über den Ausfall von Umsatz und Gewinn hinaus. Da gefälschte Produkte häufig auf den ersten Blick kaum von den Originalprodukten zu unterscheiden sind, denn nicht zuletzt tragen sie häufig die Marke des Originalherstellers, ist mit Risiken für die Reputation der Originalhersteller zurechnen. Ein Kunde, der glaubt, ein Originalprodukt zu besitzen, wird die mangelhafte Qualität aus Unkenntnis nicht dem Produktpiraten, sondern dem Originalhersteller anlasten. Darüber hinaus muss der Originalhersteller mit ungerechtfertigten Gewährleistungs- und Haftungsrisiken rechnen. Der Kunde wird mangelhafte Produkte an den Originalhersteller zurückgeben wollen und Schäden, die sich aus der Benutzung von gefälschten Produkten ergeben, ersetzt verlangen. Hier besteht die Schwierigkeit für den Originalhersteller, die Fälschungen als solche zu identifizieren und den vermeintlichen Kunden zu überzeugen, dass es sich um ein gefälschtes Produkt handelt.

Für den Käufer von Produktpiraterieware besteht ein erhebliches Sicherheits- und Gesundheitsrisiko. Bremsscheiben, die nicht vom Originalhersteller stammen, sind im Zweifel nicht für vergleichbare Belastungen ausgelegt. Medikamente, die nicht vom Originalhersteller stammen, haben eventuell nicht exakt die gleiche Wirkung oder aber ungeahnte Nebenwirkungen, teilweise auch überhaupt keine Wirkung. Letzteres ist gerade bei dringend benötigten Medikamenten häufig tödlich, wenn es zu spät bemerkt wird. Selbst auf den ersten Blick wenig sicherheitsrelevante Produkte wie Kleidungsstücke können für den Verbraucher Risiken darstellen, da sie aus Kostengründen im Zweifel nicht auf gesundheitsschädliche Chemikalien oder Allergene getestet sind.

18.3   Schutzmöglichkeiten

Dem Hersteller von Originalwaren steht ein vielfältiges Instrumentarium zur Bekämpfung der Produktpiraterie zur Verfügung.

18.3.1   Technische Maßnahmen

Bereits bei der Konstruktion von Produkten sollten die Risiken der Produktpiraterie beachtet werden. Produkte können mit Hologrammen, Sicherheitsfäden, Sicherheitslabels, Etiketten und Ähnlichem ausgestattet werden.

Beispiel

Ein Beispiel ist das „Tesa-Priospot" der Tesa Scribos GmbH. Hierbei handelt es sich um ein Polymer-Etikett, das verschiedene offene und verdeckte Sicherheitsmerkmale enthält. Das Produkt erhält eine individuell generierte Codierung, die für die Produktverfolgung genutzt werden kann. Dabei wird das Produkt mit bis zu sieben unterschiedlichen Verifikationsebenen beschriftet, was eine Reproduktion sehr schwierig macht.[2]

18.3.2 Aufklärung

Um Kunden vor gefälschten Produkten zu schützen, sollten Marketing und Vertrieb eines Unternehmens darauf vorbereitet sein, Verbraucher durch Öffentlichkeitsarbeit über die Existenz und die Gefahren von gefälschten Produkten aufzuklären. Außerdem sollten die Originalprodukte und deren Verpackung so gestaltet werden, dass sie leicht als solche erkannt werden können. Nach erfolgreichem Vorgehen gegen Produktpiraten ist die Öffentlichkeit auch darüber zu informieren, um die Aufmerksamkeit auf das Problem zu lenken und den Produktpiraten die Nachricht zu vermitteln, dass man aktiv gegen sie vorgeht.

Auch innerhalb der Unternehmen ist Aufklärung erforderlich, um die Mitarbeiter für das Problem zu sensibilisieren. In allen Bereichen des Unternehmens, von der Produktion bis zum Vertrieb, sollten die Mitarbeiter die Risiken der Produktpiraterie im Hinterkopf haben.

Aufklärung bedeutet auch die Sammlung von Information über die Existenz und den Umfang von gefälschten Produkten im Markt. Hierzu sollte der Markt überwacht werden. Insbesondere Produkte, die als mangelhaft zurückgegeben werden, sollten ausgiebig auf ihre Echtheit untersucht werden. Teilweise wird die Marktüberwachung auch von Fachverbänden übernommen.

Beispiel

Der Aktionskreis Deutsche Wirtschaft gegen Produkt- und Markenpiraterie e. V. (APM) wurde 1997 von dem Deutschen Industrie- und Handelskammertag (DIHK), dem Bundesverband der Deutschen Industrie (BDI), dem Markenverband sowie von 15 Unternehmen ins Leben gerufen. Neben einer groß angelegten Öffentlichkeitsarbeit in Form von Presseerklärungen führt der Verband auch eine bundesweite Marktkontrolle durch.[3]

---

[2] Internetseite der tesa scribos GmbH, http://www.tesa-scribos.com/deu/sicherheitstechnologien/tesa_priospot. Zuletzt aufgerufen am 21. April 2016.
[3] Internetseite des APM, http://www.markenpiraterie-apm.de/index.php. Zuletzt aufgerufen am 21. April 2016.

18.3.3   Rechtliche Maßnahmen

Auch in rechtlicher Hinsicht gibt es eine Vielzahl von Möglichkeiten, um gegen Produktpiraterie vorzugehen.

18.3.3.1   Vertragliche Maßnahmen

Der erste Schritt ist die sorgfältige Gestaltung von Verträgen. Das beginnt mit der Auswahl von Verhandlungs- und Vertragspartnern. Dabei sollte nicht nur auf die Produktionskosten im Ausland geachtet werden, sondern insbesondere auch auf die Reputation und Zuverlässigkeit der Vertragspartner. Vermeintliche Kostenvorteile können sich bei der Zusammenarbeit mit nicht vertrauenswürdigen Partnern sehr schnell ins Gegenteil umkehren. Es sollten insbesondere keine vertraulichen Informationen übermittelt werden, bevor nicht eine Geheimhaltungsvereinbarung abgeschlossen worden ist.

Beispiel

In der Geheimhaltungsvereinbarung sollte zunächst definiert werden, was als geheim zu haltende Information angesehen wird, zum Beispiel alles, was ausdrücklich als „geheim" gekennzeichnet oder offensichtlich geheimhaltungsbedürftig ist. Es können auch ausdrücklich bestimmte Arten von Dokumenten oder bestimmte Geschäftsbereiche generell definiert werden.

Es sollte sichergestellt werden, dass auch Arbeitnehmer, Vertreter und andere Personen, die Zugang zu vertraulichen Informationen erhalten, ebenfalls zum Abschluss der Geheimhaltungsvereinbarung verpflichtet werden. Da der Nachweis eines Schadens im Falle der Verletzung der Geheimhaltungsvereinbarung häufig schwierig ist, sollte eine Vertragsstrafe für den Fall der Verletzung vereinbart werden.

Außerdem ist es wichtig, dass ausdrücklich aufgeführt wird, dass die Geheimhaltungsvereinbarung auch nach Beendigung der Zusammenarbeit bzw. für den Fall, dass die Zusammenarbeit gar nicht erst zustande kommt, weiter Geltung hat. Denn die Information verliert dadurch nicht ihren Status als geheimhaltungswürdig.

Häufig werden Lizenzverträge mit Herstellern im Ausland abgeschlossen. Im Rahmen dieser Lizenzverträge erhalten die Hersteller das Recht, Marken, Patente etc. zu verwenden, um die Produkte herzustellen und auszuliefern. Damit handelt es sich dann um Originalprodukte. Es kommt aber auch vor, dass gezielt oder versehentlich „Überschüsse" produziert werden, die dann unautorisiert und nicht von den Originalprodukten zu unterscheiden auf den Märkten auftauchen. Außerdem ist häufig die Qualität der in Lizenz hergestellten Produkte nicht ausreichend. Eine sorgfältige Gestaltung der Lizenzverträge kann die Risiken senken.

Beispiel

Um dem Lizenzgeber die Kontrolle zu erleichtern, können Klauseln in den Vertrag aufgenommen werden, die den Lizenznehmer nicht nur unmittelbar zur Einhaltung definierter Qualitätsstandards verpflichten, sondern auch zu detaillierter Buchführung. Außerdem sollte der Lizenzgeber sich das Recht vorbehalten, regelmäßig die Buchführung und die Produktion zu überwachen.

Auch kann der Lizenznehmer verpflichtet werden, selbst aktiv seinen Heimatmarkt auf mögliche Fälschungen zu überwachen bzw. überwachen zu lassen und rechtliche Schritte auf eigene Kosten einzuleiten. Um zu vermeiden, dass in der Distributionskette bei der Lagerung, der Verladung oder dem Transport der Produkte Fälschungen eingeschleust werden, sollten auch Vorschriften zur Sicherung der Distributionswege aufgenommen werden. Beispielsweise kann der Lizenznehmer verpflichtet werden, nur zertifizierte Vertragspartner auszuwählen, Stichproben durchzuführen etc.

Nach Beendigung der Zusammenarbeit sollte der Lizenznehmer verpflichtet sein, Unterlagen, wie Entwürfe, Zeichnungen und Modelle, herauszugeben.

18.3.3.2 Anmeldung von Schutzrechten

Eine nahe liegende, aber dennoch häufig vernachlässigte Maßnahme ist die umfassende und rechtzeitige Anmeldung von Schutzrechten. Das bedeutet, dass nicht nur im Heimatland, zum Beispiel Deutschland, Marken, Patente, Geschmacksmuster etc. zum Schutz der eigenen Produkte angemeldet werden, sondern eine umfassende Schutzstrategie erarbeitet wird, die insbesondere alle internationalen Märkte umfasst. Die EU ist sehr einfach durch eine Unionsmarke komplett abzudecken (siehe Abschn. 6.5)

▶   Dabei ist allerdings zu berücksichtigen, dass mit einer Unionsmarke Europa nicht vollständig abgedeckt ist, sondern nur die EU-Mitgliedstaaten erfasst werden. Länder wie Norwegen und die Schweiz, die man typischerweise zu den ganz nahe liegenden europäischen Nachbarländern zählt, sind keine EU-Mitgliedstaaten. Das Gleiche gilt für einige Balkan-Staaten, wie Serbien und Bosnien etc.

Außerhalb der EU sind wichtige Absatzmärkte durch internationale Markenanmeldungen zu erfassen.

Häufig übersehen wird auch, dass es sinnvoll sein kann, in den Ländern Schutzrechte anzumelden, die zwar nicht zu den eigenen Absatzmärkten zählen, in denen aber typischerweise Fälschungen hergestellt werden. Wenn die Fälschungen bereits in ihrem Herkunftsland Schutzrechte verletzen, ist es sehr viel einfacher, auch dort gegen die Hersteller vorzugehen.

18.3.3.3 Zivilrechtliche Maßnahmen

Sofern Schutzrechte angemeldet sind, können gegen jeden, der gewerblich mit Fälschungen handelt, zivilrechtliche Ansprüche auf Unterlassung, Auskunft, Schadensersatz, Vernichtung etc. geltend gemacht werden. Innerhalb der EU sind die rechtlichen Rahmenbedingungen im Bereich des Geistigen Eigentums durch EU-Richtlinien und Verordnungen sehr weitgehend harmonisiert. Auch im darüber hinausgehenden internationalen Bereich ist das Recht des Geistigen Eigentums sehr vergleichbar, so dass auch international effektiver Rechtsschutz zur Verfügung steht.

▶ Das Vorgehen gegen jeden einzelnen Anbieter von gefälschten Produkten kann sehr schnell sehr aufwändig und kostenintensiv werden, wenn man alle Ansprüche durch alle Instanzen geltend machen muss. Hier empfiehlt sich ein strukturiertes Vorgehen. Zwar sollte jeder Anbieter von gefälschten Produkten abgemahnt werden und die rechtliche Verfolgung sämtlicher Ansprüche angedroht werden. Dann ist es jedoch sinnvoll, eine einvernehmliche Einigung in der Weise anzubieten, dass eine strafbewehrte Unterlassungserklärung unterzeichnet wird, alle auf Lager befindlichen Fälschungen vernichtet werden und insbesondere Auskunft über die Vorlieferanten erteilt wird. Sofern diese Ansprüche anerkannt und erfüllt werden, kann im Gegenzug auf die Geltendmachung aller weiteren Ansprüche und insbesondere die Stellung eines Strafantrages verzichtet werden. Dies hat den Vorteil, dass der Betroffene Händler sehr schnell „aus dem Verkehr" gezogen wird und insbesondere die Lieferkette offengelegt wird. Das ermöglicht ein schnelles Vorgehen gegen den Lieferanten des Händlers. Hier sollte die gleiche Strategie angewendet werden, um erneut auf die Vorlieferanten zugreifen zu können. Durch diese „vertikale" Vorgehensweise stößt man sehr viel schneller auf die eigentlichen Hintermänner und Hersteller der Produktfälschungen und kann diese effektiv bekämpfen. Dadurch werden letztlich auch alle nachrangigen Mitglieder der Vertriebskette erfasst, da keine neuen Fälschungen nachgeliefert werden können.

18.3.3.4 Strafrechtliche Maßnahmen

Gerade bei Fällen der Produktpiraterie können strafrechtliche Maßnahmen sehr hilfreich sein. Während man bei „normalen" Fällen von Markenverletzungen oder Patentverletzungen häufig gutgläubige Verletzer antrifft, die entweder fahrlässigerweise nicht ausreichend recherchiert haben oder aber „lediglich" eine andere Rechtsauffassung bezüglich der Reichweite des Schutzbereiches einer Marke oder eines Patentes haben, handelt es sich im Bereich der Produktpiraterie um bewusste und zielgerichtete Schutzrechtsverletzungen und damit häufig um kriminelle Strukturen.

Außerdem bietet das Strafverfahren Vorteile hinsichtlich der Beweisgewinnung. Um das Strafverfahren einzuleiten, ist ein Strafantrag bei der Staatsanwaltschaft zu stellen und gleichzeitig anzuregen, eine Durchsuchung der Geschäftsräume des Verletzers vorzunehmen. In dem Antrag ist auszuführen, dass zum Beispiel durch Testkäufe ein Tatverdacht bezüglich des Verstoßes gegen die jeweiligen strafrechtlichen Normen des Markengesetzes, des Patentgesetzes etc. vorliegt. Die Staatsanwaltschaft beantragt daraufhin beim Amtsgericht am Sitze des Verletzers einen Durchsuchungsbefehl, der in der Regel auch erlassen wird.

Die Staatsanwaltschaft kann dann mit Hilfe der örtlichen Polizei die Durchsuchung vornehmen und Beweismaterial sicherstellen, zum Beispiel Geschäftsunterlagen, Computer und gefälschte Produkte.

Über eine Akteneinsicht kann der geschädigte Schutzrechtsinhaber auf diese Informationen zugreifen und sie auch für die Geltendmachung der zivilrechtlichen Ansprüche nutzen.[4] Dadurch wird die Verhandlungsposition des Schutzrechtsinhabers deutlich gestärkt. Allein die Ankündigung, man könnte den Strafantrag zurücknehmen, wenn umgehend alle geforderten zivilrechtlichen Ansprüche anerkannt und erfüllt werden, ist in der Praxis häufig sehr effektiv. Auch wenn Haftstrafen – vor allem bei Händlern – sehr selten sind, ist die Furcht vor strafrechtlicher Verfolgung doch sehr hoch.

18.3.3.5 Grenzbeschlagnahmeverfahren

Ein weiteres sehr effektives Mittel gegen Produktpiraterie ist das Grenzbeschlagnahmeverfahren. Der Zoll hat die Möglichkeit, schutzrechtsverletzende Waren zu beschlagnahmen.[5] Das führt dazu, dass die Piraterieware gar nicht erst in die EU eingeführt wird. Der Schutzrechtsinhaber kann bei der zuständigen Abteilung des Zolls, in Deutschland der Oberfinanzdirektion Nürnberg, Zentralstelle Gewerblicher Rechtsschutz, mit Sitz in München, einen Grenzbeschlagnahmeantrag einreichen. Mit diesem Antrag teilt der Antragsteller dem Zoll mit, dass er Inhaber von Schutzrechten des Geistigen Eigentums ist, dass die Gefahr der Einfuhr von Produktpiraterieware besteht und alle weiteren Informationen, die dem Zoll das Auffinden von Piraterieware erleichtern.

▶ Um die Arbeit des Zolls zu erleichtern und die Chancen zu erhöhen, dass Piraterieware tatsächlich aufgegriffen wird, sollten insbesondere Bilder und sonstige Erkennungshinweise der Originalprodukte und – sofern vorhanden – der bereits vorliegenden Fälschungen, Informationen über bereits bekannte Fälscher sowie deren bevorzugte Vertriebswege etc. zur Verfügung gestellt werden.

Sofern der Antragsteller über ein EU- Schutzrecht, also insbesondere eine Unionsmarke oder ein Gemeinschaftsgeschmacksmuster verfügt, kann auch der Antrag gestellt werden, dass gleichzeitig alle anderen Zollbehörden sämtlicher EU-Mitgliedstaaten entsprechend tätig werden. Die Mitarbeiter des Zolls, die vor Ort an den EU-Außengrenzen oder an Flughäfen eingehende Ware überprüfen, werden daraufhin mit den Informationen versorgt, damit sie verdächtige Ware identifizieren und zurückhalten können.

Der Schutzrechtsinhaber wird dann gegebenenfalls informiert, dass verdächtige Ware gefunden wurde, und bekommt die Möglichkeit, diese zu untersuchen. Außerdem wer-

---

[4] §§ 406 d und e StPO.
[5] §§ 146 ff. MarkenG, § 142 a, § 142 b PatG, § 55 ff. DesignG, § 111 b, § 111 c UrhG, Verordnung (EU) Nr. 608/2013 des Europäischen Parlaments und des Rates vom 12. Juni 2013 zur Durchsetzung der Rechte geistigen Eigentums durch die Zollbehörden und zur Aufhebung der Verordnung (EG) Nr. 1383/2003 des Rates über das Vorgehen der Zollbehörden gegen Waren, die im Verdacht stehen, bestimmte Rechte Geistigen Eigentums zu verletzen, und die Maßnahmen gegenüber Waren, die bekanntermaßen derartige Rechte verletzen.

den dem Schutzrechtsinhaber auf Antrag Name und Anschrift des Empfängers sowie des Versenders, des Anmelders oder des Besitzers der Waren, der Ursprung und die Herkunft sowie die Bestimmung der Waren von der zuständigen Zolldienststelle mitgeteilt.

Wird bei der Untersuchung festgestellt, dass es sich nicht um Produktpiraterieware handelt, so wird sie vom Zoll abgefertigt und freigegeben.

Ergibt die Untersuchung jedoch, dass es sich um Produktpiraterieware handelt, dann hat der Schutzrechtsinhaber die Möglichkeit, innerhalb von zehn Arbeitstagen rechtliche Schritte einzuleiten, zum Beispiel einen Antrag auf Erlass einer einstweiligen Verfügung auf Herausgabe der Ware an einen Gerichtsvollzieher, der die Ware aufbewahrt, bis in einem Gerichtsverfahren rechtskräftig festgestellt wurde, dass es sich um Produktpiraterieware handelt und diese gegebenenfalls zu vernichten ist.

▶ Ein sehr effektives und pragmatisches Vorgehen stellt das so genannte „vereinfachte Verfahren" dar.[6] Es sieht vor, dass der Rechteinhaber den Zollbehörden innerhalb von zehn Arbeitstagen schriftlich mitteilt, dass die Waren ein ihm zustehendes Schutzrecht verletzen und vernichtet werden sollen.

Dem Antrag ist die Zustimmung des Anmelders, des Besitzers oder des Eigentümers der Waren zur Vernichtung beizufügen. Zwar ist eine solche Zustimmung in der Praxis sehr schwer zu erhalten. Das Verfahren sieht aber auch eine vermutete Zustimmung vor. Der Anmelder, Besitzer oder Eigentümer der Waren wird vom Zoll darüber informiert, dass die Ware zurückgehalten wird. Widerspricht der Anmelder, Besitzer oder Eigentümer nicht innerhalb von zehn Tagen, dann gilt die Zustimmung zur Vernichtung als erteilt. Das kommt in der Praxis sehr häufig vor, da insbesondere Fälscher sich darüber bewusst sind, dass sie rechtswidrig handeln und behördliche oder gerichtliche Verfahren meiden.

18.3.3.6 Rechtliche Maßnahmen im Ausland

Alle genannten Maßnahmen können gegebenenfalls auch außerhalb der EU ergriffen werden. Das ist häufig Erfolg versprechender, als angenommen wird. Insbesondere die Volksrepublik China ist seit ihrem Beitritt zur Welthandelsorganisation verpflichtet, Rechte des Geistigen Eigentums angemessen zu schützen. Außerdem hat sie ein zunehmendes eigenes Interesse an der Verfolgung von Produktpiraterie, da die eigene Industrie zunehmend entwickelt ist und selbst Schutzrechte des Geistigen Eigentums benötigt, um sich vor Fälschungen zu schützen.

---

[6] § 150 Abs. 2 MarkenG, § 142 b Abs. 2 PatG, § 57 a Abs. 2 DesignG, § 111 b, § 111 c Abs. 2 UrhG.

Geistiges Eigentum und Lauterkeitsrecht in der Due Diligence

Bei einer Due Diligence[1] handelt es sich um eine Prüfung eines Unternehmens im Rahmen eines Unternehmenskaufs. Da sich der Käufer bei einem so komplexen Kaufgegenstand nicht auf seine Mängelgewährleistungsrechte verlassen möchte, unternimmt er regelmäßig vor Abschluss des Unternehmenskaufvertrages eine sehr sorgfältige Prüfung des zu kaufenden Unternehmens. Diese Prüfung umfasst nicht nur betriebswirtschaftliche und steuerliche, sondern auch rechtliche Aspekte. Der Teil der Prüfung, der sich auf die rechtlichen Aspekte bezieht, wird auch „Legal Due Diligence" genannt. Diese rechtliche Prüfung ist wichtig, da nur nach Einschätzung der rechtlichen Risiken in einem zu kaufenden Unternehmen der Kaufpreis bestimmt werden kann.

> **Beispiel**
>
> Wird ein Unternehmen gekauft und stellt sich später heraus, dass eine Schadensersatzforderung in Millionenhöhe gegen das Unternehmen bereits eingeklagt worden ist, werden die voraussichtlichen Erfolgsaussichten in diesem Prozess Einfluss auf die Festlegung des Kaufpreises haben. Diese Einschätzung des Prozessrisikos ist Teil der Legal Due Diligence

Der Teil der Legal Due Diligence, der sich auf das Geistige Eigentum und das Lauterkeitsrecht bezieht, wird IP-Due Diligence genannt. Sie bezieht sich auf alle relevanten Informationen bezüglich der Rechte Geistigen Eigentums und das Lauterkeitsrechts, die für die Bewertung des zu kaufenden Unternehmens von Bedeutung sein können. Da Marken und Patente einen erheblichen Wert haben können und bei Verletzungen sehr hohe Schadenersatzzahlungen gefordert werden, ist die IP-Due Diligence sehr sorgfältig durchzuführen.

---

[1] Wörtliche Übersetzung: die angemessene bzw. erforderliche Sorgfalt.

© Springer Fachmedien Wiesbaden 2016
S. Ahrens, *Geistiges Eigentum und Wettbewerbsrecht*, FOM-Edition,
DOI 10.1007/978-3-658-14313-8_19

> **Beispiel**
>
> Die Volkswagen AG erwarb 1998 das Unternehmen Rolls-Royce Motor Cars Limited. Das Recht an der Marke „Rolls-Royce" war jedoch von der Übertragung nicht erfasst. Dies ermöglichte es der BMW AG, die Marke zu erwerben. Die Volkswagen AG hatte also die Produktionsanlagen erworben, durfte aber die dort gefertigten Autos nicht unter der Bezeichnung „Rolls-Royce" verkaufen. Zwar einigte man sich mit der BMW AG darauf, dass die Marke für eine Übergangszeit genutzt werden dürfe. Seit Ablauf dieser Übergangszeit produziert jedoch die BMW AG in einem neu errichteten Werk in England die aktuellen Rolls-Royce-Fahrzeuge.[2]

Die Prüfung erfolgt durch Einsichtnahme in vom zu kaufenden Unternehmen bereitzustellenden Unterlagen. Hierzu wird in der Regel ein Datenraum eingerichtet. Dieser kann virtuell sein oder auch real in einem abgetrennten Raum bei dem zu kaufenden Unternehmen. Dort können dann – häufig unter Aufsicht – Unterlagen eingesehen werden. Es empfiehlt sich, die Unterlagen anhand einer Checkliste durchzugehen und gegebenenfalls fehlende Unterlagen einzufordern. Ziel der Untersuchung ist es festzustellen, welche Schutzrechte existieren, welche Auseinandersetzungen es um existierende Schutzrechte gibt, welche Verletzungen eigener Rechte bekannt sind, welche Verletzungen fremder Rechte behauptet werden, welche Lizenzen in Anspruch genommen werden, welche Lizenzen an Dritte gewährt werden und ob das Unternehmen insgesamt eine durchdachte Strategie in dieser Hinsicht hat.

> **Beispiel**
>
> Eine IP-Due-Diligence-Checkliste könnte wie folgt aussehen:

1. **Allgemeine Strategie**
    1. Gibt es eine allgemein formulierte Strategie für den Umgang mit Geistigem Eigentum?
    2. Gibt es allgemeine Anweisungen für die Mitarbeiter im Umgang mit Geistigem Eigentum?
    3. Wann und in welchem Umfang werden Schutzrechte angemeldet?
    4. Gibt es eine Geheimhaltungsstrategie?
2. **Existierende Schutzrechte**
    1. **Marken**
        a) Welche Marken sind eingetragen?
        b) Welche Laufzeit haben die eingetragenen Marken?
        c) Gibt es eine organisierte Überwachung der Verlängerungsdaten?
        d) Gibt es Benutzungsmarken?
        e) Gibt es eine professionelle Markenüberwachung?
        f) Wie wird mit im Rahmen der Markenüberwachung festgestellten Markenkollisionen umgegangen?

---

[2] Dreitler (2008).

     g) Gibt es Markenanmeldungen, die vom Markenamt beanstandet wurden?

     h) Wer ist als Markeninhaber eingetragen?

2. **Patente**

     a) Welche Patente sind eingetragen?

     b) Welche Laufzeit haben die eingetragenen Patente?

     c) Gibt es eine organisierte Überwachung der Verlängerungsdaten?

     d) Wie wird mit Verletzungen umgegangen?

     e) Gibt es Patentanmeldungen, die vom Patentamt beanstandet wurden?

     f) Gibt es Handlungsanweisungen für den Umgang mit Arbeitnehmererfindungen?

     g) Sind Arbeitnehmererfindungsvergütungen gezahlt worden?

     h) Gibt es Auseinandersetzungen um die Höhe der Arbeitnehmererfindungsvergütungen?

     i) Wer ist als Patentinhaber eingetragen?

3. **Gebrauchsmuster**

     a) Welche Gebrauchsmuster sind eingetragen?

     b) Welche Laufzeit haben die eingetragenen Gebrauchsmuster?

     c) Sind die Gebrauchsmuster schon einmal im Rahmen eines Verletzungsprozesses angegriffen worden?

     d) Wie wird mit Verletzungen umgegangen?

     e) Wer ist als Gebrauchsmusterinhaber eingetragen?

4. **Designs**

     a) Welche Designs sind eingetragen?

     b) Welche Laufzeit haben die eingetragenen Designs?

     c) Gibt es eine organisierte Überwachung der Verlängerungsdaten?

     d) Gibt es Benutzungsdesigns?

     e) Sind die Designs schon einmal im Rahmen eines Verletzungsprozesses angegriffen worden?

     f) Wie wird mit Verletzungen umgegangen?

     g) Wer ist als Designinhaber eingetragen?

5. **Urheberrechte**

     a) Welche Urheberrechte existieren?

     b) Existieren Vereinbarungen zur Übertragung der ausschließlichen Nutzungsrechte mit dem Urheber?

     c) Sind die Urheberrechte schon einmal im Rahmen eines Verletzungsprozesses angegriffen worden?

     d) Wie wird mit Verletzungen umgegangen?

6. **Sonstige Rechte**

     Welche sonstigen Rechte existieren?

3. **Verletzungen eigener Rechte**

     1. Welche Verletzungen eigener Rechte sind bekannt?

     2. Ist die Gegenseite darauf aufmerksam gemacht worden?

3. Hat die Gegenseite sich dazu geäußert?
4. Ist ein Gerichtsverfahren bereits eingeleitet worden?
5. Wie sind die Erfolgsaussichten?
6. Sind Schadensersatzansprüche geltend gemacht worden?
7. Welcher Schaden ist gegebenenfalls eingetreten und ist für die Zukunft noch zu erwarten?

4. **Verletzungen fremder Rechte**
   1. Welche Verletzungen fremder Rechte sind bekannt?
   2. Welche Verletzungen fremder Rechte wurden bislang geltend gemacht?
   3. Ist ein Gerichtsverfahren bereits eingeleitet worden?
   4. Wie sind die Erfolgsaussichten?
   5. Sind Schadensersatzansprüche geltend gemacht worden?
   6. Welcher Schaden ist gegebenenfalls eingetreten und ist für die Zukunft noch zu erwarten?

5. **Lizenzverträge bezüglich eigener Rechte**
   1. Welche Lizenzverträge wurden abgeschlossen?
   2. Welchen Inhalt haben die Lizenzverträge?
   3. Welche Kündigungsmöglichkeiten haben die Lizenzverträge?
   4. Gibt es Auseinandersetzungen mit den Lizenznehmern?

6. **Lizenzverträge bezüglich fremder Rechte**
   1. Welche Lizenzverträge wurden abgeschlossen?
   2. Welchen Inhalt haben die Lizenzverträge?
   3. Welche Kündigungsmöglichkeiten haben die Lizenzverträge?
   4. Gibt es Auseinandersetzungen mit den Lizenzgebern?

7. **Verträge mit Mitarbeitern**
   1. Enthalten die Verträge Geheimhaltungsklauseln?
   2. Werden die Mitarbeiter darauf hingewiesen, dass sie Erfindungen ihrem Arbeitgeber anzeigen müssen?
   3. Ist ein ausschließliches Nutzungsrecht für alle Urheberrechte von Mitarbeitern vereinbart?
   4. Werden die Mitarbeiter darauf hingewiesen, dass Geschäftsgeheimnisse und Know-how grundsätzlich dem Unternehmen zustehen und nicht mitgenommen werden dürfen?
   5. Sind wirksame Wettbewerbsverbote vereinbart worden?

8. **Verhalten im Wettbewerb**
   1. Sind unlautere Handlungen von Mitbewerbern bekannt?
   2. Sind unlautere Handlungen von Mitbewerbern abgemahnt worden?
   3. Sind eigene unlautere Handlungen bekannt?
   4. Sind eigene unlautere Handlungen von Mitbewerbern abgemahnt worden?
   5. Sind Wettbewerbsprozesse anhängig?
   6. Sind Schadensersatzansprüche geltend gemacht worden?

7. Welcher Schaden ist gegebenenfalls eingetreten und ist für die Zukunft noch zu erwarten?

9. **Produktpiraterie**
   1. Sind Fälschungen der eigenen Produkte auf dem Markt?
   2. Wird der Markt hinsichtlich Fälschungen überwacht?
   3. Werden Anbieter von Fälschungen abgemahnt?
   4. Ist ein Grenzbeschlagnahmeantrag gestellt worden?
   5. Sind laufende Verletzungsverfahren anhängig?
   6. Sind Geheimhaltungsvereinbarungen mit Kooperationspartnern abgeschlossen worden?
   7. Enthalten Vereinbarungen mit Kooperationspartnern Überwachungsmöglichkeiten?
   8. Sind die Produkte technisch gegen Nachahmung geschützt?
   9. Werden Mitarbeiter und Kunden über die Risiken der Produktpiraterie informiert?

Diese Checkliste kann auch zur Überprüfung der eigenen Strategie im eigenen Unternehmen eingesetzt werden, um sich einen Überblick über die Situation zu verschaffen und Optimierungspotenzial zu ermitteln.

Literatur

Dreitler, J. R. (2008). Call in the Cavalry: IP Issues in Business Transactions. http://corporate.findlaw.com/intellectual-property/call-in-the-cavalry-ip-issues-in-business-transactions.html.

Anhang

Muster einer Abmahnung im Falle einer Markenverletzung

Sehr geehrte Damen und Herren,

ich vertrete die XYZ GmbH, XYZ-Str. 1, in 12345 XYZ-Stadt in Fragen des Geistigen Eigentums und Lauterkeitsrechts. Meine Mandantin ist die Ihnen bekannte Herstellerin von Fahrrädern. Sie bietet unter anderem Fahrräder unter der Bezeichnung ‚XYZ' an. Außerdem verwendet sie seit Jahrzehnten die Bezeichnung ‚XYZ' als geschäftliche Bezeichnung und ist Inhaberin verschiedener Marken, wie zum Beispiel der deutschen Wortmarke ‚XYZ'"(Nummer 123456789), die unter anderem für ‚Fahrräder' geschützt ist. Die Marke wird seit vielen Jahren intensiv genutzt und ist inzwischen eine bekannte Marke.

Meine Mandantin hat mich gebeten, in folgender Angelegenheit an Sie heranzutreten:

1. Sachverhalt

Sie schalten in verschiedenen Suchmaschinen, wie zum Beispiel Google, Anzeigen unter Verwendung der Bezeichnung ‚XYZ-Fahrräder' als Adword. Nach Eingabe dieser Bezeichnung erfolgt unter der Rubrik ‚Anzeigen zu XYZ-Fahrräder' folgende Anzeige:

‚XYZ-Fahrräder – jetzt zu Sonderpreisen erhältlich'

Die Anzeige führt auf Ihre Internetseite. Dort werden unter anderem Fahrräder angeboten.

2. Rechtliche Beurteilung

Nach der inzwischen gefestigten Rechtsprechung des Gerichtshofes der Europäischen Union sowie des Bundesgerichtshofes ist die Verwendung fremder Marken als Adword nur zulässig, wenn die Anzeige in einem von der Trefferliste eindeutig getrennten und entsprechend gekennzeichneten Werbeblock erscheint und selbst weder die Marke noch sonst einen Hinweis auf den Markeninhaber oder die unter der Marke angebotenen Produkte enthält (EuGH, Urteil vom 22. September 2011 – C-323/09, GRUR 2011, 1124 – Interflora/ M&S Interflora Inc.; BGH GRUR 2013, 290 – Most-Pralinen). Diese Voraussetzungen erfüllt Ihre Werbeanzeige nicht, da Sie ausdrücklich in der Anzeige die Marke ‚XYZ' verwenden. Damit liegt eine Markenverletzung vor. Gemäß § 14 Abs. 2 Nr. 1 des deutschen Markengesetzes (MarkenG) ist es Dritten untersagt, ohne Zustimmung des Inhabers der Marke im geschäftlichen Verkehr ein mit der Marke identisches Zeichen für Waren oder Dienstleistungen zu benutzen, die mit denjenigen identisch sind, für die sie Schutz genießt. Sie verwenden die Marke meiner Mandantin in identischer Form. Da Sie mit Ihrem Angebot an Fahrrädern auch identische Waren anbieten, handelt es sich ohne Zweifel um eine Markenverletzung. Selbst wenn man Ihre Produkte nicht als identisch, sondern nur als ähnlich einstufen würde, läge ebenfalls eine Markenverletzung wegen Verwechslungsgefahr gemäß § 14 Abs. 2 Nr. 1 MarkenG vor. Da es sich bei der Bezeichnung ‚XYZ' außerdem um eine bekannte Marke handelt, läge in jedem Fall auch unabhängig von einer Verwechslungsgefahr eine Markenverletzung gemäß § 14 Abs. 2 Nr. 3 MarkenG vor. Dem angesprochenen Verbraucher wird der unzutreffende Eindruck vermittelt, als seien Sie die XYZ GmbH oder würden mit dieser unmittelbar in vertraglicher Beziehung stehen bzw. gemeinsam Produkte anbieten.

© Springer Fachmedien Wiesbaden 2016
S. Ahrens, *Geistiges Eigentum und Wettbewerbsrecht*, FOM-Edition,
DOI 10.1007/978-3-658-14313-8

3. Rechtsfolgen

Aufgrund der dargestellten Markenverletzung stehen meiner Mandantin unter anderem Ansprüche auf Unterlassung gemäß § 14 Abs. 5 MarkenG, auf Schadensersatz gemäß § 14 Abs. 6 MarkenG sowie auf umfassende Auskunftserteilung über den Umfang der Verletzung gemäß § 19 Abs. 1 MarkenG zu. Außerdem steht meiner Mandantin nach der Rechtsprechung ein Kostenerstattungsanspruch unter dem Gesichtspunkt der Geschäftsführung ohne Auftrag zu.

4. Weiteres Vorgehen

Sicher haben Sie Verständnis dafür, dass meine Mandantin gehalten ist, alles zu tun, um derartige Rechtsverletzungen zu unterbinden. Ich habe Sie daher aufzufordern, die beigefügte Unterlassungserklärung rechtsverbindlich zu unterzeichnen und an mich zurückzusenden. Hierfür habe ich mir

Donnerstag, den 28. November, 12:00 Uhr (hier eingehend)

notiert. Die Geltendmachung weiterer Ansprüche behalte ich mir ausdrücklich vor. In diesem Zusammenhang weise ich darauf hin, dass die Verletzung von Marken auch eine Straftat gemäß § 143 MarkenG darstellt. Sofern mir die beigefügte Erklärung nicht rechtsverbindlich unterzeichnet innerhalb der genannten Frist vorliegen sollte, müsste ich meiner Mandantin empfehlen, ihre Ansprüche gerichtlich durchzusetzen. Ich gehe jedoch davon aus, dass dies nicht nötig sein wird. Bitte beachten Sie, dass der Markeninhaber nach deutschem Recht gehalten ist, bei derartigen Markenverletzungen sehr kurzfristig einen Antrag auf Erlass einer einstweiligen Verfügung bei Gericht einzureichen. Eine Fristverlängerung ist deshalb aus rechtlichen Gründen nicht möglich. Sofern hierzu Fragen bestehen sollten, rufen Sie mich gern an.

Mit freundlichen Grüßen

Prof. Dr. Sönke Ahrens
Rechtsanwalt

Anlagen

Vollmachtsformular
Verpflichtungserklärung

Muster einer Unterlassungs- und Verpflichtungserklärung

Unterlassungs- und Verpflichtungserklärung

Die **A AG,** vertreten durch ihre Vorstandsmitglieder A, B und C, A-Platz 2, 56789 A-Stadt

– im Folgenden „**A**" genannt –

verpflichtet sich gegenüber

der **XYZ GmbH,** vertreten durch ihre Geschäftsführer X, Y und Z, XYZ-Straße 1, 12345 XYZ-Stadt

– im Folgenden „**XYZ**" genannt –

es ab sofort bei Meidung einer für jeden Fall der schuldhaften Zuwiderhandlung fälligen, von XYZ festzusetzenden und im Streitfall vom zuständigen Gericht zu überprüfenden Vertragsstrafe zu unterlassen,

1. Die Bezeichnung „XYZ" im geschäftlichen Verkehr zu verwenden, insbesondere die folgende Anzeige zu verwenden:

   „XYZ-Fahrräder – jetzt zu Sonderpreisen erhältlich"

2. XYZ Auskunft zu erteilen und Rechnung zu legen über Art und Umfang des unter 1. genannten Verstoßes und zwar unter Vorlage einer geordneten Aufstellung, aus der Art, Umfang und Dauer der Verletzungen hervorgehen.

3. XYZ jeden Schaden zu ersetzen, welcher dieser durch Handlungen gemäß Ziffer 1. entstanden ist oder noch entstehen wird.

4. XYZ die in dieser Angelegenheit entstandenen Rechtsverfolgungskosten in Höhe einer 1,3 Geschäftsgebühr auf der Grundlage eines Gegenstandswertes in Höhe von 250.000,00 €, also einen Betrag in Höhe von. 2.928,90 € zuzüglich Auslagen und gesetzlicher Mehrwertsteuer zu ersetzen.

_____

Ort, Datum

_____

A AG

Sachverzeichnis

3D-Drucker, 100

A

Abfangen von Kunden, 171
Abgrenzungsvereinbarung, 259
Abhängiges Patent, 59
Abmahnung, 250
Abschlusserklärung, 265
Abschlussverfahren, 264
Abstrakte Unterscheidungskraft, 16
Abwerben von Kunden, 172
Adword, 171
Aggressive geschäftliche Handlungen, 147
Aktivlegitimation, 223
Aleatorische Anreize, 221
Alleinige Lizenz, 122
Amt der Europäischen Union für geistiges
    Eigentum, 66
Angst, 179
Anlockwirkung, 158
Anmeldedatum, 86
Anmeldegebühr, 66, 83
Anmeldung, 71
App Store, 172
Applikation, 172
Äquivalente Anwendung der Erfindung, 101
Äquivalente Verletzung, 103
Arbeitgeber, 47
Arbeitnehmer, 129
Arbeitnehmererfindervergütung, 131
Arbeitnehmererfindungen, 129
Arbeitnehmererfindungsgesetz, 130
Arbeitsverfahren, 59
Arzneimittel, 59
Ausforschung, 244
Auskunft, 243

Ausschließliche Lizenz, 122
Ausstellungspriorität, 88

B

Basismarke, 66
Bearbeitung, 97, 98
Beauftragte, 230
Bekannte Marke, 96
Bekanntheit, 10
Bekanntheitsgrad, 10
Benutzung, 74, 111
Benutzungsaufnahme, 67
Benutzungsgemeinschaftsgeschmacksmuster,
    74
Benutzungsmarke, 73
Benutzungszwang, 111
Berechtigungsanfrage, 249
Beschwerde, 78
Beseitigung, 234
Besichtigung, 231
Bestimmungsangaben, 111
Betriebsspionage, 217
Bevorratung, 151
Bewegungsmarke, 25
Bezugsquellen, 157
Bildmarke, 14, 18
Billigung, 150
Blickfang, 185
Briefkastenwerbung, 213
Briefwerbung, 213
Bündelpatent, 63
Bundesgerichtshof, 78
Bundespatentgericht, 78

C

Caching, 116
Computerprogramme, 42

D
Datenbanken, 37
Datenbankhersteller, 46
Datenbankwerk, 46
Datenträger, 112
Deep Links, 174
Design, 3, 51
Designrecht, 3, 7
Designschutz, 20, 67
Deutsches Patent- und Markenamt, 11
Diagnostizierverfahren, 58
Diensterfindung, 129
Domainname, 30
Dreidimensionale Marke, 19
Dringlichkeit, 260
Drittauskunft, 245
Due Diligence, 277
Durchschnittsverbraucher, 94, 144, 181

E
Eidesstattliche Versicherung, 262
Eigenart, 52
Eigener Gebrauch, 116
Eigentümlichkeit, 40
Eilbedürftigkeit, 260
Eilverfahren, 260
Einfache Lizenz, 122
Einspruchsverfahren, 83
Einstweilige Verfügung, 260
Eintragung, 77
Eintragungsfähigkeit, 13
Eintragungsvoraussetzungen, 78
Entdeckungen, 57
Entgangener Gewinn, 239
EPA, 68
EPÜ, 68
Erfinderische Tätigkeit, 55
Erfinderischer Schritt, 61
Erfindung, 3, 55
Erfolgshaftung, 230
Erschöpfung, 105
Erstbegehungsgefahr, 234
Erzeugnispatent, 58
Europäische geographische Angaben und
        Ursprungsbezeichnungen, 67
Europäisches Patent mit einheitlicher Wirkung,
        69
Europäisches Patentamt in München, 68
Europäisches Patentübereinkommen, 68

E-Mail Korrespondenz, 216

F
Fachmann, 87
Fair-Use-Prinzip, 118
Fälschungen, 273
Farbmarke, 22
Fiktive Lizenzgebühr, 239
Filmwerke, 39, 48
Firma, 29
Freie Benutzung, 97, 99
Freundefinder, 212
Frist, 252
Funksendungen, 37
Funktion der Marke, 14

G
Gattungsbezeichnung, 34
Gebrauchsmuster, 21
Gebrauchsmustergesetz, 60
Gebrauchsmusterrecht, 7
Gebrechen, 179
Gefährdung des Arbeitsplatzes, 163
Gegenstandswert, 257
Geheimhaltungsinteressen, 245
Geheimhaltungsklausel, 216
Geheimhaltungsvereinbarung, 87, 272
Geheimnisverrat, 217
Geheimnisverwertung, 217
Gemeinkosten, 240
Gemeinschaftsgeschmacksmuster, 67
Gemeinschaftsgeschmacksmusterverordnung,
        67
Generalklausel, 143, 218
Geographische Herkunftsangabe, 9
Gerichtshof der Europäischen Union, 13
Geruchsmarke, 27
Geschäftliche Bezeichnung, 9, 28
Geschäftliche Handlungen, 148
Geschäftliche Tätigkeiten, 57
Geschäftsaufgabe, 156
Geschäftstradition, 197
Geschäfts- und Betriebsgeheimnisse, 214
Geschenke, 221
Geschmacksmuster, 51
Gestaltungshöhe, 40
Gestaltungsmerkmale, 84
Gesundheitswerbung, 157
Getarnte Werbung, 154
Gewerblicher Rechtsschutz, 4

Gewinnabschöpfungsanspruch, 242
Gewinnspiele, 158, 221
Glaubhaftmachung, 262
Glücksspiel, 156
Grenzbeschlagnahmeverfahren, 275
Grenzüberschreitender Rechtsverkehr, 160
Grundrechte, 219
Gruppenfreistellungsverordnung für
        Technologietransfervereinbarungen, 125
Gütezeichen, 149

H
Haftungsrisiko, 249
Hager Abkommen über Muster und Modelle,
        66
Handelsregister, 30
Handelsvertreter, 231
Handwerkskammern, 225
Hauptsacheverfahren, 265
Haustürwerbung, 214
Heilung von Krankheiten, 157
Herabsetzung, 164, 206
Herausgeber, 44
Herkunftsfunktion, 13
Herkunftshinweis, 21
Herkunftshinweisende Bedeutung, 14
Herstellungsverfahren, 58
Hörmarke, 24
Humor, 207

I
Idee, VII
Imitation, 209
Immaterialgüterrecht, 4
Inanspruchnahme einer Erfindung, 130
Inanspruchnahmeverfahren, 130
Individualität, 44, 97
Industrie- und Handelskammern, 225
Inschriften, 43
Internationale Erstreckung, 65
Internationale Patentanmeldung, 68
Internationale Registrierung, 65
Internationale Schutzrechte, 63
Internationaler Designschutz, 66
Internet, 98
Internet-Versandhandel, 193
Investition, 46
Irreführende geschäftliche Handlungen, 147,
        180
Irreführung, 153

IR-Marke, 65

J
Jahresgebühren, 83

K
Kartellrecht, 6, 125
Keimzellen, 58
Kennzeichen, 9
Kennzeichenrecht, 9
Kennzeichnungskraft, 16
Kernbeschränkungen, 127
Klassentitel, 11
Know-how, 214
Konkrete Unterscheidungskraft, 16
Konzertveranstalter, 45
Kosten, 79
Kostenerstattung, 247
Kundendaten, 47
Kundendienst, 160, 194
Kunstwerke, 40

L
Landessprache, 153
Laufbilder, 39, 48
Lauterkeitsrecht, 4, 6, 141
Lauterkeitsrechtlicher Nachahmungsschutz,
        165
Lehre zum technischen Handeln, 56
Leichtgläubigkeit, 179
Leistungen ausübender Künstler, 37
Leistungsmerkmale, 194
Leistungsschutzrechte, 37
Leistungswettbewerb, 142
Lichtbilder, 37
Lieferschwierigkeiten, 151
Lieferunfähigkeit, 152
Lizenz, 122
Lizenzanalogie, 241
Lizenzgeber, 122
Lizenzgebühr, 59
Lizenzierung, 121
Lizenznehmer, 122
Lizenzvertrag, 122
Lockangebot, 150
Logo, 15
Löschungsklage, 78
Löschungsverfahren, 78

M

Madrider Markenabkommen, 64
Mängelgewährleistungsrechte, 227
Manuskript, 43
Marke, 4
Markenanmeldung, 16
Markengesetz, 9
Markenrecherche, 238
Markenrecht, 5
Markenverletzung, 14, 92
Marktbedingungen, 157
Marktbeobachtung, 238
Maschinen, 58
Massenartikel, 181
Mathematische Methoden, 57
Mehrdeutigkeit, 185
Meinungsäußerungsfreiheit, 165
Menschenwürde, 220
Menschliche Embryonen, 58
Merkmalsanalyse, 101
Missbrauch einer marktbeherrschenden
        Stellung, 119, 125
Mitarbeiter, 230
Mitarbeiterabwerbung, 174
Mitbewerber, 224
Mitbewerberschutz, 147
Mittelbare Benutzung, 101
Mittelbare Verletzung, 103
Modebranche, 74

N

Nachahmung, 40, 209
Nachgelassene Werke, 37
Nachschaffung, 97
Namen, 29
Namensrecht, 9
Negative Feststellungsklage, 259
Neuer Hamburger Brauch, 256
Neuheit, 72
Nicht ausschließliche Lizenz, 122
Nicht bestellte Waren oder Dienstleistungen,
        162
Nichtigkeit, 80
Nizzaer Klassifikation, 11
Nötigung, 160
Notorische Bekanntheit, 73
Nutzungsrecht, 5, 122

O

Objektivität, 204

Offenlegungsschrift, 57

P

Pariser Verbandsübereinkunft, VII
Passivlegitimation, 229
Patent, 21
Patent Cooperation Treaty, 68
Patentanmeldung, 57
Patentanspruch, 82
Patentanwalt, 82
Patentbeschreibung, 82
Patentrecht, 5
Patentschrift, 56
PCT, 68
Pfandrechte, 121
Pflanzensorten, 58
Pläne, 57
Positionsmarke, 25
Preisausschreiben, 158
Preisnachlässe, 221
Preisvergleich, 205
Preiswettbewerb, 205
Presseerzeugnis, 47
Prioritätsdatum, 88
Prioritätsfrist, 87
Prioritätsprinzip, 85
Privater Gebrauch, 114
Privatsphäre, 211
Produktpiraterie, 269
Produktplatzierung, 155, 192
Protokoll zum Madrider Abkommen, 65
Prozessökonomie, 224
Prüfungsantrag, 82
Prüfungsgebühren, 83
Prüfungspflichten, 229
Psychologischer Kaufzwang, 152
PVÜ, 63
Pyramidensystem, 156

Q

Qualifizierte Einrichtungen, 225
Qualitätskennzeichen, 149
Quellcode, 42

R

RBÜ, 70
Recherche, 30, 238
Recherchegebühren, 83
Rechnungslegung, 247
Rechtsbeschwerde, 78

Rechtsbruch, 147, 164
Rechtsfähige Verbände zur Förderung
    gewerblicher oder selbständiger
    beruflicher Interessen, 224
Rechtsform, 197
Rechtsirrtum, 238
Regeln, 57
Registerrechte, 71
Registrierung, 13, 71
Relevante Verkehrskreise, 181
Relevanz, 204
Revidierte Berner Übereinkunft zum Schutz
    von Werken der Literatur und Kunst, 70
Rubrum, 255

S
Schadensberechnung, 239
Schadensersatz, 237
Schiedsstelle für Arbeitnehmererfindungen, 132
Schiedsverfahren, 132
Schneeballsystem, 156
Schockwerbung, 220
Schöpfung, 4
Schöpfungshöhe, 40
Schutzbereich, 12, 16, 91
Schutzfähigkeit, 13
Schutzgrenzen, 105
Schutzhindernisse, 78
Schutzrechtsverwarnungen, 254
Schutzschrift, 263
Schwarze Liste, 144
Seniorität, 88
Sicherungskopien, 116
Sittenwidrige Handlungen, 218
Situationsadäquate Aufmerksamkeit, 145, 182
Sonstige unlautere geschäftliche Handlungen,
    147
Spiele, 57
Sponsoring, 199
Sprachwerke, 42
Stand der Technik, 21, 103
Standardtechnologie, 119
Stoffe, 58
Strafantrag, 274
Strafbewehrte Unterlassungserklärung, 252
Straftat, 47
Suchmaschinen, 47

T
Tarnung von Werbemaßnahmen, 190

Tastmarke, 24
Täter, 229
Täuschung, 180
Täuschung über die betriebliche Herkunft, 155
Technische Lösung, 57
Technizität, 55
Telefonwerbung, 211
Territorialitätsprinzip, 63
Testergebnisse, 195
Textabschnitte, 47
Textform, 130
Tierrassen, 58
Tonträger, 37
Treu und Glauben, 106
TRIPS-Abkommen, 64
Typizität, 204

U
Übertragung, 121
Übertragung zur Sicherheit, 121
Übertreibungen, 185
Unabhängiges Werk, 97
Unerfahrenheit, 179
Unerwünschte Werbung, 213
Ungeprüfte Schutzrechte, 72
Unionsmarke, 4
Unionsmarkenverordnung, 66
Unionspriorität, 87
Unlautere Wettbewerbshandlung, 144
Unterlagen, 161
Unterlassung, 232
Unterlassungserklärung, 254
Unternehmenskennzeichen, 28
Unternehmensübernahme, 132
Unternehmerische Sorgfalt, 219
Unterscheidungskraft, 14
Untersuchungsverfahren, 59
Unzumutbare Belästigungen, 147, 210
Urheberpersönlichkeitsrecht, 41, 45
Urheberrecht, 4, 7
Urheberrechtsgesetz, 37
Urteilsbekanntmachung, 235

V
Veranstaltung von Darbietungen, 37
Verbraucher, 10
Verbraucherleitbild, 182
Verbraucherverständnis, 181
Vereinfachtes Verfahren, 276
Verfahren für gedankliche Tätigkeiten, 57

Verfahren zum Klonen von menschlichen
    Lebewesen, 58
Verfahrenspatent, 58
Verfall, 80
Verfügbarkeit, 193
Verfügungsanspruch, 261
Verfügungsgrund, 260
Vergaberecht, 6
Vergleichende Werbung, 147, 201
Vergütungsverfahren, 130
Verhaltenskodex, 149
Verjährung, 105
Verkaufsförderungsmaßnahmen, 221
Verkaufsveranstaltung, 160
Verkehrsfähigkeit, 153
Verkehrsgeltung, 72
Verletzergewinn, 240
Verletzerkette, 245
Verletzung, 14
Verletzungsverfahren, 75
Verlinkung, 98
Vernichtung, 276
Veröffentlichung, 235
Verrat von Geschäfts- und
    Betriebsgeheimnissen., 147
Verschulden, 234, 238
Versicherungsverhältnis, 161
Verstoß gegen die guten Sitten, 144
Vertragshändler, 231
Vertragsstrafe, 255
Verunglimpfung, 164, 206
Vervielfältigung, 97
Vervielfältigungsstück, 112
Verwechslungsgefahr, 14, 92
Verwertbarkeit einer Diensterfindung, 131
Verwertungsgesellschaft, 114
Verwirkung, 105
Verzeichnis der geschützten
    Ursprungsbezeichnungen und der
    geschützten geographischen Angaben,
    67
Videostream, 116
Vorbekannter Formenschatz, 100
Vorlage, 231

Vorrichtungen, 58

W
Waren des täglichen Bedarfs, 181
Waren- und Dienstleistungsverzeichnis, 12
Waren-oder Dienstleistungs- Ähnlichkeit, 93
Warenzeichen, 11
Werbeblocker, 173
Werberecht, 6
Werbespruch, 17
Werbung, 141
Werbung mit elektronischer Post, 212
Werbung mit Selbstverständlichkeiten, 154
Werk, 5
Werk der angewandten Kunst, 52
Werkhöhe, 40
Werktitel, 28
Wertreklame, 221
Wesentlichkeit, 204
Wettbewerb, VII, 141
Wettbewerbliche Eigenart, 167
Wettbewerbsrecht, VII
Wettbewerbsverbot, 175, 216
Widerspruch, 78
Wiederholungsgefahr, 233
WIPO, 64
Wirtschaftsprüfervorbehalt, 245
Wissenschaftliche Ausgaben, 37, 43
Wissenschaftliche Theorien, 57
Wortmarke, 17
Wortsinngemäße Patentverletzung, 101
Wort-Bild-Marke, 19

Z
Zahlungsaufforderung, 159
Zeichenähnlichkeit, 93
Zeitrang, 78
Zitat, 112
Zoll, 275
Zugaben, 221
Zugangsbeschränkungen, 216
Zustellung, 263
Zwangslage, 179
Zwangslizenz, 118

Hier studiere ich.

Das Bachelor- oder
Master-Hochschulstudium
neben dem Beruf.

Alle Studiengänge, alle Infos
unter: **fom.de**

The manufacturer's authorised representative in the EU is Springer
Nature Customer Service Centre GmbH, Europaplatz 3, 69115 Heidelberg,
Germany. If you have any concerns regarding our products, please
contact ProductSafety@springernature.com

Printed and bound by CPI Group (UK) Ltd, Croydon, CR0 4YY
20/04/2026
02093309-0004